내일의
스타벅스를
찾아라

★ 내일의 인기 주식을 발굴해서 투자하는 법 ★

내일의
스타벅스를
찾아라

마이클 모 지음 · 이건 옮김

FINDING THE NEXT STARBUCKS

데이원

추천의 글

분야마다 시대를 초월하는 통찰력으로 묵묵히 자리를 지키는 고전이 있듯, 투자 분야에도 긴 세월의 흐름을 이겨 내고 지금까지 빛을 발하는 책들이 있다. 시시각각 변화하는 금융시장을 비웃기라도 하듯 그 속의 철학은 현대의 투자자들에게도 많은 가르침을 준다. 그만큼 인간의 본성은 시간이 흘러도 변하지 않고, 주식시장에서 좋은 회사를 고르는 기준 또한 크게 달라지지 않았음을 뜻한다.

투자 분야 고전들 중 내가 가장 좋아하는 책은 〈위대한 기업에 투자하라〉Common Stocks and Uncommon Profits다. 저자인 필립 피셔는 성장주 발굴의 대가로 워런 버핏의 스승이기도 하다. 인류 역사상 가장 위대한 투자자인 워런 버핏에게 가장 많은 영향을 끼친 책이 벤저민 그레이엄의 〈현명한 투자자〉와 필립 피셔의 〈위대한 기업에 투자하라〉이다.

워런 버핏은 초기에 벤저민 그레이엄으로부터 정량적인 부분을 중심으로 가치투자를 배우면서 투자 원칙과 철학을 정립했고, 이후에 필립 피셔의 글을 보며 그의 투자 스타일에 매료되어 숫자 너머를 보는 눈도 갖게 되었다.

나는 요즘도 〈위대한 기업에 투자하라〉를 자주 꺼내어 읽어 본다. 읽을 때마다 새로운 것을 배우는 것은 물론이고, 1950년대에 쓴 글귀들이 지금도 척척 들어맞아서 가끔 소름이 끼치곤 한다. 필립 피셔가 발굴한 '모토로라'와 '텍사스 인스트루먼트'의 기업 실적과 주가 흐름을 보면 독자 여러분도 입을 다물지 못할 것이다.

〈내일의 스타벅스를 찾아라〉를 읽으면서 나는 〈위대한 기업에 투자하라〉를 접했을 때와 같은 전율을 느꼈다. 1950년대에 〈위대한 기업에 투자하라〉라는 정말 위대한 투자 고전이 있었다면, 〈내일의 스타벅스를 찾아라〉는 〈위대한 기업에 투자하라〉의 2000년대 버전 같은 느낌을 받는다. 필자는 〈내일의 스타벅스를 찾아라〉 역시 시간이 흐를수록 고전의 반열에 오를 것이라고 확신한다.

추천사 제안을 받았을 때, 뒤도 돌아보지 않고 흔쾌히 수락을 해야겠다는 마음과 걱정되는 마음이 반반이었다. 앞서 말했듯 〈내일의 스타벅스를 찾아라〉는 머지않아 투자 고전의 반열에 오를 만한 훌륭한 책인 데다 이 책을 번역하신 이건 선생님은 내가 오래도록 존경하는 분인 반면, 나는 아직 갈 길이 멀고 앞으로 한참 더 배워 나가야 하는 투자자이기 때문이다. 그래도 주식투자를 애정하고 투자를 향한 열정과 마음은 진심이기에 영광스러운 제안을 수락하였다.

〈내일의 스타벅스를 찾아라〉의 저자인 마이클 모는 리먼브라더스와 메릴린치에서 리서치 업무를 하였다. 특히 그는 성장주 발굴의 베테랑이었다. 필자는 성장주와 가치주를 나누는 이분법을 좋아하지 않는다. 그리고 그것은 논리에도 맞지 않다고 생각한다. 성장은 가치에 포함되는 개념이라고 보기 때문이다. 이 책을 비롯해서 금융권에서 말하는 '성장주'는 1) 매출 또는 이익의 성장이 아주 빠른 속도로 찍히고 있는 회사, 2) 그리고 그것이 일회성이나 짧은 기간으로 끝나는 것이 아니라 아주 긴 기간 동안 지속할 것으로 전망되는 회사, 3) 산업과 세계를 정복할 회사인데 아직은 덩치가 그만큼 크지는 않은 회사 정도로 의미를 부여하는 것 같다. 독자 여러분도 그런 측면에서 '성장주'라는 단어를 바라봐 주시면 좋겠다.

마이클 모가 1992년 스타벅스 공모 당시 확인한 스타벅스의 시가총액은 2.2억 달러였다. 그리고 그가 이 책을 처음 출간하던 2006년 스타벅스의 시가총액은 230억 달러로 무려 104배가 불어나 있었다. 그렇다면 104배가 올랐으니 스타벅스의 성장은 이때 끝났을까? 아니다! 필자가 추천사를 쓰는 2022년 지금 스타벅스의 시가총액을 확인해 보니 무려 1,080억 달러다! 공모 이후 490배가 상승한 것이다. 심지어 이것은 그동안 스타벅스가 주주들에게 지급한 배당금은 포함하지도 않은 수치다.

마이클 모는 스타벅스뿐만 아니라 구글도 발굴하였고, 모두가 '구글은 미래 성장성이나 잠재력도 없는데 고평가되었다' 말할 때 정면으로 반박했다. 물론 결과는 지금 우리 모두가 알다시피 그의 대승리로 끝났다.

시장에서 다년간 분석가로 일하면서 얻은 성장주 발굴에 대한 저자의 팁과 통찰을 이 책을 통해 완전히 우리 것으로 흡수할 수 있다. 저자는 8가지의 메가트렌드와 4Ps^{People, Product, Potential, Predictability}를 이용한 집중적인 분석 방법을 통해서 내일의 스타벅스를 찾는 방법을 가감 없이 독자들에게 알려준다. 그리고 그런 방법을 통해서 그가 향후 성장할 것으로 내다보고 통찰했던 '웹2.0', '오픈소스', '개인 미디어', '휴대전화(스마트폰)' 등 대부분의 키워드들은 2022년 현재 돌이켜 보면 거의 그의 말대로 강력한 성장을 이루어 냈고 그의 통찰이 적중했음을 보여 준다. 그것도 무려 2006년에 말이다!

다시 말해 1) 인간의 본성은 변하지 않는다. 2) 그리고 시장에는 늘 새로운 성장 산업과 성장 기업이 탄생한다. 우리는 어떻게 하면 폭발적 성장 잠재력이 있는 회사를 조기에 선점할지에 대해서만 고민하면 된다. 그런 기업을 발굴했다면 매수 후 보유해서 세월을 이기면 된다. 이 책에는 고속성장주를 발굴할 수 있는 놀랍고 좋은 방법들이 들어 있다.

마이클 모의 안내에 따라서 이 책을 꼼꼼하게 읽고 공부한다면 우리도 멋진 성장 기업의 주인이 될 수 있을 것이다. 멋진 책을 만들어 준 마이클 모 분석가, 이건 번역가 선생님 그리고 끝으로 이 책에 감히 추천사를 쓸 수 있는 기회를 주신 펜슬프리즘 차보현 대표님께 지면을 빌어서 깊은 감사의 말씀을 드린다.

송종식
전업투자자, 블로거, 유튜버

사랑하는 나의 훌륭한 가족에게 이 책을 바칩니다.

아내 보니Bonnie, 딸 매기Maggie와 캐롤라인Caroline, 어머니 마샤Marcia, 아버지 톰Tom, 계모 카렌Karen, 형제 마크Mark와 토미Tommy, 누이 로라 Laura, 제이미Jamie, 제니Jennie, 에이미Aimee, 재키Jackie 그리고 씽크에쿼티 파트너스 가족과, 수없이 많은 방법으로 정성을 보태 준 모든 사람에게 바칩니다.

나는 자라면서 스포츠에 푹 빠졌다. 직접 하는 것도 좋아했고, 구경하는 것도 좋아했다. "내가 응원하는 팀"인 바이킹스^{Vikings}, 트윈스^{Twins}, 골든 고퍼스^{Golden Gophers}에 대해서는 온갖 자질구레한 기록까지 모두 기억하고 있었다.

내가 어렸을 때, 아버지가 기업 변호사로 성공한 분이었기 때문에 나는 사업에 대해서 많이 주워들었다. 아버지는 끊임없이 집으로 찾아오는 손님들을 맞이하며 식당에서 상담하거나, 밤새워 전화 통화를 하기도 하셨다. 게다가 내가 존경하는 할아버지도 성공한 고위 임원이었으며, 적극적인 투자자였다. 그러나 나는 사업과 투자에 전혀 관심이 없었다. 그저 스포츠면만 뒤적거렸다.

살다 보면 우리는 배우자를 처음 만나는 순간처럼, 지극히 충격적인 깨달음의 순간을 맞이한다. 20년이 지난 뒤에도 우리는 그 시간, 장소, 날짜를 어제 일처럼 기억한다. 이런 깨달음의 순간이 내가 미네소타 대학에 다닐 때 찾아왔다. 나는 아버지처럼 변호사가 되려는 생각에 정치경제학을 전공하고 있었지만, 나의 진짜 "전공"은 바로 풋볼팀 후보 쿼터백이었다.

내가 4학년이었을 때, 친구 아버지가 점심을 사 주면서 월스트리트에서 일할 생각을 해 본 적이 없느냐고 물었다. 당시 나는 연방준비제도Federal Reserve가 인디언 보호구역이라고 생각했다. 그는 컨트롤데이터Control Data, 메드트로닉Medtronic, 3M 같은 회사에 조금만 투자해도 이러한 회사들이 성공을 거두면 큰돈을 벌게 된다고 예를 들어가며 설명해 주었다.

내가 관심을 보이자, 그는 복리 이자의 마법과 72의 법칙도 설명해 주었다. 내게는 믿을 수 없을 정도로 신기했다. 나는 완전히 끌려들었고, 새로운 열정을 발견했다. 이제 《스포츠 일러스트레이티드Sports Illustrated》를 버리고 《월 스트리트 저널Wall Street Journal》을 읽게 되었다.

나는 지난 20년 동안 익힌 기법을 공개하려고 이 책을 썼다. 그것은 장차 대기업이 되는 소기업(이른바 내일의 스타)을 발굴해서 투자하는 기법이다. 이러한 기업을 찾아내면 엄청난 보상을 받을 수 있지만, 준비가 부족하면 커다란 위험에 빠질 수도 있다.

사실 최고 주식을 찾는 일은, 최고 회사를 찾는 일이다. 시간이 지나면서 주식의 실적은 회사의 실적을 따라가기 때문이다. 훌륭한 기업과 훌륭한 투자자는 모두 체계적이고도 전략적으로 목표를 달성한다. 이 책에서 제공하는 성장투자 10계명, 훌륭한 성장기업의 4P(사람, 제품, 잠재력, 예측 가능성), 이러한 회사를 일찌감치 찾아내는 데 사용할 원천 등은 내일의 10루타를 발견하는 분석 틀이다.

영광스럽게도 내가 존경하는 투자의 영웅 피터 린치Peter Lynch가 《내일의 스타벅스를 찾아라》를 검토하고 실제적인 조언을 제공해 주었다. 그는 이 책의 목적이 스키 강사의 가르침과 같아야 한다고 조언했다. 스키 강사에게 한두 번 레슨을 받는다고 전문가가 될 수는 없지만, 초보자는 중요한 기본 원리를 배울 수 있고 일부 전략을 배워서 부상을 피할 수 있다. 이 책은 위 두 가지를 모두 제공하려고 쓴 책이다.

내일의 스타벅스, 구글, 암젠Amgen을 찾으려고 워런 버핏이나 피터 린치 같은 거장이 될 필요는 없다. 그러나 기본을 바로 배울 필요가 있는데, 그 기본을 독자들이 이 책에서 얻기 바란다.

차례

추천의 글   005
프롤로그   010

★ 1 ★ **스타를 찾아라** · **초신성은 어디에?**   017

스타의 내일과 오늘   021
성장이 필요한 이유는?   025
성장과 위험   027
성장 기회-핵심을 찾아라   032

★ 2 ★ **성장의 위력** · **복리 이자의 마법**   039

72의 법칙   044
매일 곱절이 되는 1센트와 주급 1만 달러   045
손실 효과 계산-양날의 검   046
개척자에게는 화살이 쏟아지지만… 생존하면 모든 땅을 차지한다   049
일치된 의견은 위험하다   050

★ 3 ★ **EPS가 높으면 내부수익률도 높다**   061

1995~2005 실적 우수 종목들   064
여물통의 돼지들   070
성장주 투자의 3대 법칙은 이익, 이익, 이익   072
성장 프로세스   074
이익이 주가를 밀어 올린다   074
높은 EPS 성장 + 기대 초과 = 대박   078

★ **4** ★ **내일의 스타를 찾아내고**
평가하는 공식(프로세스process)   085
....
내일의 스타를 찾아내고 투자하는 씽크에쿼티 프로세스   089
메가트렌드(Megatrends)가 장기 성장을 주도한다   092
4P   094

★ **5** ★ **메가트렌드**   097
....
메가트렌드1 지식경제   103
메가트렌드2 세계화   123
메가트렌드3 인터넷-보이지 않는 컴퓨팅(invisible computing)   148
메가트렌드4 인구통계-저 멀리서 다가오는 모습을 보라   162
메가트렌드5 컨버전스-전체를 보라   168
메가트렌드6 통합-중소기업을 삼키는 월스트리트   175
메가트렌드7 브랜드-계속 베풀어 주는 선물   183
메가트렌드8 아웃소싱   191
후기   197

★ **6** ★ **4P**(슈퍼스타의 4대 조건)   203
....
사람들은 지도자를 따른다   206
제품-왜 명성을 얻었는가?   211
잠재력-얼마나 커질 수 있는가?   221
예측 가능성-성장이 얼마나 눈에 보이는가?   231
다섯 번째 P-수익성(Profitability)   247

★ 7 ★ 평가 방법론 259

6I + 1E 270

★ 8 ★ 자료원과 자료 · 아이디어를 찾아라 279

★ 9 ★ 오늘, 내일을 생각하라 · 미래에 성장할 인기 분야 295

웹 2.0-존 도어(John Doerr)가 옳았다! 298
온라인 광고: 1대1 마케팅 304
오픈 소스-자유세계 309
주문형 소프트웨어 서비스 314
나만을 위한 매체 320
전화는 나의 인생 325
생명공학의 ABC와 3G 329
디지털 의료 333
건강하게, 부유하게, 현명하게 335
지식경제와 교육 340
여성의 힘 349
단연 최고-프리미엄 브랜드 353
소수집단에서 다수집단으로 358
안전제일 360
태양이 떠오른다-대체에너지 365
나노기술-난쟁이 혁명 374

★ 10 ★ 사례 연구   381

사례 연구	베스트바이(Best Buy) vs. 서킷시티(Circuit City)	384
사례 연구	인텔 vs. AMD(어드밴스트 마이크로 디바이시스)	389
사례 연구	델 vs. 게이트웨이	394
사례 연구	스타벅스 vs. 크리스피 크림 도넛	400
사례 연구	이베이 vs. 소더비(Sotheby's)	406
사례 연구	제넨테크(Genentech) vs. 화이자(Pfizer)	411
사례 연구	아폴로 그룹 vs. 에디슨 스쿨	416

부록	422
참고 문헌	432
용어 설명	440
감사의 글	450

★ 1 ★

스타를 찾아라

FINDING THE NEXT STARBUCKS

초신성(超新星)은 어디에?

Star Search

Finding the Supernovas

:
:
:
:
:

솔직히, 나는 제2의 '지크프리트와 로이

(라스베이거스에서 마술쇼로 유명한 2인조 연예인)'를 찾고 싶소.

사이먼 카우얼(Simon Cowell), 아메리칸 아이돌(American Idol, 미국 TV 노래 경연대회) 심사위원

나는 운 좋게도 스타벅스에 엄청난 기회가 있다는 사실을 가장 먼저 발견한 애널리스트 중 한 사람이다. 1992년 주식공모 당시, 스타벅스의 시가총액(=주가×유통주식수)은 2억 2천만 달러에 불과했다. 오늘날 (2021년 6월 11일 기준) 스타벅스의 시가총액은 1,326억 달러에 이른다.

1994년 12월 아폴로 그룹Apollo Group이 시가총액 1억 1천만 달러로 기업공개를 할 때도, 나는 처음으로 이 기업을 조사해서 추천한 애널리스트 가운데 한 사람이었다. 아폴로는 1994년~2004년 동안 미국의 모든 상장주식 가운데 최고의 실적을 올린 주식이었다. 주식공모 시점에 1달러를 투자했다면, 지금은 83달러가 되었다.

구글Google이 주당 85달러로 기업공개를 하던 날, 우리 회사는 이 주식을 매수하라고 가장 먼저 추천하였다. 구글이 200달러가 되었

을 때, 나는 CNBC 방송에 출연하여 구글이 아직 "싸며", 세계에서 가장 중요한 성장주라고 말했다. CNBC 스퀴크박스Squawk Box 사회자 마크 하인즈Mark Haines는 샌프란시스코 멍청이들이나 그렇게 생각할 거라고 즉석에서 받아쳤다. 2005년 12월 31일 현재, 구글 주가는 415달러였다.

단지 행운이었는가? 어느 정도는 행운이었다. 기술인가 과학인가? 둘 다에 해당한다. 고된 일인가? 정말로 고된 일이다. 한 가지 이야기를 들려드리겠다.

회사를 방문하느라 한 주 내내 길에서 시간을 보내던 목요일 오후였다. 나는 시애틀에서 회사 한 곳만 더 방문하면 비행기를 타고 집으로 갈 참이었다. 내 친구가 이 커피 회사에 대해 말해 주었다. 이 회사는 모비딕Moby Dick의 등장인물을 따라 이름을 지었으며, 회사 사장은 숭배받는 인물이었다. 나는 빨리 집에 가고 싶었던 데다 회사가 우스꽝스럽다는 생각이 들어서, 하마터면 방문을 취소하고 바로 공항으로 갈 뻔했다.

시애틀 사람들은 커피전문점을 대단한 사업으로 생각할지 모르지만, 나는 이런 개념이 퓨짓 사운드Puget Sound(미국 위싱턴주Washington 서북부 태평양 연안의 만灣) 밖에서도 통하리라고는 상상할 수가 없었다. 나는 커피는 입에 대지도 않았다! 그러나 스타벅스 본사가 공항으로 이어지는 5번 고속도로에 잇닿아 있어서, 나는 "까짓, 잠깐만 들렀다 가지" 하고 생각을 바꿨다.

안내 창구에 발을 들여놓는 순간, 이곳에서 무슨 일인가 일어나고 있다는 느낌이 왔다. 안내 직원은 마치 100년 동안이나 알고 지낸 듯이 나를 편안하게 맞아 주었다. 회사 분위기는 에너지가 넘쳐 흘러서 감전될 정도였다.

내가 하워드 슐츠Howard Schultz와 마주 앉았을 때, 그는 스타벅스가 어떻게 세계 최고의 커피 회사가 될 것인지를 유리알처럼 투명하게 설명해 주었다. 그는 종업원이 중요하다는 사실과, 그가 어떤 식으로 종업원들과 협력 관계를 맺고 있는지도 말해 주었다. 그는 제품의 품질과 고객의 경험에 대해 열정을 토해 냈다. 그는 스타벅스가 어떻게 세계에서 가장 존경받는 브랜드로 발전할 것인지를 한 폭의 그림으로 보여 주었다. 첫 만남 뒤 나는 확신을 얻었다. 나는 커피를 마시기 시작했다!

PER(주가수익배수: 주가/EPS), PBR(주가순자산비율: 주가/주당순자산), 상대가치(경쟁회사와 비교한 가치)를 바탕으로 평가하는 투자자였다면, 하워드의 주장을 도저히 이해하지 못했을 것이다. 나는 방금 레이 크록Ray Kroc(맥도날드McDonald's를 수십억 달러 햄버거 기업으로 키운 인물)을 만났다고 믿었기 때문에, 이런 의심을 털어 버렸다.

무엇 때문에 이런 인상을 받았을까? 계속 읽어 보기 바란다.

스타의 내일과 오늘

번트하지 마라. 장외 홈런을 노려라. 불멸의 기업을 겨냥하라.

데이비드 오길비(David Ogilvy)

1986년 마이크로소프트가 기업을 공개할 때 1달러를 투자했다면,

지금은 374달러가 되었다. 1990년 시스코^{Cisco}가 기업을 공개할 때 1달러를 투자했다면, 지금은 274달러가 되었다. 1981년 홈디포^{Home Depot} 주식공모에 1달러 투자했다면 1,153달러가 되었고, 1996년 야후!^{Yahoo!} 주식공모에 1달러 투자했다면 72달러가 되었다.

● 주식공모 1달러당 투자수익

회사명	공모 연도	공모 시점 시가총액	현재 시가총액	1달러당 투자수익
월마트(Wal-Mart)	1970	$2,500만	$1,950억	$5,809
홈디포(Home Depot)	1981	$3,400만	$860억	$1,153
마이크로소프트(Microsoft)	1986	$5억 1,900만	$2,780억	$374
델(Dell)	1988	$2억 1,200만	$710억	$338
사우스웨스트(Southwest)	1971	$1,100만	$130억	$299
시스코(Cisco)	1990	$2억 2,600만	$1,050억	$274
오라클(Oracle)	1986	$2억 2,800만	$630억	$264
암젠(Amgen)	1983	$4억 6,300만	$970억	$210
제넨테크(Genentech)	1980	$2억 6,300만	$980억	$133
퀄컴(QUALCOMM)	1991	$3억 1,400만	$710억	$86
아폴로 그룹(Apollo Group)	1994	$1억 1,800만	$110억	$83
야후!(Yahoo!)	1996	$3억 3,400만	$550억	$72
이베이(eBay)	1998	$7억 1,500만	$590억	$58
스타벅스(Starbucks)	1992	$2억 1,600만	$230억	$56
슈왑(Schwab)	1987	$4억 1,900만	$190억	$41
가이던트(Guidant)	1994	$2억 4,700만	$210억	$18

자료 · 팩트셋(FactSet), 씽크에쿼티 파트너스(ThinkEquity Partners)

가장 환상적인 수익을 안겨 주는 주식은, 장차 거대기업으로 성장하는 작은 기업이다. 내 목적은 세계에서 가장 빠르게 성장하며 가장 혁신적인 기업 이른바 내일의 스타를 찾아내는 것이다.

장기적으로 회사의 주가는 거의 100% 회사의 이익 성장을 따라 간다. 이익 성장이 주가를 밀어 올린다. 따라서 시간이 흐름에 따라, 이익 성장이 가장 높은 회사가 투자수익이 가장 높은 회사가 된다. 그러나 경제학자 케인스John Maynard Keynes가 말했듯이, "장기적으로는 우리 모두 죽는다." 그래서 단기 함정도 분석할 필요가 있는 것이다.

구글, 스타벅스, 퀄컴Qualcomm, 델Dell이 눈부신 실적을 올린 이유 는 이들의 이익 성장이 눈부셨기 때문이다. 그러나 불운하게도, 성

● 이익 성장이 주가를 밀어 올린다

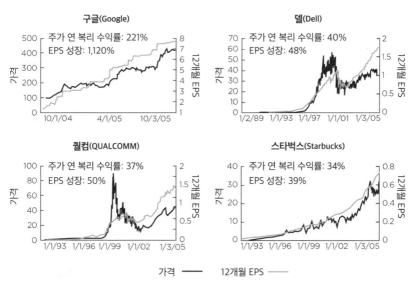

자료 · 팩트셋(FactSet), 씽크에쿼티 파트너스(ThinkEquity Partners)

● 수치의 전당: 고공행진 후 휴지가 된 주식

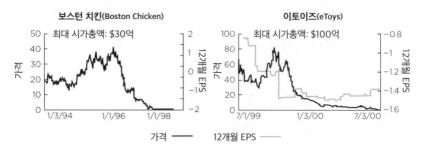

자료 · 팩트셋(FactSet), 씽크에쿼티 파트너스(ThinkEquity Partners)

장주에 투자할 때에는 제2의 스타벅스로 보이는 주식이 제2의 보스턴 치킨Boston Chicken으로 드러나는 경우도 많다. 이 책의 목적은, 내일의 스타를 찾아내고 폭탄처럼 위험한 회사를 피하는 방법을 제공하는 것이다.

떠오르는 성장회사로 이르는 도로에는 한때 고공행진을 거듭하던 주식들의 잔해가 흩어져 있다. 시속 20킬로로 달리다가 충돌했을 때보다 시속 100킬로로 달리다가 충돌했을 때 훨씬 큰 문제가 발생하는 법이다.

보스턴 치킨은 한때 대단한 성공 사례로 인정받았으나 고도성장과 공격적 차입과 수익모델의 결함이 어우러져 장렬한 최후를 맞이했을 때, 이 회사의 시가총액은 30억 달러에서 0이 되고 말았다. 나는 안다. 내가 이 회사를 담당했으니까. 실리콘밸리에서 자명한 이치로 통하는 말이, 성공했을 때보다 실패했을 때 더 많이 배운다는 사실이다. 나는 많이 배웠다.

성장이 필요한 이유는?

빠르다고 경주에 이기는 것도 아니고, 강하다고 전쟁에 이기는 것도 아니다.
승부란 원래 그런 것이다.

데이먼 러년(Damon Runyon)

시작하기에 앞서 우리는 어떤 회사를 성장기업으로 볼 것인지 기준을 정할 필요가 있다. 아주 기본적으로 말하자면, 성장기업이란 매출과 이익이 보통 기업보다 훨씬 빠르게 성장하는 회사를 말한다. 나는 매출액 성장, 판매량 성장, 이익 성장이 기준 설정의 출발점에 불과하다고 생각한다.

"국내총생산GDP이 연 3~4%이므로, 이보다 빠르게 성장하는 회사가 성장기업이다"라고 말하는 사람도 있다. 어림도 없는 소리다!

미국 주식시장의 장기 EPS(주당순이익) 성장률이 7%이므로, 이보다 빠르게 성장하는 회사가 성장기업이라고 말하는 사람도 있다. 조금 낫긴 하지만 아직 멀었다.

아주 박식한 투자자문사에서 내게 이렇게 말했다. "성장기업은 PER이 시장 평균보다 높은 회사입니다." 말하자면 성장기업은 PER이 높다는 논리이다. 흥미롭기는 하지만 터무니없는 소리이다! 이는 홈런타자의 정의가 삼진아웃을 가장 많이 당하는 타자라고 말하는 거나 다름없다. 홈런타자가 삼진아웃을 당하는 경우가 많고 성장기업 PER이 시장 평균보다 높은 경우가 많지만, 홈런타자를 찾아내려면 삼진아웃이 아니라 홈런 개수를 세야 한다!

그렇다면 성장기업으로 분류되기 위해 넘어서야 하는 매출액과 이익 성장률은 얼마인가?

물론 성장률이 높을수록 좋지만, 최소 성장률은 기업 규모에 따라 달라진다. 기업이 작을수록, 관심을 끌려면 성장률이 더 높아야 한다. 항상 작은 규모에서 벗어나지 못하는 기업에는 투자해도 큰돈을 벌 수 없기 때문이다. 반면에 시가총액이 크면서 매출액과 이익 성장률이 시장 평균보다 훨씬 높은 회사는 매력적인 성장기업이다. 예측 가능성과 유동성이 높기 때문이다.

따라서 나는 성장기업 분류 기준에 기업의 시가총액을 고려한다. 시가총액이 2억 5,000만 달러 미만인 회사라면, 매출액 성장률은 최소 25%, 이익 성장률은 최소 30%가 되어야 한다. 시가총액이 2억 5,000만 달러에서 10억 달러 사이인 회사라면, 최소 매출액 성장률은 20%, 최소 EPS 성장률은 25%이다. 시가총액이 10억 달러에서 50억 달러 사이인 회사라면, 최소 매출액 성장률은 15%, 최소 이익 성장률은 20%이다. 시가총액이 50억 달러를 초과하는 회사라면, 최소 매출액 성장률은 10%, 최소 EPS 성장률은 15%이다.

악명 높은 강도 윌리 서튼Willie Sutton에게 왜 은행을 터느냐고 문

● 성장기업 분류 요건

시가총액	매출액 성장률	이익 성장률
$2억 5,000만 미만	25%	30%
$2억 5,000만~$10억	20%	25%
$10억~$50억	15%	20%
$50억 초과	10%	15%

자, 그는 "은행에 돈이 있기 때문이오"라고 답했다고 한다.

마찬가지로 내가 성장기업에 관심을 집중하는 이유도 성장기업에서 가장 큰 투자수익이 나오기 때문이다. 단기적으로는 지리 정치적 사건, 자본의 이동, 금리, 유가 등 다양한 요소가 주가에 영향을 미친다. 그러나 장기적으로는 단 한 가지 요소가 주가에 영향을 미치니, 그것이 바로 이익 성장이다!

앞으로도 거듭 말하겠지만 시간이 흐름에 따라 기업 이익 성장과 주가 사이에는 거의 100% 상관관계가 나타난다. 피터 린치Peter Lynch도 이렇게 말한 적이 있다. "사람들은 시시각각 시장의 흔들림을 예측하려 하지만, 장기적으로 시장을 흔드는 것은 바로 이익이다."

성장과 위험

> 세속의 지혜에 따르면, 관습에 거슬러서 성공하는 것보다
> 관습을 따르다가 실패하는 편이 평판에는 유리하다.
>
> 존 메이너드 케인스(John Maynard Keynes)

금융 거래의 진리 하나가 위험과 보상 사이의 관계이다. 잠재 보상이 클수록, 잠재 위험도 커 보인다. 이 진리는 스포츠, 교육과 직업 선택, 도박, 투자 등 어느 활동에나 적용되며 다양한 위험과 보상의 조합이 만들어진다. 이 진리를 인정하기에 앞서서, 위험이 무엇인지 이해하는 것이 중요하다.

위험-보상의 다양한 조합 한쪽 끝에서는 고수익 가능성이 더 크

다는 이유로 우량주 프리미엄을 지불한다. 우량 성장기업인 퀄컴의 PER은 시장 평균보다 약 50% 높지만, 이 회사의 높은 이익 성장 가능성이 높은 PER을 뒷받침한다. 위험-보상 조합의 반대편 끝에서는 수익 가능성을 극대화하고자 대박의 꿈을 안고 싼 주식을 산다. 값싼 추락 천사를 샀더니 새로 날개가 돋아 다시 날아올랐다는 사례가 무수히 많다. 이 전략은 분명히 위험이 큰 것처럼 보인다. 영원히 손실을 볼 위험뿐 아니라, 실패할 경우 주위에서 바보 취급당할 위험도 있기 때문이다.

사람들은 천성적으로 위험을 싫어하기 때문에, 투자 전략이 실패할 때도 중간 순위에 들고 싶어 한다. 그래서 투자자 중에는 바보 취급을 당하지 않으려고 어쩔 수 없이 프리미엄을 지불하는 사람들이 많다.

안타깝게도 과거를 돌이켜 보면, 이러한 "우량주 함정quality trap"에 빠지는 투자자들이 너무도 많다. 시장에 뒤처지는 펀드매니저들이 매년 절반을 훨씬 넘는데, 가장 흔한 원인이 과거의 성공이 미래에도 이어질 것으로 추측하는 우량주 함정이다. 결국 이러한 우량주 함정에 빠져서 허황한 성공을 그리며 막대한 프리미엄을 지불하게 된다.

아무튼 잘 알려지지 않은 신흥 성장기업을 싸게 사는 것보다 월마트나 제너럴 일렉트릭GE을 비싸게 사는 편이 더 안전하다고 사람들은 관습적으로 받아들인다. 그러나 투자를 다른 각도에서 바라보면, 이러한 관습적 지혜는 이치에 맞지 않는다.

예를 들어, 다음 두 회사를 비교해 보자. 첫 회사는 설립 50년이 지난 안정된 대기업이며 주가가 40달러, EPS가 2달러이고, EPS 성장률이 연 8%로 예상된다. 두 번째 회사는 새롭게 떠오르는 소기업이며 주가가 50달러, EPS가 1달러이고, EPS 성장률이 연 50%로 예상된다.

있는 그대로 두 회사의 PER(현재의 EPS로 주식에 지불한 돈을 회수하는데 드는 햇수)을 비교하면 안정된 대기업이 더 매력적이다. 대기업은 이익의 20배인 반면, 성장기업은 50배이기 때문이다(다시 말해서, 주식에 지불한 돈을 이익으로 회수하는 데 걸리는 기간이 30년이나 짧다).

그러나 이익 성장률을 고려하면 결과는 완전히 달라진다. 대기업의 연간 이익 성장률이 8%이면 우리는 투자 자금을 12년 만에 회수하는 반면, 성장기업의 이익 성장률이 50%라면 단 7년 만에 투자 자금을 회수하게 된다. 12년 차가 되면, 주식에 투자한 돈은 50달러이지만 우리는 이익으로 387달러를 회수하게 된다(표 10과 표 11 참조).

신흥 기업의 성장 속도가 매년 10%씩 떨어진다고 보아 10년 차에 성장률이 "단" 16%로 낮아진다고 가정해도, 회수 기간은 9.5년에 불과하며 대기업보다 2.5년 더 짧다. 3장 실적 우수 종목 분석에서 다룰 예정이지만, 이익 성장에 따라 주가도 크게 오를 것이므로 우리는 성장기업에 들인 노력에 대해 멋지게 보상을 받을 수 있다.

결국 스포츠, 도박, 투자, 인생 등에서 우리는 과거에 일어난 일을 알아도 아무 소용이 없다. 미래에 일어날 일을 예측하는 경우에만 커다란 보상을 받는다. 워런 버핏Warren Buffett은 이렇게 말했다. "역사책이 부자가 되는 열쇠라면, 포브스 400Forbes 400은 도서관 사서들이 차지할 것이다."

● 성장기업의 PER과 성장률

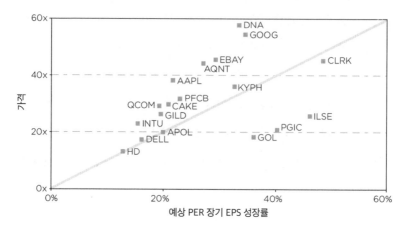

AAPL	애플 컴퓨터(Apple Computer)	INTU	인튜이트(Intuit)	
APOL	아폴로 그룹(Apollo Group)	ISRG	인튜이티브 서지컬	
AQNT	어퀀티브(Aquantive)		(Intuitive Surgical)	
CAKE	치즈 케이크 팩토리	KYPH	카이펀(Kyphon)	
	(The Cheesecake Factory)	PFCB	PF장(PF Chang's)	
CLRK	컬러 키네틱스(Color Kinetics)	PGIC	프로그레시브 게이밍	
DELL	델(Dell)		(Progressive Gaming)	
DNA	제넨테크(Genentech)	QCOM	퀄컴(QUALCOMM)	
EBAY	이베이(eBay)	RNWK	리얼네트웍스(RealNetworks)	
GILD	길리아드 사이언스	SBUX	스타벅스(Starbucks)	
	(Gilead Science)	TFSM 24/7	리얼 미디어24/7	
GOL	골 항공(GOL Airlines)		(Real Media 24/7)	
GOOG	구글(Google)	UNH	유나이티드헬스 그룹	
HD	홈디포(Home Depot)		(UnitedHealth Group)	
ILSE	인트라레이즈(IntraLase)	YHOO	야후!(Yahoo!)	

내가 매력적인 투자 기회를 추구하는 바탕에는 위험과 보상에 대한 철학이 깔려 있다. 위험은 단기적인 평가손실이 아니라 영구적인 원금 손실의 가능성을 측정한 뒤, 우리가 예상하는 미래의 기업 가치와 견주어 보는 것이라고 생각한다.

● 이익이 중요하다-성장의 위력

연간 EPS(단위: 달러)		
연차	우량주: 8% 성장	성장기업: 50% 성장	성장기업: 성장률 체감
0	2.00	1.00	1.00
1	2.16	1.50	1.50
2	2.33	2.25	2.18
3	2.52	3.38	3.06
4	2.73	5.06	4.17
5	2.94	7.59	5.54
6	3.17	11.39	7.17
7	3.43	17.09	9.08
8	3.70	25.63	11.25
9	4.00	38.44	13.67
10	4.32	57.67	16.32
11	4.66	86.50	19.16
12	5.04	129.75	22.17

● 누적 이익(단위: 달러)

연차	우량주: 8% 성장	성장기업: 50% 성장	성장기업: 성장률 체감
0	2.00	1.00	1.00
1	4.16	2.50	2.50
2	6.49	4.75	4.68
3	9.01	8.13	7.74
4	11.73	13.19	11.91
5	14.67	20.78	17.45
6	17.85	32.17	24.62
7	21.27	49.26	33.70

8	24.98	74.89	44.95
9	28.97	113.33	58.62
10	33.29	171.00	74.94
11	37.95	257.49	94.10
12	42.99	387.24	116.27

이익이 커질수록 더 많은 위험을 떠안아야 한다는 관습적 지혜에 휘둘리지 않고 내가 진로를 잡아 나아갈 수 있는 것은, 내게 이러한 관점이 있기 때문이다. 내 관점으로는 주가 상승 가능성은 크지만 주가가 높지 않는 주식을 발견할 때, 우리는 큰 이익을 얻게 된다. 내가 추구하는 목표는, 시장 호가가 낮은 주식이 아니라 내가 보기에 정당한 평가 가치보다 가격이 낮은 주식을 찾아내는 일이다. 나는 또한 시장 성장 잠재력이 엄청난 산업에서 이러한 주식을 찾아내고자 한다. 이러한 지상천국 같은 회사를 찾아내기란 쉬운 일이 아니지만, 바로 이것이 나의 임무이다.

성장 기회-핵심을 찾아라

훌륭한 주식은 찾기가 지극히 어렵다.
그렇게 어렵지 않다면, 모두가 갖고 있을 것이다.

필립 피셔(Philip A. Fisher)

성장 잠재력이 탁월한 고성장 주식을 낚기에 가장 좋은 연못은 소형주 연못이다. 소형주 연못 물고기가 가장 빠르게 헤엄칠 뿐 아니라, 대개 성장 잠재력에 비해 가격도 가장 싸다.

이 책에서 나는 다음과 같이 시가총액에 따라 주식을 구분하겠다.

나노주	5,000만 달러 미만
마이크로주	5,000만~2억 5,000만 달러
소형주	2억 5,000만~10억 달러
중형주	10억~50억 달러
대형주	50억 달러 초과

투자자들은 성장기업을 초기 단계에서 찾아내야 큰 이익을 얻을 수 있지만, 대형 증권사들은 거래량이 많은 주식을 쫓아다니므로 내일의 스타가 될 종목들을 무시한다는 사실이 역설적이다. 사실 작은 회사들(나노주, 마이크로주, 소형주) 가운데 애널리스트들이 조사하는 회사의 비율은 회사의 규모에 비례한다. 예를 들면 나스닥NASDAQ 회사의 75%는 시가총액이 10억 달러 미만이지만, 월스트리트 7대 증권사 보고서의 85%는 시가총액 10억 달러 이상인 회사에 대한 분석이다. 게다가 그동안 큰 수익을 올린 주식들은 거의 다 처음에는 시가총액 10억 달러 미만(종종 2억 달러 미만)에 불과한 마이크로주였다.

내가 이 사실을 지적하는 이유는(그리고 이 책을 쓰는 이유는), 내일의 성공 주식을 찾으려면 월스트리트 보고서를 읽는 방법으로는 힘들기 때문이다. 월스트리트는 주로 모든 사람이 이미 알고 있는 회

● 대형주에 치우친 월스트리트 보고서-내일의 승자는 오늘의 소형주이다

10억 달러 이상

월스트리트 대형 증권사 보고서의 85%가 시가총액 10억 달러 이상인 회사에 대한 분석

지난 10년간 실적 상위 25개 회사의 평균 시가총액은 초기에 1억 9,900만 달러

10억 달러 미만

나스닥 회사 가운데 73%는 시가총액 10억 달러 미만

사에 대해 집중적으로 보고서를 펴낸다. 따라서 내일의 스타를 찾아내서 투자하려면, 월스트리트에서 다루는 일류기업들과 씨름해서는 안 된다. 내일의 스타는 그곳에 없기 때문이다.

소형 회사들에 대한 분석이 부족한 증거는, 미국에 상장된 767개 회사 가운데 126개(겨우 16%) 회사만을 애널리스트들이 다룬다는 사실에서도 드러난다. 마이크로주의 경우, 애널리스트들이 다루는 비율은 58%로 올라가지만, 조사되지 않는 마이크로주가 여전히 650개나 된다. 종합하면, 애널리스트들이 다루지 않는 나노주와 마이크로주의 전체 숫자는 거의 1,300개로서 전체 주식의 20%에 이른다. 분석 대상이 되는 회사라도, 보고서를 내는 애널리스트가 단 한 사람인 경우가 많다.

소형주에 집중투자했을 때, 보상이 컸던 것으로 드러났다. 33년 전(1973년) 소형주에 10,000달러 투자했다면 2005년 말 1,066,057달

	2005년 가치	연수익률
소형주	1,066,057	16.3%
중형주	756,864	15.0%
대형주	127,963	8.6%
인플레이션	44,060	4.9%

러가 되었으며, 연 복리 수익률이 16.3%였다. 같은 기간 소형주 수익률은 대형주(127,963달러, 8.6%)와 나스닥(239,214달러, 10.8%) 수익률을 크게 앞질렀다.

따라서 나는 지속적으로 빠르게 성장하는 기업에 관심을 집중하며, 매출액과 이익의 지속적인 성장은 회사 규모에 주로 좌우된다고 믿는다. 만일 내가 성장 잠재력이 뛰어난 무명 기업을 찾아낸다면, 장기적인 이익 성장으로도 혜택을 보지만 이 회사가 널리 알려지면서 투자자들이 군중심리에 따라 달려드는 과정에서도 이득을 보게 될 것이다.

우리는 실적 우수 종목의 속성을 파악하려고 다양한 기간을 놓고 많은 연구를 했다. 결론은 항상 마찬가지였다. 5년과 10년 동안 실적 상위 25개 회사들의 평균 시가총액은 초기에는 모두 아주 작았다. 1억 달러와 2억 달러 사이에 놓이는 마이크로주였다. 이제 이러한 회사들 가운데 다수가 오늘날 주식시장의 스타로 널리 인정받고 있으며, 시가총액이 훨씬 커져서(일부는 당당하게 대형주에 속한다) 많은 애널리스트가 보고서를 쓰고 있다.

나는 분석의 틀을 제대로 갖추면, 성장 주식에 따르는 고위험을 정확하게 인식해서 좋은 기회를 찾아낼 수 있다고 믿는다. 애널리스트들이 이 회사를 다루기 시작하고 정보 격차가 줄어들면서 회사의 잠재력이 주가에 반영될 뿐만 아니라, 전에는 위험하다고 회피하던 투자자들이 차츰 관심을 보이기 시작한다.

당신은 이렇게 생각할지도 모른다. "소형주들이 사랑받지 못하는 것은 분명하죠. 하지만 그럴 만한 이유가 있겠지요." 당신은 내가 편견이 있다고 생각할 것이다. 머리 깎을 일이 없다면 이발소에 갈 필요가 없으니, 소형 성장주 전문가인 내게 어디에 투자해야 하냐고 묻지도 마라.

커다란 나무가 처음부터 나무였던 것이 아니다. 처음에는 도토리였다. 대기업도 처음부터 대기업이 아니었다. 처음에는 소기업이었다. 오늘날 모든 선도 기업과 우량 기업에는 기업가들이 있어서, 이들이 통찰력을 발휘하여 시장 기회를 찾아내고 비전, 제품, 고객을 중심으로 회사를 세웠다.

유나이티드헬스 그룹UnitedHealth Group과 나이키Nike 같은 든든한 대기업조차, 1980년 기업공개 시점에는 시가총액이 각각 2,900만 달러와 4억 1,800만 달러에 불과했다는 사실을 우리는 쉽게 잊어버린다. 두 기업 모두 창의적인 기업가가 회사를 세워서 전보다 나은 방식으로 사업 기회를 살려 나갔다.

장차 대기업으로 성장하는 소기업의 속성을 나는 무엇으로 보는가? 나는 그 속성을 4P라고 부른다. 사람people, 제품product, 잠재력potential, 예측 가능성predictability이다. 4P가 내일의 스타에 투자하는 비결이므로, 이 내용은 6장에서 자세히 다룰 예정이다. 아무튼 많은 사례가 내 생각을 뒷받침한다. 성장 잠재력이 뛰어난 소기업이 내일의 빛나는 스타이다. 투자의 목적은 적당한 위험을 떠안으면서 최고의 수익을 얻는 것이 되어야 한다.

● 대기업은 어디에서 왔는가?

회사명	공개 연도	시가총액(단위: 백만 달러)		주가 연 복리 수익률	EPS 성장
		공개시점	현재		
유나이티드헬스 그룹	1984	29	79,002	33%	33%
애플	1980	310	59,662	12%	18%
ADP	1961	10	26,737	15%	15%
길리아드 사이언스	1992	208	24,173	27%	30%
나이키	1980	418	22,660	15%	20%
보스턴 사이언스	1992	1,692	20,274	13%	15%
XTO 에너지	1993	192	15,964	35%	38%
일렉트로닉 아츠	1989	59	15,834	34%	30%
바이오젠	1991	109	15,030	21%	21%
페이첵스	1983	61	14,732	27%	23%
코치	2000	884	12,775	70%	50%
익스프레스 스크립트	1992	82	12,296	44%	27%
베리사인	1998	437	5,633	20%	23%
달러 트리 스토어	1995	297	2,571	22%	27%

자료 · 팩트셋(FactSet), 씽크에쿼티 파트너스(ThinkEquity Partners)

★ 2 ★

성장의 위력

FINDING THE NEXT STARBUCKS

복리 이자의 마법

The Power of Growth
The Magic of Compound Interest

· · · · · · · · ·

복리 이자는 세계 8대 불가사의다.

알베르트 아인슈타인(Albert Einstein)

나의 투자 철학은 시간이 흐르면 이익 성장이 주가를 밀어 올린다는 생각이므로, 아주 쉬운 투자 방법은 이익이 빠르게 성장하는 회사를 찾아내서 숨을 깊이 들이마신 다음 이 회사에 올라타는 것이다. 앞의 말도 사실이지만, 고성장기업에 대한 투자는 복리 이자의 작용 덕분에 더 큰 이득을 보게 된다. 복리 이자의 마법과 이익 성장의 위력을 반드시 이해해야, 성장주 투자에 엄청난 보상이 따라온다는 사실을 깨달을 수 있다.

복리 이자, 높은 이익 성장률, 시간이 결합하면 어마어마한 수익이 발생한다. 단기 수익으로는 작은 차이에 불과해도 장기간 복리 효과가 적용되면 엄청난 차이로 벌어지게 된다.

복리 이자의 마법을 이해하기 위해서 다른 이야기를 하겠다.

1926년, 네덜란드인 피터 미누이트Peter Minuit는 왜핑거 인디언Wappinger Indians에게 24달러어치 장신구를 주고 맨해튼 섬을 통째로 사들였다. 다시 말해서 오늘날 시내 호텔에서 빵과 커피 한 잔 사 먹을 돈으로 미누이트 경은 뉴욕 전체를 사들였다.

뉴욕 밖에 사는 사람 중에는 이 가격이 싸지 않다고 생각하는 사람들이 많겠지만, 나는 단지 복리 이자의 위력을 보여 주려고 한다. 알베르트 아인슈타인은 복리 이자가 세계 8대 불가사의라고 말했다. 이제 세계 9대 불가사의 HP 12C 계산기를 이용해서, 피터 미누이트의 거래가 이득이었는지 계산해 보자.

답을 결정하는 핵심 변수는 분명히 24달러에 적용하는 금리이다. 다시 말하면, 다른 곳에 투자했다면 얼마나 벌었을까이다.

5% 수익과 10% 수익의 차이는 단순히 두 배가 아니다. 복리로 계산하면 시간이 흐르면서 엄청난 차이가 나타난다. 지난 380년 동안 24달러를 5%로 투자했다면, 오늘날 26억 달러가 되었을 것이다. 이는 2000년에 록펠러 센터 하나만으로도 18억 5,000만 달러에 팔렸으니, 수지맞는 거래였다는 뜻이다.

그러나 10% 수익률로 투자했다면, 24달러는 5% 수익률의 두 배인 54억 달러에 그치지 않았다. 복리로 증식되면서 13경 달러가 되어 4,500만 배나 더 커진다!

1626년 맨해튼 섬 매입 가격	24달러
연 5% 수익률로 투자했을 경우 현재가치	27억 달러
연 7.5% 수익률로 투자했을 경우 현재가치	20조 7,000억 달러

연 10% 수익률로 투자했을 경우 현재가치	12경 8,700조 달러
2000년 록펠러 센터 매도 가격	19억 달러
미국 증시 시가총액	15조 5,000억 달러

앞으로도 한두 번 더 말하겠지만, 내 투자 철학의 기본은 시간이 흐르면서 주가가 거의 100% 이익에 따라 결정된다는 것이다. 따라서 내 목표는 이익이 지속적으로 빠르게 성장하는 회사를 찾아내서 복리 이자의 마법으로부터 혜택을 받는 일이다.

투자의 세계에서 피터 미누이트의 뉴욕 매입처럼 높은 수익을 달성한 주식은 거의 없지만, 마이크로소프트는 지난 20년 동안 이익이 연 복리 수익률 약 40%로 성장하면서, 공모 시점 시가총액 약 5

● 10년간 연 20% 이상 이익이 성장한 회사들

회사	EPS 성장률									
	1996	1997	1998	1999	2000	2001	2002	2003	2004	2005
아폴로 그룹	66%	61%	51%	33%	28%	30%	40%	55%	45%	25%
베드 배쓰 앤 비욘드 (Bed Bath & Beyond)	30%	37%	32%	31%	32%	32%	26%	37%	28%	29%
캐피털 원	32%	22%	21%	41%	31%	30%	30%	35%	25%	27%
NVR	95%	63%	31%	126%	81%	70%	63%	44%	34%	37%
라일랜드 그룹 (Ryland Group)	148%	59%	107%	54%	37%	57%	44%	37%	39%	42%
스타벅스	67%	20%	33%	25%	30%	29%	37%	20%	22%	42%

자료 · 증권거래위원회(SEC), 씽크에쿼티 파트너스(ThinkEquity Partners)

억 달러에서 오늘날 거의 3,000억 달러로 증가했다.

물론 복리의 법칙이 적용되더라도 회사 규모가 커지면 성장률이 떨어지므로, 그토록 오랫동안 높은 성장률을 유지하기는 사실상 불가능하다. 1만 2,000개가 넘는 전체 회사 중에서 지난 10년 동안 매년 20%가 넘는 이익 성장을 보인 회사는 6개뿐이다!

72의 법칙
························

하버드 경영대학원에서는 가르치지 않지만, 72의 법칙은 복리 이자로 원금이 곱절로 늘어나는 효과를 쉽게 설명한다. 나는 HP 12C 계산기가 수학의 마법이라고 생각하지만, 72의 법칙에는 간단한 산수만 있으면 된다. 이 법칙에 따르면 72를 금리로 나누면 투자금액이 곱절이 되는 데 걸리는 햇수가 나온다. 금리가 9%라면, 8년 후 투자금액이 곱절이 된다(72/9 = 8). 금리가 12%라면, 6년 후 투자금액이

● 72의 법칙

금리(%)	곱절에 걸리는 기간	30년 후 1달러의 가치(단위: 달러)
3	24	2.43
6	12	5.74
9	8	13.27
12	6	29.96
15	5	66.21
25	3	807.75

곱절이 된다. 다른 방식으로 적용해 보면 PER이 일정할 때 연 15%로 이익이 성장하는 회사는, 약 5년 후에 주가가 곱절이 된다. PER이 일정하고 이익이 연 25%로 성장하는 회사는, 약 3년 후 주가가 곱절이 된다.

세월이 흐르면서 나타나는 복리증식의 극적인 효과를 설명하겠다. 30년 동안 연 3% 수익률(괜찮은 채권 펀드의 세후 수익률 수준)로 투자하는 경우와 12% 수익률(지난 80년간 소형주 펀드의 평균 수익률 수준)로 투자하는 경우를 비교하면, 12%로 투자할 때 투자수익이 12배 이상 커진다.

다시 말해서, 10년 동안 이익이 연 25% 성장하는 회사에 투자하면, PER이 일정할 경우 주가는 거의 10배 상승한다.

매일 곱절이 되는 1센트와 주급 1만 달러

곱절 효과의 위력을 살펴보자. 당신은 한 달 동안 컨설턴트로 일하면서 주급 1만 달러를 받든가, 첫날 1센트를 받은 다음 매일 그 곱절씩 한 달 동안 받든가 선택할 수 있다. 선택이 쉬워 보이는가?

주급 1만 달러를 받는다면, 한 달 동안 당신은 4만 달러를 받는다. 반면에 첫날 1센트, 둘째 날 2센트, 셋째 날 4센트, 넷째 날 8센트, 다섯째 날 16센트, 이런 식으로 받으면, 31번째 날에는 2,000만 달러 이상을 받게 된다. 이것이 바로 성장의 위력이다!

● 곱절 효과: 매일 곱절이 되는 1센트와 주급 1만 달러

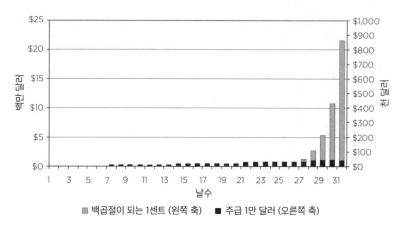

■ 백곱절이 되는 1센트 (왼쪽 축)　　◆ 주급 1만 달러 (오른쪽 축)

자료 · 씽크에쿼티 파트너스(ThinkEquity Partners)

손실 효과 계산-양날의 검

노련한 조종사도 있고 용감한 조종사도 있지만,
노련하면서도 용감한 조종사는 많지 않다.

작자 미상

복리는 수익을 기하학적으로 늘려 주지만, 손실도 엄청나게 키운
다. 그 예로 가상의 포트폴리오 두 개를 생각해 보자.

펀드 1은 신세기 고옥탄 펀드New Century High Octane Fund, NCHO이다. 평
균 PER은 의미가 없고, 연간 포트폴리오 회전율은 2,000%나 된다.
종목이 자주 교체되므로 10대 보유종목을 파악하기가 어렵지만, 일
중 신고가를 기록하는 종목을 찾아보면 10대 보유종목을 대강 짐작
할 수 있다.

펀드 2는 미국 용감한 독수리 펀드American Eagle Stalwart Fund, AES로서, 업종 대표기업 가운데 성장률이 20% 이상이고, 이익률이 높으며, 매출액과 이익이 모두 예측 가능한 회사에 투자한다.

두 포트폴리오 모두 10만 달러로 투자를 시작한다. NCHO는 첫 해에 100% 성장했다가 다음 해에 30% 하락한다. AES는 매년 20%씩 성장한다.

질문: 2년 차 말에 어느 펀드가 돈을 더 많이 벌었는가?

펀드	투자 시점	1년 차 말		2년 차 말	
	포트폴리오 가치	수익률	포트폴리오 가치	수익률	포트폴리오 가치
NCHO	100,000	100%	200,000	-30%	140,000
AES	100,000	20%	120,000	20%	144,000

답: 미국 용감한 독수리 펀드 (144,000 > 140,000)

성공투자의 비밀 하나는 장기간의 복리수익이다. 그러나 안타깝지만 손실도 복리의 마법을 무섭게 갉아먹는다. 예를 들어 50% 손실을 보는 경우, 본전을 찾으려면 50% 이익이 아니라 100% 이익을 얻어야 한다.

2000년 3월에 월드컴WorldCom을 43달러에 매입해서 주가가 12센트까지 내려간 2002년 말까지 계속 들고 있었다면, 원금을 회복하는 데 올려야 하는 이익이 얼마나 되었을까? 본전이 되려면 3만

● 손실은 일찍 막아라-본전 회복에 필요한 수익률

손실률	본전 회복 수익률
-10%	11%
-20%	25%
-30%	43%
-40%	67%
-50%	100%
-60%	150%
-70%	233%
-80%	400%
-90%	900%

5,733% 이익을 올려야 했다! 루슨트Lucent 주식을 2000년 3월 50달러에 매입해서 2.66달러가 된 오늘까지 들고 있다면, 1,780% 이익을 얻어야 본전이 된다.

주가가 일상적으로 널뛰듯 움직이며 단기적으로 손실이 밥 먹듯 발생하는 것이, 성장 주식 투자의 냉정하면서도 엄연한 현실이다. 장기적으로 성공을 거두는 방법은 이익 성장과 이에 따르는 장기적 주가 상승과 같은 기본에 집중하고, 잘못을 저질렀을 때 지성적으로 솔직하게 받아들이는 것이다. 5루타 종목과 10루타 종목(피터 린치 Peter Lynch가 고안한 용어로서, 5배 수익 종목과 10배 수익 종목을 말한다)을 잡으면 -10%와 -20% 실수 정도는 너끈히 회복하지만, -90% 같은 핵폭탄을 맞으면 사실상 회복이 불가능하다.

개척자에게는 화살이 쏟아지지만...
생존하면 모든 땅을 차지한다

믿어라. 그러나 확인하라.

로널드 레이건(Ronald Reagan)

신흥 기업에 투자하려면 강심장과 자기 확신이 필요하다. 세속적 지혜에 따르자면, 어떤 종목에 흠을 잡는 편이 유리하며 소위 "똑똑한 친구들"은 그 종목이 말도 안 된다고 생각한다(어떤 이유에서인지 월스트리트에서는 냉소적인 사람이 똑똑하다고 여겨진다).

당신은 다음과 같은 말을 흔히 듣는다. "지금까지 그런 일을 한 사람은 아무도 없어." "너무 위험해." "그렇게 좋은 아이디어라면, 업계 거물들이 왜 안 하지?" "주가가 너무 비싸. PER이 시장 평균의 3배야." "경쟁에서 완전히 밀릴 거야." "일시적 유행에 불과해." "지난 6개월 동안 곱절로 뛰었어. 나무가 하늘까지 치솟을 수는 없잖아."

스타벅스의 시가총액이 10억 달러에도 훨씬 못 미쳤을 때 내가 투자자들에게 스타벅스 주식을 적극적으로 추천하자, 사람들은 나를 바보라고 비웃었다. "진입장벽이 전혀 없잖아." "뉴욕에는 50센트 넘는 커피를 마실 사람은 아무도 없어." "맥스웰 하우스가 사업을 시작할 때까지 기다려!"

게다가 으레 그렇듯이 신흥 스타가 비틀거리면, 입을 모아 잔인하게 퍼붓는다. 사람들은 "내가 말했잖아"라고 잔뜩 힘주어 말하고, 진정으로 믿는 사람들은 예루살렘의 베드로처럼 침묵을 지킨다.

함정도 많고 위험도 크지만, 보상도 엄청나다. 당신이 무슨 수로 스타벅스와 크리스피 크림Krispy Kremes을 구별하겠는가? 델Dell과 게이트웨이Gateways는? 아폴로Apollos와 에디슨 스쿨Edison School은?

일치된 의견은 위험하다

얼룩말에게도 나 같은 기관 펀드매니저와 똑같은 문제가 있다.

첫째, 둘 다 이루기 힘든 구체적인 목표를 가진다.

펀드매니저는 평균 이상의 실적을 내야 하고, 얼룩말은 신선한 풀을 먹어야 한다.

둘째, 둘 다 위험을 싫어한다. 펀드매니저는 해고당할 위험이 있고,

얼룩말은 사자에게 잡아먹힐 위험이 있다.

셋째, 둘 다 무리를 지어 움직인다. 이들은 겉모습도 비슷하고,

생각도 비슷하며, 서로 바싹 붙어 다닌다.

당신이 무리에 섞여 사는 얼룩말이라면,

전체 무리에서 어느 곳에 자리 잡을 것인지가 중요한 결정 사항이다.

주변 상황이 안전하다고 생각되면, 무리의 바깥쪽이 가장 좋다.

무리 가운데에 있는 풀은 반쯤 뜯어 먹혔거나 짓밟혔지만,

바깥쪽 풀은 싱싱하기 때문이다.

무리의 바깥쪽에 있는 적극적인 얼룩말들이 훨씬 잘 먹는다.

한편, 사자가 다가올 때도 있다. 바깥쪽 얼룩말은 사자의 점심거리가 된다.

무리의 가운데에 있는 비쩍 마른 얼룩말들은 잘 먹지는 못하지만 살아남는다.

은행 신탁부서, 보험사, 뮤추얼펀드 등 기관의 펀드매니저는

용감한 얼룩말처럼 무리의 바깥쪽에 설 형편이 못 된다.

펀드매니저에게 최적인 전략은 간단하다.

항상 무리의 한가운데에 머무는 전략이다.

인기 주식에 계속 투자하는 한, 아무도 그를 흠잡지 않는다.

그렇기에 그는 큰 이익을 노리고 낯선 주식에 투자할 여유가 없다.

실패하면 그에게 비난이 쏟아지기 때문이다.

랄프 웬저(Ralph Wanger), 《작지만 강한 기업에 투자하라(Zebras in Lion Country)》

베트남전 동안 "집단사고groupthink"라는 용어가 인기를 끌었다. 이 말은 아무리 똑똑한 사람들도 함께 모이면 어처구니없는 결정을 내린다는 뜻이다. 집단사고는 대개 사람들이 집단합의에 마음을 빼앗겨서 상황을 객관적으로 판단하지 못할 때 발생한다. 집단사고는 관습적 지혜와 비슷하기는 하지만, 주로 집단행동에 영향을 받는다.

투자 위험의 개념을 예로 들어 보자. 개인들은 대개 위험을 영구적인 투자손실의 가능성, 변동성의 크기, 불확실성 등으로 정의한다. 집단의 관점에서 보면, 위험은 집단의 일치된 생각에서 벗어나는 생각으로 정의된다. 사람들이 위험을 보는 시각에 강력하게 영향을 미치는 건 바보 취급당하지 않겠다는 생각이다.

집단사고를 투자에 적용하면, 사람들은 잘 알려져서 이미 주가가 충분히 오른 주식에 투자하는 것보다 평균 이상의 성장 잠재력을 지니고, 낮게 평가되었지만 낯선 회사에 투자하는 것이 더 위험하다고 생각한다. "집단"은 그 회사를 알고, 성공한 역사를 좋아하며 그 회사를 우량주라고 생각하기 때문이다. 이와 관련된 투자 격언이 있다. "IBM에 투자하면 해고당하는 법이 없다."

집단사고 때문에 사려 깊은 판단이 오염되는 사례 하나가 분산투자이다. 사람들은 대개 사업과 기본사항을 확실하게 이해하는 종목 소수를 보유하면서 세심하게 관리하는 것보다, 광범위하게 분산된 포트폴리오를 보유하는 편이 덜 위험하다고 생각한다. 대개 시장에 뒤처지는 투자자들은 모든 달걀을 한 바구니에 담지 않으려고 집단이 하는 방식을 따른다. 반면에 장기적으로 우수한 실적을 보이는 투자자들은 더 집중된 포트폴리오를 유지하면서, 각 달걀을 매우 세심하게 지켜본다.

뛰어난 예술, 조리법, 음악 중에 집단이 창조한 작품이 전혀 없다는 사실은 놀랄 일이 아니다. 마찬가지로, 내가 알기로는 위원회가 운용해서 뛰어난 실적을 올린 투자도 없다. 미래 경제 추세를 예측하려고 진정으로 노력하는 펀드매니저는 필연적으로 시장의 유행과는 크게 다른 포지션을 가져가게 마련이며, 이런 행동은 현재의 시장 동향과 비교하면 별나고 무식해 보인다.

신중하게 생각해서 다른 사람들과 반대 방향으로 가는 방법이, 월스트리트에서 성공하는 열쇠인 경우가 많다. 그러나 맹목적으로 관습적 지혜에 거스르는 일은, 생각 없이 대중을 따르는 것보다 나은 바가 없다. 다시 말하면 성장 투자로 성공하려면 성장 요소에 관심을 집중해야 하며, 대중의 일치된 의견과 충돌하는 경우라도 꿋꿋하게 객관성을 유지해야 한다. 예를 들어 성장 투자자 중에는 독자적인 투자자로 알려진 사람들이 많으며, 어려운 시장 환경에서는 크게 손해 보는 사람들도 많다. 이들은 경제와 시장 환경이 좋아지면 엄청난 수익을 올리지만, 기후가 험해지면 "방향을 전환하느라" 고생한다.

항상 어딘가에는 성장 시장이 존재한다. 그러나 언제든 성장 시장에 기꺼이 적응하려면 상당한 절제가 필요하다.

하워드 슐츠 Howard Schultz

스타벅스 설립자 겸 CEO

하워드 슐츠는 존재조차 희미했던 시애틀 커피 회사를 세계적 선도 기업으로 키웠고, 사람들이 가장 칭찬하고 존경하는 브랜드로 가꾼 선각자이다. 슐츠의 회사 일 죠르날레Il Giornale가 1987년 스타벅스를 매입해서 체인의 이름을 스타벅스 주식회사Starbucks Corp.로 바꿨을 때는, 매장이 겨우 17개였다. 오늘날 스타벅스는 시가총액(2022년 5월 19일 기준)이 820억 달러에 이르며, 전 세계에 걸쳐 매장을 운영하고 있다.

Q 마이클 모 · 오늘의 스타벅스를 만들어 낸 핵심 요소가 무엇입니까?

A 하워드 슐츠 · 회사가 성장하고 발전한 초창기를 돌아보면, 그때나 지금이나 변함없이 다루게 되는 주제가 있습니다. 그 주제는 모든 분야에서 항상 성장곡선보다 앞서서 투자하는 전략입니다. 초창기부터 우리는 스스로가 시애틀을 넘어서는 크고 광범위한 회사라고 생각했습니다. 그렇다고 우리가 전 세계에 1만 1,000개나 되는 매장을 운영하리라고 상상했다는 뜻은 아닙니다. 다만 더 큰 회사로 키우는 비전을 생각하고 꿈꿨습니다. 우리는 시스템, 인프라, 사람, 제조 등 무엇이든 회사 성장에 필요한 것이라면 관심을 기울였습니다. 그래서 성장곡선보다 앞서서 사람을 고용하고 투자를 할 수 있었습니다. 성장곡선보다 앞서서 투자하지 않으면, 우리가 성장곡선에 따라잡히게 됩니다.

우리는 브랜드 가치를 회사 내부에서부터 쌓아 올리는 작업을 해 왔습니다. 다시 말하면, 우리가 회사에 쌓아 가는 문화, 가치, 원칙이 첫째 우리 직원들과, 둘째 우리 고객들과 함께 나누는 스타벅스의 정수가 되는 것입니다. 우리는 고객의 기대를 뛰어넘고 싶다고 일찌감치 선포했지만, 그러려면 먼저 직원들의 기대를 뛰어넘어야 한다는 사실을 깨달았습니다. 스타벅스가 고객과의 신뢰를 그토록 튼튼하게 유지하는 변함없는 이유는 직원들과 고객들 사이에 인간적으로 정서적 유대감을 구축했고, 이것이 우리 브랜드가 되었기 때문입니다. 우리는 커피 사업을 하고 커피가 매우 사교적이고 낭만적인 음료이므로, 우리는 사업과 회사 모두에서 공동체 의식을 창조할 수 있었습니다. 또한 전 세계를 대상으로 이렇게 할 수 있었습니다.

종업원들은 존중받고 싶고 소중하게 대우받고 싶어 합니다. 고객들은 돈을 뜯어내려 하는 곳이 아니라 감동을 주고 무엇인가 돌려주려고 하는 편안한 곳을 즐겨 찾습니다. 이러한 믿음이 발판이 되어 우리 회사는 꿈도 꾸지 못했던 수준으로 성장할 수 있었습니다.

ⓠ 마이클 모 · 인튜이트Intuit의 회장 빌 캠벨Bill Campbell이 당신과 토론한 적이 있다더군요. 새로 회사를 세울 때 가장 먼저 어떤 사람을 고용할지 질문을 받자, 그는 판매 담당 부사장이라고 말했고 당신은 인적자원 담당 부사장이라고 말했습니다. 그러자 그는 자기가 잘못 생각했고 당신 생각에 동의한다고 말했습니다!

Ⓐ 하워드 슐츠 · 그렇습니다. 내가 오늘 사업을 시작한다면 가장 먼저 누구를 고용할 것인지 질문을 받았고, 나는 인적자원 책임자를 고용하겠다고 말했습니다. 대부분 성장 회사에서는 회사의 가장 중요한 기능이 인적자원이라는 사실을 너무 뒤늦게 깨닫습니다. 판매, 마케팅, 재무 분야 등에 사람을 고용하느라 바빠서 너무 늦어서야 알게 되지요. 나라면 순

서를 바꿔서, 인적자원이 최고 수준의 핵심 역량 중에서도 으뜸이 되어야 한다고 말합니다. 더 나아가 인적자원 책임자에게 회사 지도층과 임원 자리를 반드시 맡길 것이며, 그 자리는 소중하고도 존경받는 자리이므로 사람들은 늘 귀를 기울일 것입니다. 우리가 성공한 원인을 돌아보면, 나는 우리가 훌륭한 인재를 끌어들이고 유지했기 때문에 성공했다고 주저 없이 말하겠습니다. 우리는 꼭 필요한 사람을 꼭 필요한 때에 어김없이 끌어올 수 있었습니다. 이는 우리가 인적자원 기능에 아낌없이 투자했고, 항상 회사의 최고위층에서 직접 챙겼기 때문이라고 생각합니다. 나는 오늘날 가만히 앉아서 우리의 중국 사업을 살펴보고 있습니다. 우리는 오늘날 중국에서도 똑같은 방식으로 사업을 되풀이하고 있습니다. 그래서 현재 진행되는 사업 단계보다 훨씬 앞서서 계속 과감하게 투자하고 있습니다. 우리가 미국에서 했던 방식대로 하지 않는다면, 우리가 꿈꾸는 수준으로 성공하지 못할 것입니다.

Ⓠ 마이클 모 · 앞으로 브랜드를 어떻게 만들어 갈 생각입니까? 그 브랜드는 무엇을 상징할까요?

Ⓐ 하워드 슐츠 · 성공에 이르는 공식이 하나만 있는 것은 아니겠지만, 오래가는 브랜드에는 대개 변함없는 속성이 있다고 생각합니다. 전에 남들이 했던 말을 하고 싶지는 않지만, 이야기에는 신빙성과 진실이 담겨 있어야만 합니다. 아무런 실체도 없이 30초나 60초짜리 슈퍼볼Super Bowl 광고로 브랜드를 구축하려고 해 봐야 소용이 없습니다. 소음에 불과할 뿐입니다. 현대 세계에서 사업에 성공하기란 한편으로는 전보다 훨씬 어렵지만, 다른 한편으로는 전보다 더 쉽습니다. 단기 실적과 단기 해결책을

찾아다니느라 실체를 잃어버린 회사들이 많기 때문입니다. 그러나 단기 실적이나 단기 해결책 따위는 존재하지 않습니다. 오늘날 훌륭한 브랜드들을 생각해 봅시다. 애플Apple의 업적과 아이팟iPod이 내세우는 고객과의 정서적 유대감을 생각해 봅시다. 나이키Nike, 이케아IKEA, 구글Google을 생각해 봅시다. 이런 회사의 제품들은 고객의 경험을 초월합니다. 고객들이 경험하는 것 이상의 의미를 줍니다. 고객은 타이드Tide(세제) 한 상자를 살 때와는 전혀 다른 차원의 정서적 유대감을 느낍니다.

Q 마이클 모 · 다른 사업을 포함해서 스타벅스의 국제 사업 기회에 대해서 어떻게 생각하십니까?

A 하워드 슐츠 · 톰 프리드먼Tom Friedman의 《세계는 평평하다The World Is Flat》를 읽든지 경제신문이나 일간신문을 읽든지, 중국과 다른 아시아 국가들이 세계의 중심이 되리라는 사실을 우리는 부인할 수 없습니다. 이러한 나라 중에서도 인도와 러시아에서 진행되는 일들을 보면, 인터넷 덕분에 여러 면에서 거리가 사라졌습니다. 나는 지역이나 국가에 따라 고객이나 시장을 차별하지 않습니다. 나는 시장을 하나로 봅니다. 여러 시장이 존재하는 환경에서 성공하려면 가능한 한 현지에 적응해서 적절하게 사업해야 하지만, 아예 처음부터 시장과 기회가 미국 국경 저 너머에 있다는 사실을 알아야 합니다. 우리는 아마도 역량이 갖춰지기도 전에 일본에 진출했습니다. 우리는 일본에서 배웠고 잘못을 저질렀지만, 그렇게 하지 않았다면 37개 국가에서 3,000개 매장을 운영하는 현재의 지위에 오르지도 못했을 테고, 중국에서의 사업 기회도 결코 활용하지 못할 것입니다. 새로운 기회를 쫓는 일과 핵심 역량을 보존하는 일의 균

형을 유지하고 싶지만, 우리는 꿈을 크게 꾸며 기회를 잡을 수 있어야 합니다. 때로는 준비가 안 된 상태더라도 말입니다.

ⓠ 마이클 모 · 핵심을 보전하는 일과 성장을 추구하는 일에 대해서 말씀해 주십시오.

Ⓐ 하워드 슐츠 · 성장은 사람을 도취시키고 강하게 유혹하므로, 반드시 누군가 백미러를 보면서 잘못을 찾아내야 합니다. 앞도 살펴야 하지만 뒤도 돌아보아야 합니다.

훌륭한 소매기업은 경험을 강화하는 동시에 핵심 사업을 보전하는 일에도 매우 뛰어납니다. 우리는 음악, 스타벅스 카드, 와이파이 네트워크WiFi network(전파 등을 이용하는 근거리 통신망) 등을 만들어 내며 이런 방식으로 사업을 진행했습니다. 이런 사업들은 모두 경험을 더해 준 한편, 핵심 커피 사업도 잘 보완해 주었습니다. 당신도 소매 사업과 도매 사업을 동시에 하는 처지라면, 고객을 찾아오게 만드는 핵심 역량이 희석되는 일만은 어떻게든 막으려 할 것입니다. 성장기업의 사업 측면에서 내가 지난 몇 년 동안 배운 사실 하나는, 어떤 일이 있어도 토끼 여러 마리를 동시에 쫓아서는 안 된다는 점입니다. 핵심 사업이 사업의 진정한 기초이며, 준비도 안 된 상태에서 다가오는 수많은 기회에 유혹당해서는 안 된다는 사실입니다. 성장기업 대부분은 자신의 능력 이상으로 많은 기회를 맞이하기 때문입니다. 지금껏 사업을 잘 해 오다가 갑자기 자만에 빠져서 새로운 사업을 벌이는 바람에, 브랜드 가치나 고객과의 신뢰 관계가 잠식되거나 기업의 생존능력에 치명상을 입은 회사들이 널려 있습니다.

Q 마이클 모 · 경쟁에 대해서는 어떻게 생각하십니까?

A 하워드 슐츠 · 경쟁에 대해 편집병에 걸려서 경쟁 압박을 덜어 내려고 애쓰는 기업들이 많습니다. 지난 몇 년 동안 우리가 배운 또 다른 사실은, 우리 직원들이 매장에서 고객들과 멋진 순간들을 만들어 내는 일이 경쟁에 대한 최상의 방어책이라는 점입니다.

Q 마이클 모 · 스타벅스에 관해서든 시장에 관해서든 미래를 내다볼 때, 당신은 무엇에 가장 열광하십니까?

A 하워드 슐츠 · 다른 사람들처럼, 나도 중국에서 진행되는 일에 깜짝깜짝 놀랍니다. 나는 분기마다 1주일씩 중국에서 지냅니다. 말이 나왔으니 말인데, 나는 수많은 사람이 골드러시 때와 같은 사고방식으로 중국에 몰려간다고 생각합니다. 인터넷 버블과 마찬가지로 거품은 터질 테고, 실패하는 사람들이 많이 나올 것입니다.

Q 마이클 모 · 그 밖에 낙관적으로 보시는 분야가 있습니까?

A 하워드 슐츠 · 소매업계에 새로운 발전이 일어나면서, 고객에게 안락한 공간을 제공하는 소매기업이 늘어날 것입니다. 스타벅스는 커피 못지않게 매장 환경이 중요한 요소가 되면서 커다란 혜택을 입었습니다. 업자들은 제품을 파는 일에만 몰두하지만, 고객들이 즐길 공간을 창출하는 소매업체와 도매업체들이 성공을 거둘 것입니다. 아직 이 사실을 깨달은 사람들은 많지 않습니다. 나는 상품 수용 속도에도 감탄하고 있습니다. 우리가 스타벅스 브랜드를 구축하는 데는 20년 이상이 걸렸습니다. 오늘의 환경에서는 정보가 빠르고 자유롭게 유통되므로, 상품을 적절하게

포지셔닝 한다면 고객들은 몇 년 전보다 믿을 수 없을 정도로 빠른 속도로 받아들일 것입니다.

Q 마이클 모 · 음악에 관해서 하고 싶은 말씀이 있습니까?

A **하워드 슐츠** · 스타벅스가 하는 커피 사업은 굴뚝bricks-and-mortar산업이지만, 오늘날 고객들이 매장 밖에서 온종일 벌이는 활동 방식을 무시해도 좋은 사업은 하나도 없습니다. 사업을 적합하게 유지하려면 우리는 이 모든 변화를 감지하면서 카멜레온처럼 변신해야 합니다.

요점 정리

- 복리 이자는 장기적으로 폭발적인 투자수익을 얻게 해 주는 핵심 요소이다.
- 계속해서 20% 넘는 이익 성장을 유지하는 회사는 찾기가 매우 힘들다.
- 잘못을 저질렀을 때 일찌감치 손실을 막아야 결정적인 타격을 피할 수 있다.
- 큰 투자수익을 얻으려면 독자적으로 생각해야만 한다.

★ 3 ★

EPS가 높으면 내부수익률도 높다

FINDING THE NEXT STARBUCKS

．
．
．
．
．
．
．
．

나는 퍽이 있던 곳이 아니라,
퍽이 있을 곳으로 달려갑니다.

웨인 그레츠키(Wayne Gretzky), 하키선수

과거 실적만 보고서도 내일의 성공 주식을 가려낼 수 있다면 정말
편리할 것이다. 그러나 세상은 끊임없이 변하기 때문에 안타깝게도
이런 방식은 통하지 않는다.

1925년 미국의 선도산업을 살펴보면, 자본 규모가 가장 큰 100
개 기업 가운데 23개가 철도산업에 속해 있었다. 10개가 자동차 회
사였고, 4개가 철강 회사였다. 정보기술, 의료, 금융 서비스 기업은
100대 기업 가운데 하나도 없었다.

시계를 2005년으로 빠르게 되돌려 보자. 100대 기업 가운데 단
하나만 철강 회사이고, 자동차나 철도 회사는 하나도 없다. 반면에
100대 기업 중 20개가 정보기술 회사이고, 23개가 금융 서비스 회사
이며, 17개가 의료 회사이다.

● 과거 실적으로 미래를 알 수 없다

100대 기업의 수		
산업	1925	2005
철도	23	0
철강	4	1
자동차 및 부품	10	0
정보기술	0	20
금융 서비스	0	23
의료/제약	0	17

자료 · 팩트셋(FactSet), 마이클 밀컨(Michael Milken)

　　과거의 성공 기업을 돌아본다고 내일의 성공 기업을 찾아낼 수 있는 것은 아니지만, 성과가 우수한 기업들을 분석하면 내일의 성공 기업을 가려낼 때 무엇을 찾아보아야 하는지 알 수 있다.

1995~2005 실적 우수 종목들

1995년~2005년 총수익 기준으로 25개 최우수 종목을 찾아내려고, 나는 10,000개가 넘는 회사를 평가했다. 누가 목록을 만들었는지 알아보는 일은 흥미로울지는 모르지만 유익하지는 않다. 결국 실적이 나온 다음에 시장을 분석한다면 누구든지 가려낼 수 있기 때문이다. 우리도 알다시피 과거 실적으로 미래 성공 기업을 알 수 없으므로, 누가 분석했느냐보다는 어떻게 분석했느냐가 중요하다.

나는 내 관점을 확인하려고, 실적 최우수 기업들의 속성을 분석하여 그 기업이 속한 분야와 가치를 창출한 방법에 초점을 두었다. 이들 중 많은 수가 연구 기간의 시대적 추세를 대표하는 회사들이었다. 이것은 결코 우연이 아니다.

● 1995~2005 올스타 기업

약자	회사명	시가총액(백만불)		주식 누적수익	EPS 성장률	PER	
		1995	2005			1995	2005
1 AEOS	아메리칸 이글 아웃피터즈	59	3,456	49%	62%	29.0	12.2
2 PENN	펜 내셔널 게이밍	56	2,734	41%	24%	11.3	40.4
3 CELG	셀진	117	10,992	40%	226%	222.9	186.2
4 XTO	XTO 에너지	326	15,964	40%	42%	15.7	18.2
5 DELL	델	3,220	72,097	39%	32%	13.7	23.2
6 JBL	재빌 서킷	199	7,629	39%	31%	17.4	30.6
7 BBY	베스트 바이	694	21,527	37%	30%	12.5	21.6
8 RMD	레스메드	93	2,733	37%	29%	21.4	40.9
9 WFMI	호울 푸드 마켓	256	10,633	36%	21%	24.1	77.9
10 EXPD	익스피디터 인터내셔널 워싱턴	314	7,346	35%	25%	18.9	41.5
11 OSK	오시코시 트럭	129	3,308	33%	27%	12.7	20.5
12 URBN	어반 아웃피터즈	199	4,213	33%	25%	18.4	35.1
13 LM	레그 메이슨	423	13,510	33%	23%	16.1	33.9
14 SNDK	샌디스크	330	11,472	33%	32%	34.7	36.1
15 QCOM	퀄컴	2,785	71,406	32%	43%	76.8	34.1

3. EPS가 높으면 내부수익률도 높다

16 PNRA	패너라 브레드	82	2,061	32%	48%	58.9	41.2
17 GLYT	진라이트 그룹	86	1,525	32%	25%	11.0	18.5
18 MRX	메디시스 파머수티컬	60	1,760	32%	27%	18.9	26.9
19 EV	이튼 밴스	263	3,559	32%	20%	9.8	24.1
20 ELX	에뮬렉스	61	1,671	31%	51%	42.7	24.0
21 IMDC	이나메드	67	3,197	31%	15%	8.6	46.8
22 BRO	브라운 앤드 브라운	216	4,274	31%	22%	14.6	29.3
23 AMHC	아메리칸 헬시웨이즈	76	1,573	30%	20%	22.8	51.0
24 BIIB	바이오젠 아이덱	294	15,030	30%	23%	36.1	116.4
25 USNA	USNA 헬스 사이언스	71	765	30%	34%	27.3	20.3
평균		419	11,777	35%	38%	31.8	42.0
중앙 값		199	4,213	33%	27%	18.9	33.9

자료 · 팩트셋(FactSet), 씽크에쿼티 파트너스(ThinkEquity Partners)

분석에 따르면, 25개 최우수 회사들은 평균적으로 1995년 초기 시가총액이 1억 9,900만 달러였고, 이익이 매년 27% 성장했으며, PER이 매년 6% 증가했고, 이렇게 해서 2005년까지 주가가 매년 33% 상승했다. 10년 차 말에 25개 최우수 회사들의 평균 시가총액은 42억 달러로 증가하였다!

이 간략한 분석에서도 드러나듯이, 이익이 바로 성장 주식 장기 실적의 바탕이다. 주가 상승은(처음부터 PER이 높았음에도) PER 증가에서 오는 부분이 크며, 주식시장에서는 계속해서 시장을 빠른 속도로 키워 가는 기업에 분명히 프리미엄을 지불한다.

● 실적 우수 종목 분석 (1995~2005)

자료 · 팩트셋(FactSet), 씽크에쿼티 파트너스(ThinkEquity Partners)

이 PER 프리미엄이 바로 성장기업과 성장 주식을 구분 짓는 기준이 된다(예를 들면, 프리미엄 기업은 평가에서 프리미엄을 받는다). 반면에 경제가 전반적으로 좋아야 장기적으로 성장하는 회사는 경제 회복, 인플레이션 하락, 소비자 심리와 사업 심리 회복 등이 받쳐 주지 않으면 평가에서 프리미엄을 받기가 훨씬 어렵다.

위 10년 분석 결과가 우연이었는지 확인하려고, 1985년~1995년의 10년 동안 실적 우수 회사들의 속성도 조사하였다.

어찌된 일인지, 1985년~1995년 실적 우수 회사들의 시가총액 중앙값은 더욱 작아서 1억 3,400만 달러였다. PER 중앙값은 17.6이었으며, 평균 이익 성장은 31%였다. 평균적으로 주가는 매년 32% 상승했다.

3. EPS가 높으면 내부수익률도 높다

● 1985~1995 올스타 기업

약자	회사명	시가총액(백만불)		주식 누적수익	EPS 성장률	PER	
		1995	2005			1995	2005
1 AMGN	암젠	147	15,776	49	88	14.1	31.5
2 HD	홈 디포	313	22,766	44	39	22.9	32.6
3 AMAT	어플라이드 머티리얼즈	134	7,059	41	40	14.7	15.4
4 STJ	세인트 주드 메디컬	98	3,437	38	27	8.8	25.2
5 MU	마이크론 테크놀로지	163	8,202	37	33	2.7	8.5
6 MDT	메드트로닉	657	12,980	35	22	12.8	36.3
7 PAYX	페이첵스	108	2,273	35	31	36.6	50.1
8 PHS	패시피케어 헬스 시스템즈	107	2,696	35	30	16.7	23.1
9 NKE	나이키	528	9,973	35	48	51.9	20.8
10 IGT	인터내셔널 게임 테크놀로지	72	1,360	35	51	46.2	14.8
11 TLAB	텔랩스	156	3,286	34	31	22.5	29.3
12 DHR	대너허	80	1,857	32	31	16.4	18.0
13 ADCT	ADC 텔레 커뮤니케이션스	120	2,290	32	20	15.2	39.1
14 BMET	바이오멧	112	2,063	31	35	31.8	23.9
15 FNMA	패니메이	1,886	33,818	31	36	18.0	15.9
16 CBRL	CBRL 그룹	51	1,039	30	33	20.2	15.5
17 RHI	로버트 하프 인터내셔널	77	1,210	29	21	16.0	30.9
18 SYK	스트라이커	180	2,549	29	26	21.7	29.3
19 SUP	슈피리어 인더스 트리 인터내셔널	60	766	29	21	7.6	14.9

20 BRK.A	버크셔 해서웨이	2,833	38,327	29	6	6.5	48.0
21 OCR	옴니케어	75	1,178	28	20	25.6	52.3
22 NOVL	노벨	188	5,295	28	43	46.0	15.8
23 CD	센던트	214	6,195	28	25	54.6	69.8
24 INTC	인텔	3,395	46,592	28	37	15.2	14.2
25 SFE	세이프가드 사이언티픽스	58	727	28	16	17.6	47.1
	평균	473	9,349	33	32	22.5	28.9
	중앙값	134	3,286	32	31	17.6	25.2

자료 · 팩트셋(FactSet), 씽크에쿼티 파트너스(ThinkEquity Partners)

실적 우수 기업들의 특성을 분석해 보면, 현재의 평가는 과거 영업실적의 결과이고, 장기 주가 상승은 초기의 가격이 아니라 주로 이익 성장에 따라 결정되는 것이 분명하다. 결론적으로, 이 명단에 오른 기업들 같은 실적 우수 기업을 찾으려면, 투자자들은 싼 주식이나 "모멘텀momentum" 주식을 찾지 말고, 장기 이익 성장 잠재력을 지니고 거대한 시장에서 경쟁하는 성장기업을 찾아내야 한다.

덧붙이자면, 순풍을 받는 산업에 속해서 활동하는 기업들은 대개 시장에서 더 높은 성과를 올린다. 순풍은 기업이나 산업이, 사회를 이끌어 가는 추세의 덕을 볼 때 불어온다. 예를 들면, 보호와 검사 서비스 회사는 국토 안전Homeland Security법 입법으로 순풍을 받았다. 이와 대조적으로, 부정적인 추세가 산업에 영향을 미칠 때는 역풍을 받는다. 예컨대, 비흡연자의 권리(혐연권嫌煙權)가 입법되자 담배 산업은 역풍을 맞이했다. 단지 순풍이 불어오기만을 기다리는 기업보다는 성장하는 시장을 성공적으로 이용하는 기업이 더 큰 시장을

평균	PER		시가총액(백만 달러)		성장률		PER 기여
	초기	말기	초기	말기	주가	EPS	
10년 분석 (1995~2005)	31.8	42.0	419	11,777	35%	38%	5%
10년 분석 (1985~1995)	22.5	28.9	473	9,349	33%	32%	4%

중앙값	PER		시가총액(백만 달러)		성장률		PER 기여
	초기	말기	초기	말기	주가	EPS	
10년 분석 (1995~2005)	18.9	33.9	199	4,213	33%	27%	6%
10년 분석 (1985~1995)	17.6	25.2	134	3,286	32%	31%	3%

10년 뒤 이 목록에 오를 회사에 투자하려면, (1) 싼 가격이 아니라 이익 성장에 주목하고 (2) 소형주에 집중하라. 회사 규모가 이익 성장을 좌우한다!

자료 · 팩트셋(FactSet), 씽크에쿼티 파트너스(ThinkEquity Partners)

차지하며 그 보상으로 더 높은 평가를 받고, 결국 주주에게 가장 높은 가치를 제공한다.

여물통의 돼지들

바른길로 들어섰더라도, 그 자리에 앉아 있으면 차에 치인다.

윌 로저스(Will Rogers)

새로 떠오르는 성장기업에 성공적으로 투자하는 핵심 원리는, 투자하는 회사의 수를 철저하게 제한하는 것이다. 투자한 회사를 깊이 알면 커다란 손실을 피할 수 있고, 회사가 중간에 어려움을 겪더라도 참고 버틸 수 있다(혹은 주식을 더 살 수도 있다!).

교수들은 포트폴리오를 분산하는 일이 대단히 중요하다고 강조한다. 당신이 평범한 실적을 원한다면, 교수들 말이 맞다. 그러나 워런 버핏의 말을 인용해서 실상을 이야기하자면, 우리는 바구니에 담는 달걀 수를 줄여서 조심스럽게 보살피는 편이 낫다고 본다.

브랜디와인 펀드Brandywine Funds를 설립한 성공한 투자가 포스터 프리스Foster Friess는 포트폴리오에 종목을 추가하고 제외하는 방식을 아주 쉬운 비유를 들어 설명했다. 그는 포트폴리오를 "여물통의 돼지들"이라고 생각했다.

나는 미니애폴리스Minneapolis에서 자라서 다소 편견이 있을지 모르겠지만, 노동절 주말의 미네소타주 농산물 공진회Minnesota State Fair를 생각하면 미드웨이Midway 놀이기구 타기, 카니발 게임, 막대기와 관련된 온갖 먹을거리(돼지갈비, 피클, 심지어 튀긴 아이스크림까지)가 떠오른다. 여기 더해서 세계에서 가장 큰 호박, 서양호박을 구경하며 가축 전시회도 둘러보게 된다.

귀가 먹먹할 정도로 시끄러운 닭장을 거쳐 나오면 돼지우리는 오히려 조용하게 느껴지는데, 이곳에서 무려 600킬로그램이나 나가는 돼지들을 볼 수 있다! 여물통에는 돼지들이 빽빽이 몰려들어 사료를 먹고 있다. 여물통 한쪽 끝에는 새끼 돼지 한 마리가 있는데, 사료를 먹으려면 가장 허약한 돼지 한 마리를 밀어내고 자리를 차지해야만 한다.

포스터의 말은, 포트폴리오 여물통을 계속 관찰하면서 가장 허약한 "돼지"를 찾아내서 원기 왕성한 돼지로 교체한다는 뜻이다. 여물통 돼지들이 모두 새 돼지보다 튼튼하다면, 여물통 돼지들은 그대로 유지된다.

투자할 때는 기존 포트폴리오가 편안하게 느껴지기 쉽지만, 상황은 바뀌기 마련이다. 우리가 사는 세상은 항상 시간과 자원이 부족하므로 상대 평가든 절대 평가든, 뿌리가 있는 회사든 유망한 신생 기업이든, 어떤 종목을 추가하려면 다른 종목을 팔아야 한다.

일반적으로 소기업이 탁월한 실적을 올린다고 밝혀졌지만, 가장 매력적인 기회는 성장에 초점을 맞출 때 찾아낼 수 있었고, 앞으로도 계속 그럴 것이다.

선도적인 성장기업들의 실적 통계는 인상적이지만, 5~10년 뒤 이 목록에 올라갈 회사를 찾아낼 수 있어야 진정한 가치가 있다. 이 과거 실적 목록을 가지고 작업을 시작하면 좋은 점은, 오늘날 이 목록에 들어 있는 기업 중에서 유망 종목을 가려내는 것이 아니라 과거에 이 기업들이 이 목록에 오르게 된 요소를 찾아낼 수 있다는 점이다.

성장주 투자의 3대 법칙은
이익, 이익, 이익

내가 실적 우수 종목에 관한 연구에서 변함없이 얻는 결과는 주식의 장기 실적이 기업의 이익과 거의 100% 상관관계가 있다는 사실이다. 25개 실적 우수 기업들이 과거 10년 동안 가격이 연평균 33%나 오른 것은, 연 27%에 달하는 이익 성장 때문이었다. 2000년~2005년의 5년 동안 연 50%씩 주가가 오른 것은 연 46%씩 이익이 성장했기 때문이며, 1995년~2000년 동안 연 75% 주가가 상승한 것은 연 53% 이익이 성장한 덕분이다.

이 연구에서 추가로 드러난 사실은, 장기적으로 이익이 성장하는 회사를 일찌감치 찾아내서 투자하면 (성장주 투자의 전형적인 "이중 플레이"인) PER 상승을 통해서도 커다란 혜택을 본다는 점이다.

10년 단위 연구에서, PER 상승이 연간 주가 상승에 평균 6%를 기여했다. 10년 기간 중 1995년~2000년 동안에는 PER 상승이 연간 주가 상승의 20%를 기여했고, 2000년~2005년 동안에는 연간 주가 상승의 10%를 기여했다. 이것은 S&P500의 장기 수익률의 2배가 넘는다!

당신도 알다시피, 우리가 연구한 기업들은 처음부터 가격이 "싸지" 않아서 초기의 평균 PER이 18.9배나 되었다. 게다가 대개 처음에도 "비싸게" 보였지만 나중에는 더 비싸게 평가되었다. 평가가 높은 수준에서 밀려난 경우에도, 이익이 계속해서 성장한 덕분에 결국 평가 압박의 부정적 영향을 충분히 극복해 낼 수 있었다.

이 사실은 성장의 힘이 지닌 또 하나의 중요한 면을 보여 준다. 투자자들은 잠재가치로 기업을 평가하지만, 훌륭한 성장기업은 회사의 내재가치intrinsic value를 키워 냄으로써 평가 위험을 줄인다.

성장 프로세스

실적 우수 기업을 찾아내려는 투자자라면, 성장기업을 찾아내는 체계적인 수단이 있어야 한다. 이 성장기업은 크고 접근 가능한 시장이나 빠르게 성장하는 초기 시장에서 경쟁을 벌여야 하며, 장기 이익 잠재력이 뛰어나야 한다.

나는 커다란 시장점유율을 차지할 수 있는 필수 요소를 확보한 동시에 무한한 성장 기회를 확보한 개별 기업을 찾아내도록 조사 프로세스를 설계하였다. 나는 하향식 관점을 통해서는, 거대한 파도로부터 일어나 주류가 되어 현상을 뒤엎는 메가트렌드megatrends(거대 추세), 즉 기술적, 경제적, 사회적 힘에 주목한다.

상향식 관점을 통해서는, 사람People, 제품Product, 잠재력Potential, 예측가능성Predictability이라는 4P에 집중한다. 4P는 기업이 시장의 메가트렌드로부터 지속적으로 장기 성장을 일궈 내는 잠재력을 지니고 있는지 객관적으로 평가한다.

이익이 주가를 밀어 올린다

사람들은 매시간 오르내리는 주가를 점치려 하지만,
장기적으로 주가를 좌우하는 것은 이익이다.

피터 린치(Peter Lynch)

내 투자 철학의 바탕은, 장기적으로 주가가 거의 100% 이익에 따라 결정된다는 원칙이다. 따라서 우리는 계속해서 이익이 빠르게 성장하는 회사를 찾아내고자 한다. 그렇다고 현재의 평가와 같은 요소들을 무시하고 백지상태에서 출발한다는 뜻은 아니다. 그러나 계속해서 이익이 빠르게 성장하는 바탕 요소를 찾아낸다면, 장차 높게 평가받을 주식을 더 잘 찾을 수 있다고 믿는다.

이익이 빠르게 성장하면 회사의 주가도 장기적으로 올라가므로 우리는 빠르게 성장하는 강력한 시장을 찾아내야 하고, 이러한 시장에 참여하거나 이러한 시장을 주도하면서 성장하는 회사를 찾아내야 한다. 성장에 집중한다면 마땅히 그래야 하듯이, 나는 늘 소형주를 찾는다. 매출이 조금만 늘어나도 회사의 전반적인 성장 속도가 크게 빨라지기 때문이다.

소기업들은 전형적으로 한 분야에만 투자하므로, 이들은 특정 시장 성장에 제품과 서비스를 전략적으로 집중한다. 반면에 기반을 갖춘 대기업들은 대개 성숙한 사업들을 운영하며, 소기업들과는 달리 별로 연관성이 없는 여러 시장에서 사업을 벌이는 경우가 많다. 그 당연한 결과로, 제품과 서비스의 매출이 빠르게 성장하면 특정 시장에 분명하게 집중한 소기업이 훨씬 큰 영향을 받는다.

회사가 매출을 빨리 늘려서 이익을 많이 내는 것도 중요하지만, 경쟁자에 대항해서 시장을 지키는 일도 못지않게 중요하다. 어떤 면에서 소기업은 경쟁자들보다 앞서서 틈새시장을 개발할 수 있고, 작은 몸집과 집중력을 이용해서 끊임없는 시장 변화에 민첩하게 대응할 수 있으므로 경쟁 우위를 갖는다. 시장 집중과 민첩성을 통해서 소기업은 시장에 더 빨리 적응해서 고객의 변화하는 수요와 취향에 맞도록 새로운 제품과 서비스를 제공할 수 있으며, 덩치가 크고 둔한 경쟁자들을 계속 앞서 나갈 수 있다.

다른 면으로 보면, 틈새시장이 계속 저개발 상태로 머물거나 제대로 정의되지 않을 때는 회사 규모가 작은 점이 경쟁에 불리하게 작용할 수도 있다. 이렇게 되면 소기업들은 이익률이 평균 이하로 떨어지며(미래 성장을 위한 자금 조달도 힘들어지고), 산업 성장률도 뒤지는 경우가 많다(시장점유율도 떨어진다). "모방me too" 기업들이 대개 이

● 성장주와 경기 순환주 (1995~2005)

성장주	성장률		1달러 투자 기준	
	EPS	주가	1995	2005
월마트	15%	15%	$1	$4.21
마이크로소프트	22%	17%	$1	$4.77
델	35%	39%	$1	$27.68
스타벅스	29%	28%	$1	$11.43
성장주 소계	25%	25%	$1	$12.02

경기 순환주	성장률		1달러 투자 기준	
	EPS	주가	1995	2005
GM(제너럴 모터스)	-	-7%	$1	$0.47
JC페니	-9%	2%	$1	$1.17
피지앤드이PG&E	-2%	3%	$1	$1.31
듀폰	-2%	2%	$1	$1.22
경기 순환주 소계	-4%	0%	$1	$1.04

자료 · 팩트셋(FactSet), 씽크에쿼티 파트너스(ThinkEquity Partners)

렇게 된다.

결국 계속해서 이익이 빠르게 성장하려면, 성장기업은 정보기술, 의료, 대체에너지, 소비자 및 기업 서비스, 전문품 소매, 미디어와 흥행산업 등 활력이 넘치는 시장에 참여해야만 한다. 이러한 성장기업 중에서도 가장 성공적인 기업은 거의 경쟁 없이 고유의 틈새시장을 개발해서 독점적 제품과 서비스를 도입함으로써 계속해서 산업 평균 이상 이익을 얻어 결국 주주에게 엄청난 가치를 제공하는 기업이다.

이익 성장이 주가를 밀어 올린다는 점을 강조하려고 과거 사례를 사용하면서, 나는 고전적 성장주와 최근의 성장주를 뽑아서 연간 이익 성장과 주가 상승을 경기 순환 우량주과 비교하였다. 표에서 보듯이, 10년 전 성장주 포트폴리오에 1달러를 투자했다면 오늘날 12달러 이상으로 불어났을 것이다. 그러나 유명한 경기 순환주에 1달러 투자했다면 겨우 1.70달러가 되었을 것이다.

왜냐고? 성장주의 이익이 10년 동안 연 25% 증가했기 때문이다. 반면 경기 순환 우량주는 같은 기간 겨우 1% 증가했다.

제너럴 모터스GM는 1984년 순이익이 10억 달러였다. 2005년, GM의 순이익은 -39억 달러였다! 전에는 GM이 성장해야 나라가 성장한다고들 말했다. 고맙게도, 정확한 현실은 성장주가 성장하면 미국도 성장한다는 사실이다.

높은 EPS 성장 + 기대 초과 = 대박

우리는 이제 성공 주식을 잡는 첫걸음이, 이익이 빠르게 성장하는 기업을 찾아내는 것임을 알았다(앞으로 상당 기간 그럴 것이다).

그러나 폭발적으로 상승하는 주식(계속해서 이익이 성장할 뿐만 아니라 대박을 내는 종목)이 되려면, 계속해서 애널리스트들의 기대를 뛰어넘어야만 한다.

투자자들은 기대를 넘어서는 깜짝 실적은 좋아하지만, 기대에 못 미치는 깜짝 실적은 싫어한다. 따라서 어떤 회사가 "너무 보수적으로 실적을 예상했다"거나 "기대를 뛰어넘는 실적을 올렸다"는 평을 받게 되면, 이에 대한 보상으로 그 회사 주식은 PER이 올라갈 때가 많다.

예를 들면, 어떤 애널리스트가 한 회사의 이익 성장을 20%로 예상했지만 실제로 이익 성장이 30%였다면, 이 회사의 주가는 높은 이익 성장 덕도 보지만, 이 회사에 대한 낙관적 견해가 늘어나면서 PER이 상승하는 덕도 보게 된다.

성장주 투자자는 높은 이익 성장과 기대치 초과 실적이 결합할 때 열반涅槃의 경지에 이르게 된다. 높은 이익 성장이 계속되면서 PER도 올라가는 2중 플레이가 펼쳐지기 때문이다.

이 원리를 간단하게 계산해 보자. 어떤 회사의 작년 이익이 1달러였는데, 애널리스트들은 3~5년 성장률을 20%로 예측하고 있으므로, 이 회사의 올해 이익은 1.20달러로 예상되었다. 투자자들은 이 회사 주식의 가치를 PER 20배로 평가하였다(주가가 20달러였다-옮긴이).

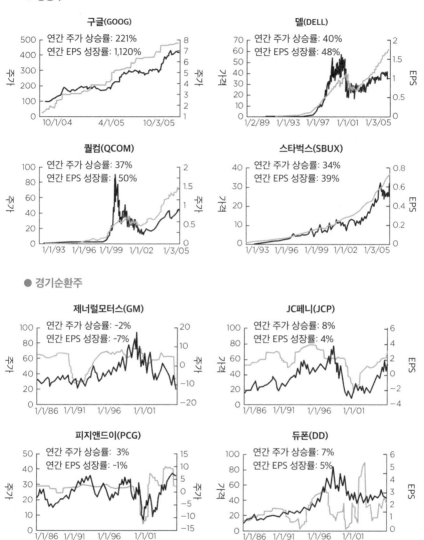

● 성장주

구글(GOOG)
연간 주가 상승률: 221%
연간 EPS 성장률: 1,120%

델(DELL)
연간 주가 상승률: 40%
연간 EPS 성장률: 48%

퀄컴(QCOM)
연간 주가 상승률: 37%
연간 EPS 성장률: 50%

스타벅스(SBUX)
연간 주가 상승률: 34%
연간 EPS 성장률: 39%

● 경기순환주

제너럴모터스(GM)
연간 주가 상승률: -2%
연간 EPS 성장률: -7%

JC페니(JCP)
연간 주가 상승률: 8%
연간 EPS 성장률: 4%

피지앤드이(PCG)
연간 주가 상승률: 3%
연간 EPS 성장률: -1%

듀폰(DD)
연간 주가 상승률: 7%
연간 EPS 성장률: 5%

자료 · 팩트셋(FactSet), 씽크에쿼티 파트너스(ThinkEquity Partners)

3. EPS가 높으면 내부수익률도 높다

	주가	초기 EPS	기대 성장률	PER	실제 EPS	조정 PER	주가	주가 상승률
사례1	$20	$1.00	20%	20	$1.30	20	$26	30%
사례2	$20	$1.00	20%	20	$1.30	30	$39	95%

시계를 1년간 빠르게 돌려보자. 이 회사는 실제로 1.30달러 이익을 냈는데, 투자자들이 이 주식을 계속 PER 20배로 평가한다면 주가가 26달러로 올라가서 그 해에 30%의 수익을 얻는다. 한편, 투자자들이 이 회사의 실제 성장률이 30%라고 믿고, 이 주식을 PER 30배로 평가할 수도 있다. 정상적인 시장에서 보통의 성장기업은 예상되는 성장률만큼의 PER로 평가받는다. 이렇게 평가하면, 주가가 39달러로 오르면서 12개월 만에 거의 두 배가 된다.

아폴로 그룹Apollo Group이 훌륭한 사례이다. 1994년 4월 아폴로 그룹이 기업공개를 했을 때, 시가총액이 1억 1,200만 달러였고 증권가에 약속한 EPS 성장률이 25%였다. 그러나 실제로 아폴로 그룹은 연 42% EPS 성장률을 달성했으며, 45분기 동안 계속해서 월스트리트의 예상을 뛰어넘거나 충족했다. 아폴로 주가가 10년 동안 연 59% 상승한 것은 우연이 아니다.

우리의 목표는 약속한 것보다 더 높은 이익 성장을 계속 제공하는 회사를 찾아내는 일이다. 이런 회사 중에서 대박이 터지기 때문이다. 아폴로 그룹이 바로 이런 목표를 채워 준 전형적인 회사이다.

● 아폴로 그룹(APOL)

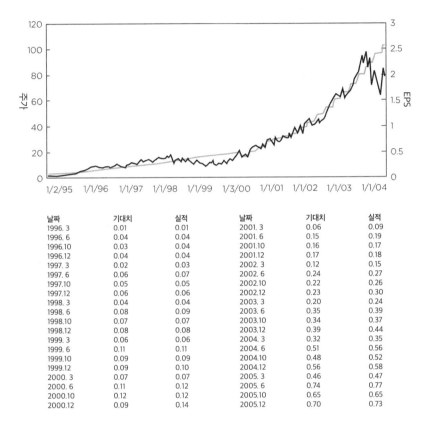

날짜	기대치	실적	날짜	기대치	실적
1996. 3	0.01	0.01	2001. 3	0.06	0.09
1996. 6	0.04	0.04	2001. 6	0.15	0.19
1996.10	0.03	0.04	2001.10	0.16	0.17
1996.12	0.04	0.04	2001.12	0.17	0.18
1997. 3	0.02	0.03	2002. 3	0.12	0.15
1997. 6	0.06	0.07	2002. 6	0.24	0.27
1997.10	0.05	0.05	2002.10	0.22	0.26
1997.12	0.06	0.06	2002.12	0.23	0.30
1998. 3	0.04	0.04	2003. 3	0.20	0.24
1998. 6	0.08	0.09	2003. 6	0.35	0.39
1998.10	0.07	0.07	2003.10	0.34	0.37
1998.12	0.08	0.08	2003.12	0.39	0.44
1999. 3	0.06	0.06	2004. 3	0.32	0.35
1999. 6	0.11	0.11	2004. 6	0.51	0.56
1999.10	0.09	0.09	2004.10	0.48	0.52
1999.12	0.09	0.10	2004.12	0.56	0.58
2000. 3	0.07	0.07	2005. 3	0.46	0.47
2000. 6	0.11	0.12	2005. 6	0.74	0.77
2000.10	0.12	0.12	2005.10	0.65	0.65
2000.12	0.09	0.14	2005.12	0.70	0.73

- 아폴로 1994. 4월 기업공개
  당시 시가총액 1억 1,200만 달러
  회사 제시 장기 EPS 성장률 25%.

- 1995~2005 실제 EPS 성장률 42% 실현.

- 45분기 연속 월스트리트 기대치 초과 혹은 충족.

- 주가 상승률 연 48%는 놀라운 일이 아님.

- 기업공개 시점에 $1 투자했으면 현재 $83가 되었음!

자료 · 회사 자료, 팩트셋(FactSet), 씽크에쿼티 파트너스(ThinkEquity Partners)

3. EPS가 높으면 내부수익률도 높다

○

잭 라포트 Jack Laporte

T 로 프라이스(T. Rowe Price)의 뉴 호라이즌(New Horizons) 펀드 담당 펀드매니저

잭은 1987년부터 63억 달러에 이르는 뉴 호라이즌 펀드를 운용하고 있다. 뉴 호라이즌은 세계에서 가장 크며 가장 인정받는 소기업 펀드 중 하나이다. 잭이 운용을 맡은 동안 연수익률 11.8%를 기록했는데, 이는 S&P500보다 1.6%P 높은 실적이며, 러셀 2000 성장지수Russell 2000 Growth Index보다 5.5%P 높은 실적이다. 나는 잭과 마주 앉아, 성장주 투자자들이 흔히 저지르는 실수가 무엇인지 물어보았다. (잭 라포트와의 인터뷰 전문을 읽으려면 www.findingthenextstarbucks.com을 찾아보기 바란다.)

성장주 투자자들은 진정으로 독창적이고 뛰어난 성장주에 대해 정당한 대가를 지불하려 하지 않는 경우가 많습니다. 어떤 회사의 이익이 장기간 연 20% 성장하리라고 굳게 믿는다면, 우리는 현재 이익에 대해 매우 높은 PER을 기꺼이 지불해야 합니다. 때로는 나도 함정에 빠져 이렇게 말합니다. "이 회사는 경영진도 뛰어나고 훌륭한 회사지만, 너무 비싸." 뛰어난 경영진을 갖춘 진정으로 훌륭한 회사라면, (현재 수익 기준으로 보면 다소 비싸겠지만) 현재 주가를 꿰뚫어 보면서 이 회사의 2~3년 치 이익에 해당하는 가격이라면 실제로는 아주 싸다고 생각해야 합니다.

- 분산투자를 하면 평범한 실적을 올릴 위험이 커진다.
- 관습적 지혜를 따르면 틀림없이 대박 종목을 놓친다.
- 백미러를 보면서 고속도로를 질주해서는 안 된다.
- 내일의 스타 주식은 대개 규모가 아주 작고, PER이 상대적으로 높으며, 높은 이익 성장률이 장기간 계속된다.
- 높은 EPS 성장과 시장의 기대를 뛰어넘는 실적이 대박 종목을 내는 공식이다.

★4★

내일의 스타를
찾아내고
평가하는 공식

FINDING THE NEXT STARBUCKS

프로세스
process

Formula for Identifying and Evaluating
the Stars of Tomorrow (the Process)

:
:
:
:
:
:
:
:

한 가지 생각해 보자. '점쟁이가 복권에 당첨됐다'라는 뉴스가
왜 한 번도 나지 않는 걸까?

제이 리노(Jay Leno)

월스트리트의 기막히게 별난 일 하나는, 애널리스트들이 투자 기회를 평가하는 프로세스가 대부분 제멋대로라는 점이다. 나는 리먼 브라더스Lehman Brothers 조사부서가 월스트리트에서 1위였을 때, 그곳에서 애널리스트로 근무했다. 나는 메릴 린치Merrill Lynch 조사부서가 1위였을 때, 세계 성장주 조사를 담당하는 임원이었다. 나는 몽고메리 증권사Montgomery Securities가 나머지 두 일류 증권사보다 더 조사를 잘할 때, 성장주 조사와 전략을 담당하는 임원이었다. 세 회사 모두 업무를 지시하는 방식은 본질적으로 똑같았다. "여기 노트북 컴퓨터가 있고, 이것이 자네가 담당하는 산업이네. 가서 추천하는 회사에 대해 보고서를 써 오게."

메릴 린치 방식이 있었는가? 리먼 브라더스 방식이 있었는가? 아

니면 주식을 찾아내고 분석해서 추천하는 프로세스가 있었는가? 전혀 없었다. 근본적으로 증권 분석 "프로세스"라는 것이 똑똑하고 야심 있는 친구를 고용한 후 알아서 하라고 시키는 방식이었다. 이런 방식이 통할 때도 있었다. 그러나 통하지 않을 때가 많았다. 애널리스트들이 존경받지 못하는 것도 이상한 일이 아니다. 메릴 린치와 리먼 브라더스가 세계적 회사로 자리 잡은 것은, 절대로 내일의 스타를 찾아내는 방식이 훌륭해서가 아니다.

그러나 프로세스를 가르쳐 주지 않은 것이 이들 회사의 잘못은 아니다. 스타벅스가 길거리에서 사람들을 고용해 "카페라테를 만들어 오시오"라고 지시를 해도, 이들 중 스타벅스 이름조차 들어 보지 못한 사람이 대부분일 것이다.

훌륭한 회사의 특징 하나는 사업을 운영하는 방식이 체계적이고 전략적이라는 점이다. 마찬가지로 훌륭한 투자자가 되려면 회사를 분석하는 방법이 체계적이고 전략적이어야 한다.

우리는 세계에서 가장 빠르게 성장하는 회사를 찾아내고 투자하는 방법을 담은 "요리책recipe book"을 만들었다. 이 책은 씽크 10계명 Think 10 Commandments으로 시작해서 메가트렌드 분석, 기업의 4P 평가, 엄격한 평가 방법 등을 다룬다. 내일의 스타를 오늘 찾아내는 프로세스를 어떻게 개발했는지 이제부터 설명하겠다.

내일의 스타를 찾아내고
투자하는 씽크에쿼티 프로세스

씽크에쿼티 파트너스 10계명은 씽크에쿼티 투자 프로세스 안에 들어 있다. 이 단순한 원리를 통해서 투자자들은 투자수익을 높이는 토대를 마련하게 된다. 투자의 목적은 분명히 돈을 버는 것이지만, 체계적인 방법이 없으면 광기만 난무한다!

첫째, 기본에 충실해라. 이익 성장이 주가를 밀어 올린다. 시간이 흐르면서 회사의 실적과 주가 상승은 반드시 100% 상관관계를 유지한다. 가장 빠르게 성장하는 회사에 주목하라.

둘째, 사후에 반응하지 말고, 앞서서 생각하라. 앞을 내다보고 세상이 흘러가는 방향을 예상해야, 성공 주식을 일찌감치 잡을 수 있다. 오늘 신문기사에 반응하려 하지 말고, 내일 신문기사로 무엇이 실릴지 예상하라.

셋째, 엄격하게 조사하되, 경직되지는 말라. 당신의 "순간적" 판단을 확인하려고 회사에 충분한 현금이 있는지 대차대조표를 보며 확인하는 일은 중요하다. 그러나 지나치게 분석하다 보면 기회를 놓칠 수도 있다. 최상의 투자 기회는 단순하고 직관적인 경우가 많다.

넷째, 잘못을 저질렀으면 잘못을 인정하라. 최고의 투자자와 애널리스트들도 잘못을 저지를 때가 많다. 최악의 경우는 잘못을 합리화하는 행동이다. 지성인답게 정직하라. 무엇보다도 당신의 원래 생각이 아니라 현재의 사실에 근거해서 판단을 내려라.

다섯째, 바퀴벌레 이론이다. 부엌에서 바퀴벌레 한 마리가 눈에 띈다면, 안 보이는 곳에 바퀴벌레가 수없이 많다는 뜻이다. 마찬가지로, 성장기업에 문제점이 하나 드러난다면 수많은 문제점이 숨어 있다는 뜻이다. 단지 한 분기만의 문제로 끝나는 경우는 드물다. 첫 손실이 가장 작은 법이다.

여섯째, 투자 아이디어는 정보와 통찰이다. 정보는 독점적일 때 가치가 있다. 통찰은 그 정보의 의미를 파악할 때 가치가 있다.

일곱째, 4P가 성장기업이 성공하는 열쇠이다. 첫 번째 P인 사람 People이 가장 중요하다.

여덟째, 투자 주식에 대해 출처가 서로 다른 5개 자료를 사용해 검토하라. 가능하면 회사 경영진과 정기적으로 대화를 나눠라. 그러나 이들은 항상 컵에 물이 반쯤 차 있다고 생각한다는 점을 명심하라.

아홉째, 주가가 오르거나 내리는 주요 이유 3가지를 찾아내라. 덧붙여서, 단기적으로 주가 움직임을 촉진하는 요소를 찾아내라. 주식을 보유하는 이유가 항상 분명해야 한다.

열째, 열정적으로 투자하되 투자에는 냉정함을 유지하라. 주식은 감정이 없으며, 당신이 보유하는지조차 모른다.

이 10계명은 내 철학을 뒷받침하는 일관성 있는 분석 틀이며, 우리의 분석 곳곳에 스며 있다. 이어서 우리는 각 성장 부문을 하향식 관점으로 살펴보며, 메가트렌드와 산업 동인이 산업의 성장 잠재력에 미치는 영향을 분석한다. 우리는 이러한 하향식 분석을 통해 투자 주제를 도출해서, 이러한 주제를 집중적으로 조사하고 자원도 집중적으로 투자한다.

다음으로, 위 투자 주제에 포함되는 모든 회사를 찾아내서 파악하고 열거한다. 대기업에서 소기업에 이르기까지, 상장 회사에서 비상장 회사에 이르기까지, 고성장기업에서 저성장기업에 이르기까지, 우리는 4P를 기준으로 회사의 순위를 매기려 한다. 모든 회사를 평가하는 모델이 있는 것은 아니지만 4P를 분석 틀로 활용해서 어떤 회사가 최상이고 어떤 회사가 최악인지 의견을 밝히려 한다.

투자 주제에 포함되는 회사들의 순위를 매긴 뒤, 우리는 이익 성장과 PER을 기준으로 엄격한 평가 방법을 써서 단기 매력도를 판단한다. 어느 시점이든지 훌륭한 기업도 높은 가격에 사면 단기 손실 위험을 떠안지만, 나쁜 회사도 싼 가격에 사면 단기 수익 기회를 얻는 것이 투자의 현실이다. 미래 이익에 초점을 두고 엄격하게 평가하면 현명한 판단을 내려 위험을 관리할 수 있다.

● 대박 종목을 발굴하는 씽크 요리법

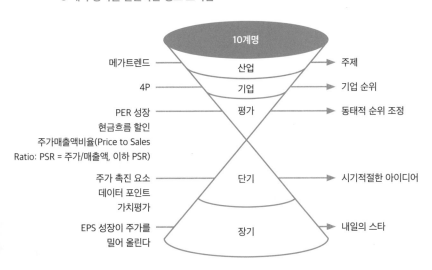

4. 내일의 스타를 찾아내고 평가하는 공식(프로세스process)

나머지 조사 프로세스는, 한편으로는 단기에 관심을 기울이면서 다른 한편으로는 장기에 관심을 쏟는 일이다. 장기적으로 바른길로 들어설 때 가장 큰 혜택을 얻는 것은 두말할 필요가 없지만, 성공을 얻으려면 우선 살아남아야 한다.

단기에 관심을 기울이려면 주가 촉진 요소, 데이터 포인트data points, 가치평가Valuation를 이해해야 한다. 2분 후, 2시간 후, 2일 후, 2주 후 주가를 움직이는 요소를 이해해야 한다. 장기에 관심을 쏟으려면 이익 성장을 측정해야 한다. 거듭 말하지만 이익 성장이 주가를 밀어 올리며, 장기 실적과 거의 100% 상관관계를 갖는다.

메가트렌드Megatrends가 장기 성장을 주도한다

> 나는 인생의 나머지를 미래에 보낼 것이기 때문에,
> 나의 관심은 미래에 있다.
>
> C. F. 케터링(C. F. Kettering)

시장이 가장 크게 성장하는 기회는 경제의 첨단 분야에서 만들어지며, 첨단 분야의 한끝에서 변화가 일어나 경제 전반을 바꾸게 된다. 떠오르는 성장 기회를 찾아내는 전략의 핵심 요소는 경제 전반의 변화, 생산성, 성장을 주도하는 메가트렌드를 이해하는 것이다.

나는 메가트렌드가 시장을 성장시키는 근본적인 촉매제라고 본다. 소비자 행동과 사업 프로세스에 영향을 미치며, 신제품과 서비스 도입의 기본 구성 요소가 되기 때문이다. 여기 덧붙여서 메가트렌드는 가격과 품질 개선에 영향을 미침으로써 잠재 수요를 드러내서 성숙 시장을 다시 활성화하며, 자원을 추가로 투입해서 성장하는 새 시장의 기회를 활용하게 해 준다.

메가트렌드는 신흥 기업의 등 뒤에서 효과적으로 순풍을 불어 준다. 이러한 순풍은 장기간 높은 성장을 유지할 기회와 바탕을 제공한다. 커다란 성장 기회는 메가트렌드와 경제의 성장 부문이 만나는 곳에서 많이 나타난다. 이러한 성장 부문으로는 기술, 의료, 대체에너지, 미디어와 교육, 기업 및 소비자 서비스 등이 있다.

● 메가트렌드는 순풍을 불어 준다

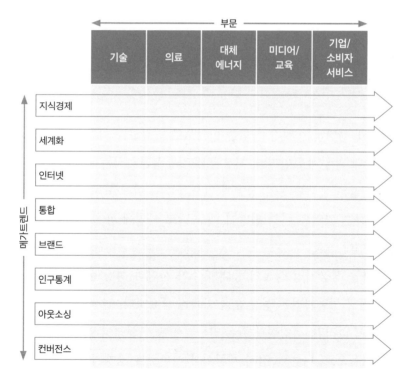

소비자, 기업, 전체 경제에 영향을 미치는 현재의 메가트렌드로는 지식경제, 세계화, 인터넷, 인구통계, 컨버전스convergence, 통합consolidation, 브랜드, 아웃소싱outsourcing 등이 있다.

장기적으로 나는 이러한 역동적인 힘이 직접적으로든 간접적으로든 전체 산업의 매출과 이익을 주도한다고 믿는다. 이때 산업을 선도하는 기업들이 빠르게 성장하는 시장에서 가장 큰 몫을 차지할 것이며, 결국 주주들에게 엄청난 이익을 안겨 줄 것이다.

4P
·······

내가 정말로 돈을 잃었던 유일한 때는,
스스로 만든 규칙을 깼을 때였다.

제시 리버모어(Jesse Livermore)

빠르게 성장하는 시장 기회를 이익으로 연결하는 기업을 찾아내는 일이 내 최종 목표이지만, 시장을 빠르게 성장시키는 촉매제를 찾아내는 일은 성장주 투자 성공에 필수적이다. 이러한 기회를 가장 잘 이용하는 기업은 이익 전망이 매우 밝고 사업에 4P를 잘 활용하는 기업이다.

나는 성장기업 성공의 중대 요소가 사람과 성장 문화라고 믿는다. 신생 성장기업은 성장 문화가 특히 중요하다. 신생 기업은 과거 실적이 없지만, 경영진과 핵심 인사들은 과거 실적이 있을 것이다.

다음으로, 나는 독점적 제품이나 서비스로 경쟁자보다 훨씬 큰

이익을 내는 시장 선도 기업을 찾는다. 명성을 확보하는 일이 필수적이다.

잠재력이란, 접근 가능한 대규모 시장이나 제약이 없는 성장의 초기 단계로서, 소기업이 빠른 성장을 거듭하여 대기업이 될 수 있는 시장을 말한다. 메가트렌드는 시장의 성장 규모와 성장 속도 결정에 중대한 역할을 한다.

마지막으로, 나는 기업의 성장 가능성 즉, 예측 가능성을 측정한다. 회사는 예측 가능한 이익을 반복해서 창출하는 매출이나 공식을 확보하고 있는가? 최고의 성장기업은 예측 가능성이 크며, 계속해서 규모의 경제를 달성하면서 영업 레버리지를 활용한다.

결국 나는 시장에 부는 순풍에 의지하는 기업보다 시장 성장의 초기 단계를 찾아내 활용하는 기업을 찾아내고 싶다. 이러한 회사들이 높은 시장점유율을 차지하며, 그 보상으로 높은 평가를 받는다.

제약 없이 성장하는 강력한 시장을 찾아내고, 동시에 이 시장에서 사업 계획을 실행하여 거대한 몫을 차지하는 기업을 일찌감치 찾아낼 때, 투자자들은 결국 성장 프리미엄의 혜택을 받게 된다.

이러한 특성을 갖춘 기업을 찾아내는 일은, 빠르게 이동하는 희귀 코끼리 떼를 찾아내는 일만큼이나 어렵다. 한 가지 기쁜 소식은 우리가 이런 기업을 발견한다면 그런 기업인지 알아볼 수 있다는 점이다!

요점
정리

- 훌륭한 기업과 훌륭한 투자자들은 운영 방식이 체계적이고 전략적이다.
- 씽크 10계명은 투자를 돕는 가장 중요한 분석 틀이다.
- 내일의 대박 종목을 찾아내서 투자하는 요리법은, 각 성장 산업의 메가트렌드를 평가해서 투자 주제를 결정하는 일이다.
- 각 산업과 주제별로 우리는 4P를 기준으로 각 기업의 순위를 매긴다.
- PER, PSR 등 여러 평가 방법을 써서 적정 가격과 시점을 결정한다.
- 하향식 프로세스를 통해서 촉매제, 데이터 포인트, 가치평가를 함으로써 단기 위험과 기회를 파악한다.
- 마지막으로 제일 중요한 것은, 가장 오랫동안 가장 많은 이익 성장을 실현할 것이라고 믿는 회사에 투자하는 것이다.

★ 5 ★

메가트렌드

FINDING THE NEXT STARBUCKS

Megatrends

:
:
:
:

나는 추세를 만들지 않는다.
단지 추세가 무엇인지 찾아내서 이용할 뿐이다.
딕 클라크(Dick Clark), 아메리칸 밴드스탠드(American Bandstand, 댄스 음악을 방송한 미국 TV 프로그램)

요컨대, 메가트렌드는 강력한 기술, 경제, 사회 세력으로서 큰 파도 (조기 수용)에서 시작되어 주류(대중 시장)로 발전하고 현상(성숙 시장)을 붕괴시키며, 변화와 생산성을 좌우하고 결국 기업, 산업, 전체 경제 의 성장 기회를 주도한다.

메가트렌드는 사회, 경제, 기술, 정치적 변화에 핵심적인 역할을 담당하며 역사를 돌아보면 그 영향을 쉽게 찾아볼 수 있다. 그러나 메가트렌드는 실시간으로는 감지하기 어렵다. 메가트렌드는 속성 상 천천히 밑에서부터 위로 발전하면서 "주변적" 사건들을 서서히 일으키며 힘을 모으다가, 마침내 임계질량에 다다르면 거대 규모로 광범위한 변화를 일으킨다.

1982년 저서 《메가트렌드Megatrends》에서 존 나이스비트John Naisbitt

는 민족과 지역을 중심으로 산업경제를 재편하는 다양한 단계에서 여러 추세가 나타난다고 설명했다. 또한 주식회사 미국의 주요 특징은 거대기업과 층층시하의 경영계층이라고 보았다. 기술 진보는 종종 두려운 존재이며, 특히 근로자와 노동조합이 두려워한다. 권력은 여전히 소수에 집중되어 있지만 기업과 노동자에게 양극화되어 있으며, 사회적 문제들은 단기 해결책에만 초점을 둔다.

나이스비트는 이러한 재편 과정에서 합의도 없었고 수용 의사도 없으며 대부분 사람이 두려워하는 추세를 예상했다. 그것은 제조업의 지속적인 쇠퇴와 정보 경제의 부상이었다.

그가 20여 년 전에 찾아낸 추세가 꾸준하게 진행되어, 당시 산업을 선도하던 기업들은 오늘날 잘 알려진 성숙한 정보기술 기업이 되었다. 추세를 찾아낸 데 더해서, 나이스비트는 지역과 공동체 전반에 걸쳐 독립적으로 일어난 강력한 추세들이 나중에 합쳐져서 거대한 집단적 추세가 된다는 사실도 꿰뚫어 보았다.

나이스비트는 겉으로는 상관없어 보이는 여러 추세로부터 공통 요소들 즉, 메가트렌드들을 가려냈는데 이런 추세들이 과거, 현재, 가까운 미래를 사실상 재편해 가고 있었다.

메가트렌드는 10년, 20년, 50년 전에 그랬던 것처럼, 오늘날에도 여전히 중요한 역할을 차지하고 있다. 단지 오늘날 눈에 잘 뜨이는 메가트렌드로부터 나온 작지만 관련된 추세들이 바뀌고 있을 뿐이다. 예를 들면, 세계화는 분명 새로운 추세가 아니지만 지리 정치적 개방성, 경제 개발, 더 강력한 정보 및 통신기술과 결합하면서 세계화, 무역, 아웃소싱 등의 진행 속도가 한층 빨라졌다.

마찬가지로, 늘어나는 세계 시장에 내놓는 제품과 서비스의 숫자가 폭발적으로 증가하면서 브랜드의 가치는 기하급수적으로 높아지고 있다. 기업들이 자사 제품을 차별화하고 브랜드에 가치를 담아 자기 시장을 지키려 하기 때문이다.

정보기술은 이미 나온 지 오래되어 이제 정보기술 기업들은 성숙 단계에 도달했다. 그러나 정보기술 애플리케이션은 전통적인 사업 투자와 소비자 가전을 넘어 빠르게 확산하면서, 소비자와 기업 서비스는 물론 생명공학biotechnology과 나노기술nanotechnology 같은 새로운 영역의 성장에 박차를 가하고 있다.

새로운 추세를 찾아내는 일은 항상 어렵다. 벤처 캐피털 기업들이 지적하듯이, 메가트렌드가 모습을 드러냈을 때는 이미 너무 늦어

● 메가트렌드 주제의 발전

1960~1980	1980~2000	2000~2002
산업 사회	정보 사회	지식 경제
재래 기술	하이테크/하이터치	인터넷/유비쿼터스 컴퓨팅
국가 경제	세계 경제	세계화/경제 클러스터
단기	장기	컨버전스
집중화	분권화	아웃소싱
기관의 지원	자조	인구통계
계층	네트워킹	통합
양자택일	복수 옵션	브랜드
대의 민주주의	참여 민주주의	피드백 민주주의

자료 · 씽크에쿼티 파트너스(ThinkEquity Partners), 존 나이스비트, <메가트렌드>

서 투자자들이 이득을 보지 못한다. 따라서 기업과 소비자의 환경을 결정짓는 세력을 끊임없이 찾아내야만 오늘날 세계 경제에서 떠오르는 성장 시장을 발견해서 이용할 수 있다.

이러한 메가트렌드 안에 경제 전반에 걸쳐 확산하는 주제가 들어 있다. 그러나 사람들은 대개 이러한 추세들이 현상으로 확고하게 자리 잡을 때까지 알아채지 못한다. 다음은 나이스비트가 처음 제시했으며, 현재 경제적 사회적 메가트렌드로 여전히 영향을 미치고 있는 주제들이다.

앞에서 언급한 대로, 나는 기회의 파도를 몰고 오는 핵심 추세 8개를 찾아냈다. 지식경제, 인구통계, 세계화, 인터넷, 아웃소싱은 시장 성장과 경쟁을 주도할 것이다. 반면에 컨버전스, 통합, 브랜드는 제품, 기술, 기업, 산업이 성공하도록 밀어주는 핵심 요소가 될 것이다.

이러한 추세로부터 나오는 성장 기회를 가장 먼저 알아보고 활용하는 기업들이 경쟁에서 가장 먼저 앞서갈 것이고, 선발 주자로서 보상을 받을 것이며 생산성 향상을 십분 활용하여 고객에게 혜택을 제공함으로써 크게 성장할 것이다.

다가오는 여러 해 동안 새로운 추세는 물론 이러한 추세들이 계속해서 커다란 시장 기회를 만들어 낼 것이며 소비자 행동과 사업 프로세스에 영향을 미치면서 근본적인 촉매제로 작용할 것이고, 성숙 시장에서 성장 기회를 창출함은 물론 새로운 제품과 서비스 도입의 기본 구성 요소가 될 것이다.

나는 현재와 미래의 추세가 과거 추세의 연장선 위에 있다고 본다. 다만 누적된 기술 발전, 인구통계의 변화, 소비자 취향의 변화, 기업 효율성 증대 등을 빠르게 활용하면서 변화의 속도는 더 빨라질 것이다. 현재의 잠재 수요를 충족시키기 위한 혁신과 상업화에 걸리는 시간은 계속 줄어들어서 실시간에 가까워질 것이다.

내일의 스타를 찾아내는 임무에 대해서, 나는 거대한 시장 성장 기회를 창출하는 메가트렌드에 크게 의지하려 한다. 나는 과거 강세장에서 일어났던 동태적 변화가 우리를 미래의 성장 기회로 이끄는 디딤돌이 되리라 기대한다.

메가트렌드 1 지식경제

공장에 대한 투자가 산업 시대에 가장 중요한 투자였다면,
정보 시대에 가장 중요한 투자는 틀림없이 인간 두뇌에 대한 투자이다.

로렌스 서머스(Laurence Summers), 전 하버드대 총장

물질보다 정신: 지식경제 시대의 인간 자본

산업 시대 이전이든 산업 시대이든, 역사를 통틀어 위대한 민족들은 물질자원을 확보하거나 물질자원의 장애를 극복하면서 발전했다. 영국과 스페인은 대양을 가로질렀고 독일은 석탄과 철로 강철을 만들었으며, 미국은 풍부한 농업 자원과 산업 자원을 이용해서 세계의 곡창이자 산업 초강대국이 되었다.

PC, 인터넷, 전자적 정보 전달이 등장하면서, 세계는 제조와 물질에 기반을 둔 경제로부터 전자적 지식 기반 경제로 이행하게 되었

● 미국에서 가장 빠르게 성장하는 10대 직업 (2004~2014)

직업	종사자(천명)		증감		가장 중요한
	2004	2014	수	비율	고등교육/훈련
가정 보건사	624	974	350	56%	단기 직무훈련
네트워크 시스템과 데이터 통신 분석가	231	357	126	55%	학사 학위과정
간호사	387	589	202	52%	중급 직무훈련
의사 보조사(Physician assistants)	62	93	31	50%	학사 학위과정
컴퓨터 애플리케이션 엔지니어	460	682	222	48%	학사 학위과정
물리 치료 보조사	59	85	26	44%	협회 학위과정
치과 위생사	158	226	68	43%	협회 학위과정
시스템 소프트웨어 엔지니어	340	486	146	43%	학사 학위과정
치과 보조사	267	382	115	43%	중급 직무 훈련
개인 보조원/가정 봉사원	701	998	297	42%	단기 직무 훈련

자료 · 미국 인구 조사국

다. 물질에 기반을 둔 경제의 자원이 석탄, 석유, 강철인 데 반해서, 새로운 지식 기반 경제의 자원은 정보를 효과적으로 획득, 전달, 처리하는 능력과 지능이다.

20세기 후반에 새로운 기술이 엄청난 발전을 보이자, 21세기에 대한 낙관론이 확산하면서 미래학자들은 지식 기반 경제가 출현함에 따라 산업 혁명기 못지않은 대규모 성장기가 시작되리라 예측했다. 지식 기반 경제에서는 지식근로자들이 성공적인 사업, 신흥 산업, 경제 성장의 초석이 된다. 그러나 기업들이 연구개발 투자를 늘림에 따라, 혁신에 뒤처지지 않으려면 육체 근로자들은 끊임없이 기술을 향상해야 하므로, 이러한 새로운 환경에서 육체 근로자들은 전에 없던 도전을 받게 된다. 향후 10년간 가장 빠르게 성장하는 10대 직업 가운데 6개 직업에는 고등교육이 필요하며, 모든 직업이 지식 기반 직업이다. 더욱 두드러진 사실은 미국의 연간 특허 등록 건수가 지난 10년 동안 매년 거의 두 배로 늘어났으며, 속도가 갈수록 빨라진다는 점이다.

오늘의 경제는 지능, 아이디어, 기업가 정신에 기반을 둔 지식경제이다. 기술이 오늘의 경제 성장을 주도하며, 인적자원이 그 연료이다. 지식경제는 사람 중심이며, 생산집약에서 노동집약으로 발전해 왔다. 신경제에서 성공은 근본적으로 기업이 지식근로자를 획득하고 훈련하고 유지하는 방법에 달려 있다.

유비쿼터스 PC와 고속 대역폭 덕분에 사람들은 언제 어디서나

● 미국 특허 등록 건수(단위: 천 건)

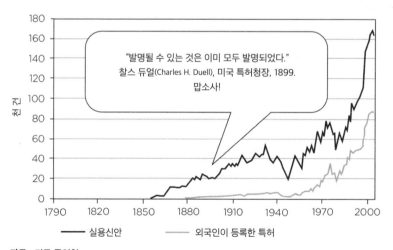

자료 · 미국 특허청

지식을 얻을 수 있다. 인터넷에 의해서 지식이 민주화되고 접근성이 높아지며, 비용이 낮아지고 결국 지식 품질이 올라간다. 나는 오프라인의 (교수와의 1대1 대화와 같은) 풍부한 경험과 인터넷만이 제공하는 도달 능력을 결합하면, 네트워크 효과를 통해서 거대한 지식 기업이 태어날 수 있다고 믿는다. 게다가 오프라인 운영자들은 경험과 브랜드를 온라인에 십분 활용하면 상당한 이점을 얻을 수 있다. 예를 들면, 타겟Target은 가격이 적당한 진보적 패션 기업으로서의 지위와 인기 브랜드를 결합하여 온라인 사업의 강자가 되었다.

PC의 탄생으로 시작된 정보 혁명은 지식 혁명으로 발전했다. 철도가 산업 혁명을 이끈 것처럼, 전자상거래는 지식 혁명을 이끌고 있다. 시장에 "지식 철로" 즉, 인프라를 구축하는 기업들이 폭발적으로 성장할 것이다.

지식경제에서 교육은 새로운 기업에 동력을 제공하는 연료이다. 고품질 교육 콘텐츠와 평가/측정을 통합한 인증 제도가 21세기의 새로운 교육 패러다임이다. 평가는 온갖 기술의 가치를 측정하는 화폐이다. 신경제의 4대 엔진인 컴퓨터, 원격통신, 의료, 기기 공학에 종사하는 근로자가 100명 중 거의 50명이며 계속 증가하고 있다. 이러한 기술집약적인 산업의 일자리는 경제 전체의 일자리보다 3~6배 더 빠르게 증가하고 있다.

모든 종류의 선도 기업 중에서도 인터넷 분야 기업이 단연 막대한 이익을 거두고 있다. 4P와 다른 핵심 차별 요소를 지닌 지식 기업들을 집중해서 분석하면, 야후!와 야후의 아류 기업들을 구분해 낼 수 있으며, 거대한 기회로부터 막대한 투자수익을 거둘 수 있다.

오늘의 세계에서 지식은 개인의 능력을 좌우할 뿐만 아니라, 기업의 능력, 나아가 국가의 능력까지 좌우한다. 지식경제가 펼치는 미래의 가능성은 짜릿한 흥분을 주기도 하지만, 우리의 기를 꺾기도 한다. 교육이 지식의 척도가 되면서 고등학교 졸업자와 대학 졸업자 사이의 급여 격차가 지난 20년 동안 두 배 이상으로 벌어졌다. 이는 우리가 속한 곳이 지식 시장이라는 강력한 증거이다.

오늘의 지식 기반 세계 시장에서, 인적자본은 물질자본을 밀어내고 경쟁우위의 원천으로 자리 잡았다. 기술과 인터넷 경제가 만나

● 지식 기반 경제의 인적자본과 학습

산업경제	지식경제
임금	지분/옵션
4년 학위	40년 학위
학습은 비용	학습은 경쟁 우위의 첫 번째 원천
보조원 구함	인재가 필요함
학습자가 돌아다니며 배움	콘텐츠가 돌아다니며 가르침
원거리 학습	분산 학습
이력서	역량
종업원	인재
물질자본	인적자본
천편일률	맞춤 프로그램
지역 교육기관	유명 대학과 명성 높은 교수
만일의 경우를 대비	적시 공급

자료 · 마이클 모, 메릴 린치

면서 더 유능하고 똑똑한 근로자가 필요하게 되었다. 미국의 실업률이 5%에 불과하고 가장 뛰어난 근로자들은 "프리랜서" 사고방식을 지니고 있으며, 미국 성인 인구의 24%만이 학사 학위가 있다는 현실 때문에 유능하고 똑똑한 근로자를 확보하는 일은 전에 없이 어려운 실정이다. 전자상거래로 인해서 전통적 사업조차 인터넷 속도로 진행될 수밖에 없으므로, 이제는 얼마나 빠른 속도로 역량을 발휘하느냐에 따라 기업의 경쟁력이 결정된다.

2011년으로 시계를 빠르게 돌려보자. 슬프게도 미국 학교에서 지식 시장에 공급하는 학생들을 보면 마음이 놓이지 않는다. 최근 국제 비교에서, 미국 12학년 학생들은 신경제 핵심 과목인 수학과 과학에서 각각 꼴찌와 꼴찌와 다름없는 순위를 차지했다.

따라서 국제 경쟁력을 키우고 지식근로자를 확보하는 근본적이고 커다란 문제는 결국 12학년 학생들 문제로 귀결된다. 인적자본에 대한 수요가 초과 상태이므로, 세계적 기업들은 더 효과적으로 지식근로자들을 채용하고 종업원들에게 평생 학습을 제공해야 하며, 12학년 교육 시스템을 개선하여 미래 인력 공급을 늘려야 한다. 인터넷은 기업과 사람들을 연결함으로써 경영 시스템을 제공하고, 언제 어디서나 학습을 제공하며, 낙후된 초등 교육 시스템을 혁신하는 촉매제 역할을 맡을 수 있다.

진정으로 혁명적인 인터넷의 영향력을 우리는 이제 겨우 맛보기 시작했을 따름이다. 역사적으로 지리적 거리는 중요했다. 상품과 서비스를 찾는 사람들에게 거리는 중요했다. 교사와 학생들에게도 거리는 중요했다. 인터넷이 등장하면서 거리는 사라졌고, 세계는 빠른

자료·마이클 모, 메릴 린치

속도로 하나의 시장이 되고 있다.

인적자본이 이토록 중요했던 적은 없었다. 이는 곧 신경제, 특히 고성장 부문에서 지식근로자를 찾아내고 개발하며 유지하는 일이 절대적으로 중요한 기능이 된다는 뜻이다. 따라서 나는 인적자본 문제 해결 방안을 계속 주시할 것이며, 주요 기업들이 종합적 해결책에 참여하리라 믿는다. 채용, 평가, 훈련, 유지에 이르는 인적자본 가치사슬의 다양한 요소들을 통합해서 관리하는 한편, 인터넷의 역량을 활용해서 토털 솔루션을 제공하는 기업이 크게 성공하리라 믿는다.

지식의 민주화

인터넷은 경제와 시장을 하나로 묶는다. 미국 (단과대학과 종합대학교들로 구성된) 고등교육 시장이 크다고는 하지만, 세계 고등교육 시장이 훨씬 더 크다. 미국에서는 고등교육을 비교적 쉽게 받을 수 있지만, 세계에는 수준 높은 고등교육을 받기 힘든 지역이 많다. 현재 전 세계에서 고등교육을 받는 학생은 약 8,400만 명이다. 고등교육에 대한 전 세계 수요는 2025년 1억 6,000만 명에 이를 전망이다. 온라인 학습으로 이 증가분의 절반만 차지하더라도, 온라인 교육을 받는 학생이 4,000만 명이나 될 것이다.

지식근로자에 대한 보상이 커지면서 급여 격차가 확대된다

인적자본의 수익 덕분에 회사의 수익력이 높아진다. 따라서 회사는 종업원들에게 "생산성 임금productivity wages"으로 보상해야 하며, 그러지 않으면 종업원들을 경쟁사에 빼앗길 위험이 있다. 이런 현상이 일어나면 고용 시장에서 지식근로자의 몸값이 올라간다. 그러나 교육을 제대로 못 받은 종업원들은 이러한 혜택을 받지 못한다. 따라서 학사 이상 학위를 가진 사람과 고등학교 졸업자 사이의 소득 격차가 크게 벌어지며, 이러한 추세는 시장에서 지식집약적인 기업이 높은 보상을 받는 한 계속될 것이다.

게다가 컴퓨터는 많은 "좌뇌左腦" 작업을 대체하고 있다. 이런 기능을 사람보다 더 빠르게 싸게 더 잘할 수 있기 때문이다. 예를 들면, 당신이 전화 연결을 부탁할 때 전화 회사들은 텔미 네트워크Tellme Networks사 등에서 제공하는 음성 인식 기술을 활용하는 경우가 많다. 기업이 맞이하는 중대한 당면 과제와 기회는 바로 오늘날의 고용 시장에서 지식근로자를 확보하는 일이다.

인적자본이 지식 기업의 시장 가치를 밀어 올린다

오늘날 성장기업은 인적자본에 의존한다. "부외off-balance-sheet" 자산인 인적자본을 십분 활용하여 성장한 회사들은 주가가 크게 올랐다. 산업경제의 10대 기업과 지식경제의 10대 기업을 비교해 보면 이런 속성이 잘 드러난다.

● 시가총액 10대 기업(1980, 2005)

1980	PBR (주가순자산비율)	2005	PBR (주가순자산비율)
IBM	2.4	GE	3.3
AT&T	0.7	엑손 모빌	3.2
엑손	1.4	마이크로소프트	5.8
슐룸베르거(Schlumberger)	6.9	씨티그룹	2.2
모빌	1.3	월마트	4.0
셰브런(Chevron)	1.5	뱅크 오브 아메리카	1.8
애틀랜틱 리치필드	2.1	존슨 앤드 존슨	4.9
GE(제너럴 일렉트릭)	1.7	아메리칸 인터내셔널그룹	2.0
GM	0.8	프록터 앤드 갬블	13.3
로열 더치 석유	0.8	파이자	2.6
중앙값	1.5	중앙값	3.3

자료 · 팩트셋(FactSet), 씽크에쿼티 파트너스(ThinkEquity Partners)

앞에서 말했듯이, 고등학교 졸업자와 대학 졸업자 사이의 임금 격차는 1980년 50%에서 2005년 111%로 늘어났다. 이 사실은 기업 의 초점이 금융자본과 물질자본으로부터 인적자본으로 이동했음을 보여 준다. 인적자본은 무형이므로, 유형자산처럼 대차대조표에 적 절한 항목으로 표시할 수가 없다. 나는 PBR이 증가하는 주요 이유 가 성장을 주도하는 생산성 자산에서 부외자산 비중이 갈수록 증가 하기 때문이라고 생각한다.

지식경제의 발전이 빨라지고 지식근로자가 매우 빠르게 성장함 에 따라, 인적자본의 유동성(지식근로자가 지식 업무를 찾거나, 지식 업무에 맞는 지식근로자를 찾는 일)이 고용주에게 갈수록 중요한 요소가 될 것이다. 이러한 현상 때문에 고급 교육을 받은 근로자와 받지 못한 근로자 사이의 임금 격차는 계속 더 벌어질 것이다. 경쟁적 보상에 더해서, 인적자본의 유동성이 높아짐에 따라 기업들은 육아, 전문교육 및 훈련 등의 혜택도 제공할 것이다. 이러한 혜택을 통해서 근로자의 충성도를 높이고 기업의 성장에 창의력과 지능을 쏟게 하려는 뜻이다.

늘어나는 일자리는 지식 업무와 서비스 업무

다음 10년간을 주도하는 핵심 요소는 인재를 획득하고 유지하는 일이다.
존 도어(John Doerr)

미래를 이해하려면 과거를 이해하는 일이 필수적이다. 미국이 세워진 1780년대, 우리 경제는 농업 경제였고 일자리의 90%가 농업과 관련이 있었다. 1850년, 산업 혁명이 영향을 미치자 일자리의 49%가 농업이었다. 1900년이 되자 일자리의 불과 39%만이 농업이었고, 미국 성년 인구의 단 3%만 학사 학위를 받았으며, 15%만이 고등학교를 졸업했다. 오늘날 미국 노동 인구의 2% 미만이 농업에 종사하며, 인구의 24%가 대학을 졸업했고, 85%가 고등학교를 마쳤다.

산업 혁명 기간, 노동 인구는 제조 부문에 고용될 기술을 갖추고 있었다. 조립 공정에서는 단지 조립하는 일만으로 충분했기 때문이다. 근로자들은 단순히 정해진 직무만 수행하면 되었으며, 나중에는 전문 장비를 써서 특정 업무를 하면 되었다. 그런데도 이러한 혁신

● 미국 경제 발전

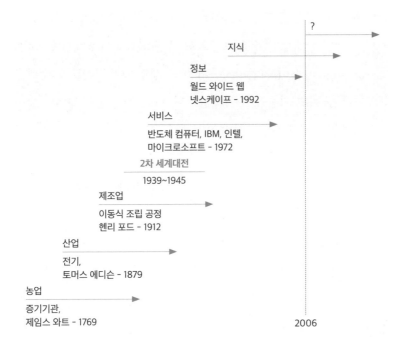

자료 · 씽크에쿼티 파트너스(ThinkEquity Partners)

이 불러온 변화는 엄청났다. 1950년이 되자, 미국 노동 인구의 40%가 제조 부문에 고용되었으며 생산성이 50배나 향상되었다. 근로자들이 혜택 대부분을 받았다. 혜택의 절반은 근무 시간이 크게 줄어드는 모습으로 나타났으며 나머지 절반은 실질 임금이 25배나 상승하는 모습으로 나타났다.

제대군인 원호법GI Bill, "경영 혁명", 서비스 부문의 성장을 바탕으로 50년 전 (산업 근로자의 뒤를 이어) 지식근로자들이 등장하기 시작했다. 1950년 이후, 제조 부문 고용은 총 고용의 거의 40%에서 현재

10% 미만으로 떨어졌으며, 서비스 부문 고용은 14% 미만으로부터 76% 이상으로 증가했다. 1950년의 모습과는 정반대가 되었다. 이 기간 고급인력에 대한 수요가 증가했다. 해외로부터(특히 신흥 경제 지역으로부터)의 경쟁이 치열해지면서 미국 제조 부문에서는 계속해서 근로자를 줄이고 기술을 도입하였으며, 남아 있는 근로자들의 생산성을 높였다. 국내에서는 서비스 부문이 제조 부문으로부터 고급인력을 끌어갔다. 미숙련 공장 업무는 저개발 국가들로 넘어갔다.

제조업 생산성이 올라갔고 고등교육을 받기가 더 쉬워졌으며, 부유한 중산층이 늘어나면서 제조 기반 경제에서 서비스 기반 경제로 이동이 촉진되었고, 정보기술이 폭넓게 수용되면서 고도로 숙련된 지식 기반 경제에 대한 수요가 나타나게 되었다. 서비스 부문 일자리도 전반적으로 늘어났지만, 기술집약적인 산업에서 일자리가 가장 빨리 증가했다. IT, 의료, 기업 서비스와 같은 지식 업무는 경제 전반의 일자리보다 3~6배 더 빠르게 증가하고 있다.

우리는 기업이 어떻게 지식경제에 적응하는지, 어떻게 시장에서 가장 유능한 인재를 획득하고 훈련하며 유지하는지 이해해야만 미래의 스타에 투자할 수 있다.

마이클 밀컨Michael Milken

혁신적 자본가 겸 기업가

마이클 밀컨Michael Milken은 어쩌면 20세기의 가장 영향력 있는 자본가이다. 그는 1970년대와 1980년대에 거의 혼자 힘으로 고수익 채권high yield 시장을 창출했다. 밀컨은 혁신적 기업가들이 자본을 얻을 수 있도록 시장을 "민주화"함으로써, 말 그대로 새로운 산업을 창조했다. 밀컨은 교육에 관련된 여러 회사를 설립했고, 현재 로웰 밀컨Lowell Milken, 스티브 그린Steve Green과 함께 대표를 맡고 있다. 세계에서 가장 큰 어린이 조기교육 센터인 날리지 유니버스 에듀케이션Knowledge Universe Education이 그중 하나이다. 2003년, 밀컨은 워싱턴 DC에 패스터큐어즈FasterCures를 설립해 모든 중병에 대한 효율적 치료법을 연구하고 있다. 2004년, 포춘Fortune지는 커버스토리에서 그를 "의료계를 바꾼 사나이"라고 불렀다. 그는 또한 1982년, 밀컨 가족 재단Milken Family Foundation을 설립해서 의료연구와 교육을 지원하고 있다. 나는 마이클 밀컨과 마주 앉아 이야기할 기회를 얻었다. 다음은 대화의 주요 내용이다.

Q 마이클 모 · 밀컨 씨는 거의 40년 동안 금융, 교육, 의료, 건강 분야를 혁신하는 일을 하셨습니다. 이렇게 정력적으로 기회를 찾는 분야를 어떻게 선택하셨습니까?

A 마이클 밀컨 · 나는 적어도 1년에 한두 번 가만히 앉아서 어떤 분야에 어떤 일이 일어날지 곰곰이 생각합니다. 2005년 말, 나는 말 그대로 아무 전화도 받지 않고 이틀을 생각하며 보냈습니다. 아내 로리Laurie와 나는 집을 떠나 책을 읽고 생각만 했습니다. 나는 1970년부터 1978년까지, 출

퇴근하면서 편도 2시간 반씩 하루에 5시간이나, 아무도 말 걸어오는 사람 없이 혼자 생각하고 숙고하는 호사를 누렸습니다. 이제는 그런 기회가 많지 않습니다. 그래서 외부로부터 자신을 차단하고 진정한 사회적 이슈가 무엇인지 판단하려고 노력합니다. 나는 사회의 당면과제와 필요를 찾아낼 때, 최상의 기회를 잡을 수 있다고 굳게 믿습니다. "선한 일이 좋은 사업이다"라는 말은 케케묵은 말이지만 진실입니다.

전에 내가 내린 결정들을 돌아보니, 왓츠Watts 폭동(1965년 LA 흑인 밀집지역에서 일어난 폭동) 후 나는 자본조달이 시민적 권리라고 믿고 금융 분야에서 일하겠다고 결심했습니다. 나는 오랜 시간을 들여 힘겨운 프로세스를 거치면서, 자본을 조달하는 개인이 의사결정의 핵심이라는 사실을 사람들에게 이해시키는 일종의 혁신을 시도했습니다. 우리는 미래에 돈을 대는 것이지, 과거에 돈을 대는 것이 아닙니다.

오늘날 가만히 앉아 생각해 보면, 의료가 미국 경제의 가장 큰 부분을 차지하며 장차 전 세계 경제에서도 가장 큰 부분이 되리라 생각됩니다. 의료비용을 대폭 줄이는 방법을 찾는 일이 사회의 중요한 이슈입니다. 소아마비 사례를 돌이켜 보십시오. 사람들은 소아마비를 치료하는 데 1,000억 달러가 든다고 예상했지만, 우리는 비용을 1억 달러로 줄였습니다. 백신으로요.

Q 마이클 모 · 오늘날 가장 중요한 분야가 무엇입니까?

A 마이클 밀컨 · 나는 지난 12~13년 동안 의료분야의 두 요소에 몰두하고 있습니다. 하나는 과학 발전을 가속하는 방법입니다. 그래서 우리는 밀컨 재단을 통해서 패스터큐어즈FasterCures를 설립했습니다. 두 번째는 일

을 빨리 처리하는 방법입니다. 이제 걸림돌은 기술이 아닙니다. 기반시설infrastructure입니다. 프로세스가 걸림돌입니다. 우리는 얼마든지 활용할 수 있는 21세기 데이터 수집 기술을 쓰지 않고, 19세기와 20세기 방식으로 의료문제에 접근하고 있다고 결론지었습니다.

우리는 더 많은 데이터를 얻을 수 있도록 프로세스를 바꾸거나, 법률을 바꾸거나, 미국 건강정보 관련 법률HIPAA 요건을 바꾸거나, 보고서 요구 사항을 바꾸는 방법으로 치명적 질병에 대한 치료법 개발 촉진에 노력을 기울였습니다. 원거리 통신 비용과 보관 비용을 극적으로 절감하고 데이터 처리 속도를 극적으로 높이면, 우리는 의료 연구를 더 빨리 진척시킬 수 있습니다. 이 방법을 찾아내기만 한다면 기업은 커다란 경제적 혜택을 입을 것이고, 생활의 가치와 품격이 높아지면서 사회도 엄청난 혜택을 받게 될 것입니다. 이것은 나만의 열정이 아닙니다. 사회에 커다란 기여를 하리라 믿습니다.

Q 마이클 모 · 이 모든 사항을 어떻게 분석하십니까?

A **마이클 밀컨** · 내 생각의 바탕이 되는 기본 개념은, 인적자본(개인의 기술, 교육, 경험)이 세상에서 가장 중요한 자산이라는 믿음입니다. 누구의 추정 치에 따르든지, 인적자본은 자산의 75%~95%를 차지합니다.

인적자본의 가치를 높여 주는 요소는 두 가지입니다. 하나는 의료로서, 생활의 질을 높여 주고 수명을 연장해 줍니다. 나머지 하나는 교육으로 서, 사람의 생산성을 높여 줍니다. 이 두 요소는 금융 혁명을 통해서 능력 있는 개인들에게 자본이 흘러 들어가면 더욱 촉진됩니다. 미국에서는 이런 혁명이 일어났고, 전 세계적으로도 서서히 일어나고 있습니다. 이러한 가정 아래 의료 연구, 의료 데이터 수집, 의료 데이터 보급에 대한 인식을 바꿀 수 있다면 틀림없이 생활의 질과 수명을 개선할 수 있을 것입니다.

교육에 대해서 말하자면, 나는 우리가 할 수 있는 일을 평가하는 기준으로 금융을 이야기합니다. 1970년대, 내가 다니던 회사에서 아마도 처음으로 거래 기록과 데이터를 전산화했고 그 덕에 모든 사람이 정보를 활용해서 더 나은 판단을 내릴 수 있었습니다. 오늘날 아마도 세계에서 가장 가치 높은 회사의 30%가 금융 서비스 산업에 들어 있습니다. 나는 다른 어떤 산업보다도 금융 서비스 산업에서, 분석 기술을 사용해서 비용을 크게 줄였다고 믿습니다.

종이를 없애고 화폐의 유통 속도를 높이는 일은 기술을 이용해서 얻게 되는 엄청난 혜택입니다. 월스트리트에서 근무하는 첫날 내가 받은 임무는 주식증서와 채권증서의 이동을 없애는 일이었습니다. 증서를 관리하는 일은 1960년대 월스트리트 회사들을 도산으로 몰아넣을 수 있는 일이었기 때문입니다. 몬태나주 미줄라Missoula라고 해도 증서를 갖다줘야만 돈을 받는다면, 금융 시스템은 멈출 수밖에 없습니다. 지금은 중앙수탁소가 있고 전자 이체를 하므로, 우리가 은행에 가서 돈을 인출하거나 예금하는 것과 마찬가지입니다. 금융 방식 전체가 바뀌었습니다.

Q 마이클 모 · 이런 변화가 의료에는 어떻게 적용됩니까?

A 마이클 밀컨 · 오늘날 의료를 보면, 우리 사고방식은 변함이 없습니다. 우리가 종이를 없앨 수 있다면 의료 연구는 더 빨라질 것입니다. 의료 산업은 기술을 이용하면 교육보다 더 빨리 발전할 수 있습니다. 우리는 교

육도 마찬가지 방식으로 생각합니다. 우리는 세상 사람 모두가 교육을 받을 수 있게 하고자 합니다. 개인 생활의 질을 높이고 수명을 늘리며, 개인에게 생산성을 가장 높일 수단을 제공하는 방법이 나는 제일 효과적이라고 생각합니다. 그 방법이 교육입니다. 이런 이유로 나는 금융에서 건강과 교육으로 관심을 돌리게 되었습니다.

Q 마이클 모 · 당신은 바로 초창기부터 통신업의 MCI나 케이블 방송의 터너방송Turner Broadcasting과 같은 거대 산업이나 기업 창립을 도왔습니다. 무엇을 보고 그런 회사에 참여하게 되었습니까? 그리고 그런 회사에 사람은 얼마나 중요합니까?

A 마이클 밀컨 · 나는 어떤 회사에 융자나 투자를 생각할 때, 먼저 한 걸음 물러서서 산업을 관찰합니다. 무엇을 하는 산업인가? 그 산업은 어디를 향해 가고 있는가? 산업의 역할은 무엇인가? 경쟁자는 누구인가? 예를 들어, 휴대전화 산업을 생각해 봅시다. 1950년대와 1960년대에 성장하면서 나는 스타트렉Star Trek 팬이었습니다. 커크 대장Captain Kirk이 스코티Scotty에게 "광선 발사"라고 명령하는 것을 보고, 나는 멀리 떨어진 사람들이 공중을 통해서 대화할 수 있는 무선 장비가 있나 보다 생각했습니다. 무선으로 통화할 수만 있다면 누가 벽에 걸린 유선 전화를 쓰고 싶겠습니까? 당신이 통신 장비를 따라다니는 것보다는 통신 장비가 당신을 따라다니는 편이 당연히 낫지요. 딸과 함께 오래된 제임스 본드 영화를 보았는데, 제임스 본드가 마침내 정보를 입수해서 전화를 걸려고 공중전화 부스를 찾아 달리고 있었습니다. 딸애는 이게 무슨 미친 짓이냐고 생각했지요. 왜 공중전화 부스를 찾아 돌아다닙니까? 그냥 휴대전화를 꺼

내 쓰지 않고요?

크레이그 맥코^{Craig McCaw}나 테드 터너^{Ted Turner} 같은 성공할 만한 선구자를 알아볼 수 있다면, 우리는 잘 팔릴 만한 제품과 그 제품에 기술을 잘 적용할 수 있는 인물을 찾습니다. 특히 빌 맥거원^{Bill McGowan}처럼 거대한 기술을 다룰 줄 아는 사람을 찾습니다. 스티브 윈^{Steve Wynn}(라스베이거스 미라지 리조트의 전 회장)도 마찬가지 경우라고 말할 수 있지요. 그는 다리를 절뚝거리며 내 사무실을 찾아왔습니다. 당시 그는 다리가 부러진 상태였습니다. 그는 30대 중반이었고 나는 30대 초반이었는데, 나는 그에게서 열정과 아이디어와 창의력을 보았습니다. 그의 아이디어는 어른을 위한 디즈니랜드였습니다. 호텔이나 식당의 아름다움 때문이든 오락 때문이든 단지 건물의 구조 때문이든 어른들이 즐기며 머물고 싶어 하는 구조와 환경을 만들겠다는 생각이었습니다. 또 하나의 아이디어는 개인들이 이길 수 있다고 생각하는 경기장 같은 곳에서 게임을 벌이도록 하는 게임 산업이었습니다.

다목적 구조물을 하나로 창출해 내는 열정과 능력을 동시에 갖춘 스티브 윈 같은 사람에게 자본을 대는 일은 내게 엄청난 기회였습니다. 당시 일반 투자자들은 오해하고 있었지만, 산업을 창출해 낼 수 있는 잘 정리된 방법이었습니다.

Q 마이클 모 · 결국은 사람이 열쇠죠?

A **마이클 밀컨** · 애플의 스티브 잡스^{Steve Jobs}든 MCI의 빌 맥거원^{Bill McGowan}이든, 결국 개인입니다. 나는 1970년대 초 빌 맥거원을 만났는데, 우리 회사에서는 내가 그에게 자본을 대도록 허락하지 않았습니다.

회사에서는 AT&T에서 한 말을 매우 걱정했습니다. AT&T 이사회 의장은 콘티넨털 전화Continental Telephone회사의 이사였기 때문에, 우리가 경쟁자에게 자본을 대는 것을 원치 않았습니다.

1970년대 말, 나는 프레젠테이션에서 그들이 옳다고 말했습니다. 나는 다양한 자산을 들여다보고 한발 물러섰는데, 다시 생각해 보니 이것은 정말 공정한 경쟁이 아니었습니다. 그들은 내가 MCI 지원을 포기하리라 생각했지만, 나는 이렇게 말했습니다. "안 됩니다. AT&T에서 일하는 130만 명으로도 빌 맥거원과 경영진 11명을 당할 수 없습니다. 500만 명은 있어야 당해 낼 것입니다."

나는 이런 상황이 인재들과 (새로운 형태의 증권인) 자본 결합을 이룰 기회라고 생각했습니다. TCI의 존 멀론ohn Malone, MCI의 빌 맥거원, 오늘날 MGM/미라지의 전신 미라지Mirage의 스티브 윈, 커크 커코리언Kirk Kerkorian, 밥 톨Bon Toll, 브루스 캐러츠Bruce Karatz 같은 인재라면 말입니다. 이러한 산업들은 성장했고, 기업들은 성공했습니다. (1) 이들이 산업에 대해 탁월한 비전을 갖고 훌륭하게 사업을 운영하였으며, (2) 적합한 금융 기술을 이용해서 이러한 산업을 더욱 성장시켰기 때문입니다. 이들은 개인적으로 금융 기술 사용 방법을 이해하고 있었습니다.

Q 마이클 모 · 의료와 교육 분야의 기회에 대해서 더 하실 말씀이 있습니까?

A 마이클 밀컨 · 교육과 미디어 산업을 비교해 봅시다. 스티븐 스필버그Steven Spielberg가 특수효과에 분당 100만 달러를 지출했다고 가정합시다. 이러한 지출 때문에 사람들이 영화를 보는 눈이 달라졌습니다. 우리는 교육을 생각할 때, 교실에는 반드시 교사가 있어야 한다고 믿습니다.

그러나 우리는 최상의 교사를 통해 최상의 기법과 학습을 담아 디지털 제품을 만들어서 온라인으로 제공해 본 적이 없습니다. K12회사의 경우, 오늘날 교사는 필라델피아 초등학교 교실 앞에 서서 (가상 대안학교charter school나 홈스쿨home school과 동일한 교과과정으로) 온라인으로 과학을 가르치지만 교사가 학생과 상호작용을 합니다. 집과 학교가 연결된 것입니다. 앞으로 10년~20년 뒤 모든 학급에서 일정 비율(1학년부터 시작해서 학년이 높아질수록 비율도 높아질 것입니다)의 학생들은 집, 모임, 학교 컴퓨터 교실, 동네 도서관 어디서든 온라인 교육을 받게 될 것입니다. 그러면 전 세계 수백만 어린이들을 상대로 광고할 수 있으므로, 우리는 교과과정에 수천만 달러를 투자할 수 있습니다. 우리는 최상의 교과과정을 짜고, 최상의 교수법을 쓸 수 있으며, 교실의 교사나 집에서 아이를 보살피는 부모나 다른 가정교사에게 최상의 교과과정과 교수법을 제공할 수도 있습니다. 또한 아이의 성과와 전 세계 어린이들의 성과를 즉시 피드백 받을 수 있으며, 20세기 말 21세기 초 첨단 기술을 활용할 수도 있습니다. 따라서 우리는 아이의 성과와 학습과 세계의 변화를 기준으로, 매일 바뀌는 동태적 교과서로 배울 수 있습니다. 우리 모두 알고 있듯이, 어느 교과서든지 인쇄되어 나오는 순간 구식이 되고 맙니다. 교과서 작성 시점에 일어난 일을 근거로 만들었기 때문입니다. 그래서 수학의 예제든 역사적 사실이든 과학이든, 교실의 학생들에게 도달하는 시점에는 낡은 것이 되어 버립니다. 기술을 이용하면 우리는 더 조화를 이룰 수 있고 최상의 학습법을 알 수 있으며, 학습에 최상의 방법으로 교재를 제공할 수 있습니다.

기술과 함께 패러다임도 바뀌고 있습니다. 핵심 주제는 교사들도 기술에 친숙해져야 한다는 점입니다. 과거에는 문제가 되었지만, 미래에는 이것도 개선될 것입니다.

Q 마이클 모 · 의학은 어떻게 진행되고 있습니까?

A 마이클 밀컨 · 소니 플레이스테이션의 IBM 칩은 초당 2조 번의 연산능력이 있습니다. 이 능력을 개인과 질병에 사용할 수 있습니다. 기술의 힘을 이용해서 증상을 진단하고 문제를 해결하고, 모든 데이터를 계산하고 변환할 수 있습니다. 그러면 의학은 생산성 향상으로부터 예측으로, 나아가 예방으로 발전할 것입니다. 담배를 피우든 운동을 하든 과일을 먹든, 건강 문제의 60%는 생활양식에서 발생합니다. 우리는 마땅히 건강한 생활을 촉진하는 회사를 세워야 합니다. 다음 10년~20년 동안, 사회는 비용을 낮추고 생활의 질을 높이기 위해서 건강을 받아들일 것입니다.

메가트렌드 2 세계화

세계화를 반박한다면 중력의 법칙을 반박하는 셈이다.

코피 아난(Kofi Annan), 유엔 사무총장

세계화의 메가트렌드는 크리스토퍼 콜럼버스가 인도로 가는 단축 항로를 찾으려고 출발하여 바하마에 도달한 이래로, 사업에 계속 영향을 미치고 있다. 기술이 이러한 추세를 주로 촉진하고 있으며, 전화, 항공기, 인터넷이 세계를 더 작고 평평하게 만드는 일에 주역을 맡고 있다.

《뉴욕 타임스New York Times》 칼럼니스트이자 세계화 대변인인 톰 프리드먼Tom Friedman은 《세계는 평평하다The World Is Flat》에서 세계화가 미래에 미치는 영향을 멋지게 표현했다. 값싼 기술, 풍부한 대역폭,

● 세계 20대 국가

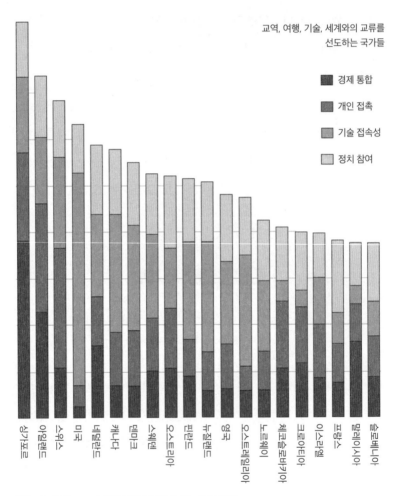

교역, 여행, 기술, 세계와의 교류를
선도하는 국가들

■ 경제 통합
■ 개인 접촉
■ 기술 접속성
□ 정치 참여

싱가포르 / 아일랜드 / 스위스 / 미국 / 네덜란드 / 캐나다 / 덴마크 / 스웨덴 / 오스트리아 / 핀란드 / 뉴질랜드 / 영국 / 오스트레일리아 / 노르웨이 / 체코슬로바키아 / 크로아티아 / 이스라엘 / 프랑스 / 말레이시아 / 슬로베니아

자료· AT 커니(Kearney) 세계 20대 국가(Global Top 20), 2005

계속되는 세계화 메가트렌드를 통해서 벵갈루루^{Bangalore}(인도 남부 카르나타카주의 주도)는 사실상 보스턴의 교외가 되었다.

세계화에 커다란 영향을 준다고 프리드먼이 열거한 10대 "평평화 요소^{flatteners}"는 다음과 같다.

1. **11월 9일**. 1989년 11월 9일 베를린 장벽이 붕괴하였다. 로널드 레이건 대통령의 가장 위대한 유산은, 그가 베를린 장벽 밖에 서서 "고르바초프 대통령, 이 벽을 허무시오"라고 외쳤을 때 탄생하였다. 물론 고르바초프는 벽을 허물었고 공산주의는 붕괴했으며, 자유 기업과 시장 경제가 세계 경제의 표준이 되었다.

2. **넷스케이프**^{Netscape}. 넷스케이프는 1995년 8월 9일 기업을 공개했다. 덕분에 마우스 클릭 한 번으로 세상이 우리 손바닥 안에 들어왔다.

3. **업무흐름관리 소프트웨어**^{workflow software}. 이 소프트웨어 덕분에 제조 공정 지연이 감소하였다. 시간과 거리는 이제 아무 상관이 없다.

4. **아파치 서버**^{Apache server}. 웹사이트 디자인 작업이 빨라졌다.

5. **Y2K 아웃소싱**. (필요하면) 인도에서 마음 놓고 아웃소싱할 수 있다는 사실이 세계에 알려졌다.

6. **해외 아웃소싱**^{Offshoring}. 중국이 다국적 제조와 조립 업무의 중심축이 되었다.

7. **공급사슬**^{Supply chain}. 월마트는 제품을 고객들에게 전달하는 프로세스를 동태적으로 최적화한 모범생이다.

8. **인소싱**^{Insourcing}. 회사 내부에서 업무를 분담한다는 뜻. UPS가 이 분야를 선도한다.

9. **웹 검색 엔진**. 구글이 빛의 속도로 찾아내는 내용이 놀랍다.

10. **스테로이드**Steroids. 인터넷 전화나 휴대전화와 같은 기술이 세상을 24시간 더 싸고 빠르게 통합한다.

수십 년 동안 존 템플턴John Templeton 같은 투자가는 투자 기회를 찾을 때는 세계적 사고가 중요하다고 강조했다. 미래를 내다본다면, 세계적으로 투자한다는 말은 군소리이다. 투자를 하려면 당연히 세계적으로 생각해야만 한다. 미국 경제가 계속해서 성숙기로 진입함에 따라, 신흥 시장에서 성장 기회를 찾는 일은 투자자들의 중요한 전술이 될 것이기 때문이다.

내가 세계화 개념을 이용해서 내일의 스타를 찾아내는 방법은, 세계화가 회사에 도움이 되는지 걸림돌이 되는지를 살펴보는 것이다. 세계화가 근본적으로 모든 회사에 영향을 주므로 상관없다고 말해서는 안 된다.

예를 들면, 의료 서비스는 전통적으로 지역 중심 사업이었지만 세계화에 영향을 받고 있다. 지금까지는 다치거나 아프면 동네 의사에게 갈 수밖에 없었지만, 이제는 이메일로 엑스레이를 지구 반대편으로 보내서 그곳 전문가에게 검사를 받을 수 있다. 가장 경쟁력 있는 공급업자에게서 제품을 조달하는 일도 세계적 관행이다. 회사들은 핵심 아닌 기능은 관례처럼 아웃소싱하는데, 세계화를 현실로 받아들이지 않고서는 도저히 경쟁할 수 없기 때문이다.

세계화에 완벽하게 영향을 받는 산업으로 여행 산업을 꼽을 수 있는데, 이 산업은 세계 통합의 혜택을 직접 받는다. 샌프란시스코

● 세계 증시

국가/지역	시가총액	비중
멕시코	$2,670억	1%
인도	$4,750억	1%
중동과 아프리카	$5,460억	1%
동유럽	$5,930억	2%
홍콩	$6,870억	2%
중국	$7,720억	2%
호주	$9,720억	2%
캐나다	$1조	3%
영국	$3조	8%
일본	$5조	13%
아시아	$8조	21%
서유럽	$11조	28%
미국	$16조	41%
북미	$17조	44%
세계	$39조	100%

자료 · 팩트셋(FactSet)

에서 디모인Des Moines까지 가는 것보다는 샌프란시스코에서 상하이
까지 가는 편이 여러모로 더 쉽다. 내가 아는 사업가들은 샌프란시
스코에서 이틀 일정으로 싱가포르에 가는 일에 대해서는 망설이지
않는다. 그러나 이틀 일정으로 앨라배마Alabama주 버밍엄Birmingham에
가는 일은 망설인다. 버밍엄에 가려면 대개 비행기를 두 번 갈아타
야 하며, 집에 돌아올 때는 별 소득도 없으면서 전쟁을 치른 것처럼

피로를 느낀다. 반면에 상하이에 갈 때는 직항로 한 번이면 족하며, 별 어려움 없이 엄청나게 많은 일을 해결할 수 있다. 대개 여행에서 얻는 (그리고 여행을 해야만 얻는) 소득이 크다. 2003년, 전 세계 항공회사들은 승객 17억 명(세계 인구의 25%에 이른다)을 실어 날랐으며, 5억 명은 국제선이었다.

항공 산업은 라이트 형제가 하늘을 난 이후로 미국 항공사들의 누적 적자가 약 250억 달러에 이르는 끔찍하게 악명 높은 산업이었지만, 세계화가 진행되고 여행을 즐기는 고령 은퇴자들이 늘어남에 따라 우리는 여행 산업을 낙관할 수밖에 없다.

영어가 세계 비즈니스 언어이므로, 영어 교육도 세계화의 영향을 완벽하게 받는다. 항상 앞을 내다볼 줄 아는 중국은 2학년부터 영어 수업을 의무화하였다. 벌리츠Berlitz는 영어 교육이 주업인 회사이다. 피어슨Pearson과 톰슨Thomson도 대규모로 영어 사업을 벌이는 세계적 미디어 회사들이다.

● 내가 좋아하는 항공사

항공사	순매출액	시가총액	예상 장기 성장률
GOL 인텔리전트 항공	$71억	$56억	36%
제트블루(JetBlue) 항공	$11억	$25억	22%
사우스웨스트(Southwest) 항공	$15억	$131억	19%
라이언(Ryan) 항공	$19억	$87억	14%
싱가포르 항공	$78억	$104억	10%
EOS	상장회사 아님		
버진 애틀랜틱(Virgin Atlantic)	상장회사 아님		

생체 인식^{biometrics}과 같은 인식 기술도 분명히 세계화의 혜택을 받는다. 지금 미국 안에서는 신분 증명이 운전 면허증만으로도 충분하며 해외에서는 여권으로 가능하지만, 세계화 시대에는 사람들이 수시로 여러 나라를 넘나들고 상거래가 국경 없이 이루어지므로 더 확실하게 신분을 확인한다면 안전도를 한층 높일 수 있다.

세계화의 혜택을 받는 산업

의료	항공
언어 교육	인식 기술
보안 회사	교육
금융 서비스	소비자 브랜드
오락	

자본은 매일 24시간 제품과 서비스에 대한 최대 이익을 찾아 세계를 떠돈다. 세계화 때문에 기업은 더욱 명성을 얻어야 하며, 그저 그런 사업 모델로는 위험에 처하게 된다. 기업과 제품의 브랜드(뒤에 설명할 예정임)는 세계화 때문에 갈수록 중요해지며, 이러한 추세는 훌륭한 기업에는 좋은 기회가 되지만 평범한 기업에는 치명적 위협이 된다.

자본, 기술, 정보, 노동 시장, 원자재를 세계 어디에서나 쓸 수 있는 오늘날 세계 경제에서, 지리적 "클러스터^{clusters}" 개념은 역설처럼 보인다. 그러나 세계화로 인해서 세계 경쟁의 속도가 한층 높아졌고 저임금과 원자재가 아니라 생산성이 사업 성공의 열쇠가 되었다.

클러스터(비슷한 산업에 속한 기업들이 밀집한 지역)에 자리 잡은 기업들은 더 전문화할 수 있으므로, 전체 클러스터의 성장과 경쟁력 향상에 도움이 된다. 실리콘밸리의 정보 기술과 벤처 캐피털, 할리우드의 미디어와 오락, 보스턴의 자산관리, 심지어 나파밸리^{Napa Valley}의 포도주와 같이 클러스터는 중심산업 기준으로 정의할 수 있지만, 클러스터 안에는 표준산업분류 기준으로는 여기에 포함되지 않는 기업들도 다양하게 자리 잡는다.

사실 클러스터는 단지 느슨하게 연관된 산업들로 구성된 것처럼 보이지만, 실제로는 (법률 및 금융 서비스, 제조, 마케팅, 운송, 건설, 교육기관 등처럼) 클러스터의 중심산업에 적용되는 특정 업종과 서비스에 고도로 전문화되어 있다.

클러스터는 다음과 같이 3가지 수단으로 경쟁력 향상에 영향을 준다. (1) 전문화를 촉진하여 클러스터 내부 기업들의 생산성을 높인다. (2) 클러스터 네트워크 전반에 걸쳐 산업 혁신 속도를 높인다. (3) 클러스터의 경쟁력, 생산성, (궁극적으로는) 성공을 통해서 신생 기업의 성장을 촉진한다.

클러스터가 임계 규모에 도달하면 혜택이 더욱 확산하며, 개별

● 지역 중심 세계화

대도시나 주	산업 클러스터
실리콘밸리	정보통신 기술, 생명공학, 벤처 캐피털
로스앤젤레스	미디어와 오락, 방위산업과 항공우주, 해운
시애틀	소프트웨어, 항공기 장비와 설계, 조선
라스베이거스	레저산업과 카지노, 지역 항공사
댈러스(Dallas)	부동산 개발
오마하(Omaha)	텔레마케팅, 호텔 예약, 신용카드 처리
콜로라도(Colorado)	컴퓨터 통합 시스템, 컴퓨터 프로그래밍, 엔지니어링 서비스
내슈빌(Nashville)	병원 경영, 오락
피닉스(Phoenix)	항공 우주, 광학, 분석 도구
미니애폴리스(Minneapolis)	출판인쇄, 의료기기, 운송과 물류
디트로이트(Detroit)	자동차 장비와 부품
보스턴(Boston)	자산관리, 생명공학, 소프트웨어와 커뮤니케이션 장비, 벤처 캐피털
뉴욕	금융 서비스, 광고, 출판, 멀티미디어
펜실베이니아/뉴저지	제약
노스캐롤라이나	가구, 합성섬유, IT 연구개발
사우스캐롤라이나	건강 기술, 여행

자료 · 전략 및 경쟁 연구소, 클러스터 지도 프로젝트, 하버드 경영대학원

기업들은 소기업으로서 민첩성과 유연성을 유지하면서도 규모의 경제를 유지하게 된다. 게다가 성숙한 기업들은 영업 규모가 커지면서 비핵심 사업을 아웃소싱할 수 있으므로, 클러스터가 규모의 경제에 이르게 되면 성장기업들은 전략 사업 육성에 집중하고, 전문화된 다른 기업에 비전략 사업을 넘겨준다. 어떤 면에서 성장과 성공의

부작용이라 하겠다.

산업 클러스터가 성장하면서, 갈수록 (산업 연관, 사업 관계, 지역 지식, 노동 시장 등을 전문화하는) "지역 중심 세계화local globalization"에 의해 경쟁우위가 높아진다. 그리고 회사 내부에서가 아니라 회사들 사이의 직접적 관계를 통해서 생산성이 올라간다.

어떤 부문에서 내일의 스타를 찾으려 한다면, 산업 클러스터의 본고장에서 찾을 때 훨씬 성과가 좋을 것이다. 예를 들면, 내일의 의료기기 스타를 찾고자 한다면, 메드트로닉Medtronic, 세인트 주드St. Jude, 가이던트Guidant의 본거지 미니애폴리스 시장을 뒤지는 편이 현명하다.

세계화에 의해서 새로 성장하는 제품과 서비스 시장이 계속 늘어나겠지만, 이보다 더 중요한 점은 저렴한 노동 시장, 생산 효율, 세계 시장 접근 등을 결합함으로써 세계 시장이 비용을 낮춰 준다는 사실이다. 우리는 세계적으로 사고하면 성장에 필요한 소중한 자원을 얻을 수 있다.

머지않은 장래에 회사들 대부분은 본사에서 연구·개발해서, 부품은 중국에서 생산하고 남아메리카나 동유럽에서 조립하며, 완제품을 세계 시장에 공급하되 각 현지 시장에 맞춰 제품 포지셔닝, 판매, 광고를 하게 될 것이다.

고객에 대한 애프터서비스는 인도에서 맡으며, 제품 문제에 관한 정보는 공급사슬을 따라 전달될 것이다. 제품 수리는 전 세계 제품 엔지니어들이 담당하며, 여기서 발견된 문제점들은 본사 연구개발센터로 보고되어 지속적으로 연구개발 프로세스에 반영될 것이다.

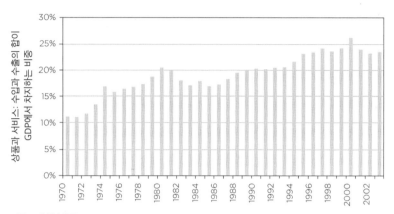

● 세계 교역이 미국 경제에 미치는 영향이 증가한다

(y축) 상품과 서비스: 수입과 수출의 합이 GDP에서 차지하는 비중

자료 · 경제분석국(Bureau of Economic Analysis)

나는 세계화가 기업에 새로운 시장을 열어 줄 뿐만 아니라, 기업 내부에서 수행하던 온갖 기능에 대해서도 새로운 시장을 열어 준다고 생각한다. 따라서 세계적으로 비용 이점을 활용할 수 있으므로, 시장 원리에 따라 조직 내부에서 하던 사업 기능들이 외부로 넘어가게 된다.

선진국과 신흥국 사이에 교역이 늘어나면, 선진국 경제는 인플레이션이 억제되고 신흥국 경제는 성장이 촉진된다고 많은 사람이 인식하고 있다. 그러나 사람들은 다양성 증가 즉, 본질적으로 같은 상품의 종류가 증가한다는 사실을 흔히 간과한다.

사람들은 교역이 증대되면 국내 제품 대신 외국 제품을 소비하므로, 한 나라는 쇠퇴하고 다른 나라는 성장한다고 생각한다. 그러나 실제로는 세계적으로 경쟁이 치열해지면서, 기업은 물론 소비자들에게도 선택권이 늘어난다. 사실 경쟁이 높아지면 반드시 다양성이 증가하는 법이다.

교역을 보는 전통적인 관점으로는 이 사실을 간과하면서, "똑같은" 제품을 더 싼 가격으로 수출하는 해외 기업 때문에 손해를 본다고 생각한다. 교역의 증대 덕분에 자동차 타입, 신발 스타일, 버라이어털 와인wine varietals(포도 품종으로 표시하는 와인), 커피 향의 수가 증가하는 것을 보면 일상생활 속에서도 이러한 오해를 풀 수 있다. 세계화에 의해서 효율성이 올라가며, 따라서 제품의 품질은 향상되고 가격은 내려간다.

세계 교역에서 오는 다양성이 미치는 영향을 최근에 연구해 보니, 미국 소비자들이 얻는 혜택이 GDP의 약 3%에 해당하는 3,000억 달러로 추산되었다. 같은 연구에서, 제품 가짓수는 1972년 약 7만 5,000개(7,700개 제품)에서 2001년 거의 26만 개(1만 6,390개 제품)로

● 세계 교역이 제품 "다양성"에 미치는 영향 (단위: 천 개)

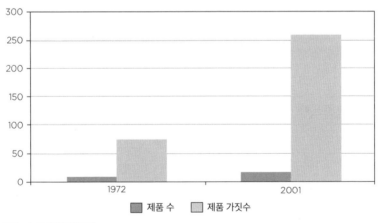

자료 · 뉴욕 연방준비은행

증가한 것으로 나타났다. 제품당 가짓수가 거의 두 배가 된 셈이다.

이러한 다양성의 증가는 소비자 생활 수준뿐만 아니라 소매 산업 전체에도 영향을 미쳤는데, 이는 소매 산업이 제품 가짓수를 늘려 끝없이 발전하는 소비자들의 취향에 제대로 부응할 때 성장하기 때문이다.

세계 교역이 늘어나고 다양성이 증가하면서, 브랜드 가치는 고객의 변화하는 취향에 제대로 부응하느냐에 따라 좌우되었다. 가장 유능한 소매회사는 가장 먼저 고객의 관점에서 가치를 파악해서 고객이 가장 많이 찾는 제품을 유리한 가격에 확보한 뒤, 고객에게 가장 많은 선택권을 제공하는 회사였다. 이러한 회사들은 무엇보다도 고객을 위해서 제품을 구입하므로, 세계 시장과 해외 구매가 성장에 필수적인 경쟁 도구라고 인식한다.

● 미국 수입제품 다양성 증대에 기여한 정도

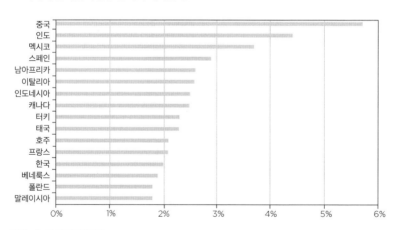

자료· 뉴욕 연방준비은행

리처드 드리어하우스 Richard Driehaus

드리어하우스 캐피털 매니지먼트(Driehaus Capital Management) 회장이며, 투자 철학을 세운 인물

1982년 설립된 드리어하우스 캐피털 매니지먼트는 기관과 부유층 개인 자금 37억 달러를 운용하고 있다. 리처드는 탁월한 실적으로 미국 최고 펀드매니저들 가운데 확고하게 자리 잡고 있다. 특히 리처드는 다가오는 추세와 성장기업들을 일찌감치 찾아내는 솜씨로 두각을 나타낸다. 그는 미국 주식 분야에서 세계 최고 펀드매니저로 여러 차례 선정되었다. 리처드는 내게 세계 시장을 연구하는 일이 중요하다고 말했다. (리처드 드리어하우스와의 인터뷰 전문을 읽으려면 www.findingthenextstarbucks.com을 찾아보기 바란다.)

오늘날 세계에 존재하는 커다란 성장 기회를 우리가 놓치고 있냐고요? 다가오는 100년을 놓치고 있냐고요? 대체로 그렇다고 말할 수 있습니다. 이것은 심각한 문제입니다. 나는 S&P500지수나 모건 스탠리 종합지수Morgan Stanley composite index 대비 실적을 따라가야 한다는 말이 아니라, 실제로 세계 성장을 따라가야 한다고 말하는 것입니다. 우리는 미국(세계 시장의 5%에 불과), 영국, 중앙 유럽만 보느라, 세계 인구의 80%를 잊고 있습니다. 다시 말하면, 이미 부자가 된 10억 인구에 투자하느라 자원과 지위를 쌓아 가고 있는 50억 인구에 투자하지 못하고 있습니다.

중국은 개척 시대의 미국 서부

중국에 투자하는 GE의 전략이 잘못이라면, 수십억 달러 손실이 발생한다.
이 전략이 옳다면, 이 전략은 다음 세기 회사의 미래를 열어 줄 것이다.

잭 웰치(Jack Welch)

중국이 새로운 유망주라는 말은 이제 고리타분한 말이 되어 버렸다. 1849년 캘리포니아 골드러시나 1990년대 인터넷 광란 때 샌프란시스코로 사람들이 몰려든 것처럼, 전 세계의 야심 찬 젊은이들이 상하이와 베이징에 몰려들고 있다.

나는 관습적 지혜를 따르고 싶지 않지만, 이 부분에 대해서만은 따라간다. 사실 나는 중국과 인터넷이 다음 50년 동안 세계를 주도하는 2대 세력이라고 생각한다.

내가 그토록 낙관적인 이유는? 이유가 적어도 13억 개나 있다. 중국의 규모와 인구통계가 어마어마하기 때문이다.

중국은 경제 기적을 일으켰다. 비행기로 선전深圳, Shenzhen에 갈 일이 생긴다면, 당신은 점보제트기의 커다란 날개 아래로 보이는 상업용 및 주거용 마천루 수천 동에 눈이 휘둥그레질 것이다. 선전은 1978년에는 인구 2만에 불과한 중국 남동부의 가난한 도시였으나, 오늘날 중국의 4대 도시로 탈바꿈했다. 선전은 인구가 1천만이 넘으며, 2004년에는 GDP의 2.5%에 이르는 3,420억 위안(약 420억 달러)을 창출했다. 선전은 자본주의를 실험하기 위해서 중국에서 처음으로 특별경제지역에 선정되었으며, 이로써 중화(中華)는 당당하게 경제성장의 첫걸음을 내딛게 되었다.

겨우 27년 만에 중국의 GDP는 3,620억 위안(440억 달러)에서 13

조 7,000억 위안(1조 7,000억 달러)으로 증가하여, 연 복리 15.6% 성장률(실질 성장률 9.7%)을 기록했다. 이 숫자는 심지어 2005년 GDP 수정 전 실적이다. 주로 과거 서비스 부문 생산에 대한 과소평가 때문에, 중국은 발표된 GDP보다 실질GDP가 적어도 10% 더 크다고 믿는다. 중국은 지금 세계 7위 경제 대국이며, 구매력 기준으로는 미국에만 뒤지는 세계 2위 경제 대국이다. 같은 기간 1인당 소득도 379 위안(47달러)에서 1만 502위안(1,295달러)으로 증가하면서, 개인들도 갈수록 부자가 되고 있다. 연간 GDP 성장률은 2020년까지 8%로 예상된다.

중국에는 인구 100만 이상 도시가 100개나 된다. 미국은 9개에 불과하다.

중국은 이미 세계 1위 휴대전화 (사용자 수 3억 7,300만 명) 시장이며, 철강 생산 세계 1위, 석탄 생산 세계 1위, 5,000억 달러 이상 투

● **중국과 미국의 GDP 분포** (2004년)

자료· 세계 개발 지수, 세계은행

자를 유치한 신흥국 중 투자 유치 세계 1위, PC 시장 세계 2위를 차지하고 있다. 게다가 2010년에는 자동차 시장 세계 1위가 될 것으로 예상한다.

실질GDP는 중국이 1인당 1,700달러, 미국이 4만 1,800달러이다. 다음 10년 동안 농부 1억 5,000만 명이 도시로 이주하리라 예상되는데, 이 때문에 소비 수요가 빠르게 증가할 것이다. 중국은 이미 1조 7,000억 달러를 단기투자자금으로 저축했다. 중국인들은 소득의 47%를 저축한다.

바로 지금, 50개가 넘는 주식이 미국에서 거래되며, 약 1,400개 종목이 상하이와 선전 증시에 상장되어 있다. 오는 20년 동안 중국에서는 기업공개가 1만 건 이상 예상된다.

중국 정부가 "조화로운 사회"로 일컫는 다음 단계로 성장하려면, 다음 몇 년 동안 중국이 사회 안전망, 의료, 교육 개혁을 크게 이루어야 하며, 병든 금융 시스템을 강화해야 한다고 믿는다. 평범한 중국인들이 사회 안전망을 눈으로 확인하는 경우에만, 기꺼이 저축을 줄이고 소비를 늘릴 것이기 때문이다. 이렇게 되어야만 거대한 국내 수요가 창출될 것이며, 지속적인 경제 성장을 이룩할 수 있다.

현재 (일본을 제외한) 아시아는 세계 GDP의 9.5%, 세계 주식시장

지역	세계 GDP 비중	주식시장	인구
미국	30%	41%	3억(5%)
아시아(일본 제외)	9.5%	10%	40억(60%)

자료 · CIA 월드 팩트북(World Factbook), 팩트셋(FactSet), 씽크에쿼티 파트너스(ThinkEquity Partners)

의 10%, 세계 인구의 60%(약 40억 명)를 차지하고 있다. 반면에 미국은 세계 GDP의 30%, 세계 주식시장의 46%, 세계 인구의 5%를 차지하고 있다.

핵심 트렌드에는 중산층 증가, 도시화, 아시아 역내 교역량 증가 등이 있다. 이 때문에 텔레비전, 컴퓨터, 자동차, 여행 등 제품과 서비스에 대한 수요가 대폭 증가할 것이다.

앞을 내다보면, 중국은 2000년 GDP(1조 1,000억 달러)를 2020년까지 4배로 늘리는 일에 몰두하고 있는데, 이는 연간 성장률 8% 이상을 뜻한다. 미국 경제 성장률을 연 3%로 가정하면, 연 8% 성장률이면 중국은 50년 뒤 세계 최대 경제국이 된다(실질 구매력으로 GDP를 측정하면 12년이면 된다)! 중국은 1880년대 말 미국, 1950년대 초 일본의 위치에 있으며, 다가올 수십 년 동안 가장 큰 성장 신화를 만들어 낼 것이다.

도시화가 빠르게 진행됨에 따라 3억에 이르는 저임금 노동자들

● 빨라지는 중국의 도시화 과정

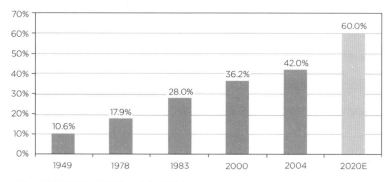

자료 · 경제개발 및 연구를 위한 국가자문위원회(National Council Center for Economic Development and Research)

이 시장에 쏟아져 나올 것이다. 이 숫자는 미국 전체 인구와 맞먹으며, 미국 노동 인구의 3배나 된다. 풍부한 자본에 값싼 노동이 결합하면 높은 수익이 창출되기 마련이다. 나는 이런 이유로 중국 제조 부문이 앞으로 수십 년 동안 이점을 유지하면서 탄력을 이어 가리라 믿는다.

중국 기업에 대한 나의 투자 가정을 구체적으로 말하자면, 중국 기업들은 이익이 빠르게 성장하고, PER이 올라가며, 환율이 재평가 될 것이다. 중국에 대한 투자 기회는 1990년대 미국 기술을 갖춘 2차 대전 후 일본으로 비유할 수 있다.

어떤 베이징 고위 관리가 내게 이렇게 말한 적이 있다. "중국은 시속 160km로 달리는 구식 기관차와 같습니다. 고속으로 계속 달리게 하면서 기관차의 시스템 문제를 고치는 일은 우리에게 중대한 과제입니다. 그러나 문제를 고치려고 기관차를 멈추게 할 수는 없습니다." 이 표현이 아마도 중국의 상황을 가장 잘 설명하는 듯하며, 중국에 위험과 기회가 공존한다는 내 견해와도 일치한다. 유망한 기회를 찾아내는 동시에 잠재 위험을 회피하는 일은 쉽지 않지만, 이것이 나의 조사 목적이다. 2장에서 논의했듯이 장기간 지속하는 높은 이익 성장은 환상적이지만, 헛되이 50%, 60%, 70% 손실을 볼 수도 있다.

충분한 일자리를 만들어 내는 일이 다가올 몇 년 동안 중국 정부의 가장 중요한 과제이다. 중국의 중앙 기획 부서인 성장 및 발전 위원회Commission for Development and Growth 보고에 따르면, 2006년 노동 공급은 약 2,500만 명이지만 노동 수요는 불과 1,100만 명이다. 중국 대

● 인구와 시장 가치

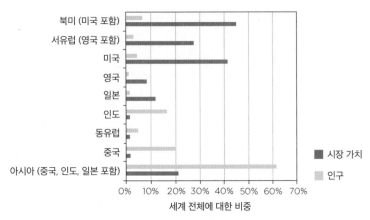

자료 · CIA 월드 팩트북(World Factbook), 팩트셋(FactSet), 씽크에쿼티 파트너스(ThinkEquity Partners)

학졸업자들은 여전히 일자리를 얻기가 힘들다. 2005년에는 338만 졸업자 중에서 약 30%가 원하는 일자리를 구하지 못했다. 2006년에는 졸업자의 수가 413만 명에 이른다. 과거 패턴이 되풀이된다면, 대학생 100만 명 이상이 7월 졸업 후에 일자리를 구하지 못할 것이다.

중국 기업에 대한 투자를 생각하든 기업의 중국 전략을 분석하든, 중국에 일자리보다 중요한 메가트렌드는 없다.

스타와의 대화

밥 그래디 Bob Grady

칼라일 벤처 파트너스(Carlyle Venture Partners) 운용 파트너

칼라일은 세계에서 가장 크고 영향력 있는 사모 투자 회사 가운데 하나로서, 200억 달러가 넘는 자산을 운용하고 있다. 밥 그래디는 칼라일 벤처 파트너스의 미국 벤처 운용을 담당하는 운용 파트너이다. 이밖에도

그래디는 5개 펀드로 17억 달러를 운용하는 칼라일 글로벌 벤처 캐피털 그룹과도 공조하고 있다. 그래디는 금융과 정치 모두에서 대단한 경력을 갖고 있어서, 부시 대통령의 선임 연설문 작성자로도 활동한 적이 있다. (밥 그래디와의 인터뷰 전문을 읽으려면 www.findingthenextstarbucks.com을 찾아보기 바란다.)

우리 일생에서 가장 중요한 경제적 사건 단 하나를 꼽는다면, 그것은 중국의 폭발적 성장입니다. 어떤 사건도 이와 비교될 수가 없습니다. 그 이유는 이 사건이 인류 역사상 가장 많은 사람의 생활 수준이 가장 크게 개선된 사건이기 때문입니다. 이것이 심각한 위협이라 생각하고 중국에 무력으로 위협하려는 미국인이 있다면, 그는 대단한 착각을 하는 셈입니다. 중국의 성장은 미국이 다음 세기에 세계 성장에 참여할 엄청난 기회입니다. 앞으로 몇십 년 뒤에는 정말이지 중국이 GDP 기준으로 세계 1위 경제국이 될 것입니다. 그래도 괜찮습니다. 우리는 2위가 될 것입니다. 미국과 중국이 둘 다 빠른 속도로 성장해서 생산성 향상과 생활 수준 향상을 누릴 수 있다면, 미국으로서는 훌륭한 일입니다. 다른 나라 경제가 우리보다 빠르게 성장하는 일은 결코 나쁜 것이 아닙니다. 우리가 주로 그 혜택을 입을 것이며, 우리는 이 사실을 간과해서는 안 됩니다.

인도 - 어서 오십시오

> 인도가 어떤 상태인지 느껴 보고 싶다면, 샴페인 병을 30분 동안 흔든 다음
> 코르크 마개를 열어라. 당신은 코르크 마개 앞에 서고 싶지 않을 것이다.
>
> 토머스 프리드먼(Thomas Friedman)

우리는 중국과 인도를 동일한 메가트렌드로 분류하고 싶은 유혹을 느끼지만, 이 둘은 비슷한 점이 많은 것처럼 다른 점도 많다. 그러나 한 가지는 분명하다. 중국과 인도가 세계 사업과 기회에 미치는 영향은 우리를 압도한다.

첫째, 두 나라의 공통점이 내 성장 기회 가설의 핵심이다.

중국과 마찬가지로, 인도에도 사람이 많다. 실제로 10억이나 된다. 2030년에는 인도의 인구가 중국을 능가하리라 예상된다.

중국에서처럼, 인도 역시 도시화와 빠르게 성장하는 중산층 덕분에 소비가 폭발적으로 증가할 것이다. 실제로 맥킨지McKinsey&Company에 따르면, 인도 소비재 시장은 2010년에 4,000억 달러로 성장하여, 세계 5위가 될 것이다.

중국과 인도 두 나라 모두 수많은 공대 졸업생을 배출하고 있다. 일부 연구에 따르면 미국 대학의 3배에 이른다. 세계 시장과 지식 기반 경제에서, 이것은 두 나라에 커다란 이점이다.

중국은 정부는 사회주의이지만 종교는 자본주의이며, 언어는 돈이다. 인도는 세계에서 가장 큰 민주주의 국가이며, 영어를 사용하는 인구가 두 번째로 많은 나라이다. 카스트 제도는 아직도 정부, 기업, 사회 곳곳에 퍼져서 민주주의 및 능력사회 원칙을 부정하면서

역기능을 일으키고 있다.

중국의 경우 결정권은 중앙정부에 집중되어 있지만, 변화가 무서운 속도로 일어나고 있다. 인도는 관료주의가 뿌리 깊이 박혀 있어서 변화가 정신이 멍할 정도로 느리다. 성장을 뒷받침할 현대 인프라가 한심할 정도로 뒤처져 있다. 치열한 경쟁을 벌이고 있는 벵갈루루 첨단 기술 센터에서, 지도자들은 인도를 21세기에 걸맞게 격상해야 한다고 갈수록 강하게 주장하고 있다.

중국이 제조와 소비자 중심주의의 온상이라면, 인도는 서비스로 명성을 날리고 있다. IT 아웃소싱과 비즈니스 프로세스 해외 아웃소싱offshoring을 합하면, 3,000억 달러 산업이 25%로 성장하고 있다.

게다가 창의 산업도 붐을 이루고 있다. 2002년 인도는 세계 1위 영화 생산 국가로서, 영화를 1,200편이나 만들어 냈다. 미국은 543편을 제작했는데, 인도 제작 편수의 절반에도 미치지 못한다.

인도 벵갈루루에 있는 구글Google 같은 기업에 근무하는 최근 공대 졸업생은 연봉 1만 8,000달러(세후 14,000달러)를 받는다. 이 정도 수입이면 방 2개짜리 아파트에서 가정부를 두고, 소형차를 몰 수 있다. 한편, 비슷한 자격을 갖춘 신입직원은 실리콘밸리에서 4배를 벌 수 있지만, 그럭저럭 살아갈 뿐이다.

인도에서는 이발 비용이 약 30센트이며, 가정부 일당도 그 정도이다. 실리콘밸리에서 이발비용은 15달러이며, 가정부 일당은 75달러이다. 이런 상황 때문에 인도 졸업생들이 해외 근무보다 국내에 머물려 하는 것은 너무도 당연하다.

4 대 1의 임금 격차와 풍부하게 공급되는 고급인력이 결합하여,

● 3개국 비교

특성	중국	인도	미국
인구	13억	11억	2억 9,600만
실질GDP	$2조 2,000억	$7,200억	$13조
GDP(구매력 기준)	$8조	$4조	$13조
GDP 성장률	9%	7%	4%
1인당 실질GDP	$1,700	$772	$41,800
1인당 GDP(구매력 기준)	$6,200	$3,300	$41,800
공대 졸업생	664,106*	215,000	222,335
해외 투자	$600억	$60억	$1,060억
자본시장규모	$7,720억	$4,750억	$16조
정부	공산주의	민주주의	민주주의
인터넷 사용자	1억 1,100만	5,100만	2억 2,600만
휴대전화 사용자	2억 6,900만	2,600만	1억 5,000만
100가구당 TV수	46	34	100
1,000명당 자동차수	7	6	600
벤처 캐피털 투자자	워버그 핀커스, 칼라일, 돌 캐피털, 배터리, 레드포인트	드레이퍼, 노스웨스트, 뫼비우스, 매트릭스 파트너, 메이필드, 베세머, 벤처 파트너스, 트라이던트, 월드뷰 테크놀로지	모든 사람
핵심 상장기업	시나, 바이두, 51잡스	위프로, 카그너전트	마이크로소프트, 엑슨, 구글

* 자동차 수리공 상당 기술자 포함

인도는 세계의 서비스 센터로서 계속해서 성장할 것이다.

마이크로소프트, 인텔, 시스코는 5년 동안 연구개발비용으로 거의 5억 달러를 투자하기로 했다. 법률 서비스, 회계 서비스, 고객 서비스, 금융 분석, 소프트웨어 개발 등이 계속해서 인도로 자리를 옮길 것이다.

내일의 스타를 찾아내고 평가하려면, 반드시 인도 바다에서 기회를 낚아야 하며 국내 기업의 인도 전략도 반드시 이해해야 한다.

스타와의 대화

프로모드 하크 Promod Haque
노스웨스트 벤처 파트너스(Norwest Venture Partners) 운용 파트너

프로모드 하크는 1990년부터 노스웨스트 벤처 파트너스에서 일했다. 그는 지난 5년 동안 포브스 마이더스 리스트Forbes Midas List 연보에 최고 협상자로 올랐으며, 2004년에는 과거 10년간 실적을 근거로 포브스 1위 벤처투자자로 선정되었다. 프로모드는 반도체와 부품, 시스템, 소프트웨어와 서비스에 집중적으로 투자하고 있으며, 인도에 매우 활발하게 투자하고 있다. (프로모드 하크와의 인터뷰 전문을 읽으려면 www.findingthenextstarbucks.com을 찾아보기 바란다.)

인도에는 다양한 기회가 떠오르고 있습니다. 인도에서 일어난 아이디어 혁명에 힘입어 상당한 부를 획득한 중산층 인구가 꽤 많습니다. 광대역 통신망이 폭발적으로 보급되기 시작했습니다. 이것은 중국에서 5년 전에 나타난 현상입니다. 무선 통신도 마찬가지입니다. 무선 통신과 이동

통신도 현저하게 증가하면서 무려 연간 4,000만 명이 가입하고 있으며, 현재 중국의 4년 전 수준에 이르렀습니다. 이러한 수많은 동력과 영향력을 보면, 인도의 소비자 인터넷 시장이 엄청난 성장을 앞두고 있다는 결론에 이르게 됩니다.

메가트렌드 3

인터넷-보이지 않는 컴퓨팅 invisible computing

역사를 살펴보면, 인간은 어떤 경우에도
더 느린 쪽을 선택한 적이 없었다.

스티븐 컨(Stephen Kern)

역사는 반복된다.

판도를 바꾸는 기술이 등장하면 사람들은 새 기술이 낡은 기술을 순식간에 따라잡을 거라고 과대평가하지만, 장기 잠재력에 대해서는 과소평가한다.

영화는 다음과 같이 진행된다.

장면 1: 혁명적 발견이 공개되자 모두가 흥분한다. 〈비즈니스위크 businessWeek〉, 〈포춘Fortune〉, 〈뉴스위크Newsweek〉 모두 바로 그 주에 기사를 내보낸다.

장면 2: 10억분의 1초 만에 해당 산업에서 신규 기업 수천 개가 탄생한다. 학생들은 "골드러시gold rush"를 놓치지 않으려고 학교를 중퇴한다. 부자와 유명 인사들은 칵테일 파티에서 신기술에 관한 이야기만 한다. 유행어만 잔뜩 써서 엉성하게 사업 계획을 세운 수백 개 회사에 어마어마한 자본이 투자된다.

장면 3: 투자 열기가 최고조에 이른다. 〈비즈니스위크〉, 〈포춘〉, 〈뉴스위크〉, 〈레이디스 홈 저널Ladies' Home Journal〉은 새 시대의 모범 기업을 새로운 에디슨, JP모건이라 부르며 표제 기사로 싣는다. 새로 공개한 기업 20개의 시가총액이 영국 GDP보다도 더 크다. 전혀 다른 사업을 하던 기업들도 기존 사업을 집어던지고 새로운 시대에 동참하려고 투자를 시작한다. 뉴욕 택시 운전사들이 신흥 부자들에게 얻은 비밀 정보로 큰돈을 벌어 은퇴하며, 구두닦이들이 신시대 주식에 대해 짐 크레이머Jim Cramer처럼 권위 있게 조언을 한다.

장면 4: 음악이 멈춘다. 사람들은 파티를 즐기느라 바빠서 처음에는 알아채는 사람이 거의 없다. 비교적 신중한 몇몇 사람은 앉아서 쉴 자리를 찾아본다.

이때 경찰이 와서 모두에게 집으로 돌아가라고 말한다. 돌아가는 사람도 있지만, 음악과 파티가 계속되는 집을 찾아 기웃거리는 사람들이 많다. 모든 건물이 문을 닫는다. 의자가 없는 사람들은 필사적으로 쉴 곳을 찾는다. 파티에 참석한 사람들은 많지만 의자는 부족하다.

장면 5: 선각자, 영웅으로 칭송받던 바로 그 사람들이 사기꾼으로 매도당한다. 많은 사람이 도산한다. 일부는 감옥에 간다. 무사한 사람이 아무도 없다.

노인들은 신세대 사람들의 불행을 비웃고, 세상은 원래 모습으로 돌아올 수밖에 없다면서 우쭐해한다.

장면 6: 핵겨울이 지나자 봄이 찾아오면서 꽃이 몇 송이 피어난다. 이 꽃들을 어떻게 해석해야 하는지 제대로 아는 사람이 아무도 없지만, 몇몇 사람이 꽃 주위를 어슬렁거리는 모습이 눈에 띈다. 끔찍한 악몽을 기억하고 있으므로, 사람들 대부분은 멀찍이 떨어져서 향기조차 맡으려 하지 않는다.

장면 7: 이제 꽃이 어디에나 만발한다. 봄에만 피던 꽃들이 이제는 걷잡을 수 없이 피어난다. (즉, 〈흡혈 식물 대소동Little Shop of Horrors〉의 오드리2Audrey Ⅱ처럼) 다른 꽃들은 전에 보지 못했고 상상도 못 했던 장소에서 자라난다.

이것은 "인터넷 이야기Internet Story"를 은유적으로 표현한 대본처럼 들린다. 그럴지도 모른다. 그러나 이 이야기는 인터넷 산업에만 적용되지 않는다. 철도, 자동차, 컴퓨터, 전화, 그리고 다른 산업의 이야기이기도 하다.

1823년, 미국에는 철로가 24km뿐이었다. 1890년이 되자 철로가 16만 8,225km로 늘어났지만, 불과 2년 뒤 철로 과다와 과잉 개발로 자본 20억 달러가 날아갔다. 오늘날 철도 산업은 철로가 27만 8,000km나 되며 1,000억 달러가 넘는 산업이다.

1904년과 1908년 사이에 240개가 넘는 자동차 회사들이 설립되었다. 1923년에는 자동차 회사가 108개 있었고, 상위 10개사가 매출의 90%를 차지했다. 자동차 산업도 독특한 방식으로 붕괴하면서, 3년 동안 65개 회사가 해체되어 43개 미국 회사들만 남게 되었고, 이후로 미국 자동차 시장에 진입하는 제조 회사는 하나도 없었다. 지금은 3개 미국 자동차 회사가 6,300억 달러 매출을 올리고 있다.

● 시장 침투 25%에 걸린 햇수

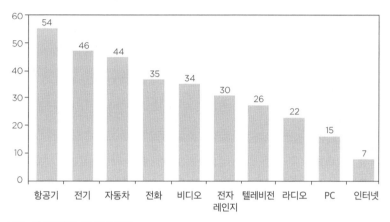

자료 · 마이클 밀컨, 앤드류 로젠버그(Andrew Rosenberg)

　세계인은 세계 역사상 다른 어떤 신기술보다도 인터넷을 빨리 받아들였다. 민간 항공기는 세계 인구 25%가 사용하기까지 54년이 걸렸다. 전기는 46년이 걸렸다. 비디오는 32년이 걸렸다. 휴대전화는 16년이 걸렸다. 인터넷은 상업화된 지 불과 7년 만에 세계 인구의 25%가 사용하였다.

　인터넷의 잠재력이 무한해 보이고 신기술이 빠르게 시장에 침투되자, 사람들은 초기 인터넷 기업들에 수십억 달러를 투자하였고, 상장 인터넷 기업들을 육성하는 과정에서 시가총액이 수천억 달러로 불어났다.

　거품이 꺼지는 모습은 전혀 아름답지 않았다. 8조 달러나 되는 자금이 날아갔다. 영국, 프랑스, 독일의 GDP를 합친 것보다 더 큰 금액이었다. 하지만 이제 태양이 동쪽에서 다시 떠오르면서, 인터넷의 막강한 영향력이 느껴지기 시작한다.

나는 인터넷이 하나의 산업이 아니라 모든 산업에 영향을 미치는 메가트렌드라고 본다. 순수 인터넷 기업도 있지만, 인터넷은 변화를 일으키는 주체로서 정부로부터 자동차 회사, 음반 회사에 이르기까지 모든 조직에 영향을 미친다. 예를 들면, 아이튠스^{iTunes}는 아이팟^{iPod}에 디지털 음악 콘텐츠 다운로드 서비스를 제공하는 회사이며, 인터넷 덕분에 탄생했다. 틀림없이 구글^{Google}은 세계에서 가장 강력하고 중요한 회사이며, 인터넷 메가트렌드의 핵심을 이룬다. 그러나 우리가 가장 중요한 미래의 성장기업을 찾을 때는 인터넷이 어떻게 기회를 창출하고 사업 모델을 변화시킬 것인지 분석해야 한다.

  미국 우정국^{United States Postal Service}을 생각해 보자. 인터넷이 성공을

● 세계 인터넷 사용자와 인구통계

지역	인구 (2006년 예상)	세계 인구 중 비중	인터넷 사용자	인터넷 사용자 비중	세계 사용자 중 비중	사용자 증가율 (2000~2005)
아프리카	9억 1,500만	14%	2,300만	2%	2%	404%
아시아	37억	56%	3억 6,400만	10%	36%	219%
유럽	8억 700만	12%	2억 9,000만	36%	28%	176%
중동	1억 9,000만	3%	1,800만	10%	2%	454%
북미	3억 3,100만	5%	2억 2,600만	68%	22%	109%
중남미	5억 5,400만	9%	7,900만	14%	8%	337%
호주	3,400만	1%	1,800만	52%	2%	132%
세계	65억	100%	10억	16%	100%	182%

자료 · 미니와츠(Miniwatts) 마케팅 그룹, www.internetworldstats.com

거두자 전자 우편 때문에 "달팽이 우편snail mail(전통 우편)"은 가치가 떨어졌지만, 전자상거래가 활성화된 덕분에 고가격 고수익 소포가 늘어나면서 전통 우편이 큰 혜택을 입게 되었다.

인터넷은 온라인 교육을 제공함으로써 전통 교육 시스템 자체를 혁신적으로 바꿀 수 있다. 인터넷은 문턱을 낮추고, 비용을 낮추며, 교육 품질을 높여서 교육을 민주화할 수 있다. 공급이 수요를 유발하기 때문이다.

● 인터넷의 영향력

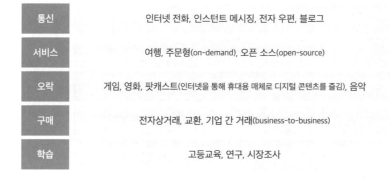

통신	인터넷 전화, 인스턴트 메시징, 전자 우편, 블로그
서비스	여행, 주문형(on-demand), 오픈 소스(open-source)
오락	게임, 영화, 팟캐스트(인터넷을 통해 휴대용 매체로 디지털 콘텐츠를 즐김), 음악
구매	전자상거래, 교환, 기업 간 거래(business-to-business)
학습	고등교육, 연구, 시장조사

스카이프Skype는 전 세계 누구나 인터넷을 통해서 무료로 통화할 수 있는 무료 소프트웨어로서, 2억 4,100만 번이나 다운로드된 프로그램이다. 이런 프로그램을 보면 인터넷이 전통 통신 산업에 미치는 영향을 이해할 수 있다. 소프트웨어 산업에서도 인터넷 덕분에 주문형 소프트웨어와 오픈 소스 소프트웨어들이 거대한 파도처럼 일어났다. 소매 거래조차 인터넷 덕분에 대량 맞춤 생산mass customization이 가능해져 고객들은 실시간으로 원하는 속성을 선택할 수 있으며, 하

루 이틀 만에 제품을 집으로 배달받는다.

오늘날 전 세계에 인터넷 사용자가 8억 명 이상 있으며, 약 25%가 미국에 거주한다. 전자상거래는 연 9%로 성장하는 68억 달러 규모 산업이다.

유비쿼터스^{ubiquitous}(장소에 구애받지 않는) 컴퓨팅과 풍부한 주파수 대역폭 덕분에, 인터넷 보급, 사용, 적용이 더욱 빨라질 것이다. 통

● 인터넷 비즈니스 모델(돈벌이 방법)

모델	설명
접근(Access)	다이얼 업, 전용망, 기타 네트워크 관리 서비스를 판매하거나 제공한다. 계약 조건에 따라 월정요금을 받거나 무료로 제공한다. 무료 사용의 예로, 교실에 무료 PC와 무료 접속을 제공하면서 광고를 하는 방식이 있다.
콘텐츠	온라인으로 우리가 보는 내용을 제공한다. 다른 회사에서 만든 콘텐츠를 구성하고 보여 주는 "포탈(portals)"과 전문화된 콘텐츠를 제공하는 "수신지(受信地, destinations)"(12학년 현장학습, 대학 교과과정 등)가 있다. 전형적인 비즈니스 모델은 광고, 후원, 정기 구독료, 전자상거래 등이다.
상거래	상품을 판매하거나 구매자와 판매자를 연결해 준다. 전형적인 비즈니스 모델은 통신 판매업이나 경매와 비슷하지만, 산업이 발달하면 광고도 하게 된다. 상거래 기업들은 기업과 소비자 간 거래(B2C)와 기업 간 거래(B2B)를 한다. 특히 초중등 교육처럼 광고가 민감한 사안이 되는 경우, 전자학습에서 상거래는 무료 콘텐츠의 비용을 회수하고 수익을 얻는 주요 수단이 된다.
소프트웨어	기업 간/기업 내 통신과 상거래를 촉진하는 소프트웨어를 판매한다. 대개 소프트웨어 라이선스 사용료, 소프트웨어 유지 수수료, 컨설팅 서비스료를 받으며, 소프트웨어 호스팅과 운영 서비스도 늘어 가는 추세이다. 학습 정보 시스템(learning information system)과 훈련 관리 시스템(training management system) 두 가지 형식으로 소프트웨어가 발전하고 있다.
서비스	호스팅, 애플리케이션 대여, 거래 처리, 정보 데이터베이싱, 컨설팅, 디자인, 실행 등 온라인 생태계에 필요한 다양한 서비스를 제공한다. 대개 "클릭당" 거래 수수료, 시간 및 자료 수수료, 구독료 등을 받는다.

자료 · 마이클 모, 메릴 린치

신, 서비스, 오락, 구매, 학습 어느 분야에서나 인터넷은 우리 활동
의 중심이 될 것이다.

우리가 투자에 성공하려면 인터넷이 산업에 어떻게 영향을 미칠
것인지, 산업 안에서 어떻게 기회를 촉진할 것인지를 스스로 물어보
아야 한다. 기업의 사업 기회를 적절하게 평가하기 위해서, 나는 앞
선 표의 분석 틀을 사용한다. 이 다섯 가지 인터넷 비즈니스 모델(접
근, 콘텐츠, 상거래, 소프트웨어, 서비스) 중 하나 이상의 렌즈를 통해서 인
터넷 사업을 분석함으로써, 회사 전망을 더 잘 분석할 수 있다.

기술 혁명

기술은 우리 사회와 경제를 변모시켰으며, 미국 기업들에 심대
한 영향을 미쳤다. 지난 30년 동안 기술에 대한 투자가 증가한 것을

● 사업 장비 투자의 구성

자료 · 경제분석국(Bureau of Economic Analysis)

보면, 이러한 영향이 분명하게 드러난다. 1970년에는 인적자본의 생산성을 높이려는 목적으로, 기업 자본 지출의 약 5%가 컴퓨터와 데이터 처리 장비에 투입되었다. 2004년이 되자 기업 자본 지출의 거의 52%가 첨단 기술 관련이었다. 정보 기술이 새로운 자산, 공장, 장비가 되었다.

판도를 바꾸는 인터넷 기회들

광대역Broadband	모바일Mobile
검색Search	개인화Personalization
사용자 제작 콘텐츠User-generated content (RSS, 블로그, 오디오 등)	
음악과 비디오Music and video	지불Payments
쌍방향 오락Interactive entertainment	인터넷 전화VoIP
페이 퍼 콜Pay per call(소비자가 검색한 광고주에게 쉽게 전화를 걸도록 돕는 서비스)	
끊김 없는 연결성Ubiquitous connectivity	시장 조사Market research
전면적 오픈 소스Open-source everything	사설 교환기Private exchange

IT장비와 소프트웨어에 대한 투자는 분명히 눈에 보이고 지난 20년 동안 가전제품은 폭발적으로 성장해 왔지만, 기술은 갈수록 눈에 보이지 않고 줄에 매이지 않으며, 장소에 구애받지 않는다.

그렇다고 오늘의 정보 기술이 성숙 단계에 도달했다는 말은 아니다. 신흥 국가들이 전 세계에 걸쳐 경제 발전을 이룩하면서 수조 달러에 이르는 기존 IT 자본금을 대체할 뿐 아니라 컴퓨팅 기술을 앞다투어 발전시키면, IT산업은 계속해서 전체 경제보다 1.5~2배 높은 성장률을 유지할 수 있을 것이다.

그러나 이러한 성숙 시장의 발전은, 오늘의 신흥 기술이 기업의

● 온라인 활동 (2003년 10월)

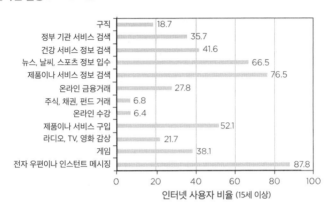

자료 · 미국통신정보관리청(National Telecommunications and Information Administration)

● 컴퓨터의 주요 발전주기

"자동차가 컴퓨터처럼 발전했다면, 롤스로이스(Rolls-Royce)
가격이 현재 100달러일 것이고,
1리터로 40만 킬로미터를 달릴 것이며,
1년에 한 번씩 폭발해서 승객들이 모두 죽을 것이다."
로버트 크링글리Robert X. Cringley, 인포월드InfoWorld 지

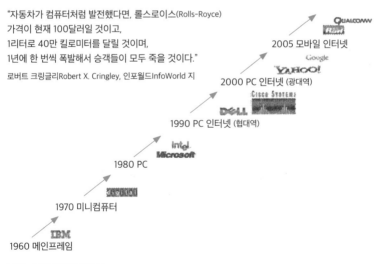

자료 · 씽크에쿼티 파트너스

필요와 소비자들의 취향을 어떻게 바꿔 나가느냐에 좌우될 것이다.

과거 IT 투자와 소비의 폭발적 성장은 "더 빨리, 더 좋게, 더 싸게" 원칙이 주도하였으며, 이 원칙이 "더 빠른" 기술의 혁신, 개발, 도입 주기를 단축했다. 그 결과 빠르게 품질이 개선되었고 가격이 크게 내렸으며, 결국 기업과 소비자 부문 전체에서 대규모 시장이 형성되었다.

통신 기술과 정보 기술이 융합convergence하고 특히 인터넷이 성장하면서 기업의 (내부적, 산업적, 세계적) 운영 방식, 소비자의 의사소통 및 상호작용 방식, 구매 방식, 근로 방식, 정보 입수 방식, 신기술 습득 방식에 엄청난 변화의 파도가 몰아닥쳤다.

앞을 내다보면, 유비쿼터스 기술은 이미 초기 단계를 넘어서서

● 기업과 소비자 지출액

자료 · 경제분석국(Bureau of Economic Analysis), 노동통계청(Bureau of Labor Statistics)

빠르게 성장하고 있으며, 텔레매틱스telematics(운송수단의 이동 중에 정보가 제공되는 무선 데이터 서비스)와 바이오매트릭스biometrics(생물 데이터를 측정, 분석하는 기술)에서 디지털 센서digital sensors와 스마트 태그smart tags(정보 축적과 발신 기능을 가진 작은 칩)에 이르는 기술에 의해 모든 제품을 인식하고 위치를 파악할 수 있으며, 새로운 서비스를 개발하고 사업 프로세스를 개선할 수 있다.

쉽게 눈에 보이는 가전제품 시장 안에서도, 한때 기업의 영역이었던 네트워킹 기술이 이제는 "홈 네트워크networked home" 성장을 주도하고 있다. 무선 장비 가격이 내려가면서 이동 핵가족mobile nuclear family 개념이 등장하고, 컴퓨터 대 사용자 비율이 일대일에서 다수 대 일로 바뀌면서 컴퓨터 관련 주요 통계가 가구당 대수에서 개인당 대수로 바뀌고 있다. 다시 말하면, 단순히 최신형 가정용 컴퓨터로 업그레이드하거나 최신 버전 소프트웨어를 구입하는 것보다 더 미묘하고 가치 있는 방법으로, 사람들은 기술을 계속해서 폭발적으로 받아들이고 있다는 뜻이다. 이제 기술 덕분에 한 사람이 컴퓨터 여러 대를 사용하는 상호연결성interconnectedness 시장이 커지고 있으며, 요즘 빠르게 성장하는 고부가 정보 네트워크와 온라인 커뮤니티에 더 쉽게 접근할 수 있다.

인터넷이 떠오르는 스타의 사업 기회에 미치는 영향이나 전통적 산업에 미치는 영향을 연구하면, 우리는 기회의 거대한 파도를 잡을 수 있다.

조 맥네이 Joe McNay

에섹스 자산운용사(Essex Investment Management Company) 회장 겸 투자운
용본부장

에섹스 자산운용사는 44억 달러를 운용하고 있다. 조 맥네이는 펀드매
니저이며 에섹스의 투자전략도 담당한다. 그는 현재 유명한 54/50 포트
폴리오를 운용한다. 이 펀드는 예일Yale 54년도 졸업생이 50주년 재상봉
행사 때 기부하려는 선물로서, (1979년 25주년 재상봉 시점부터 2000년까
지) 21년 동안 7만 5,000달러가 9,000만 달러로 연 40% 수익률로 증
식되었다. 나는 조와 마주 앉아서, 성장 투자를 하면서 얻은 핵심 교훈이
무엇이며, 어떤 방법으로 새로운 기회를 계속 찾아내는지 물어보았다.
(조 맥네이와의 인터뷰 전문을 읽으려면 www.findingthenextstarbucks.com을
찾아보기 바란다.)

나는 바르게 했을 때보다 잘못을 저질렀을 때 더 많이 배웁니다. 어떤 일
이 제대로 될 때보다 제대로 되지 않을 때 정신을 차립니다. 무엇보다도,
잘못은 현실을 다시 깨닫게 해 줍니다. 일이 제대로 풀려나갈 때 우리는
"그래, 나는 정말 똑똑해! 나는 절대로 잘못을 저지르지 않아. 나는 항상
정확해"라고 생각합니다. 그러나 우리는 실수를 저지르면, 우리가 틀렸
다는 점을 알게 됩니다. 이때는 고통스럽습니다. 우리는 실수를 바라보
고 분석하며, 이렇게 말합니다. "내가 무슨 잘못을 저질렀지? 내가 왜 실
수를 했지? 무슨 일이 있었지?"
우리는 진정으로 본질적이고 중요한 일이 언제 일어나고 어떻게 진행되
는지 파악할 때 많이 배우게 됩니다. 우리는 의식하고, 책을 읽으며, 배

경을 파악하는 방법으로 변화를 감지하고 발생하는 일의 속성을 알게 됩니다. 이런 방식으로 진정한 성장을 찾아냅니다. 지금 나는 〈뉴욕 타임스New York Times〉, 〈월 스트리트 저널Wall Street Journal〉, 〈IBDInvestor's Business Daily〉를 구독합니다. IBD에서 가장 중요한 정보를 제공해 주지만, 공개된 사건들을 분석하고 사람들이 무엇을 하며, 무엇을 좋아하고 무엇을 할 것인지 관찰하면서 많은 정보를 얻습니다.

나는 누구보다도 일찌감치 커다란 성공을 거두었습니다. 의료 부문, 폐기물 관리 부문, 휴대전화 부문, 국제전화 부문에 누구보다도 먼저 투자했습니다. 그러나 무엇보다도 인터넷을 선택했습니다. 내가 초기에 인터넷 부문 투자에서 커다란 성공을 거둔 회사는 CMGI라는 보스턴 지역 회사였습니다. 나는 회사의 실체를 있는 그대로 파악했고, 주당 4달러에 주식을 사 모아 피델리티Fidelity에 이어 미국에서 두 번째 대주주가 되었습니다. 물론 그 회사는 우리보다 1,000배나 컸으므로 우리에게 그만큼 더 중요했습니다. 내가 투자할 때 그 회사는 인터넷 분야 상장 벤처 캐피털 회사였고 인터넷이 발전하면서 거품도 커졌으며, 이 주식은 결국 4달러에서 160달러까지 상승했습니다.

인구통계-저 멀리서 다가오는 모습을 보라

오늘 밤 일기예보입니다. 어두워지겠습니다.

조지 칼린(George Carlin)

일기예보는 틀리는 경우가 많고 내가 대강 관찰해도 다음 날 날씨에 대비할 수 있으므로, 나는 일기예보에 별로 관심을 기울이지 않는다. 밖에 비가 내리면 우산을 집어 든다. 기온이 영하로 내려가면 코트를 입는다. 나는 일기예보를 바탕으로 다음 주 활동 계획을 짜던 습관을 오래전에 버렸다. 동전을 던져서 결정을 내리지도 않고, 기상 전문가의 말에 귀를 기울이지도 않는다.

그러나 콜로라도Colorado에서 스키 휴가를 보내고자 한다면 나는 3월로 일정을 잡을 생각이다. 미네소타Minnesota에서 수상스키waterskiing를 즐기고자 한다면 7월로 일정을 잡으려 하며, 워싱턴DC에서 벚꽃을 즐기려 한다면 4월로 여행 일정을 잡을 것이다.

하루하루 날씨는 변덕스럽지만, 계절은 예측할 수 있다. 겨울에는 춥고 눈이 내린다. 봄에는 따듯하고 습하며, 여름에는 덥고 건조하며, 가을에는 서늘하다. 여름에는 낮의 길이가 길고, 겨울에는 낮의 길이가 짧다. 이런 사실들을 알고 있으므로, 나는 여기에 맞게 일정을 짤 수 있다.

마찬가지로, 인구통계를 제대로 이해하면 투자자는 미래를 내다보는 매우 정확한 창을 얻는 셈이다.

고령 인구는 의료 서비스와 여행을 더 원하며, 은퇴 생활의 품질을 높일 방법을 찾는다. 고급 포도주, 맥주, 커피가 혜택을 본다. 금융 서비스도 마찬가지로 혜택을 본다.

회사 중역 가운데 여성의 비중이 높아지면서 유모와 회사 육아 서비스 수요가 늘어나며, 테이크아웃 푸드takeout food(들고 다니면서 먹을 수 있도록 포장된 음식)와 즉석 정찬premade dinners이 트렌드를 타고, 가정교사, 가정부, 정원사 서비스도 트렌드에 가세한다.

인터넷 세대I-Generation의 아이들 대부분은 언제부터 항상 인터넷을 이용했는지 기억하지 못한다. 자동차가 우리 부모에게 필수품이듯이, 휴대전화는 이들에게 필수품이다. 독립성과 자기표현의 수단이기 때문이다. 벨 소리, 문자메시지, 게임, 영화 등을 인터넷 세대는 똑똑한 장비 하나로 즐긴다.

히스패닉Hispanic 인구가 미국에서 가장 빠르게 성장하는 인종 집단이다. 현재 미국 인구의 14%가 히스패닉이며, 2020년에는 20%로 예상된다. 이러한 성장은 표적 마케팅, 집중 미디어focused media, 기민한 소매업에는 커다란 기회가 된다.

신흥 국가들이 성장하고 규제가 완화되면서 자국에 기회가 많아질 것이므로 일부 신흥국의 이민은 줄어들겠지만, 이민은 계속해서 빠르게 증가할 것이다. 미국에서 소수 집단은 계속해서 빠른 속도로 주류에 합세할 것이다. 히스패닉 인구는 수와 구매력이 성장하여 첫 번째 인종 집단의 위치를 차지할 것이며, 미국에서 소매, 미디어, 금융 서비스 산업의 판도를 적지 않게 바꿔 놓을 것이다.

고령 인구 증가와 9·11 테러 사태가 겹치면서 종교적 열정을 부활시키는 촉매가 되었다. 1994년, 갤럽 여론조사Gallup Poll에서 미국

● 미국의 히스패닉 인구

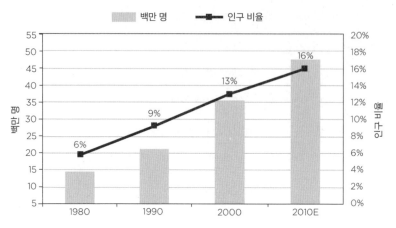

자료 · 미국 인구조사국(U.S. Census Bureau)

인들에게 영적 성장의 필요성을 느끼는지 물어보았을 때, 20%가 느낀다고 대답했다. 1999년에는 78%가 느낀다고 대답했는데, 이때는 9·11 테러 전이었다! 릭 워런Rick Warren의 〈목적이 이끄는 삶The Purpose Driven Life〉은 2,500만 부나 팔렸고, "패션 오브 크라이스트The Passion of the Christ"는 6억 달러("전문가"들도 깜짝 놀랐다)의 흥행 실적을 올리며 최대의 성공작이 되었다. 신교도는 8,000만 명까지 늘어났고, 빌보드Billboard에 따르면 기독교 음반이 70억 달러, 기독교 서적이 22억 4,000만 달러나 팔렸다. 기독교 음악, 서적, 기타 미디어는 분명히 성공을 거두었고, 팟벨리스Potbelly's 같은 패밀리 레스토랑, 식스 플래그스Six Flags 같은 가족 테마공원, (애버크롬비 앤 피치Abercrombie & Fitch-호화 의류업-에 대항한) 정직한 의류 소매상도 크게 성공했다.

다음 20년 동안 인구통계 추세는 놀랍도록 활력이 넘칠 것이다. 베이비붐 세대의 최고령층은 2008년 무렵 일자리를 떠나 은퇴를 시

● 세대별 노동인구 구성(나이 16~64)

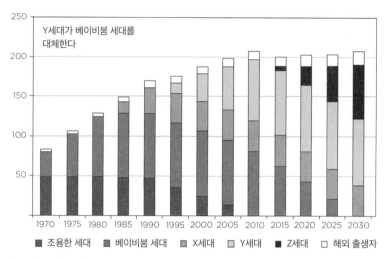

자료 · 미국 인구조사국(U.S. Census Bureau), 씽크에쿼티 파트너스(ThinkEquity Partners)

작할 것이나, Y세대(베이비붐 세대의 자녀들)는 이 무렵 노동 시장에 진출할 것이다. 그리고 Y세대의 규모가 작지 않기 때문에, 노동 인력 감소 효과는 거의 모두 상쇄될 것이다. 물론 숙달된 종업원들의 자리를 신입 직원으로 채우는 일은 회사들에게 커다란 과제가 될 것이다.

Y세대는 소니 워크맨, 아타리Atari, 애플2EApple 2E, 코머도어64Commodore64, 비디오 덕분에 (기술에 단지 익숙한 정도인 X세대를 훌쩍 뛰어넘어) 정보 기술로 무장하고 성장한 첫 번째 세대가 될 테다. 기술을 사용하는 수준을 넘어서서, Y세대는 정보 기술의 작동 원리를 이해하고, 이전 세대들이 시도해 보지 않았던 영역까지 적용할 것이다.

수많은 산업에 걸쳐서, 베이비붐 세대와 젊은 세대들은 극단을 이루는 두 세력이 될 것이다. 베이비붐 세대는 상점에 자주 찾아가 (많은 시간을 소비하며) 쇼핑을 하지만, X세대와 Y세대는 거의 찾아가지 않는다. 여행 산업에서 레저 여행 수요는 대폭 증가하는 반면, 출장은 줄어든다. 은퇴자들을 응대하기 위해서 금융 서비스 구조가 재편되며, 새로운 벤처 기업이 폭발적으로 증가하고 성숙 산업이 재편되는 데 대응하기 위해서 상업 은행, 투자 은행, "벤처 은행"들은 새로운 역량을 키운다.

인구통계의 혜택을 받는 산업

의료	여행과 레저
소수 집단 마케팅	여성 중심 서비스
자산관리	종교 상품

정치적으로 베이비붐 세대는 다른 세대로부터 심각한 첫 도전을 받게 될 것이다. X세대와 Y세대가 결합하여 더 큰 세력을 이루면서 경제적, 기술적, 사회적으로 상당한 영향력을 행사할 것이기 때문이다.

간단히 말해서, 인구통계의 변화로 인해서 세대의 기본 역할이 달라질 뿐 아니라 발생하는 변화의 규모나 범위가 워낙 넓어서 과거의 기술적 경제적 사회적 유산도 붕괴할 것이다. 현명한 투자자들은 이러한 유산들이 붕괴하면서 떠오르는 거대한 기회를 찾아내리라.

에드 머사이어스 Ed Mathias

칼라일 그룹(The Carlyle Group) 이사

에드는 신흥 성장기업 투자에 대해 매우 풍부한 경험을 지니고 있으며, 이 시장의 전문가로 인정받고 있다. 에드는 1993년부터 칼라일 그룹의 파트너가 되었다. 그는 금융 업무의 모든 단계에서 경험을 쌓았다. 뉴 엔터프라이즈 어소쉬잇New Enterprise Associates 설립에 참여했을 뿐 아니라, 뉴 허라이즌 펀드New Horizon Fund의 선임 펀드매니저와 T 로 프라이스T. Rowe Price 이사회 구성원을 역임했다. 나는 에드와 이야기하면서 성장 투자에 관해서 조언을 들었다. (에드 머사이어스와의 인터뷰 전문을 읽으려면 www.findingthenextstarbucks.com을 찾아보기 바란다.)

성장 투자를 하려는 사람은 기꺼이 위험을 무릅쓰고 스스로 연구하며, 스스로 판단을 내려야 한다고 생각합니다. 이들은 연구원을 여럿 거느린 펀드매니저들처럼 많은 정보를 얻을 수는 없지만, 이들이 지닌 상식이 큰 도움이 될 수 있습니다. 어느 분야에서나 그렇듯이, 진정으로 성공하는 사람은 열정적으로 많은 시간을 투입하는 사람이며, 쉽지는 않지만 개인도 성공할 수 있습니다. 성공의 핵심 요소 두 가지는 자신의 상황을 파악하고, 자신의 감정을 다스리는 것입니다. 판단 내리는 법을 배우고, 기간별 실적을 검토하면서 자신에게 적합한 전략을 세우십시오.

메가트렌드 5 컨버전스-전체를 보라

컨버전스란, 노트북 컴퓨터 배터리가 죽는 순간
마침내 사이트가 뜨는 것과 같다.
* 편집자 주: 죽기 직전까지 전력을 다할 때 비로소 컨버전스가 이루어진다.
스튜어트 철(Stuart Chirls), 《저널 오브 커머스 온라인(The Journal of Commerce Online)》

1996년, 빌 클린턴은 대통령에 재선되었고 니컬러스 케이지Nicholas Cage는 〈라스베이거스를 떠나며Leaving Las Vegas〉로 오스카 남우주연상을 받았으며, O. J. 심프슨Simpson은 살인죄로 재판을 받았고 티머시 맥베이Timothy McVeigh는 오클라호마시 폭탄테러로 재판을 받았으며, 애틀랜타Atlanta는 100회 올림픽 경기를 개최했다.

이러한 사건들이 마치 어제 일어난 일처럼 느껴지는가? 내 말의 요점은, 1996년이 그리 오래전이 아니라는 뜻이다. 그런데 사업가 대부분이 휴대전화를 쓰고 있었고 많은 전문직 종사자들이 무선 호출기를 사용했지만 장치 하나가 전화, 메신저, 전자 우편, 카메라, 일정 계획표, 컴퓨터, 자명종, 오락기의 역할을 모두 하리라고 상상한 사람은 하나도 없었다.

중독성 높은 블랙베리Black-Berry 스마트폰을 만든 리서치 인 모션 Research in Motion, RIMM은, 상관없어 보이는 이러한 모든 기능을 손바닥만 한 장비에 통합하면서 2006년 1월 시가총액 120억 달러짜리 회사가 되었다.

미식축구에서, 훌륭한 쿼터백은 평범한 쿼터백이 하지 못하는 일 두 가지를 해낸다. 첫째, 그는 경기장 전체를 보기 때문에 좁은 지역이나 한 선수에 몰두하느라 잘못을 저지르지 않는다. 그래서 기회가 생길 때마다 기회를 활용할 수 있으며, 이들의 경쟁력이 더욱 높아진다. 둘째, 훌륭한 쿼터백은 두세 동작을 미리 내다본다. 훌륭한 체스선수처럼, 시나리오를 그려 보며 최적의 대안을 찾아내는 것이 성공의 열쇠이다.

마찬가지로 내일의 스타를 찾아내려면 투자자들은 시장 전체를 보아야 하며, 산업이 어디로 향하고 어디로 집중되는지 적어도 두세 단계 앞서서 내다보아야 한다.

컨버전스란 독특한 실체나 현상 두 개 이상을 결합하는 것이다. 이것은 휴대전화로 사진을 찍고 텔레비전으로 웹 서핑을 하는 것처럼, 갈수록 IT 세계에서 유행하고 있는 메가트렌드이다. 떠오르는 나노기술의 많은 부분이 컴퓨터 기억장치, 반도체, 생명공학, 제조,

● 컨버전스 가능성과 시점

기회	사용 예상 시점
매립식 약물 펌프	2~5년 후
표적지향 약물 전달	현재
폐쇄형 당뇨 관리 시스템	2~5년 후
비(非)침습성 속성 진단법	2~5년 후
원격 모니터링 및 치료 관리	2~5년 후
표적지향 세포/유전자 치료제 전달	5~10년 후
영상 유도 수술	현재~2년 후
비(非)침습성 치료/비수술적 치료(방사선 요법, 냉동요법, 온열요법)	현재~2년 후

자료 · 윈드호버 인포메이션(Windhover Information, Inc.), 베인 앤 컴퍼니(Bain & Company)

에너지와 관계되어 있다. 의료분야에서 컨버전스는 표적지향 약물 전달targeted drug delivery, 유전자 치료gene therapy 등 미래에 의료 기술을 다양하게 적용하는 데 영향을 줄 것이다.

컨버전스의 요점은, 전통적 원리 안에서 해결책을 찾을 수 있다는 점이다. 컨버전스에서는 정말이지 결합할 요소들을 분석하거나 이해할 필요 없이 해결책을 찾아낼 수 있다. 우리는 세일즈포스닷컴 salesforce.com의 소프트웨어 코드를 연구할 필요가 없다. 사업 타당성과 투자수익률을 판단하는 일이 관건이다.

나는 티보TiVo(디지털 비디오 리코더)의 작동원리를 파악하려고 하면 골치가 아프고 내 존재에 회의를 느낀다. 그러나 티보가 역동적으로 텔레비전의 효용과 경제성에 어떤 영향을 미치는지는 투자자들이 판단할 일이다.

컨버전스가 어떤 기업의 기회에 미치는 영향을 분석하려면, 투자자는 산업의 기준을 다시 세워야 한다. 월스트리트(백미러를 보면서 운전하기 때문에, 세계가 멋지고 편리한 틀 안에 들어 있다고 생각한다)는 앞을 내다보는 일이 거의 없다.

지평선 너머 경계를 가로질러 찾아보며, 명백한 현상만 쫓지 않고 "만약에"를 생각해야 크게 성공하는 기업을 찾아낼 수 있다.

컨버전스는 효율성 향상을 촉진한다. 그리고 서로 다른 분야 전문가들 사이에서 협력관계가 증가하면서 컨버전스도 증가하고 있다. 통신 분야 컨버전스가 사실상 지식경제의 기초를 마련해 주고 있다. 컨버전스는 기업과 소비자들 사이의 정보 흐름을 증가시키며, 비효율성을 몰아내고 네트워크의 가치를 기하급수적으로 높인다.

● 컨버전스 전망

자료 · 어콰이커(Acquicor), 씽크에쿼티 파트너스(ThinkEquity Partners)

기업과 소비자들이 인터넷을 널리 받아들이면서, 아직은 초기 단계이지만 음성과 데이터 네트워크의 컨버전스가 시작되었다. 과거 인터넷의 성장은 처음에는 접근이 주도했고 다음에는 고속 접근이 주도했으며, 나중에는 모든 장비를 통한 인터넷 접근이 주도하였다. 그러나 인터넷은 여전히 목적지이며, 인터넷이 가치 있는 이유는 정보를 주기 때문이다.

오늘날 가치는 갈수록 의사소통에서 나온다. 다음 발전 단계는 의사소통과 협력이 주도할 것이며, 단기 인프라의 초점은 인터넷 전화VoIP가 되고, 장기 인프라의 초점은 XoIP(모든 것이 인터넷 표준)가 되면서 음성, 쌍방향 데이터, 비디오, 애플리케이션이 공통 IP 기반 네트워크에서 사용될 것이다.

사용자 간 통신과 기업 간 통신을 넘어서서 센서와 스마트 태그를 이용해서 기업들은 운영(특히 공급사슬)의 비효율성을 몰아내고, 최종 시장의 수요와 변화하는 고객 기호에 더 민첩하게 대응할 것이다.

월마트가 공급자들에게 요구하는 방식으로 제품에 스마트 태그를 부착한다면, 기업들은 제품과 재고 흐름을 더 잘 관리할 수 있다. 공급망에서 불필요한 재고를 없애고 고객 수요에 실시간으로 대응할 수 있으며, 재고에 묶이는 자원을 최소화할 수 있기 때문이다.

스마트 태그(데이터베이스와 연결된 작은 칩) 정보는 갈수록 웹 서비스를 통해서 결합할 것이고, 동등계층 컴퓨팅peer-to-peer computing을 통해 단순한 기술로도 필요한 때 필요한 장소로 쉴 새 없이 정보가 전달될 것이다. 따라서 공급망 물류, 유통, 고객 반응 등이 일어나는 사업 네트워크 구석구석까지 정보가 전달된다.

따라서 중요한 정보는 언제 어디에서나 접근할 수 있으며, 융합된 네트워크를 십분 활용할 수 있다. 물론 이 과정에서 네트워크 정보 흐름의 보안을 유지하는 일 때문에 새로운 병목 현상이 나타날 수 있다. 공급자 및 고객과 연계된 정보를 기업이 십분 활용하려면, 보안 기술이 충분히 발전해서 기업이 마음 놓고 네트워크를 개방할 수 있는 수준이 되어야 한다. 그러나 이 병목 현상만 해결된다면 기업, 소비자, 공급자 모두가 언제 어디서나 당연히 정보를 요구할 것이다.

통신이 융합되어야 네트워크가 돌아간다. 즉, 그래야만 의사결

● 컨버전스가 세상을 극적으로 변화시킨다

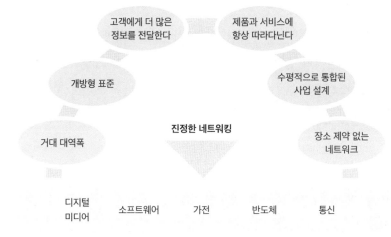

자료 · 어콰이커(Acquicor), 씽크에쿼티 파트너스(ThinkEquity Partners)

정을 내리고 업무를 수행하며, 소비자들이 상호작용을 일으키는 실제 세계에 연산능력을 제공할 수 있다. 인터넷 전화와 전자 태그 같은 융합 네트워크와 기술은 처음 적용될 때에는 단지 오늘의 기술을 대체하겠지만, 결국 내일의 사업 방식을 결정할 것이다. 거듭 말하지만, 융합convergence이 힘을 얻는 이유는 단절된 지식보다 연결된 지식이 훨씬 가치가 높다는 인식이 널리 퍼지면서, 사람들이 협력의 폭을 넓히려 하기 때문이다. 투자자들은 (융합을 통해서) 문제를 해결하고 투자수익을 안겨 주는 똑똑하면서도 통합된 기술을 찾아보아야 한다.

데이비드 스프렝 David Spreng

크레셴도 벤처스(Crescendo Ventures) 설립자 겸 운영 파트너

데이비드가 맡은 세계적 벤처 캐피털 회사 크레셴도 벤처스Crescendo Ventures는 10억 달러가 넘는 자금을 운용하며, 미니애폴리스Minneapolis, 팔로알토Palo Alto와 런던에 사무실을 두고 있다. 그는 "중국의 초기투자환경 조성"에 관한 세계경제포럼 협의단World Economic Forum Working Group 핵심 팀원이며, 전국 벤처 캐피털 협회National Venture Capital Association, NVCA 임원이다. 그는 포브스 마이더스Forbes Midas 최고 벤처 캐피털 투자자 명단에 올랐다. 나는 데이비드에게 경영의 중요성에 관해서 물어보았다. (데이비드 스프렝과의 인터뷰 전문을 읽으려면 www.findingthenextstarbucks.com을 찾아보기 바란다.)

훌륭한 경영은 훌륭한 리더십에서 나옵니다. 지도자는 훌륭한 문화를 창출합니다. 훌륭한 지도자는 비전이 명확하며, 직원들이 중요하고도 의미 있는 일을 한다고 믿게 해 줍니다. 나는 네트워크를 구축했고, 그 네트워크와 계속 접촉을 유지하려고 노력합니다. 나는 자석 같은 역할을 하는 훌륭한 사람을 찾아내서, 그 사람을 중심으로 네트워크를 구축합니다. 다양한 환경에서 사람들과 시간을 보내면서, 이들을 움직이는 동기가 무엇인지 진정으로 이해하려고 노력합니다. 훌륭한 지도자는 조직이 나아가는 방향을 압니다. 이런 지도자는 지성인답게 정직하고 대담하며, 결코 사람을 현혹하지 않습니다. 지도자는 반드시 다른 사람들과 함께 그리고 다른 사람들을 통해서 일합니다. 또한 예의 바르고 열정적이며, 현명합니다. 지도자는 의사소통에 능하며, 특히 다른 사람의 말에 귀를 잘

기울입니다. 또한 자신이 하는 일을 좋아하는 점도 중요합니다.

메가트렌드 6
통합-중소기업을 삼키는 월스트리트

역사는 반복되지 않는다. 다만 운율(韻律)을 맞출 뿐이다.

마크 트웨인(Mark Twain)

이야기는 이렇게 전개된다. 소년이 고등학교를 졸업하고 주립대학을 나와서, 일자리를 얻어 첫 직장에 출근한다. 그는 머지않아 자신에게 뛰어난 사업수완이 있음을 깨닫게 되고, 누구 밑에서 일하기가 싫어진다. 그래서 그는 주택담보로 추가 대출을 받고 친척들에게 돈을 빌리며, 신용카드 한도를 다 채우고 모아 둔 자녀 학자금에까지 손을 대면서 사업을 시작한다.

그는 매일 밤을 새우며 매주 6~7일 일한다. 아내는 집안일을 도맡아 하면서, 힘닿는 대로 남편을 돕기까지 한다. 여러 차례 도산 위기를 넘긴 후, 회사가 순조롭게 성장한다. 그는 높은 보수를 가져가는 것은 아니지만 그럭저럭 생활비를 모두 치를 수 있으며, 사업은 계속 확장된다. 초과 이익은 사업 확장 자금으로 재투자된다.

자기는 공립학교를 나왔지만, 세 자녀는 사립학교로 보낸다. 골프회원권을 구입했지만, 쓰는 일은 거의 없다. 그러나 아이들은 골프회원권을 즐겨 사용하기 때문에 제법 골프를 잘한다.

사업이 계속 순조롭게 진행된다. 회사가 그 지역에서 널리 알려지고, 인근 도시로 사업이 확장된다. 지역에서 받은 수많은 상이 회사의 성공을 입증한다.

그는 자녀를 명문대학에 보낸다. 들어 줄 사람만 있으면 누구에게든 자녀의 성공담을 들려준다. 여름방학마다, 그는 자녀에게 사업의 다양한 면을 경험해 보라고 권하지만, 자녀들은 항상 유럽으로 여행을 떠난다.

회사는 엄청난 돈을 벌어들이지만, 유능한 인재를 구하기가 어렵다. (사장인 그가 늘 그렇게 말했으므로) 회사 사람들 모두 그가 물러나면서 자녀에게 회사를 넘겨줄 것이라 생각한다. 상황이 이렇다면 유능한 2인자를 회사에 잡아 두기는 불가능하다.

자녀가 대학을 졸업하고 대학원도 마친다. 몇 년을 빈둥거리며 보낸 뒤, 자녀들은 다른 회사나 다른 산업에서 경험을 쌓아서 돌아오면 회사에 더 도움이 될 거라고 아버지를 설득한다.

자녀들은 학교 친구들이 몰려 있는 뉴욕, 시카고, 샌프란시스코, 런던으로 가서 직장생활을 시작한다.

아버지는 여전히 매주 6일씩 일하지만, 이제는 휴가나 골프를 즐기기 시작한다. 자녀들은 "내년"에는 돌아가서 가업을 돕겠다는 다짐을 10년째 되풀이하고 있다.

신기술이 산업에 도입되고 있다. 아버지는 신기술의 작동원리를 도무지 이해하지 못하지만, 받아들이지 않으면 회사가 경쟁에 밀려날까 두려워한다. 산업협회를 통해서 오랫동안 알고 지내던 (그는 협회장을 역임했다) ABC 회사가 최근 높은 배수로 기업을 공개했다. 상장 회사가 되고부터, 이 회사는 아무 회사나 마구 사들이고 있다.

ABC사의 기업공개를 보고 나서, 그의 단골손님들이 물어보기 시작한다. 몇몇 고객은 ABC사의 전자상거래 사이트(그의 회사에는 아직 없다)를 통해서 거래를 시작하기도 한다. 중국, 인도, 아웃소싱 등 온갖 쟁점들이 떠오르기 시작한다. 고객들을 만족시키고 비용을 낮추기만 하면 되던 시절이 훨씬 좋았다.

ABC사는 사업이 갈수록 확장되고 있다. 가격을 20%나 낮추었는데, 그가 보기에는 미친 짓이다. 그러나 떠나간 고객들에게 물어보니, 이들은 ABC사에 몇 가지 매력 요소가 있다고 한다. 가격이 싸고 빠르며, 품질이 낮다고 말한다. ABC사의 공개된 재무제표를 들여다보자, 그는 자신의 눈을 믿을 수가 없다. 가격을 낮추었는데도, 이익률이 올라간 것이다!

그는 건강이 악화하기 시작한다. 몸소 사업에 박차를 가해야 하는 시점에, 의사는 그에게 쉬엄쉬엄하라고 말한다. 그가 자녀들에게 전화를 걸어, 이제는 돌아올 준비가 되었냐고 묻는다. 이들은 하나같이 애들 교육문제 때문에 돌아갈 수 없다고 대답한다. 그러나 자녀들 교육자금을 마련해 주고 사립학교 교육비를 내줘서 큰 도움이 된다고 진심으로 고마워한다.

마지못해서 그는 ABC사 대표이사에게 전화를 걸어, 전에 제안한 저녁 식사를 하자고 말한다. 이들은 이야기를 나누고 함께 즐긴 뒤 합병하기로 한다.

합병으로 수익이 더 올라가자 ABC사 주가가 상승한다. 최고경영진과 마음이 맞지 않아서 그는 6개월 만에 회사를 떠난다. 그가 전화로 불만을 털어놓았을 때 대표이사가 "지난번에 우리가 당신 회사를 사지 않았소?"라고 답하자, 그는 깨끗이 단념하고 말았다.

독특한 이야기처럼 들리는가? 그렇지 않다. 이런 일은 월스트리트에서 매일 일어난다.

회사가 산업 내 다른 회사를 인수하면서 성장할 때 합병이 일어난다. 전통적인 소규모 가족경영 산업에서, 합병을 하면 규모의 이점을 통해 지속적인 경쟁우위를 확보할 수 있다. 월스트리트가 제공하는 값싼 자금을 이용해서, 누구나 합병을 만들어 낼 수 있다. 월스트리트는 이런 방식으로 지역 중소기업을 삼킨다.

투자자가 갖춰야 하는 핵심 능력 중 하나가 사회, 기업, 정치를 날카롭게 관찰하는 능력이다. 전체 국면을 바라볼 수 있으면, 미래의 기회가 명백하게 모습을 드러내기 전에 투자자는 그 기회를 볼 수 있다. 제품과 서비스가 어디에서 통합되는지 알아야만 차에 치이지 않고 내일의 스타에 투자할 수 있다.

명백한 합병 기회는 이 장의 앞에서 설명한 일반 상황과 같다. 전통적으로 합병에 유리한 산업은 소규모 가족경영 기업들이 널리 흩어져 있는 산업이다.

산업에서 통합이 시작되면, 합병회사는 규모와 서비스 이점을 누리게 되며, 경쟁기업들은 갈수록 대항하기 힘들어진다. 상장기업이 비상장기업을 인수하면, 거래 과정에서 차익이 발생하여 주가가 상승하는 경우가 많다.

예를 들면, 합병을 주도하는 선도적 상장기업이 PER 25인데, PER 12인 비상장기업을 인수한다. 주주들은 합병으로부터 전략적 시너지 효과도 얻지만, 평가차익도 얻게 된다. 상장기업의 PER과 비상장기업의 PER이 결합하면 합병기업의 EPS가 증가하며, 이 때문에 주가가 더욱 오르는 경우가 많다. 합병전략에 많이 사용되는 "화폐"는 합병 주도 회사의 주식이다(합병 대가로 흔히 합병 주도회사 주식을 지불한다).

합병 투자의 흥미로운 역설은, 합병 주도 회사의 주가가 높을수록 이론적으로 그 주식의 매력이 높다는 사실이다. 가치가 높은 주식 "화폐"로 적은 대가를 지불하고도 많은 이익을 사들일 수 있으므로, 합병 후 EPS가 그만큼 더 높아지기 때문이다. 이 개념은 이해하기가 어렵지만, 일단 이해하면 매우 강력한 힘을 발휘한다.

합병은 메가트렌드이며 매우 매력적인 투자 기회가 될 수 있지만, 함정도 많다. 합병에서 가장 경계해야 하는 사례는 차익만을 얻으려고 상장 회사와 비상장 회사를 결합하는 경우나 전략적 타당성이 없는 경우이다.

● 합병 주도 회사

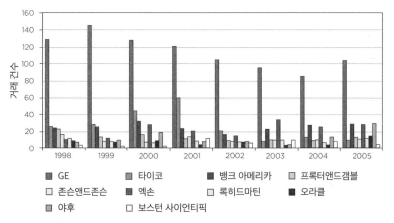

자료 · 팩트셋(FactSet), 씽크에쿼티 파트너스(ThinkEquity Partners)

우리가 알아야 할 두 번째 쟁점은 통합이다. 합병은 서류상으로 는 항상 그럴듯하지만 문화, 시스템, 의사소통 문제 때문에 제대로 통합이 이루어지지 않으면 커다란 실패로 끝난다.

또 다른 쟁점은 산업에 영향을 미치는 거대한 세계 흐름이다. 우리는 성숙기에 접어든 산업에서 회사들이 위기를 감지하고 합병 하는 모습을 많이 본다. 데이트하는 남녀가 자신의 결점을 드러내 려 하지 않는 것처럼 합병하는 회사들도 자신의 강점만을 내세우 려 한다.

가까운 사례를 보더라도, 팩시밀리 산업이 합병한 일은 매우 현 명한 판단으로 보였을지 모르나 이때 인터넷이 등장했고, 팩시밀리 산업 전체가 밀려나게 되었으므로 이러한 합병은 전혀 도움이 되지 않았다.

합병 원칙

1. 전략적 타당성이 있어야 한다.
2. 확고한 통합 계획이 있어야 한다.
3. 큰 그림을 보아야 한다.
4. 보수적 회계를 적용해야 한다.
5. EPS가 증가하는지 확인해야 한다.

많은 소기업이 뭉쳐서 대기업 하나가 되는 전통적 산업 통합도 있지만, 가장 흥미로운 합병 기회는 합병 주도 회사가 서비스나 기 술을 개발하는 회사를 인수해서 독점적 우위를 확보하는 경우이다.

이베이^{eBay}가 신생 온라인 결제시스템 회사 페이팔^{PayPal}을 15억 달러에 인수했을 때, 모두 이베이가 미쳤다고 생각했다. 그러나 이 결정은 탁월한 선택으로 드러났다. 이베이 주위에 경쟁자들이 거의 뛰어넘을 수 없는 해자垓字를 만들어 주었기 때문이다. 최근 이베이는 인터넷 전화업체 스카이프^{Skype}를 26억 달러에 인수했는데, 이에 대해서도 거센 비평이 다시 일어나고 있다. 두고 보면 알 것이다.

마찬가지로 인터넷 선도 기업 구글과 야후도 경쟁 지위를 강화하려고 기업과 기술을 적극적으로 사들이고 있다.

생명공학 분야에서도 시판되는 제품들이 수백 가지나 된다. 유통망과 마케팅 비용의 효율을 높이기 위해서 합병이 일어날 것이다. 대박 제품 하나만 보유한 회사는 기존 고객 기반과 마케팅 수단을 완벽하게 갖춘 대기업과 제휴를 맺으면, 그 제품을 더 잘 판매할 수 있다.

소프트웨어 산업에도 통합의 파도가 거세게 밀어닥치고 있으며, 결국 이 산업도 의료 장비 산업과 같은(한쪽 끝에는 거대 기업들이 있고, 다른 쪽 끝에는 신흥 혁신기업들이 있는) 바벨 형태가 될 것이다.

통합의 혜택을 받는 산업

의료 서비스	소프트웨어
생명공학	컨설팅
보험	교육 소프트웨어
자산운용	석유 산업
금융 서비스	인터넷

덩컨 바이어트Duncan Byatt

런던 소재 이글 앤드 도미니언(Eagle & Dominion)사 공동설립자 겸 사장

덩컨 바이어트는 1984년 스코틀랜드 에든버러Edinburgh의 아이보리 앤드 사임Ivory & Sime사에서, 실습생으로서 미국과 유럽 투자를 배우면서 투자 경력을 쌓기 시작했다. 그는 이어 런던에서 기업금융 애널리스트로 일했고, 일본 대형 보험사에서 펀드 운용을 시작했으며, 일본과 환태평양 지역에서 근무했다. 1991년~1998년 동안, 그는 영국 가트모어 자산운용Gartmore Investment Management사에서 미국 신흥 성장 펀드를 운용했는데, 이 펀드는 런던의 동일 유형 펀드 중에서 가장 크고 실적이 우수한 펀드로 평가되어 펀드평가사로부터 AAA등급을 받았다. 나는 덩컨에게 회사의 어떤 요소를 보고 투자하는지 물어보았다. (덩컨 바이어트와의 인터뷰 전문을 읽으려면 www.findingthenextstarbucks.com을 찾아보기 바란다.)

대개 사람을 평가할 때, 우리는 경영진과 마주 앉아 이야기하면서 많은 시간을 소비합니다. 우리는 즉석에서 회사를 방문해서, 실제로 회사를 운영하는 사람과 만나는 경우가 아주 많습니다. 우리는 즉시 감을 잡습니다. 회사에 활기가 넘치는지? 회사가 분주하게 돌아가는지? 사람들이 자신이 하는 일을 진정으로 즐기고 있는지? 아니면 회사가 한산한지? 다른 곳으로 정말 옮기고 싶다는 듯이 사람들 표정이 울적한지? 우리는 사업이 제대로 돌아가고 있는지 무척 빨리 감을 잡습니다.

대개 우리가 투자하는 기업은 두 종류로 구분되는데, 합병 주도 기업과 혁신 기업입니다. 우리는 내가 20-20-20회사라고 부르는 이상형 회사를 찾습니다. 20-20-20회사란, 매출 성장 20%, 이익 성장 20%이면

서, 장기적으로 20% 투자 수익을 안겨 줄 수 있는 회사를 말합니다. 매출 성장 20%를 달성하는 합병 주도 기업은, 대개 성숙기에 접어든 산업(흔히 소기업들이 잘게 나눠 먹는 산업)에서 좀 더 크고 성숙한 기업입니다. 이러한 회사는 실제로 7~8%로 성장하지만, 기업 인수를 통해서 대개 성장률을 두 배로 높일 수 있습니다. 기업 인수가 성장의 대부분인 셈입니다.

메가트렌드 7 브랜드-계속 베풀어 주는 선물

회사의 브랜드는 사람의 평판과 같다.
우리는 잘하려고 열심히 노력하는 경우에만 평판을 쌓을 수 있다.

제프 베이조스(Jeff Bezos, 아마존닷컴 CEO)

"케이마트Kmart는 엿같다"는 레이먼드 배빗Raymond Babbitt 말이 맞았다. 1988년 오스카상을 받은 "레인맨Rain Man"에서 더스틴 호프만Dustin Hoffman이 자폐증을 앓는 천재 역을 맡아 이 대사를 중얼거린 지 14년이 지나서, 케이마트는 파산 신청을 했다.

만일 레이먼드가 "월마트Wal-Mart는 엿같아"나 "타겟Target은 엿같아"라고 말했다면, 이 대사는 전혀 효과가 없었을 것이다. 이 대사는 관객들 사이에서 삐딱하게 공감을 불러일으켰다. 사람들 대부분이 케이마트에서 쇼핑하기를 몹시 싫어했기 때문이다. 케이마트 브랜드는 품질 낮은 제품, 형편없는 서비스, 끔찍한 쇼핑을 뜻했다. 그래서 케이마트는 엿같다!

스타벅스는 품질이 뛰어난 커피와 친근한 서비스를 제공하겠다고 약속하면서 사업을 시작했다. 고객의 기대를 뛰어넘는 실적으로 브랜드 가치를 쌓아 올렸기 때문에, 스타벅스는 대체 음료에서 음악에 이르기까지 고객에게 온갖 제안을 할 수 있었다. 스타벅스는 단골 고객들과 연결 고리를 만들었기 때문에, 고객과의 관계를 확장할 수 있었다. 사실 투자자들은 스타벅스가 다음 제품이나 서비스를 내놓기를 애타게 기다린다. 고객들이 좋아할 거라고 기대하기 때문이다.

애플Apple은 항상 소수 열성 팬의 브랜드cult brand였지만, 이제 대중의 브랜드로 확장되었다. 매킨토시Macintoshes, 아이팟iPods, 비디오Video, 아이튠스iTunes, 셔플Shuffle, 아이사이트iSight 등 사람들은 애플이 만드는 제품은 무엇이든 좋아한다. 비행기 안에서 꺼내 놓은 애플 노트북 컴퓨터는 멋진 사람의 상징이다. 5년 전에는 존재하지도 않았던 애플 매장들은 20억 달러 이상의 매출 즉, 매장당 2,000만 달러가 넘는 매출을 올리고 있다. 비교하자면, 저 거대한 베스트바이Best Buy 대형매장의 매장당 매출이 약 3,000만 달러이다! 새로 연 전문점 치고는 결코 나쁜 실적이 아니다.

우리는 한 손에는 스타벅스를 들고, 귀에는 네온 백색 아이팟 이어폰을 꽂는 문화를 맞이하고 있다.

인텔 인사이드Intel Inside도 뛰어난 브랜드이다. 이 브랜드 덕에 소비자들은 기술을 신뢰하며, 인텔은 더 높은 이익률을 얻는다. AMD 칩의 성능이 인텔과 같거나 더 나은가? 그럴지도 모르지만, 인텔은 브랜드가 있다.

랄프 로렌 폴로Ralph Lauren's Polo도 탁월한 브랜드이다. 비슷한 제품보다 2~3배 가격을 지불해야, 사람들은 좋은 취향과 멋진 라이프스 타일을 뽐내며 조랑말 상표를 달 수 있다.

구글Google은 인터넷 검색을 대표하는 브랜드이다. 검색 엔진과 사이트는 수없이 많지만, 무엇인가를 알고 싶을 때 우리는 구글을 찾아간다. 구글은 강력하고 정확하며 효율적이고 단순하기 때문이다.

델Dell의 부품과 서비스는 대부분 다른 회사에서 공급하지만, 델 제품에 델 이름이 붙어 있기 때문에 소비자들이 안심하고 구매한다.

하버드Harvard, 스탠퍼드Stanford, 프린스턴Princeton은 교육 브랜드이다. 이 브랜드 덕분에, 이 학교를 나온 사람들은 똑똑하다고 인정받는다. 골드만삭스Goldman Sachs는 투자금융의 대표 브랜드이다. 우리는 다른 곳에서도 똑같이 유능한 사람을 찾을 수 있고, 더 싼 비용으로 거래를 성사시킬 수도 있다. 그러나 사람들은 회사를 매각하거나 기업공개를 할 때는 꼭 골드만삭스에 맡기고 싶어 한다.

반면에 케이마트처럼 반감을 불러일으키는 브랜드는 좀처럼 오명을 벗어나지 못한다.

브랜드는 관계를 맺으면 만족을 제공하겠다는 기업과 소비자 사이의 약속이다. 브랜드 가치를 쌓아 올리는 데에는 오랜 세월이 걸리지만, 일단 가치를 쌓아 올리면 기업은 약속과 일관성을 유지하는 한 다른 제품과 서비스를 제공할 수 있다.

GM은 브랜드를 쌓아 올리려면 거대한 전쟁을 치러야 한다. 라디오쉑Radio Shack도 나쁜 브랜드이다. 세계 시장과 인터넷 경제에서, 강력한 브랜드는 전에 없이 중요하다. 브랜드는 항상 시간에 쫓기는 소비자와 중역들에게 선택의 부담을 덜어 주기 때문이다. 브랜드는 보증해 준다. 브랜드는 우리를 편안하게 해 주고 우리에게 확신을 심어 준다. 미래에 사업에서 성공하려면, 기업은 브랜드로 고객과 관계를 형성해야 하고 계속해서 약속을 지켜야 한다.

세계 광고량은 명목 GDP 성장과 발맞추어 꾸준히 증가하고 있고, 온라인 부문의 광고 비중 또한 계속해서 증가하고 있다. 세계 전체를 보면, 신흥 경제의 광고 성장이 세계 광고 성장을 앞지르고 있다. 신흥 경제 소비자들의 구매력이 높아지자, 기업들이 자기 브랜드의 생애 가치를 높이려고 신흥 시장 소비자들에게 적극적으로 광고하기 때문이다.

내가 보기에 다음과 같은 여러 요소가 결합하면서, 브랜드 가치를 확립하고 촉진하며 보호하는 역동적인 환경이 조성되고 있다. 저비용 해외 시장으로부터 경쟁 격화, 신흥 시장의 구매력 상승, 동태적으로 변화하는 유통경로, 인터넷 소매의 증가, 인구통계 수요의 변화(베이비붐 세대의 고령화, Y세대의 구매력 증대, 복수 소수집단 시장), 틈새 시장 세분화, 경쟁 제품의 폭발적 증가.

더 성숙한 경제에서, 소비자들은 갈수록 늘어나는 제품과 서비스에 대해서, 갈수록 늘어나는 매체를 통해서 매일 갈수록 늘어나는 광고를 맞이한다.

매체 회사, 마케팅 회사, 광고 회사들은 이제 고객 회사들의 새로운 세계 시장 진출, 매체의 확산, 신흥 기술에 대처하고 있으며, 이에 따라 전통적 광고 채널이 증가하는 예도 있지만 채널이 대체되는 경우도 많다.

브랜드 구축의 핵심은 어떻게 브랜드를 촉진하고 어떻게 소비자에게 인지시키며, 브랜드를 통해서 구매 결정에 어떻게 영향을 미칠 것인지 사업 전략을 개발하는 데 있다.

사업 측면에서 멀티미디어 환경이 등장하면서, 더욱 집중된 광고와 희석 위험이 따르는 일반 광고 사이에서 균형을 유지하는 일이 새로운 과제가 되었다. 특히 인터넷은 여러 다양한 메시지를 통해서 틈새 고객에게 광고할 수 있으므로, 이러한 기회와 도전을 잘 활용할 수 있다. 대중 시장 제품에 대해서는 물론 균형 유지가 큰 문제가

● 최고 인기 브랜드

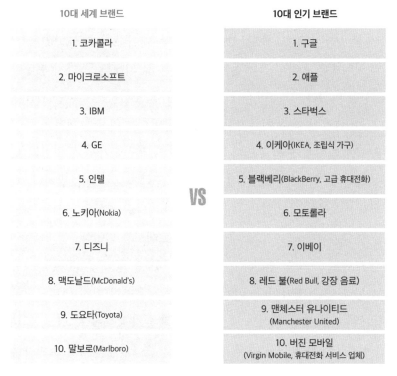

10대 세계 브랜드	10대 인기 브랜드
1. 코카콜라	1. 구글
2. 마이크로소프트	2. 애플
3. IBM	3. 스타벅스
4. GE	4. 이케아(IKEA, 조립식 가구)
5. 인텔	5. 블랙베리(BlackBerry, 고급 휴대전화)
6. 노키아(Nokia)	6. 모토롤라
7. 디즈니	7. 이베이
8. 맥도날드(McDonald's)	8. 레드 불(Red Bull, 강장 음료)
9. 도요타(Toyota)	9. 맨체스터 유나이티드 (Manchester United)
10. 말보로(Marlboro)	10. 버진 모바일 (Virgin Mobile, 휴대전화 서비스 업체)

VS

자료· 비즈니스위크, 인터브랜드(Interbrand)   자료· 씽크에쿼티 파트너스

되지 않는다. 그러나 차별화가 중요한 경쟁 요소인 제품이라면 위험성이 있다. 모든 사람에게 모든 것을 제공하려 한다면, 제품 "프리미엄"이 사라져 버리기 때문이다.

다행히 새로운 광고 채널이 등장하면서 광고 내용과 표적 시장을 연결하는 방법이 개선되었는데, 시장을 확인하고 세분화하는 분석 기법을 사용하게 되었으며 유형·무형의 브랜드 속성에 대한 고객 반응을 신속하게 확인하게 되었다.

고객의 관점에서 보면, 접점(소비자가 제품 광고나 제품 정보를 만나는 장소)의 수가 계속해서 빠르게 증가하고 있다. 이러한 접점들은 어느 모로 보나 기업의 전통적 통제 수단(지금까지 기업은 제품 경험 등을 통해 제품 포지셔닝과 브랜드에 직접 영향을 미쳤다)을 벗어나 확대되고 있다.

인터넷은 온라인 소매업을 가능케 한 것 외에도 두 가지 분명한 영향을 미쳤다. (1) 소비자가 스스로 제품을 조사하는 수단을 제공했다. (2) 온라인 제품 리뷰처럼 간단한 방법으로 다른 고객들의 추천을 쉽게 찾아보게 해 주었다. 고객 추천은 매장에 가서 직접 만져 보는 방법에 이어 중요도 2위를 차지하는 구매정보 수집 방법이다. 따라서 온라인 고객 리뷰는 브랜드 가치에 커다란 영향을 미치는 것은 물론, (온라인과 오프라인) 소매의 강력한 트렌드가 되었다.

브랜드 가치를 창출하고 유지하는 새로운 동태적 양상이, 양방향 동료 집단 평가이다. 이제 소비자들은 온라인 인적 네트워크를 통해서 동료 집단에 어느 제품이 가장 좋은지 물어볼 수 있고, 동료 소비자들의 추천을 받아서 정보를 얻을 수 있다. 그래서 소비자들은 광고에서 주장하는 품질과 가치가 아니라, 동료 집단이 결정하

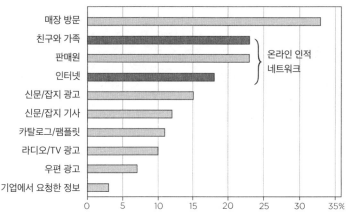

소비자들이 말하는, 주요 가정용품 구입 결정에 가장 유용했던 정보 원천

자료· 미래 연구소, 가구 조사

는 품질과 가치를 통해서 제품의 가치를 발견할 수 있다. 이러한 공동체의 타당성이 높아지면서 동료 집단 평가가 브랜드 가치 요소에 갈수록 중요한 요소가 되고 있으며, 실제 고객들의 신뢰를 잃지 않으려면 기업과 광고 회사들도 꼭 이해해야 하는 중요한 요소가 되었다.

그래도 역시 브랜드 가치를 높이는 비결은 쾌적한 쇼핑 환경을 제공하고 고객 취향에 맞는 제품과 서비스를 계속해서 제공하며, 높은 품질로 평판을 얻는 것이다. 저비용 조달, 유통채널 수 확대, (인구통계, 문화 등) 취향 변화 대응을 통해서 품질, 접근성, 구색, 가격 경쟁력을 높이는 기업들이 고객을 가장 잘 섬기며, 결국 "브랜드" 가치를 높이고 유지함으로써 혜택을 받게 된다.

브랜드 메가트렌드를 무시하는 기업들은 정보의 맹공격을 받아

휩쓸릴 테고 투자자들에게도 버림받을 것이다. 강력하면서도 눈에 띄는 브랜드가 강력한 제품을 만드는 핵심 요소이다.

댄 레비탄 Dan Levitan
메이버런(Maveron) 공동설립자

댄 레비탄은 1998년 스타벅스 CEO 하워드 슐츠와 벤처 캐피털 회사 메이버런을 공동으로 설립하였다. 이들은 초기에 이베이와 드러그스토어닷컴drugstroe.com에 투자하여 대박을 터뜨렸다. 댄은 이전에 슈로더Schroders의 임원으로서 소비자 투자금융을 이끌었다. 나는 댄에게 투자 조언을 부탁했다. (댄 레비탄과의 인터뷰 전문을 읽으려면 www.findingthenextstarbucks.com을 찾아보기 바란다.)

내일의 스타에 성공적으로 투자하려면 호기심을 갖고 수많은 기회를 찾아보아야 하며, 지극히 열린 마음이 필요하고, 냉수 한 잔 마시고 건전한 자제력을 적용해서 훌륭한 아이디어에 숨어 있는 약점을 찾아내야 합니다. 호기심, 열정, 자제력을 결합하고 자신의 관점이나 경영자의 관점이 아니라 고객과 시장의 관점으로 회사를 찬찬히 들여다본다면, 대박을 터뜨리는 흥미로운 기회를 잡을 수 있습니다.

메가트렌드 8 ─ 아웃소싱

비용 절감에 집중하지 마라. 돈을 더 버는 데 집중하라.

린든 포먼(Lyndon Forman)

루 답스Lou Dobbs는 스페이스닷컴Space.com을 그만두고 지상으로 돌아와 CNN 머니라인Moneyline을 다시 맡으면서, 해외 아웃소싱에 대항해서 십자군 전쟁을 일으켰다. 그는 2004년에 펴낸 책 〈엑스포팅 아메리카Exporting America〉에서, 세계화에 대응해서 균형무역Balanced trade을 옹호했다.

답스는 "엑스포팅 아메리카" 목록을 만들어 미국을 배반한 온갖 회사를 열거했다. 3M, 액센츄어Accenture, 알버슨스Albertson's, AMD, 애질런트Agilent, 아메리칸 익스프레스American Express, 애플Apple, 미국전신전화회사AT&T, 아메리카 온라인AOL, 어플라이드 머티리얼즈Applied Materials-A로 시작하는 회사들만 이 정도이다!

현실적으로 세계 시장은 끝없이 증가하고 있고 인터넷 때문에 세상에서 시간과 공간이 사라진 마당에, 이미 짜낸 아웃소싱이라는 치약을 튜브로 다시 넣을 수는 없는 일이다. 아웃소싱은 새로운 트렌드는 아니지만, 여전히 우리와 함께하는 메가트렌드이다.

기업들이 아웃소싱을 하는 이유

비용 절감	핵심 사업에 집중
서비스 개선	전문가 확보
유연성	

경쟁에서 이기려면 선도 기업은 자신의 핵심 역량이 무엇인지 결정하고, 그 밖의 모든 것을 원칙적으로 아웃소싱해야 한다. 아웃소싱의 원래 목적은 비용 절감이었지만, 오늘날의 목적은 비교 우위를 살리고 시간과 자원을 최적화하려는 것이다.

IT 기술 분야는 아웃소싱이 가장 빈번하게 발생하는 분야이다. 모든 아웃소싱 업무의 28%가 IT 분야에서 일어나며, 2006년도 세계 IT 서비스 시장 규모는 1조 2,000억 달러로 추정된다. 세계 투자은행들은 아웃소싱 프로젝트를 위해서 인도에 3,560억 달러를 투자할 예정이다. 인적자원관리와 판매 및 마케팅도 아웃소싱이 매우 활발한 분야이다.

미래의 선도적 성장기업들은 최고 품질, 최저 가격 제품을 만들려고 적극적으로 아웃소싱을 할 것이다. 영화 제작사의 예를 보면,

● 산업별 아웃소싱 비중

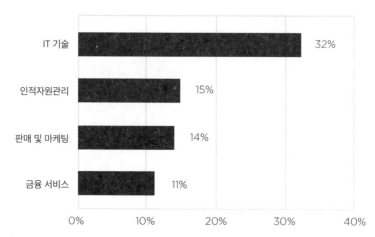

자료 · CIO 매거진(magazine)

적절한 배우, 제작자, 작가, 마케터, 유통업자가 모여서 영화를 만들며, 이들은 작업이 끝나면 뿔뿔이 흩어져서 각자의 길로 돌아간다. 이 모델은 다른 산업에서도 널리 받아들일 수 있다.

선도적 성장기업들은 아웃소싱을 하며, 아웃소싱하는 기업들이 계속해서 시장을 선도할 것이다. BPO^business process outsourcers(비즈니스 프로세스를 아웃소싱하는 기업들)는 계속해서 번영할 것이다. 급여, 복지, 고객 서비스, 인적자원관리, 조달 등이 계속해서 아웃소싱 메가트렌드의 혜택을 받는 분야이다.

아웃소싱 혜택을 받는 부문

급여	복지
고객 서비스	세무
인적자원관리	조달
조사	인터넷 서비스
음성 네트워크 관리	

아웃소싱은 발전을 거듭하면서, 비핵심 활동을 외부 기업에 넘기고, 생산을 인도, 중국, 필리핀 같은 저임금 시장으로 이전하는 수준을 넘어설 것이다. 아웃소싱은 계속 확대될 것이며, 한때 핵심 역량으로 간주되던 부문까지 포함해서 회사 가치사슬의 주요 부문까지 대상이 될 것이다. 이런 추세는 이미 빠르게 떠오르고 있으며, (전통적으로 핵심 역량으로 간주되던) 회사의 임원과 연구개발 부문까지 갈수록 많은 기능을 아웃소싱하고 있다.

성공 기업들은 고객 서비스, IT 기반시설, "백오피스" 기능 등 비핵심 활동과 인프라 투자가 증가하는 부작용을 간과하는 경우가 많았다. 그러나 이러한 활동들 때문에 회사의 유연성이 제약되고 핵심 사업에 집중하기 어렵게 된다. 정보와 통신기술 덕분에 전문 기업들이 이러한 활동들을 비용 효율적으로 처리할 수 있으므로, 계속 증가하는 아웃소싱 시장에 성장 기회가 열리고 있다.

종합하면, 아웃소싱 트렌드로 인해서 기업 수익성이 높아지고 기업의 투하자본이익률이 증가할 뿐 아니라, 단위 매출당 이익도 늘어나고 있다. 이 사실은 사업 부문 전체에 걸쳐 이익률이 증가했을 뿐 아니라, 지난 경제 침체 이후로 기업순현금흐름이 기록적으로 증가한 데서(2001년 1/4분기 이후로 현재 거의 4,000억 달러가 증가했다) 분명히 드러난다. 그 결과 회사는 미래 성장 자금을 조달하고 외부 자금에 대한 의존을 줄이게 되었으며, 투자 기회가 생기면 내부 자금을 효과적으로 투입할 수 있게 되었다.

앞에서 말했듯이, 아웃소싱은 비용 절감 목적에서 출발하여 전략적 관점으로 발전을 거듭하고 있으며, 회사의 투자수익률ROI과 경쟁력을 높여 주고 있다.

기업들은 갈수록 아웃소싱을 늘리면서, (계약 생산, 고객 지원 등) 비용 절감 기회를 십분 활용하여 수익을 확대하며, (지적재산권 관리, 계약 연구개발 등) 고도로 전문화된 서비스를 이용함으로써 사업의 유연성을 높인다. 이렇게 하면 기업들은 새로운 기회와 미래 상품에 집중할 수 있으며, 타고난 전략적 강점을 더 잘 활용할 수 있다.

경험에 따르면, (기술, 생산, 세계 시장 복잡성 등 때문에) 사업이나 산

● 아웃소싱은 이익증가에 기여한다

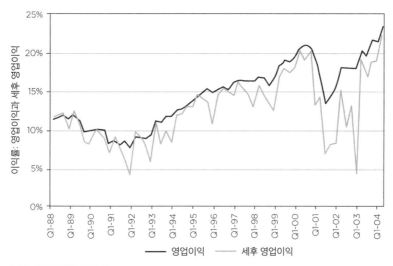

자료 · 씽크에쿼티 파트너스

● 아웃소싱은 현금증가에 기여한다

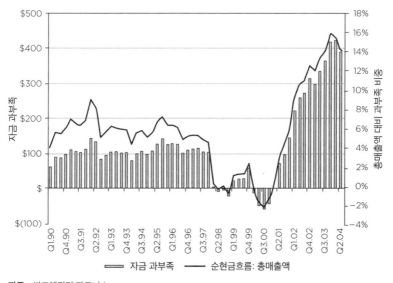

자료 · 씽크에쿼티 파트너스

업이 지식집약적으로 될수록, 경쟁우위를 유지하려면 더 많은 기능을 아웃소싱해야 한다.

기업은 핵심 전략 자산을 중심으로 조직을 효율적으로 관리해야만 혁신을 통해서 고객의 변화하는 요구에 대응할 수 있다. 생산은 갈수록 서비스 중심이 되고, 서비스는 갈수록 기술적이 되므로, 기회가 될 때마다 아웃소싱을 받아들이는 기업은 핵심 역량에 집중함으로써 경쟁우위를 계속 지켜 나갈 수 있을 것이다.

● 아웃소싱 세계 선도 기업

지역	시장 규모	상위 국가	유망 국가
중앙 유럽/동유럽	$33억	체코, 불가리아, 슬로바키아, 폴란드, 헝가리	루마니아, 러시아, 우크라이나, 벨로루시
중국/동남아	$31억	중국, 말레이시아, 필리핀, 싱가포르, 태국	인도네시아, 베트남, 스리랑카
중남미	$29억	칠레, 브라질, 멕시코, 코스타리카, 아르헨티나	자메이카, 파나마, 니카라과, 콜롬비아
중동/아프리카	$4억 2,500만	이집트, 요르단, 아랍 에미리트 연방, 가나, 튀니지	남아공, 이스라엘, 터키, 모로코

자료 · 비즈니스위크, A. T. 커니(Kearney, Global Services Location Index, 2005)

스타와의 대화

클리프 그린버그 Cliff Greenberg
배런 소형주 펀드(Baron Small Cap Fund) 펀드매니저

1997년부터 클리프는 28억 달러 규모 배런 소형주 펀드의 펀드매니저로 활동하고 있으며, 고전적 성장 회사, 추락 천사, 특수 상황 회사에 투

자하고 있다. 동료 집단과 비교했을 때, 그의 실적은 인상적이다. 배런 소형주 펀드는 지난 5년 동안 전체 소형 성장주 펀드의 90%를 앞섰다. (클리프 그린버그와의 인터뷰 전문을 읽으려면 www.findingthenextstarbucks.com을 찾아보기 바란다.)

나는 위대한 회사를 찾고 있습니다. 위대한 투자를 하고 싶습니다. 나는 주주로서 커다란 수익 기회를 찾고 있습니다. 가장 좋은 방법은 확고한 틈새시장을 확보하고 있으며, 기업가적 경영자들과 문화를 갖추고 있어서 작은 아이디어, 작은 회사를 대기업으로 키울 수 있는 독특한 회사를 찾아내는 것입니다. 주주들도 이 회사와 함께 크게 번영할 수 있습니다. 특별하고 색다르며 정말로 좋은 사람들이 경영해서 훨씬 커질 수 있고, 나와 투자자들에게 큰돈을 벌어 주는 소기업에 투자하는 일, 바로 이것이 나의 생업입니다.

후기

나는 지난 15년 동안 일어난 역동적 발전이 계속 이어져서, 미래 성장 기회의 초석이 되리라 기대한다.

(내부, 기업 간, 기업과 소비자 간) 지식 네트워크가 기하급수적으로 성장하며, 정보기술IT이 계속 진보하고 IT 중심으로 조직이 개편되면서, 지식 중심 산업이 빠르게 성장하고 있다. (베이비붐 세대, 에코붐 세대, 일본과 유럽의 고령화 등) 인구통계가 역동적이면서도 동시적으로

변화하고 국제 시장 기회가 증가하면서, 노동 시장이 갈수록 세계화되고 인적자본에 대한 요건이 바뀌고 있으며, 외국과 국내의 구분도 희미해지고 있다.

신흥 지식 경제는 아직 유아기에 머물고 있으며, 그 전 단계인 이른바 정보 경제도 여전히 데이터 과부하 상태에서 허우적거리고 있다. 최근에 와서야 정보 경제가 진정으로 번창하면서 조직, 여러 인구통계의 취향, 잠재적 지역 및 세계 시장, 기업 간 프로세스 부문에 산더미처럼 쌓인 데이터에서 정보를 추출하고 있다.

기업들은 엄청난 데이터를 유용한 정보로 전환하고 있고, 이렇게 축적한 정보자본과 지식자산을 이용해서 더 전략적이고 수익성 높은 방향으로 성장을 추구하고 있다. 현대 기업 경제의 현재 시점까지, 성공에는 성장의 부작용이 따라다녔다. 부수 업무에 불과한 (IT 장비와 소프트웨어 등) 내부 운영과 서비스 인프라까지 성장했던 것이다.

이러한 자산과 기능에 대한 보유/아웃소싱의 전략적 가치를 분석하는 데다, 경험과 정보를 축적해 가면서 비핵심 업무는 성장을 제한하고 핵심적인 상품과 서비스에 집중할 때, 기업들은 수익성이 개선되고 투자수익률이 올라간다는 사실을 깨달았다. 그러면 기술에 힘입어 대기업도 계속해서 성장할 수 있다.

아웃소싱의 결과로 경제 및 산업 클러스터가 새롭게 발전하고 있으며, 이곳에서는 많은 기업이 산업에 필요한 맞춤 서비스를 제공한다. 그 덕분에 산업의 주요 기업들은 성장의 부작용에 시달리지 않으면서 핵심 사업을 키워 나갈 수 있다. 결국 내부 자금을 부수적인 서비스가 아니라 핵심 사업에 집중적으로 투입하여 성장할 수 있으므로, 기존 서비스 산업 안에서도 새로운 성장 기회를 만들어 낼 수 있다.

IT가 성공적으로 통합되고 재편되면서, 신기술이 개발되어 정보와 통신이 융합되고 사실상 모든 제품에 삽입되며, 특별한 용도로도 사용된다. 다시 말하면, IT 애플리케이션이 IT 영역을 넘어서서 모든 제품과 비즈니스 프로세스에 적용되어 기존 시장의 효율을 엄청나게 높여 주고, 제품과 서비스의 디지털화를 주도한다. 동시에 비즈니스 프로세스와 고객 관계를 전보다 나은 방법으로 관리하는 새로운 (아웃소싱) 시장 기회를 창출한다.

디지털 태그와 같은 소규모 기술은, 기존 시장을 대체하면서 기존 시장과 신규 시장의 성장을 주도할 태세이다. 디지털 태그는 바코드와 같은 기능을 수행하지만, 훨씬 기능이 뛰어나다. 한 회사 네트워크 안에 데이터를 쌓아 두는 것이 아니라, 비즈니스 네트워크 구석구석까지 정보를 전달하기 때문이다. 예를 들어, 소매업에 회계 자동화와 실시간 재고관리가 도입되면서 공급망 관리 비용이 크게 낮아지고 있다.

스마트 태그Radio Frequency IDentification, RFID tag를 이용하면, 기업은 업무 범위를 확장할 수 있다. 재고 추적과 관리 효율을 높일 수 있고 비용을 낮출 수 있으며, 공급을 합리화할 수 있다. 게다가 스마트 태그를 실행할 때 프로세스와 정보를 처리해야 하므로 웹 서비스, 무선 장비, 무선 기업 소프트웨어 수요가 발생할 것이며, 또한 기업자원관리ERP와 공급망 관리 애플리케이션 같은 성숙기 시장도 다시 활기를 띨 것이다.

세계화가 진행되면서 현재 및 미래 제품과 서비스의 새로운 성장 시장이 확대될 것이다. 그러나 세계 시장이 노동 시장 원가 이점, 생산 효율, 제품 다양성 증대를 결합해서 "경제성"을 높여 준다는 사실이 훨씬 더 중요하다.

선진국과 신흥국 사이에 교역이 늘어나면, 선진국 경제는 인플레이션이 억제되고 신흥국 경제는 성장이 촉진된다고 많은 사람이 인식하고 있다. 그러나 사람들은 다양성 증가를 흔히 간과한다. 사람들은 교역이 증대되면 한 나라의 생산과 소비가 대체된다고 생각한다(바꿔 말하면, 해외 경쟁을 통해서 국내 산업과 제품이 대체된다). 그러나 실제로는 세계적으로 경쟁이 치열해지면서, 기업은 물론 소비자들에게도 선택권이 늘어난다. 사실 경쟁이 높아지면 반드시 다양성이 증가하는 법이다.

교역 증가에 따라 제품 다양성이 증대되면서 세계 소비자들의 복지가 향상될 것이며, 공급망 물류에서 브랜드 가치에 이르기까지 새로운 과제가 등장할 것이다. 소비자들은 구매할 때 여러 대안을 놓고 심사숙고해서 선택해야만 한다. 한편 소매기업들은 계속 증가하는 시장에서 경쟁하려면 강력한 브랜드를 구축해야 한다.

이상은 장래에 나타날 중요한 기회 중에서 현재 진행되고 있는 사항들 일부를 간단하게 살펴본 것에 불과하다.

- 메가트렌드는 성장기업에 순풍을 불어 주는 장기 세력이다.
- 메가트렌드는 내일의 주요 성장기업들이 갖는 공통점이 될 것이다.
- 순풍을 불어 주는 메가트렌드는 지식경제, 세계화, 인터넷, 인구통계, 컨버전스, 통합, 브랜드, 아웃소싱이다.
- 중국과 인도는 세계화 메가트렌드의 일부이지만, 둘 다 매우 중요하므로 개별적으로 평가할 필요가 있다.

★ 6 ★

4P

FINDING THE NEXT STARBUCKS

슈퍼스타의
4대 조건

The Four Ps

미친 사람들을 위해 건배하자. 부적합자들. 반항자들. 말썽꾼들.
적응하지 못하는 사람들, 즉 세상을 다르게 보는 사람들.
이들은 규칙을 좋아하지 않으며, 현상도 존중할 줄 모른다.
이들을 칭찬하든, 반대하든, 인용하든, 불신하든, 찬양하든, 욕하든 상관없다.
다만 이들을 무시하는 것만은 안 된다. 이들이 세상을 바꾸기 때문이다.

애플 컴퓨터 광고, 1997년

투자 전문가들은 투자를 복잡하게 설명하는 경우가 많지만 훌륭한 투자자일수록 복잡한 아이디어를 단순하게 전달한다. 워런 버핏(그의 버크셔 해서웨이Berkshire Hathaway 보고서는 모든 투자자의 필독서이다)은 투자를 이해할 수 있게 설명한다. 피터 린치는 투자를 6학년도 이해할 수 있도록 설명해야 한다고 말했다.

나는 단순성을 유지하려고, 4P를 핵심 요소로 삼아 내일의 스타를 확인하고 투자한다.

나는 핵심 메가트렌드가 주도하는 산업 안에서 계속해서 높은 이익 성장이 가능한 기회를 찾아낸 다음, 4P를 사용해서 내일의 스타와 평범한 기업을 구분해 낸다. 4P를 갖춘 스타를 찾는 일은 쉽지 않지만, 내 생각에는 이것이 장기 투자에 성공하는 열쇠이다.

사람들은 지도자를 따른다

우리 회사에서 최고 인재 20명을 빼 간다면,
내가 장담하는데 마이크로소프트는 그저 그런 회사가 될 겁니다.

빌 게이츠(Bill Gates)

나는 내일의 대박 종목을 찾아내는 비밀의 50% 이상이 회사를 운영하는 사람들을 평가하는 일이라고 믿는다. 흥미로운 아이디어는 늘 흘러넘치지만, 중요한 것은 항상 사람이다. 사업이든 스포츠든 인생이든 승자는 승리하는 방법을 찾아내며, 나의 목적은 승리하는 팀을 찾아내서 꽉 붙드는 것이다.

사업 기회에 불을 붙이는 것은 대개 기업가의 비전과 열정이다. 월마트의 샘 월튼에게는 시골처럼 불편한 미국에 가치와 편의를 제공하겠다는 비전이 있었다. 빌 게이츠에게는 컴퓨터를 사용하기 쉽게 만들려는 꿈이 있었다. 하워드 슐츠의 비전은 미국인들에게 이탈리아 커피 바를 즐기게 하는 것이었으며, 어윈 제이콥스Irwin Jacobs의 비전은 장소에 매이지 않고 어디에서나 통신하는 일이었다.

스포츠에서 한 개인이 미치는 영향은 금방 드러난다. 나의 친구 마이클 밀컨(여러 기업에 초기 사업자금을 지원하여 MCI와 터너 방송 같은 거대기업들로 육성하였다)은 1984년 시카고 불스Chicago Bulls에 입단한 마이클 조던Michael Jordan이 미친 영향을 예로 든다. 당시 시카고는 미국 프로농구협회NBA에서 최악의 성적을 기록했다. 그래서 이들은 마이클 조던 같은 선수를 선발할 기회를 얻었다. 날아다니는 조던이 팀에 합류하기 전해에, 불스가 NBA에서 관객동원 실적이 최악이었던 것도 우연이 아니었다. 불스의 자료를 보면, 평균 입장료 15달러에 연평균 26만 1,000명이 동원되었다. 불스의 그해 입장료 수입은 약 390만 달러였다.

5년 뒤 불스 입장권은 매진되었고, 평균 입장료 30달러에 총참석 인원이 73만 7,000명이었다. 불스의 입장료 수입은 2,300만 달러로서, 거의 2,000만 달러나 늘어났다! 여기에는 우승팀에 따라다니는 변덕스러운 팬의 승수 효과가 고려되지 않았다. 한 사람이 엄청난 변화를 일으켰음이 틀림없다.

스포츠 이야기로는 흥미롭지만, 사업의 세계에도 적용이 될까?

1994년 빌 캠벨Bill Campbell이 인튜이트Intuit에 CEO로 취임했을 때,

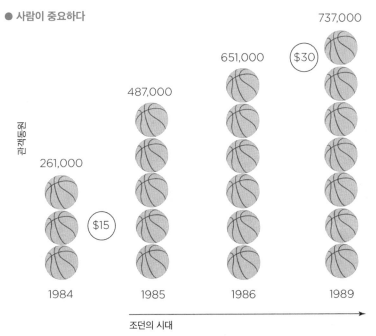

● 사람이 중요하다

자료 · 마이클 밀컨

회사의 매출은 2억 달러였다. 2000년 그가 회장이 되었을 때, 매출은 20억 달러가 되었다. 마찬가지로, 미키 드렉슬러Mickey Drexler가 갭 GAP에 합류했을 때, 갭의 매출은 10억 달러에 못 미쳤다. 2002년 그가 은퇴할 때는, 매출이 거의 140억 달러가 되었다. 1989년 빌 맥과이어Bill McGuire가 유나이티드헬스 그룹에 합류할 때, 매출액이 간신히 4억 달러를 넘어섰다. 지금은 매출액이 440억 달러이다. 끝으로, 1981년 잭 웰치Jack Welch가 GE의 CEO로 취임했을 때, 회사 매출액이 260억 달러였다. 2001년 그가 떠날 때, 매출액이 1,260억 달러가 되었다. 1,000억 달러가 늘어난 셈이다! 이것을 보면 핵심 선수는 그저 그런 팀에도 분명히 극적인 영향을 미친다.

그러나 우리의 목적은 위대한 팀을 이끄는 위대한 지도자를 찾아내는 것이다. 결국 나는 투자자가 "경영진은 신통치 않지만, 사람들은 회사의 장기 전망을 밝게 봅니다"라고 하는 말을 들어 본 적이 없다. (워런 버핏의 말에 따르면, "탁월한 경영진이 부실한 기업을 맡으면, 결국 실적이 부실해지는 경우가 많다.")

평범한 사람들에게 투자하고 싶은 사람은 절대 없지만, 사람을 어떻게 구별할 수 있는가?

안타깝게도 이 일은 간단하지가 않다. 발품을 많이 팔아야 한다. 이런 회사들은 대개 역사가 짧지만, 사람들의 경력은 짧지 않다.

사람들을 적절하게 평가하려면 투자자가 던져야 할 질문이 많다. 전에 어떤 일을 했는가? 산업 내에서 평판은 어떠한가? 경영진과 종업원의 이직률은 어떠했는가? 인재를 개발하고 승진시킨 실적은 어떠한가? 회사를 계속해서 키우려는 열정이 있는가, 아니면 팔아넘기려 하는가? 경영진은 주식을 얼마나 보유하고 있는가? 이들은 자신이 하는 말을 실천하는가? 이들은 정직하고 단호한가? 약속을 적게 하고 약속한 이상을 지키는가? 단기 목표와 장기 목표가 균형을 이루는가? 모든 사람이 비전을 공유하고 사명감을 느끼는 문화를 쌓아 가고 있는가? 이들은 경쟁의 질을 떨어뜨리는가? 사업수행 방식이 체계적이고 전략적인가? 최고의 인재를 고용하는 절차와 실적이 있는가? 이기적이지 않고 팀 중심인가? 경영진이 주주의 이익을 걱정하는가? 부록의 성장주 예비분석 작업표에 이러한 질문이 많이 있다.

보다시피, 나는 경영진의 출신 학교를 핵심 기준으로 열거하지 않았다. 월스트리트에서는 명문대 졸업장이라면 사족을 못 쓰는 경우가 많다(다 털어놓겠다-저자는 미네소타 대학을 나왔다. 이 학교를 하버드와 혼동하는 사람은 없다). 출신 학교가 중요한 때도 있지만(예일, 프린스턴, 스탠퍼드 출신 중에 사업에 성공한 사람이 분명히 많다), 전제 조건은 절대 아니다. 샘 월튼은 미주리대를 나왔다. 하워드 슐츠는 노던 미시간 Northern Michigan대 출신이고 워런 버핏은 네브래스카대를 나왔으며, 돈 피셔Don Fisher(GAP 설립자)는 캘리포니아대를 졸업했다. 빌 게이츠, 래리 엘리슨Larry Ellison(오라클 CEO), 마이클 델 같은 저명인사들은 대학을 마치지도 못했다.

경영이 세계 수준인지 분석해 보면, 결국 사소한 것들이 모여서 커다란 차이를 만든다. 대개 처음에는 확정 지을 수 없지만, 시간(몇 분기 혹은 몇 년)을 두고 경영진이 약속과 기회를 어떻게 실행이 옮기는지 평가하는 것이 대박 종목을 찾아내는 열쇠이다.

● 억만장자가 된 중퇴자들

중퇴자	학력	회사	재산
빌 게이츠	하버드 중퇴	마이크로소프트	$510억
폴 앨런	워싱턴 주립대학 중퇴	마이크로소프트	$230억
마이클 델	텍사스 대학 중퇴	델	$180억
래리 엘리슨	일리노이 대학 중퇴	오라클	$170억
스티브 잡스	리드 대학 중퇴	애플/픽사(Pixar)	$30억
앨런 게리	고교 중퇴	케이블비전	$10억

자료 · 포브스 400대 부자(Forbes 400 Richest), 씽크에쿼티 파트너스

스타와의 대화

팀 드레이퍼 Tim Draper

드레이퍼 피셔 저비슨(Draper Fisher Jurvetson) 설립자 겸 임원

팀 드레이퍼는 패러매트릭 테크놀로지Parametric Technology, 텀블위드 커뮤니케이션Tumbleweed Communications, 오버처닷컴Overture.com, 디지디자인Digidesign, 프리뷰 트레블Preview Travel, 포일레븐Four11, 컴비네트Combinet, 레드게이트Redgate에서 독창적인 벤처 캐피털 투자자로 활동했다. 그는 전자 우편으로 "바이럴 마케팅viral marketing"을 써서 인터넷 제품을 널리 확산시키라고 제안하였는데, 이 방법이 핫메일과 야후 메일의 성공에 도움이 되자 수백 개 회사가 표준 마케팅 기법으로 받아들였다. 그는 스카이프Skype에도 초기에 투자했다. 나는 마주 앉아서 그에게 회사의 어떤 면을 보는지 물어보았다. (팀 드레이퍼와의 인터뷰 전문을 읽으려면 www.findingthenextstarbucks.com을 찾아보기 바란다.)

내게는 사람이 전부입니다. 이들이 지도자인가? 이들에게는 인생에서 이루고자 하는 사명이 있는가? 이들은 돈이 떨어지고, 인생에서 좌절하며, 온갖 악조건을 만나도 이 비전을 끈질기게 추구할 것인가? 이들의 비전은 명확한가? 이 비전은 결국 돈이 될 것인가?

내가 위대한 사람인지 어떻게 평가하냐고요? 나는 그들을 시험합니다. 나는 이들의 동기를 봅니다. 이들이 언짢아하더라도 거친 질문을 던집니다. 내가 질문을 마칠 때는, 이들의 위풍당당한 모습은 흔적도 남지 않습니다. 나는 열정과 비전을 찾습니다. 나는 이들에게 그 일을 하는 이유를 묻습니다. 돈 때문이라면, 그것만으로는 충분치 않습니다. 우리는 2001년 폭락 때 그런 모습을 무더기로 보았습니다. 돈 때문에 일을 벌였던 사람들은 대개 포기했습니다. 비전 때문에 일을 한 사람들은 대부분 아직도 남아 있습니다.

제품-왜 명성을 얻었는가?

혁신이 지도자와 추종자를 가르는 기준이다.

스티브 잡스(Steve Jobs)

훌륭한 성장기업을 찾을 때, 나는 그 분야를 선도하는 기업을 찾는다. 매력적인 회사가 되려면 뭔가 특별한 것이 있어야 한다. 명성을 얻을 이유가 있어야 한다. 스타벅스는 최고급 커피를 탁월한 방법으로 제공한다. 캘러웨이Callaway는 최고급 골프채를 설계하고 제작하는 선도적 혁신 기업이다. "모방me too" 기업(시장점유율, 성장, 품질 때문에 혁신하지 못하고 모방하는 기업)들은 내 관심을 전혀 끌지 못한다. 기업의 세계는 결국 적자생존의 세계이다. 나는 생존할 뿐 아니라 회사의 발전을 통해서 번영하는 회사에 투자하고 싶다. 결국 선도하지 못하는 기업은 잊히게 된다.

틈새시장을 지배하면서 시장의 미래를 만들어 가는 회사가 선도 기업이다. 규모는 경쟁 기업보다 작아도, 제품이 좋고 이익률이 높으며 성장률이 높은 회사가 선도 기업이 된다. 이런 기업을 찾아라.

모든 상황에서 최고의 기업은, 실제로 경쟁이 없는 "단 하나뿐인" 회사이다. 이베이는 단 하나뿐인 회사이다. 애플 컴퓨터도 아이팟을 만드는 단 하나뿐인 회사이다. 초기 나노기술 회사의 지주회사인 해리스 앤드 해리스Harris & Harris도 단 하나뿐인 회사이다.

회사가 산업 안에서 선도적 지위에 있는지 평가하려면 분석할 사항이 많다. 회사의 시장점유율은 얼마인가? 시장점유율은 증가하는가, 감소하는가?

선도 기업이 되려면, 회사는 이익을 내면서 시장점유율을 확대해야 한다. 이익률을 줄이지 않으면서 경쟁 기업들로부터 시장을 뺏어 와야 한다는 뜻이다. 위대한 성장 기업은 가격을 탄력적으로 조절할 수 있으며 이익률도 통제할 수 있다. 스타벅스는 경쟁이 치열해지는 15년 동안 커피 가격을 계속 올렸지만, 시장을 한 치도 잃지 않았다. 커피 원료 가격은 심하게 오르내렸지만, 스타벅스의 이익률은 꾸준하게 증가했다.

물론 예외도 있다. 나는 이것을 월마트 주의라고 부른다. 월마트는 소비자 가격을 낮추어 시장점유율을 높이면서 세계 최대의 소매

● 월마트는 케이마트를 압도한다

	월마트	케이마트
매장 제곱피트당 매출	$395	$177
매출이익률	24~25%	29~30%
제곱피트당 매출이익	$97	$52
영업비용율	17.5%	26.0%
제곱피트당 영업비용	$69	$46
영업이익률	7.1%	3.5%
제곱피트당 영업이익	$28	$6

자료 · 씽크에쿼티 파트너스

기업이 되었다. 월마트는 매출이익은 줄었지만 매출액이 증가했기 때문에, 영업이익률이 안정되면서 시장점유율이 크게 올라갔다.

이 전략이 어떻게 먹혀들었는지 간단히 계산해 보자. 월마트는 거의 10년 동안 이익률을 계속 줄였기 때문에, 1990년대 말에는 23~24%로 내려갔다(월마트의 주요 경쟁자 케이마트의 매출이익률은 29~30%). 이 무렵 월마트의 제곱피트당 매출은 거의 400달러로서, 케이마트의 두 배가 넘었다. 월마트는 고객에게 더 높은 가치와 선택권을 제공하면서도, 소매 공간당 매출이익이 거의 두 배가 되었다. 게다가 월마트는 생산성이 높았기 때문에, 제곱피트당 이익은 핵심 경쟁자보다 훨씬 높았다.

델은 컴퓨터를 소비자들이 직접 주문하고 소비자들에게 직접 판매하는 기발한 방법을 생각해 냈다. 아폴로 그룹은 공부하는 성인들을 고객처럼 대우했기 때문에(대부분의 대학 입장에서는 혁명적인 발상이

다) 미국에서 가장 큰 사립대학을 세웠다. 다르게 생각한다는 점이 대박 기업의 핵심적 특징이다.

코스트코^{Costco}도 월마트 원칙이 적용되는 뛰어난 회사이지만, 코스트코는 한 걸음 더 나아갔다. 코스트코의 목표는 (월마트 할인매장 매출 이익의 절반도 안 될 정도로) 제품 가격을 매우 적극적으로 낮추어서 매출을 최대로 올리고, (매출액 증대에 일부 힘입어) 효율을 높여서 1%가 약간 넘는 매출 이익만 거두는 것이다. 코스트코를 인터넷 거품 시대의 도그닷컴(이들은 많이 팔면 팔수록 손실이 커졌다) 같은 비즈니스 모델과 혼동하지 말라. 코스트코는 매출액의 1% 이익으로도 충분하다.

어떤 면에서, 코스트코의 비즈니스 모델은 전통적인 소매 기업보다는 보험 회사에 가깝다. 보험 회사의 목표는, 보험에서는 손익 분기점만 맞추고 "플로트^{float}"(보험금을 지불할 때까지 사용할 수 있는 자금)에서 이익을 내는 것이다. 만일 우리가 1월에 자동차 보험료 1,000달러를 내면, 보험 회사는 평균적으로 12월까지 보험금과 기타 경비로 1,000달러를 지출한다. 보험 회사는 1년 동안 그 자금으로 투자해서 이익을 낸다. 보험 회사의 수익률이 8%라면, 이익은 80달러가 된다.

우리가 코스트코에서 커다란 콘플레이크를 사고 돈을 지불하면, 코스트코는 공급업자에게 30일 뒤에 대금을 지불하는데, 이 기간 코스트코는 공급업자의 재고를 팔아서 받은 돈을 활용하는 셈이다. 이익을 거의 남기지 않고 휘발유를 팔더라도, 휘발유 판매에 들어가는 총투자금액이 연 300회 이상 (거의 매일) 회전한다면 수지가 맞는다.

"회전turn"이란 1년 동안 재고가 팔리는 횟수를 말한다. 이 정도로 투자금액이 회전한다면, 판매 이익이 거의 없어도 3자리 수 투자수익률을 거둘 수 있다. 새로 자본 지출을 일으킬 필요가 없는 공짜 현금이 발생한다면, 그 비즈니스 모델은 타당성이 있다.

상품매출이익률은 별로 매력이 없어도, 투자수익률은 매력이 있다. 더욱 매력적인 사실은, 코스트코 회원들이 코스트코의 낮은 가격에 중독되어 회비도 지불한다는 점이다.

아메리칸 익스프레스 여행자 수표American Express Traveler's Check가 고전적인 유동자금 사업이었다. 여행자가 여행을 떠나기 전에 아멕스 Amex에 자금을 예치하면, 아멕스는 결제자금으로 지불할 때까지(대개 훨씬 뒤이며, 아예 결제되지 않는 일도 있었다) 이 유동자금을 투자에 활용했다. 아멕스의 자본비용은 마이너스였다.

사실 진정한 세계 수준의 경영진을 찾아내는 일은 지극히 어려워서, 진정으로 위대하거나 독창적인 제품을 보유한 기업을 찾아내는 일만큼이나 힘들다. 이들을 찾아내는 유일한 방법은 많이 뒤져보는 것이다. 우리는 수많은 개구리와 키스를 해야만 왕자를 발견할 수 있다.

서비스 기업에 대해 세 가지를 측정해 보면, 우리가 스타를 발견했는지 알 수 있다.

1. 종업원 1인당 매출액
2. 기존 고객에게서 반복적으로 발생하는 매출
3. 자발적 종업원 이직률

1인당 매출액은 산업의 다른 회사와 비교하는 매우 중요한 척도이다. 제공 서비스의 생산성과 가치를 나타내기 때문이다. 경쟁사보다 1인당 매출액이 높을수록, 종업원의 질이 높고 서비스가 차별화되었다는 뜻이다. 또한 1인당 매출액이 가장 높으면 회사는 종업원에게 더 많은 급여를 지불할 수 있고, 종업원을 계속 잡아 둘 수 있다.

골드만삭스Goldman Sachs는 투자금융 분야에서 가장 선망의 대상이 되는 브랜드인데, 1인당 매출액이 산업에서 가장 높은 것은 우연이 아니다. 리먼 브러더스Lehman Brothers는 1인당 매출액이 증가하면서 경쟁사보다 위상이 한층 높아졌다.

반복 매출은 서비스의 가치와 대체 가능성에 대한 고객의 인식을 보여 주는 선행지표이므로 중요한 척도이다. 사업의 종류에 따라 다르지만, 반복 매출이 90% 이상이라면 훌륭한 회사이다. 매출 대부분이 반복 매출인 회사는, 거의 틀림없이 성장률보다 높은 PER로 거래된다. 서비스 기업에 나타나는 적신호는 반복 매출이 줄어들거

● 상위 투자회사의 1인당 매출액

골드만삭스	$1,934,939
리먼 브러더스 홀딩스	$1,373,358
모건 스탠리	$968,715
베어 스턴스	$944,077
메릴 린치	$860,546

자료 · 팩트셋

나 고객 숫자가 비정상적으로 줄어드는 것이다.

일반적으로, 그러나 특히 서비스 기업의 경우, 자발적 이직률이 낮아야 좋다. 한편, 훌륭한 회사에서는 실적이 부진하거나 문화를 해치는 직원에게 회사를 떠나라고 요청한다. 맥킨지McKinsey에서 당신은 파트너로 20년을 근무할 수도 있지만, 제 몫을 다하지 못하는 경우 회사에서는 당신을 정중하게 전前 사원으로 만들어 준다. 다른 한편, 더 나은 기회를 찾아 길을 건너가는 서비스 종업원이나 지식 근로자들의 비율이 높다면, 회사에 커다란 문제가 있다는 뜻이다. 일반적으로 전문 서비스 기업의 자발적 이직률은 15% 미만이어야 한다. 회사가 좋을수록 자발적 이직률이 낮다.

제품 체크리스트

1. 회사가 명성을 얻은 이유는 무엇인가?

2. 시장점유율은 얼마인가? 증가하는가, 감소하는가?

3. 산업에서 가장 빠르게 성장하는 회사인가?

4. 가격이 안정적인가, 상승하는가?

5. 이익률이 안정적인가, 증가하는가?

6. 이익률이 3대 경쟁 기업과 비교해서 어떠한가?

7. 성장률이 3대 경쟁 기업과 비교해서 어떠한가?

8. 브랜드 가치가 있는가?

9. 1인당 매출액은 얼마인가? 3대 경쟁 기업과 비교해서 어떠한가?

10. 매출이 줄었다면, 왜 줄었고, 누구에게 빼앗겼는가?

11. 영업 인력의 질은 어떠한가?

12. 회사는 제품 품질을 선도하는가?

13. 매출의 몇 %를 연구개발에 투자하는가?

제품 품질을 나타내는 또 다른 선행지표는 영업 인력의 질이다. 영업 직원들은 대개 직장을 쉽게 바꾼다. 이들은 좋은 제품을 팔아 돈을 많이 벌 수 있는 곳으로 옮겨 다닌다. 경험 많은 영업 직원들이 우량 회사를 떠나 신생 기업으로 간다면, 이것은 무슨 일이 일어나고 있다는 신호이다.

구글이 특별한 회사로 널리 알려지기 훨씬 전부터, 실리콘밸리로부터 일류 영업 직원들이 떼 지어 이 회사로 몰려들었다. 2004년 기업공개 이래 의료 장비 분야를 선도한 폭스홀로Foxholow 또한 이름이 업계에 알려지기 전부터 일류 의료 장비 영업 직원들을 끌어모았다.

기술회사의 경우, 최고 엔지니어들이 어디로 가는지 추적하면, 어느 회사에 첨단 제품이 있는지 알 수 있다. 1980년대에는 전기 엔지니어들이 마이크로소프트에서 일하려고 모두 시애틀로 몰려갔다. 이제 이들은 구글과 애플로 몰려가고 있다.

매출액의 몇 %를 연구개발비로 투자하는지 분석하면, 품질과 혁신에 대한 회사의 의지를 읽을 수 있다. 기술회사라면 대략 매출의 7% 이상을 연구개발에 투자해야 한다.

우리는 회사가 경쟁력을 유지할 뿐만 아니라 강화하려는 의지를 갖췄는지 반드시 파악해야 한다. 최상의 기업은 연구개발을 통해서 혁신에 앞장서서 투자하는 기업이다. 구글은 직원들에게 시간의

● 연구개발 부문의 선도적 대기업

회사	시가총액(백만 달러)	매출액 대비 투자 비율
셀진	$11,993	36%
제넨테크	$92,228	23%
브로드컴	$24,055	23%
아날로그 디바이스	$14,552	21%
엘리 릴리	$65,413	21%
프리스케일 세미컨덕터	$10,711	20%
시벨 시스템즈	$5,624	20%
맥심 인티그레이티드 프로덕트	$13,854	20%
어드밴스드 마이크로 디바이스	$16,102	20%
인피니언 테크놀로지 AG	$7,132	19%
알테라	$6,996	19%
암젠	$87,283	19%
어도비 시스템즈	$24,097	19%
ST 마이크로일렉트로닉스 N. V.	$16,806	18%
텔랩스	$5,640	18%

자료 · 팩트셋

20%를 새로운 아이디어를 생각해 내는 데 쓰게 한다. 3M은 5년 후 매출의 25%는 현재 존재하지 않는 제품에서 나온다고 기대한다. 신제품은 흔히 성장을 촉진하는 열쇠이다.

랜디 코미사 Randy Komisar

클라이너 퍼킨스 코필드 앤드 바이어스(Kleiner Perkins Caufield & Byers)의 파트너

랜디 코미사는 2005년 클라이너 퍼킨스 코필드 앤드 바이어스에 파트너로 합류했다. 그 전 여러 해 동안, 랜디는 첨단 기술을 지닌 창조적 기업에서 파트너로 활동했다. 그는 클라리스Claris Corporation의 공동 창업자였고, 루카스 엔터테인먼트Lucas Entertainment와 크리스털 다이내믹스Crystal Dynamics의 CEO를 역임했으며, 웹TVWebTV, 미라Mirra, 글로벌기빙GlobalGiving 등의 "가상 CEO"로 활동했다. 그는 티보TiVo의 설립 임원이었고, 현재 추천 및 관리 위원회Nominating and Governance Committee 의장이다. 그는 기술법률 개인 영업을 한 뒤, GO의 CFO로 근무하기도 했고, 애플 컴퓨터의 선임 자문도 맡았다. 랜디는 스탠퍼드 대학교 기업가정신entrepreneurship 자문교수이며, 베스트셀러 《승려와 수수께끼The Monk and the Riddle》의 저자이다. (랜디 코미사와의 인터뷰 전문을 읽으려면 www.findingthenextstarbucks.com을 찾아보기 바란다.)

아마도 내가 배운 가장 값진 교훈은 이기심을 억누르고 주위 사람들에게 영감을 주며 동기를 부여해야 많은 일을 성취할 수 있다는 점입니다. 나는 성공에 대해서 내 공적을 내세우지 않게 되었고, 그러자 실패하는 일이 더 줄어들었습니다. 기업가 정신이 필요한 사업, 그리고 처음 시작하는 사업은 실험적인 사업입니다. 원하는 결과를 얻느냐를 놓고 보면, 실험은 속성상 실패가 많은 법입니다. 그러나 우리가 실패로부터 배울 수 있고 성공 요소를 끄집어낼 수 있다면, 실패하면서도 일부는 성공하는 셈입니다. 그래서 내가 배운 교훈은 어찌 보면 우아하면서도 철학적입니

다. 그러나 이러한 교훈 덕분에 나는 더욱 겸손해졌고 훨씬 유연해졌으며, 내가 함께 일한 사람들과 기회에 감사하게 되었습니다.

잠재력-얼마나 커질 수 있는가?

더 나은 쥐덫을 만들기 전에, 쥐가 있는지 알아보는 편이 낫다.

모티머 주커먼(Mortimer B. Zuckerman), US 뉴스 앤드 월드리포트U. S.(News & World Report) 편집장

가장 잠재력이 큰 내일의 스타를 찾아내는 방법은 시장의 문제와 고통을 발견하는 것이다. 그다음 나는 경제의 성장 부문(기술, 의료, 미디어, 교육, 사업과 소비자 서비스)을 살펴보고, 메가트렌드가 어떻게 기회의 순풍을 불어 주는지 분석한다. 성장 부문과 메가트렌드가 만나는 지점이 바로 내일의 스타가 있는 곳이다. 이 교차점이 조사와 자원을 집중하기에 가장 좋은 곳이다!

주식 시장에서 장기 성공 주식을 찾아내려면, 반드시 훌륭한 인재와 선도 제품을 갖춘 회사에 투자해야 한다. 대박 종목이 되려면, 잠재력도 커야 한다.

스타벅스의 시장 잠재력을 산정할 때, 나는 매일 커피가 10억 잔씩 소비된다고 생각했으며 9억 9,900만 잔도 바른 예측치가 아니라고 생각했다! 그래서 나는 엄청난 잠재력이 있다고 믿었다. 좀 더 신중하게 나는 샌프란시스코에 있는 스타벅스 매장과 맥도날드 매장 수를 비교했는데, 이 계산에 따르면 스타벅스 매장은 3배로 늘어날 여지가 있었다.

작고 멋진 기업들이 수없이 생겨나고 있지만, 이들은 한정된 시장 규모 때문에 계속해서 작고 멋진 기업으로 머물 것이다. 게다가 오늘은 비교적 시장이 크지만 이 시장이 줄어들 수도 있다. 세계 최고의 타자기 회사도 PC와 워드퍼펙트WordPerfect가 등장하자 사라져버렸다. 팩스도 같은 운명이다. 담배 제조회사도 마찬가지이다. 전통적 여행사도 공룡의 길을 따라갈 것이다. 간단히 말해서, 소기업이 대기업으로 성장할 잠재력을 갖출 때 홈런이 터진다. 시장은 오늘 커야(심지어, 존재해야!) 잠재력이 큰 것이 아니다.

고전적인 투자 기회는 문제가 있는 곳에 존재한다. 문제가 많을수록 기회도 많다. 고통이 있는 곳이 어디인가?

교육 시장은 분명히 문제도 많고 기회도 많은 곳이다. 온라인 교육은 10년 전에는 시장이 아니었다. 지금은 63억 달러 시장이며 성장하고 있다.

가장 잠재력이 큰 기회는 메가트렌드와 경제의 성장 부문이 교차하는 곳에서 흔히 찾을 수 있다. 기술, 의료, 미디어, 교육, 기업과 소비자 서비스가 그곳이다. 이곳에서 나는 홈런 기회를 잡게 해 주는 성장 가속기를 얻는다.

메가트렌드 안에서는 미니트렌드가 전개된다. 미니트렌드도 거대한 기회를 제공하지만, 성장 부문 중 좁은 범위에 대해서만 영향을 미친다. 그 예가 브랜드 메가트렌드이다. 일대일 마케팅 미니트렌드는 크지만, 부문 중 좁은 범위에만 적용된다. (메가트렌드인 인터넷 덕분에 탄생한) 오픈 소스는 소프트웨어와 미디어에서 거대한 트렌드이지만, 부문에 폭넓게 영향을 미치지 않기 때문에 미니트렌드이다.

내가 좋아하는 미니트렌드는 다음과 같다. 원스톱쇼핑(통합), 건강(인구통계), 비만(인구통계), 영성spirituality(인구통계), 여성의 힘(인구통계), 인터넷 학습(지식경제와 인터넷), 중국(인구통계), 여행(세계화), 인도(아웃소싱과 세계화), 동등계층peer-to-peer(인터넷), 모두 디지털digital everything(인터넷).

메가트렌드와 미니트렌드의 인도를 받으며 세계가 어디로 향해 가는지 체계적으로 판단하려면 세계가 어디로 향해 가지 않는지 파악하는 일도 똑같이 중요하다. 헨리 포드가 T모델 자동차를 만들어

메가트렌드	⇒	미니트렌드
브랜드	⇒	원스톱쇼핑
인터넷	⇒	오픈 소스
인구통계	⇒	건강
인구통계	⇒	비만
인구통계	⇒	여성의 힘
지식경제와 인터넷	⇒	인터넷 학습
세계화	⇒	중국
세계화와 아웃소싱	⇒	인도
세계화	⇒	여행
인터넷	⇒	동등계층
인터넷	⇒	모두 디지털

6. 4P(슈퍼스타의 4대 조건)

낸 뒤 마차용 채찍에 투자한다면, 채찍이 아무리 훌륭해도 좋은 성과를 거둘 수가 없다. 네가트렌드negatrends는 결국 시장 기회를 줄이는 사회, 시장, 정치의 장기적 변화이다. 길모퉁이 잡화점이나 동네 철물점이 사라지는 것을 보면, 구멍가게는 네가트렌드이다. 구멍가게에 부정적인 영향을 미치는 메가트렌드는 브랜드, 통합, 세계화이다.

비숙련 근로자도 네가트렌드이며 지식경제, 인터넷, 아웃소싱의 영향을 받는다. 그밖의 네가트렌드로 매스마케팅mass marketing(인터넷과 브랜드), 공중전화(인터넷), 폐쇄경제(세계화), 중간상(인터넷과 세계화) 등이 있다. 유감스럽지만 네가트렌드가 아닌 (시장이 증가하고 있으므로) 부정적 추세로는 테러리즘, 명의도용, 해적질 등이 있다.

미래를 내다보면, 메가트렌드와 미니트렌드는 물론 4P로부터 혜택을 받는 회사들이 대박을 터뜨릴 것이다.

메가트렌드	⇒	네가트렌드
브랜드	⇒	매스마케팅
통합	⇒	구멍가게
인터넷	⇒	공중전화
세계화	⇒	폐쇄경제
인터넷과 세계화	⇒	중간상
지식경제, 인터넷, 아웃소싱	⇒	비숙련 근로자

유가가 배럴당 60달러든, 100달러든, 20달러든, 공급은 분명히 한정되어 있고, 이것이 문제이다. 배럴당 60달러가 되면 소비자들이 고통받기 시작하며, 청정 연료와 태양 에너지 같은 대체에너지가 매력적이게 된다. 에너지 기술이 미래에 대한 중요한 해결책이며, 성장기업과 투자자들에게 기회를 제공한다.

고령화 인구에게는 온갖 문제들이 심각해진다. 어떤 의료 서비스를 받을 것인가? 노인들은 어디에서 살아야 하는가? 은퇴자금을 어떻게 마련할 것인가? 남는 시간을 어떻게 보낼 것인가?

잠재력을 평가할 때는 일시적 유행fad과 추세를 반드시 구분해야 한다. 찰스 슈왑Charles Schwab은 투자자로서 처음 관여한 일시적 유행이, 1981년 봄과 여름의 "볼링 거품"이었다고 말했다. 당시 애널리스트의 말에 따르면, 모든 미국인이 매주 평균 2시간씩 볼링을 했다.

1억 8,000만 명 × 매주 2시간 = 엄청난 볼링!

그러나 이것은 말도 안 된다! 계산이 그렇게 나온다고 타당성이 있는 것은 아니다. 진정한 기회를 파악하려면 장기 잠재력을 현실적으로 계량화하고 가정을 다듬어야 한다.

비노 코슬러 Vinod Khosla

코슬러 벤처스(Khosla Ventures) 설립자 겸 클라이너 퍼킨스 코필드 앤드 바이어스(Kleiner Perkins Caufield & Byers) 제휴 파트너

비노 코슬러는 지난 20년 동안 세계 최고 벤처 캐피털 투자자로 인정받고 있다. 그는 2003년 포브스 마이더스Forbes Midas 리스트에 1위로 올

랐다. 그는 데이지 시스템스Daisy Systems를 공동으로 설립했고, 선 마이
크로시스템스Sun Microsystems의 창업 CEO로서 개방 시스템과 상업용
RISC 프로세서를 개척했다. 비노는 다음 기관 이사회에 참여하고 있다.
아가미Agami, eASIC, 인디안 경영대학원Indian School of Business, 인피네라
Infinera, 코비오Kovio, 메트릭스트림Metricstream, 스페이셜 포토닉스Spatial
Photonics, 지고Xsigo, 제타코어Zettacore.

Ⓠ 마이클 모 · 당신의 투자 철학을 설명해 주십시오.

Ⓐ 비노 코슬러 · 나는 스스로 장외 시장 투자자라고 생각하며, 그중에서도
기술에 집중하는 투자자라고 생각합니다. 증권 시장에 대해서는 전혀 모
릅니다. 나는 전혀 능력이 안 되기 때문에 증권 시장에서는 거의 거래를
하지 않습니다.

Ⓠ 마이클 모 · 먼저, 기회를 어떻게 보시는지 말씀해 주십시오. 아이디어를
찾으려 할 때, 어떤 요소들을 고려하십니까?

Ⓐ 비노 코슬러 · 제 관점으로는, 집중이 아주 중요합니다. 짐작하시다시피,
투자할 때 우리는 다른 사람보다 많이 아는 분야에 들어가려고 합니다.
즉, 분야를 정해서 그곳에 집중한다는 뜻입니다. 나는 포트폴리오portfolio
투자자가 아닙니다. 나는 집중 투자자입니다.
내가 투자하는 세계에서 돈을 잃으면 투자금액만큼 잃지만, 돈을 벌면
50배, 100배 벌 수 있습니다. 이것은 두 가지를 말해 줍니다. 첫째, 우리
는 활동하는 분야에서 비교 우위를 활용해서 성장 부문을 골라낼 수 있
습니다. 대규모 시장에서는 실수를 많이 해도 용서가 됩니다. 그러나 고

성장 부문은 새로운 시장입니다. 시장이 새로우면 특성이 모호한 부분이 많습니다. 시장의 모든 부분을 이해하려고 해서는 절대 안 됩니다. 그래도 우리는 뒤따라오는 사람들보다 시장을 더 빨리 파악할 수 있습니다. 투자 프로세스란, 실수를 저지르면서 남들보다 더 현명해지는 과정입니다. 그러나 시장의 파도가 매우 크기 때문에 우리가 배우면서 실수를 저질러도 용서가 됩니다.

둘째, 단기 우위와 장기 우위를 알아야 합니다. 결국 단기 우위는 대개 기술이 됩니다.

우리는 특허를 얻습니다. 이것은 기술적 우위입니다. 이어 사업 전략을 수행하면서 기술적 우위를 영구적 우위로 바꿔 나갑니다.

애플을 봅시다. 기본적으로 애플의 아이팟은 훌륭한 디자인과 깔끔한 기술이 우위이지만, 지축을 흔들 정도로 대단한 우위는 아닙니다. 결국 애플은 뮤직 라이브러리music library를 고정적으로 이용하는 고객 5,000만~1억 명을 확보할 것입니다. 이것은 기술적 우위가 아니라 영구적 우위입니다. 우리는 대개 기술적 우위를 이용해서 먼저 발부터 들여놓은 다음, 이것을 더 장기적인 우위로 바꿉니다. 이것은 브랜드가 될 수도 있고 고객 확보가 될 수도 있으며, 유통이 될 수도 있고, 사업에서 다루는 전통적인 어떤 것이 될 수도 있습니다.

Q 마이클 모 · 그밖에 어떤 것이 핵심입니까?

A 비노 코슬러 · 다른 핵심 구성요소는 사람입니다. 투자자들 대부분은 훌륭한 사람을 원한다고 말하지만, 이들은 훌륭한 사람에게 충분히 관심을 기울이지 않습니다. 이들은 특히 성장 시장에서 인재 확보가 얼마나 중

요한지 깨닫지 못합니다.

인재를 찾는다고 말하기는 쉽습니다. 그러나 자신의 지분 10%를 떼어 내서 위대한 CEO에게 주겠다고 말하기는 훨씬 어렵습니다. 투자 사업을 하면서 이런 결정을 내리는 사람은 많지 않습니다. 장외 시장 후반 단계에서는 특히 더 그렇습니다. 나는 항상 이 문제 때문에 논쟁을 벌입니다. 나는 우리 회사에 합류하려는 위대한 인물을 발견하면, 명분을 만들어 회사에 자리를 마련하고 영입하려고 노력합니다. "저런, 이제 마케팅 책임자는 필요 없습니다. 이미 자리가 찼습니다"라고 말하지 않습니다. 훌륭한 인재를 발견할 때마다, 나는 조직 전체를 비틀어서라도 자리를 만들어 내지 절대로 빈자리에 맞는 사람만 찾지 않습니다. 직함과 관계없이 인재는 회사의 가치를 높여 주기 때문입니다.

Ⓠ 마이클 모 · 나는 훌륭한 회사는 체계적이고 전략적이라고 믿습니다. 혹시 다른 견해가 있으신지요?

Ⓐ 비노 코슬러 · 프로세스는 성숙 산업에 중요하지만, 성장 산업에도 역시 중요합니다. 그러나 성장 시장이 다른 점은 본능이 중요하다는 점입니다. 나는 이것을 "조직화한 혼돈식 경영organized-chaos style of management"이라고 부릅니다. 회사에는 모든 일상 업무를 꾸려 가는 훌륭한 프로세스 지향 경영자가 필요합니다. 그는 모든 사항을 바르게 측정하고 매주 스태프 회의를 진행하며, 회사 목표를 설정하고 목표와 대비해서 평가하고 보너스를 지급합니다. 회사에는 기업가적 본능을 지닌 사람도 필요합니다. 프로세스 지향적인 사람은 본능적으로 일하기가 훨씬 어렵습니다. 전통 산업에서는 사람들이 이미 경험을 많이 해 보았기 때문에, 무엇이

효과가 있고 무엇이 효과가 없는지 잘 압니다. 그러나 신규 시장과 성장 시장은 그렇지 않습니다. 성장 산업에서는 기업가적 본능이 대단히 중요합니다.

성장 기업에는 위험을 기꺼이 떠안으려는 좀 색다른 사람이 필요합니다. 예를 들면, 성장에 알맞은 경영 방식이라면, 현명한 위험이면 우리는 실패에 대해서도 보상을 하려고 합니다. 성공을 거두지 못해도, 훌륭한 판단에 대해서는 보상을 해야 하기 때문입니다.

사람들에게 관심을 쏟는 일도 중요하지만, 사람들을 섞는 일도 아주 중요합니다. 나는 이 작업을 회사 유전자 엔지니어링이라고 부릅니다. 그래서 나는 거친 직원, 프로세스 직원, 노련한 운영 직원, 불가능도 가능하다고 믿는 직원을 모두 회사에 끌어들입니다. 건설적 긴장은 정말 중요합니다.

군대 전체가 발맞추어 행진하는 하사관식 경영이 되어서는 안 됩니다. 목동이 대략적인 방향으로 양 떼를 몰고 가는 방식이 되어야 합니다. 무리 안에서 양들은 왼쪽, 오른쪽, 뒤쪽으로 돌아다니면서 푸른 풀이 펼쳐진 새 목초지를 발견합니다. 이것이 성장 기업을 경영하는 방식입니다. 우리는 진행 방향을 계속 수정하면서 무리의 가장자리에서는 거래도 하고 실험도 하지만, 무리는 전체적으로 방향을 따라갑니다. 4~5년 계획을 세워서 엄격하게 준수하는 경직된 경영 방식이 아닙니다.

Q 마이클 모 · 다른 발견 사항은 어떤 것이 있습니까?

A 비노 코슬러 · 애널리스트들이 세밀하게 조사한 기존 시장에서 창조적 회사를 세우는 것보다, 아직 존재하지도 않지만 성장 잠재력이 큰 시장

에서 창조적 회사를 세우는 편이 훨씬 쉽습니다. 자원이 풍족하면 오히려 회사를 말아먹는 경우가 많기 때문입니다. 두 경우 모두에 관해 고전적 사례를 보여 드리겠습니다. 구글이 사업을 시작했을 때, 구글의 시장을 크다고 생각한 사람은 아무도 없었습니다. 그렇죠? 사실, 그들이 처음 진입한 시장은 온라인 광고 시장이었습니다. 광고에 초점을 맞춘 그들의 비즈니스 모델은 검색 기술만큼이나 중요했습니다. 사람들은 이들의 광고 사업이 엽기적이라고 생각했지만, 실제로 이 사업은 소기업에 광고 가치를 높여 주는 제안이었습니다. 갑자기 5천 달러, 1만 달러짜리 광고 캠페인이 등장했습니다. 나한테 양가죽 깔개를 판 친구는 1,000달러짜리 광고 캠페인을 했는지도 모릅니다. 만일 광고 효과를 본다면, 그는 또 1,000달러를 투자할 겁니다.

그래서 비즈니스 모델에 일대 변화가 일어났습니다. 이것을 모바일 같은 고성장 시장과 비교해 봅시다. 모두가 시장을 안다면, 자원이 가장 많은 버라이즌Verizons이나 싱귤러Cingulars가 승리할 것입니다. 따라서 아직 드러나지 않은 시장을 골라야 합니다. 수백만 달러가 아니라 수십억 달러가 되는 대규모 시장에 초점을 두고 조심스럽게 시장을 선택해야 합니다.

Ⓠ 마이클 모 · 앞을 내다본다면, 어느 분야에 가장 흥미를 느끼십니까?

Ⓐ 비노 코슬러 · 내가 만든 법칙에 따르면, 해결하지 못한 문제가 커다란 기회이므로, 에너지 분야에 많은 시간을 투자할 생각입니다. 이것은 엄연한 사실입니다. 변두리에 기술 역량이 있습니다. 나는 변두리에서 기회를 즐겨 찾습니다. 1년 반 전 내가 처음으로 합성생물학synthetic biology을 언급했을 때, 사람들은 나를 이상한 사람으로 보았습니다. 사실 생물

학자의 90%는 합성생물학을 들어 보지도 못했을 것입니다.

그러나 주변부에서 사업을 할 때 문제점은, 어떤 기술이 경제적으로 거대한 영향을 미칠지 전혀 알 수 없다는 사실입니다. 에너지는 주요 분야입니다. 기술 변화는 주요 분야에 거대한 경제적 영향을 미칠 수 있지만, 합성생물학은 주변부에 있습니다. 그렇다고 기술 변화가 없으면 기회도 없다는 말이 아닙니다. 단지 내 관심 분야가 아니라는 뜻입니다. 나는 내가 잘하는 분야에 집중합니다. 그래서 사람들이 성장 소매업에 투자를 시작했을 때, 나는 참여하지 않았습니다. 소매업에 대해서는 다른 사람들이 나보다 훨씬 많이 알고 있었기 때문에, 나는 소매업을 건드리고 싶지 않았습니다. 그러나 아무도 모르는 합성생물학이나 대체에너지 같은 분야에 대해서는, 내가 우위를 갖고 있습니다.

예측 가능성-성장이 얼마나 눈에 보이는가?

"말 잘하는 것보다 실행 잘하는 것이 낫다."

벤저민 프랭클린(Benjamin Franklin)

빠르게 성장하는 신생 기업의 가장 큰 과제는, 예측 가능한 영업 실적을 올리는 일이다. 투자자들은 약속보다 높은 실적을 올리면 경영진에게 보상하지만, 상습적으로 기대를 못 채우는 경영진에게는 (지나칠 정도로 가혹하게) 벌을 내린다. 앞에서 언급한 적이 있지만, 1994년부터 2004년까지 최고 실적을 올린 아폴로Apollo는 월스트리트에 25% 이익 성장을 약속했지만 42% 이익 성장을 달성했고, 주가는 연

48% 상승했다.

애널리스트 초창기에 나는 디스커버리 존Discovery Zone을 맡았다. 이 회사는 어린이들에게 실내 오락을 제공하면서 빠르게 성장하고 있었다. 회사 경영진을 이끄는 사람은 돈 플린Don Flynn으로서, 유명한 성공기업 웨이스트 매니지먼트Waste Management Corporation에서 고위 임원을 맡았었다.

디스커버리 존은 신규 시장의 선도 기업이었고, 비 오는 날 오후, 생일 파티, 휴식 등에 아이들이 즐기는 공간으로 부모와 어린이들에게 널리 인기 있었다. 잠재력도 매우 커 보여서, 미국 모든 지역 사회에 디스커버리 존을 하나씩 세우는 상상을 할 수도 있었고, 언젠가 전 세계로 확장하는 것도 생각할 수 있었다! 투자수익률이 더 높은 작은 디즈니랜드가 될 터였다.

옥에 티는 예측 가능성이었다. 첫 번째 화재 신호는 이익 성장이 거의 100%에 이르는 분기 실적 보고였다. 왜 이것이 문제였는가? 투자자들의 기대치가 조금 더 높았기 때문이다. 이들은 이익 성장 100%를 기대했지만 EPS가 기대치보다 1센트 모자랐던 것이다.

다음 날 아침, 디스커버리 존 주가가 50% 떨어졌고 나는 크게 성공한 성장 투자자와 이야기를 나누었다. 이 투자자는 그날로 주식을 모두 팔아 버렸다. 나는 말했다. "이건 말도 안 됩니다. 이 회사는 여전히 미친 듯이 (거의 100%) 성장하고 있고, 이익이 기대치에 겨우 1센트 모자랄 뿐입니다! 잠재력은 여전히 엄청납니다. 게다가 경영진도 세계 수준이고요." 나는 그의 대답을 결코 잊지 못한다. "마이크, 이 친구들이 1센트를 마저 채우지 못하는 것은, 지독하게 멍청하거나 사업에 다른 문제가 있기 때문이야."

그의 예측 중 적어도 하나는 정확했다. 부모들은 디스커버리 존에서 생일 파티를 한 번은 치렀지만, 두 번은 치르지 않았다. 한 번으로 족했다. 아이들도 플라스틱과 전염성 공이 넘치는 곳에서 수많은 아이와 어울리는 데 질렸다. 경쟁자들이 덤벼들었다. 맥도날드같은 거대기업들이 이들을 모방해서, "놀이터fun center"를 만들어 해피 밀Happy Meals(어린이용 패스트푸드)을 팔려고 부모들을 유혹했다. 12개월 이내에 디스커버리 존은 도산했다.

내 조사가 신통치 않았던 점은 분명하지만, 이런 조사는 쉽지 않다. 일시적 유행과 추세를 어떻게 구별할 것인가? 이것이 스타벅스

● 일시적 유행과 추세

일시적 유행	추세
황제 다이어트(Atkins diet)	웨이트 워처(Weight Watchers, 다이어트)
크록스(Crocs, 다목적 신발)	언더 아머(Under Armour, 스포츠 의류)
플라스틱 손목밴드(Plastic wristband)	구세군(The Salvation Army)
보스턴 치킨(Boston Chicken)	치폴레(Chipotle, 멕시칸 식당)
비니 베이비(Beanie Babies, 인형)	드비어스(De Beers, 다이아몬드)
크리스피 크림(Krispy Kreme, 도넛)	스타벅스(Starbucks)
라이드 스노보드(Ride Snowboards)	캘러웨이 골프(Callaway Golf)
TCBY(프로즌 요구르트)	홀푸드마켓(Whole Foods Market, 유기농 매장)
어그(UGGs, 부츠)	폴로 랄프 로렌(Polo/Ralph Lauren)
애완용 돌(Pet rock)	애완동물(Pet animals)
에미넴(Eminem, 힙합 가수)	유투(U2, 아일랜드 밴드)

인가, 크리스피 크림Krispy Kreme인가? 아마존닷컴인가, 이토이즈eToys 인가? 치즈케이크 팩토리Cheesecake Factory인가, 보스턴 치킨Boston Chicken 인가? 홀푸드Whole Foods인가, 웹밴Webvan인가? 디즈니Disney인가, 디스 커버리 존인가?

예측 가능성은 상대적인 개념이다. 어떤 산업이나 비즈니스 모델 은 다른 것보다 훨씬 예측 가능성이 높다. 해지가 불가능한 10년 계약을 맺은 외주 서비스 기업이, 분기 마지막 주에 매출 50%가 발생 하는 소프트웨어 회사나 영화 제작사보다 훨씬 예측 가능성이 높다.

회사의 예측 가능성과 기대 충족 능력은 주로 비즈니스 모델이 좌우하지만, 4P 중 3P(사람, 제품, 잠재력)도 영향을 미친다.

위대한 경영진은 달성 가능한 목표를 설정한 뒤, 실적 달성에 열 광적으로 몰두한다. 델 컴퓨터의 비즈니스 모델은 예측 가능성이 그 다지 크지 않지만, 델 경영진은 약속을 지키려고 집요하게 노력한 다. 이들은 사업 운영 방식이 체계적이다. 승자는 실천한다.

탁월한 제품은 예측 가능성을 높이는 데 필수적이다. 소프트웨 어 사업은 예측이 어렵기로 악명 높지만 우리는 운영체계가 필요하 면 마이크로소프트 제품을 사고, 데이터베이스가 필요하면 오라클 제품을 산다. 더 싼 제품은 없다. 이들이 사실상 독점하고 있기 때문 이다.

스타벅스 (겉으로는 전통 음식점, 날씨, 낮은 전환비용, 소비자 변덕 등 때문 에 불확실성이 높아 보여도) 같은 사업을 보더라도, 실제로는 무척 예측 가능성이 높다. 스타벅스 고객은 평균적으로 매달 20번 매장을 방문 한다! 3달러면 CEO든 비서든 세계 수준의 커피(혹은 대체 음료)를 마시는 호사를 누린다. 내가 아는 사람들은 하루라도 스타벅스를 마시지 않으면 정말 불행해진다.

우리는 중독성은 있지만 암에 걸리지 않는 사업을 좋아한다!

푸시 이메일Push e-mail(새 메일 도착을 알려 주는) 서비스는 중독성이 있다. 리서치 인 모션Research in Motion's사의 블랙베리BlackBerry 장비는 중독성이 너무 강해서 "마약베리crackberries"로 불린다.

잠재력은 예측 가능성에 필수적이다. 회사의 시장이 성장하지 않으면, 성장이 예측 가능성을 가로막기 때문이다. 회사가 선도 기업이고 시장점유율이 증가하는 경우조차, 시장 자체가 줄어든다면 예측 가능한 성장은 어려워진다. 내가 몸담은 기관 대상 중개업은 급격한 구조 변화를 거치면서 전체 시장 규모가 축소되고 있다. 비록 우리 회사의 시장점유율이 대폭 증가했고 아직도 증가하고 있지만, 시장이 계속 축소된다면 예측 가능한 성장은 어려운 과제가 된다.

반복 매출은 예측 가능한 성장을 약속하는 성배holy grail이다. 매출의 80%가 기존 고객으로부터 발생하는 페이첵스Paychex 같은 회사가 훌륭한 예이다. 기업 서비스 아웃소싱 회사, 약을 계속 먹는 환자를 확보한 제약 회사, 학생들이 2~4년 동안 프로그램을 수강하는 아폴로 그룹 같은 교육 회사 등이 모두 반복 매출 회사의 훌륭한 예이다. 반복 매출 회사들은 예측 가능성 덕분에 거의 틀림없이 PER에 커다란 프리미엄이 붙는다.

세일즈포스닷컴salesforce.com 같은 주문형 소프트웨어 회사의 가장 큰 장점은, 소프트웨어를 서비스처럼 판매한다는 사실이다. 라이선스 모델과는 달리, 주문형 회사는 사용자별 월별 기준으로 요금을

● 반복 매출 사업

급여수표 배분 계약	회사	비즈니스 모델
서비스 아웃소싱	EDS	서비스와 아웃소싱을 결합한 장기 계약
주문형 소프트웨어	세일즈포스닷컴	사용자별 월간 사용료
급여 처리	ADP	급여수표 배분 계약
온라인 교육	이컬리지(eCollege)	등록 학생의 지속적인 수강료

부과한다. 초기 매출액은 비교적 작지만, 매출 흐름에 영속성이 있고 예측 가능성이 높으며 고객에게 가치가 높다.

투자자는 반드시 특정 산업에 적합하게 예측 가능성 분석 틀을 만들어야 한다. 예를 들면, 생명공학 부문에 뛰어난 이익 성장 기회가 있고 회사에 수년간 매출이 발생하지 않지만 사람, 제품, 잠재력이 훌륭하다면 이 회사는 매력적인 투자 대상이 될 수 있다.

매출 발생 전 회사의 경우 3P가 우선이지만, 핵심적 사건들을 보면 투자자들은 이 회사가 제대로 진행하고 있는지 확인할 수 있다. 생명공학 회사라면 식품의약국FDA의 1, 2, 3단계 실적과 적시성이 기준이 될 것이고, 나노기술 회사와의 합작 벤처라면 특허 승인이나 상업화 일정이 기준이 될 것이다.

빌 캠벨 Bill Campbell

인튜이트(Intuit) 회장

빌 캠벨은 경력이 대단히 독특하고 인상적이다. 빌은 인튜이트의 회장이면서, 애플Apple, 옵스웨어Opsware, 굿 테크놀로지Good Technology의 이사회에 참여하고 있고, 구글Google, 텔미Tellme를 포함한 선도적 성장 기업에 자문을 제공한다. 그가 인튜이트를 맡는 동안 세금, 개인 금융, 소기업 회계 소프트웨어에서 계속해서 선도 기업의 위치를 확립하자, 회사의 시장 가치가 약 7억 달러에서 거의 90억 달러로 상승했다.

Ⓠ 마이클 모 · 사람들은 당신을 실리콘밸리의 코치라고 부릅니다. 어떻게 해서 그런 명성을 얻게 되셨습니까?

Ⓐ 빌 캠벨 · 나는 인튜이트의 CEO 자리에서 물러난 뒤, 약 1년 후 1998년 다시 임기를 맡아 돌아갔습니다. 그리고 2000년 이후, 신생 기업들과 함께 일하고 있습니다. 나의 목표는 기업들을 더 좋은 기업이 되게 하는 것입니다.

1983년 내가 처음 애플에 입사했을 때, 대단히 지혜로운 몇 사람이 나를 도와주었습니다. 한 사람은 플로이드 밤Floyd Kvamme인데, 아시다시피 오늘날 부시 행정부의 기술 분야 황제입니다. 내가 애플에 입사했을 때, 그는 나의 상사였고 애플의 부사장이었습니다. 그는 나중에 클라이너 퍼킨스Kleiner Perkins로 옮겼습니다.

리지스 매케너Regis McKenna는 홍보 회사를 운영했습니다. 그는 전략가로 유명하며, 애플과 실리콘밸리의 많은 회사를 도왔습니다. 이들은 내가 실리콘밸리에 적응하고 회사를 위대하게 만들려면 무엇이 필요한지 깨닫도록 큰 도움을 주었습니다. 이들은 아무 대가 없이 나를 도와주었습니다. 이들은 내가 애플의 발전에 기여하도록 돕는 데 관심이 있었습니다.

내가 CEO 자리에서 물러나고 돈벌이에 나서지 않기로 했을 때, 나는 같은 방식으로 보답하겠다고 마음먹었습니다. 그래서 다른 회사들을 돕고 있습니다. 나는 여러 회사와 함께 일합니다. 나는 아무것도 받지 않고 아무것도 원치 않습니다. 나는 단지 실리콘밸리 회사들이 튼튼해지도록 그리고 회사들이 가치를 계속 유지하도록 돕고 싶습니다.

Q 마이클 모 · 당신은 함께 일하고 싶은 회사들을 어떻게 고르십니까? 차라리 회사들이 당신을 어떻게 찾아오는지 묻는 편이 낫겠군요?

A 빌 캠벨 · 나는 회사를 고르지 않습니다. 다른 사람들에게 맡깁니다. 벤처 캐피털 회사 친구들에게 맡깁니다. 그리고 이런 회사들에 내가 활기를 불어넣을 수 있을지 알아봅니다. 이런 일을 내가 좋아하기 때문이죠. 나는 기업가와 설립자들을 만나서, 이들이 회사를 훌륭하게 키우려는 마음이 있는지 판단합니다.

나는 단지 시가총액만 높이려는 회사에는 관심이 없습니다. 나는 가치가 지속하는 일을 진심으로 이루려는 회사에 관심이 있습니다. 만일 그런 일을 이룬다면 그 회사는 금전적으로도 성공한다고 믿습니다.

Q 마이클 모 · 어떤 회사와 일할 때 가장 즐거우셨습니까?

A 빌 캠벨 · 운 좋게도 나는 훌륭한 벤처 캐피털 회사들과 함께 일했고, 이들이 나를 좋은 회사에 소개해 주었습니다. 나는 대부분 시간을 클라이너 퍼킨스, 벤치마크Benchmark, 메이버런Maveron과 함께 보냈습니다.

다른 회사들도 있지만, 이들과 가장 가깝게 지냈습니다.

옵스웨어Opsware, 드러그스토어Drugstore, 텔미Tellme, 굿Good, 구글Google, 쇼핑닷컴Shopping.com 같은 회사들과 함께 일할 때도 좋았습니다. 일부 회사는 크게 성공했고 일부 회사는 어느 정도 성공했으며, 다른 회사들은 아직 평가가 나오지 않았습니다.

Q 마이클 모 · 영속적인 회사를 세우려는 열정 외에, 이런 회사들과 일하기로 하신 이유가 무엇입니까?

A 빌 캠벨 · 회사 고르는 이야기부터 합시다. 내가 회사를 고르지 않았다고 말씀드렸지만, 다른 사람들처럼 나도 성공을 보는 나름의 관점이 있습니다. 나는 요즘 아이디어를 좋아하는 사람들이 너무 많다고 생각합니다. 이들은 개념을 좋아하고 시장 기회를 좋아한다는 말입니다. 그러나 아이디어는 실행에 옮길 때만 가치가 있습니다.

훌륭한 기술자들은 발명하거나 훌륭한 기술을 잘 적용할 수 있습니다. 그러나 설립자인 기업가들을 평가하자면, 이들은 자기 주위에 훌륭한 인재들을 배치해서 자신의 강점을 보완할 수 있어야 합니다. 나는 설립자 CEO들을 평가할 때, 자신의 능력을 보완해 줄 사람을 영입하는지 봅니다. 자신에게 도전할지 모른다고 유능한 인재 영입을 두려워해서는 안 됩니다. 나와 함께 일하는 벤처투자자들은 이 점을 깊이 이해합니다.

Q 마이클 모 · 벤처투자자들은 훌륭한 기업을 만들어 내는 데 얼마나 중요한 역할을 합니까?

A 빌 캠벨 · 나는 벤처투자자들 역할이 가장 크다고 생각합니다. 실무를

잘 아는 벤처투자자들은 엄청난 힘을 발휘합니다. 개념을 잘 세우는 사람들은 시장 기회를 잘 찾아냅니다. 그러나 회사를 운영할 줄 아는 사람들을 영입해서 보완하지 않는다면, 그 회사는 성공할 수 없습니다. 이런 일에 서투른 벤처투자자들이 너무 많고, 이런 일에 능숙한 벤처투자자들은 자신을 제대로 알리지 못합니다.

나는 회사에 활기를 불어넣는 일이 기술이라고 생각합니다. 이 일이 과학이라면 좋겠습니다. 훌륭한 벤처투자자들이 이런 일을 하는 모습을 보면 감탄스럽습니다. 훌륭한 아이디어가 훌륭한 기업이 되는 것을 보면 나는 마음이 편안해집니다.

과거로 돌아가서, 전설을 만들어 낸 회사를 생각해 봅시다. 나는 존 도어John Doerr가 매크로미디어Macromedia에서 한 일을 생각할 때마다 항상 감탄합니다. 그는 경영진을 도와 관련 분야 회사들을 한 회사로 통합하여 결국 커다란 성공을 일궈 냈습니다. 댄 레비탄Dan Levitan이 드러그스토어닷컴을 살려 낸 일도 놀랍습니다. 빌 걸리Bill Gurley가 에피니언스Epinions와 딜타임Dealtime을 합병하여 쇼핑닷컴Shopping.com을 만든 일도 대단합니다. 케빈 하비Kevin Harvey가 텔미Tellme에서 한 일도 그렇습니다. 그는 소비자 중심 포탈로부터 기업적 접근으로 모델을 바꿈으로써 이 기술을 최대한 활용하였습니다. 이 정도는 일부 예에 불과합니다.

Ⓠ 마이클 모 · 신생 기업이 성공 기반을 마련하는 핵심 원리는 무엇입니까?

Ⓐ 빌 캠벨 · 나는 앞에서 활기를 불어넣는 일이 과학이 아니라 기술이라고 말했습니다. 내 관점은 확고합니다. 모두가 동의하리라 믿지는 않지만, 나는 이렇게 말하고 싶습니다. 일찌감치 강력하고 노련한 경영진을

구성해야 한다고 굳게 믿습니다. 나는 이 문제를 놓고 항상 부사장들과 논쟁을 벌입니다.

내 회사 클라리스Claris를 처음 시작할 때, 나는 도나 두빈스키Donna Dubinsky, 브루스 치즌Bruce Chizen, 랜디 코미사Randy Komisar, 요겐 달랄Yogen Dalal, 데이브 킨저Dave Kinser, 댄 매커먼Dan McCammon으로 경영진을 구성했습니다. 이것은 노련한 경영진이었습니다. 경영진의 엄청난 힘 덕분에 아래쪽도 강해졌습니다. 회사는 아주 짧은 기간에 매우 강력해졌습니다.

초기에 고위 직급을 뽑으면 안 된다고 생각하는 사람들이 많았습니다. 나는 그게 무슨 소린지 모르겠습니다. 다른 사람들은 내가 작은 환경에서 일할 줄 아는 사람을 뽑아야 한다고 생각했습니다. 나는 이 말도 무슨 소린지 모르겠습니다. 나는 훌륭한 인재를 뽑아야 한다고 믿습니다. 기능과 조직 경영을 제대로 아는 훌륭한 사람을 뽑으면, 훌륭한 사람이 훌륭한 인재를 양성하고 계속해서 훌륭한 인재를 채용할 것입니다.

어떤 회사와 일을 시작할 때, 내가 제일 먼저 다루는 과제는 CEO가 올바른 사람인지 판단하는 일입니다. 회사 설립자가 회사 일을 감당할 만한 사람인가? 나는 사람들을 이끌어서 개선하려는 성향이 있습니다. 그래서 나는 CEO와 계속 함께 일하면서, 회사를 감당하도록 능력을 키워 줍니다. 내가 매일 가르치면서 이들이 보이는 반응을 평가하면, 나는 이들이 감당할 능력이 있는지 알 수 있으며 이들도 그 사실을 스스로 알게 됩니다. 우리는 한계를 인식해야만 합니다.

회사를 성공시키려면 훌륭한 비전을 지닌 사람을 회사에 붙들어 두어야 한다는 것이 나의 믿음입니다. 스콧 쿡Scott Cook은 인튜이트를 1억 달러 회사로 키웠습니다. 그는 물러나기 직전 약 8,500만 달러 회사인 칩소프트^{ChipSoft}와 인튜이트를 합병하기로 동의했습니다. 그러고서 스콧은 CEO를 영입했습니다. 그 당시 스콧 쿡은 더는 CEO가 아니었지만, 계속해서 커다란 영향력을 행사했습니다. 이토록 헌신적으로 참여한 설립자는 없었습니다. 그는 인튜이트에 계속 머무르기로 했습니다. 그는 계속 경영진으로 남았고, 오늘날에도 인튜이트에서 여전히 활발하게 활동하고 있습니다.

Ⓠ 마이클 모 · 사람을 키우는 일과 경영진을 지원하는 일 사이에서 어떻게 균형을 유지해야 합니까?

Ⓐ 빌 캠벨 · 아주 미묘한 문제입니다. 우리는 회사가 위험에 처하는 것을 원치 않지만, 현재 경영진에게 성장 기회를 주는 것도 중요합니다. 설립자를 비난하는 일은 옳지 않지만, 그에게 CEO의 자질이 있는지 인식하는 일은 중요합니다. 간혹 노련한 사람의 도움이 필요할 때도 있습니다. 초창기에 빌 게이츠를 도와 최고 운영 책임자^{COO}로 일하면서, 그를 성공으로 인도한 사람이 누군지 기억하십니까? 노련한 경영자 존 셜리^{John Shirley}였습니다.

Ⓠ 마이클 모 · 경영진의 최우선 과제는 무엇입니까?

Ⓐ 빌 캠벨 · 즉시 훌륭한 사람들을 배치하는 일입니다. 나는 방금 어떤 회사 CEO와 이야기하고 있었는데, 그는 금융 전문가 영입 문제로 나와 심하게 싸웠습니다. 나는 단순한 금융 전문가가 아니라 재무 담당 최고 책임자^{CFO}를 원합니다. 나는 스스로 전성기를 만들면서 회사에 큰일을 할

사람을 원합니다. 이 일에 대해서는 이견이 많습니다. 사람들은 내게 이렇게 말할 때가 많습니다. "그런 거물을 영입하려는 것은 아니겠지요? 회사에 현금흐름이 개선되어 흑자로 돌아서면, 그때 좋은 사람을 뽑읍시다." 나는 이런 말을 전혀 믿지 않습니다. 특히 실리콘밸리에는 대단히 노련한 기업가들이 많습니다. 이들은 초창기에 합류하기를 간절히 원하며 이들은 회사의 문화를 가꾸고, 경영진의 진로를 정하며 회사에 크게 기여할 수 있습니다. 금융 전문가도 이와 다르지 않고, CEO도 마찬가지입니다. 과거로 돌아가서, 당시 넷스케이프Netscape가 짐 박스데일Jim Barksdale을 영입할 확률에 대해 생각해 봅시다.

왜 훌륭한 CFO를 영입하느냐고요? CFO는 운영, 금융, 법률 문제 등 모든 일을 도울 수 있습니다. 물론 모델을 수립하고 계획을 잘 세우는 젊고 똑똑한 사람들도 많이 뽑을 수 있습니다. 그러나 유능한 CFO는 회사 운영을 도울 수 있고, 경험이 풍부합니다. 이것은 중요한 기능입니다. 내가 초창기부터 함께 일한 회사의 경우, 내가 경영진에 영입한 사람 중 CFO가 항상 가장 중요한 사람이었습니다.

두 번째 급한 일은, (역시 논란의 여지가 많지만) 제품 마케팅 책임자를 확보하는 일입니다. 내가 "마케팅 책임자"라고 말하지 않아서 이상할 것입니다. 나는 분명히 "제품 마케팅 책임자"라고 말했습니다. 최근 몇 년 동안 실리콘밸리를 다녀보니, 사람들은 "요즘 왜 마케팅이 힘을 못 쓰지?"라고 말합니다. 나는 "이름이 망가져서 그래. 앞에 '제품'이 빠졌잖아."라고 대답합니다. 제품 마케팅 책임자란, 엔지니어링을 적용해서 기술을 시장과 연결해 주는 사람입니다.

나는 엔지니어링을 그다음 순서에 놓습니다. 기업가 중에는 훌륭한 아이디어를 지니고 기술 분야 경험이 있으며, 제품개념을 고안해 냈고 제품을 실행에 옮기는 방법까지 아는 사람이 매우 많습니다. 그래서 엔지니어링 관리를 하면 사업을 개시할 수 있고 키워 나갈 수 있습니다.

심지어 (설립자의 기술 능력이 대단히 뛰어난) 구글도 웨인 로싱^{Wayne Rosing}이 엔지니어링 담당 부사장으로 합류하자, 회사의 구조가 크게 달라졌습니다.

Q 마이클 모 · 그밖에 어떤 과제가 급합니까?

A 빌 캠벨 · 엔지니어링 관리에 성공하려면, 채용과 채용 관행에 초점을 두어야 합니다. 아키텍처, 개발계획, 일정 등이 얼마나 중요한지 생각해 보십시오. 이상한 사람을 팀에 투입해서 유대감을 깨뜨린다면, 어떻게 이런 일을 하면서 성장할 수 있겠습니까?

Q 마이클 모 · 훌륭한 회사가 되려면 또 어떤 속성이 중요합니까?

A 빌 캠벨 · 경영에 이어, (나는 이런 일에 대단히 용기 있는 벤처투자자로부터 배웠는데) 변화를 두려워하지 말아야 합니다. 변화를 일으켜야만 할 때가 간혹 있습니다. 예를 들면, 비즈니스 모델을 조정하거나 유통망을 바꿔야 합니다. 옵스웨어^{Opsware}의 예를 보면, 이들은 전체를 관리하는 서비스 사업을 버리고 소프트웨어 모델로 갔습니다. 이들은 여전히 같은 기술을 사용했지만, 기술 사용 방법을 바꿔야만 했습니다. 굿 테크놀로지^{Good Technology}도 비즈니스 모델을 바꿔야만 했습니다. 이들은 직접 판매 인력 모델로부터 통신회사 모델로 변경했습니다.

어떤 변화는 주요 표적 시장을 바꾸는 일인데, 여기에는 더 큰 용기가 필요합니다. 쇼핑닷컴은 광고 포탈에서 클릭당 과금cost-per-click으로 바꿨습니다. 텔미Tellme는 고객음성포탈에서 기업 비즈니스로 바꿨습니다. 이런 회사들은 용기 있는 사람들이 이러한 변화를 일으켰습니다.

변화가 제대로 진행되지 않는다면, 평가를 해서 변화를 강제해야 합니다. 나는 코칭을 하는 기간에도 늘 이렇게 말했습니다. 변화가 없으면, 개선도 없습니다. 그리고 장담하는데, 쇼크 없는 변화도 없습니다.

다음으로, 나는 CEO들이 일찌감치 경영 규율을 확립해야 한다고 굳게 믿습니다. 모든 일을 계량화하십시오. 숫자에 엄격한 문화를 만든다면 이런 문화는 영원히 지속할 것입니다. 우리는 모든 것을 정기적으로 측정해야 합니다.

우리는 반드시 측정을 회사 업무의 일부로 만들어야 합니다. 회사 운영을 점검할 때는 경영자들과 오랜 시간을 보내면서 이들이 각 기능에 대한 책임을 숙지하는지, 돈을 어디에 어떻게 쓰는지, 마감 시간을 어떻게 관리하고 지키는지, 유통 경로를 어떻게 관리하며 이것이 사업에 어떤 영향을 미치는지 등을 확인해야 합니다. 판매 목표 설정도 사람들이 이따금 잊어버리는 업무인데, 이것도 역시 계량화할 수 있습니다.

Ⓠ 마이클 모 · "측정할 수 없으면, 관리할 수 없다"라는 말씀이죠?

Ⓐ 빌 캠벨 · 그렇습니다. 회사 운영을 엄격하게 점검하십시오. 책임을 지우십시오. 내가 함께 일하는 회사들은 분기마다 점검합니다. 분기 중간 실적을 세밀하게 보십시오. 그들이 분기 초에 얼마만큼 하겠다고 말했습니까? 분기 중간에 얼마나 하고 있습니까? 분기 중간 조정을 어떻게 해야 합니까? 지금까지의 실적은 어떻습니까? 이 실적은 다음 분기에 대해

어떤 의미가 있습니까? 실적이 목표에 뒤지고 있습니까? 앞서고 있습니까? 지출을 늘려야 합니까? 지출을 줄여야 합니까?

Q 마이클 모 · "회사에 활기를 불어넣는 방법"이 또 뭐가 있습니까?

A 빌 캠벨 · 나는 또 다른 중요한 요소가 혁신과 모범 관행best practices이라고 생각합니다. 사업의 모든 분야에서 수많은 혁신이 진행되고 있습니다. 기술이나 획기적 발전만이 아니라, 매일 다른 사람들이 무엇을 하고 있는지 생각하고 있습니까? 모범 관행을 본 적이 있습니까? 그로부터 배울 수가 있으며, 우리가 받아들일 수 있습니까?

회사 운영의 관점에서, 이런 일들이 회사에 활기를 불어넣을 수 있다고 믿습니다. 시장 규모? 예. 분명히 중요합니다. 부문? 확실히 중요합니다. 적합한 기술? 물론 중요합니다. 그러나 실제로 회사가 돌아가지 않는다면, 회사는 문을 닫게 됩니다.

아시다시피 나는 꼭 제2의 애플, 인텔, 인튜이트를 세우고 싶습니다. 나는 회사가 신생 기업으로부터 견고한 기업으로 성장하는 모습을 보면 커다란 긍지를 느낍니다. 그러려면 훌륭한 사람들이 필요하며 특히 훌륭한 CEO가 경영하고, 지도하며, 방향을 제시하고 변화를 일으키며, 창의적이면서도 엄격하게 회사를 이끌어 나가야 합니다.

"이것은 시작이니까."라는 태도로 일을 벌이는 경우가 너무도 많습니다. 즉, 다소 엄격하지 않아도 좋고, 조금 느슨해도 좋다는 뜻입니다. 나는 이런 태도에 동의하지 않습니다. 우리는 가급적 빨리 최대한 엄격해져야 합니다.

나는 경영이 부실해서, 팀이 부실해서, 벤처투자자가 관심을 기울이지 않아서, 커다란 기회가 사라지는 모습을 많이 보았습니다.

나는 투자자들이 어느 회사에든 투자하기 전에, 그 회사에 비전이 있을 뿐 아니라, 엄격한 운영 구조와 철학이 있는지 확인해야 한다고 봅니다.

다섯 번째 P-수익성Profitability

떼돈 벌게 해 줘!

로드 티드웰(Rod Tidwell), 영화 "제리 맥과이어(Jerry Maquire)"

루 홀츠Lou Holtz는 내가 미네소타 대학 후보 쿼터백이었을 때 대학 풋볼 코치였다. 홀츠 코치는 놀라운 지도자였기 때문에, 그가 수석 풋볼 코치가 아니었다면 틀림없이 세계 수준의 CEO가 되었을 것이다. 홀츠 코치와 나는 씽크에쿼티가 하는 일에 관해서 대화를 나눈 적이 있다. 그는 4P를 좋아했지만, 한 가지 질문을 했다. 이익은 어디 있냐고 물었다. 그리고 "여섯 번째 P, PER은 어디 있지?"라고 물어볼 수도 있었다.

회사가 성공하려면 이익이 절대적으로 중요하다. 모든 회사는 결국 미래 이익을 현재가치로 할인해서 평가한다.

나는 4P를 엄격하게 적용해서 적절히 분석한다면, 오늘날 수익이 미미하거나 전혀 없는 회사라도 신중하게 투자할 수 있다고 믿는다.

지금부터 3~5년 뒤 회사가 어떤 모습이 될지 예측하는 일은, 기술과 과학이 만나는 작업이다. 회사가 성공을 거두고 가치가 올라가려면 지속적으로 이익이 성장해야 하지만, 4P를 갖춘 회사라면 이익이 분명히 드러나지 않더라도 투자할 수 있다.

PER을 논하자면, PER이 높은 회사는 위험이 크므로 과부나 고아가 투자하기에 적합하지 않지만, 가장 빨리 성장해서 장기적으로 가장 높은 투자 수익을 안겨 주는 회사들은 절대적으로 PER이 높다. 우리가 이익 성장을 정확하게 예측한다면, 장기적으로 그 주식은 높은 수익을 안겨 준다. 1995~2005년 실적 우수 25개 기업의 평균 PER이 18.9였다는 점을 기억하라. 절대 싼 가격이 아니었다.

4P는 좀 단순하고 진부해 보일지 모른다. 사실 그렇다! 그러나 성공 투자의 비밀은 복잡한 내용을 단순화하고 체계적 틀을 사용해서 목표를 달성하는 데 있다. 4P는 내일의 스타를 찾아내서 투자하려고 내가 만들어 낸 기본 틀이다.

스타와의 대화

루 홀츠 Lou Holtz
전설적인 풋볼 코치

루는 아마도 역사상 가장 위대한 풋볼 코치이다. 그는 1988년 노트르담 대학University of Notre Dame의 전국 선수권 대회 우승을 포함해서 249번 승리를 거두었다. 그는 연전연패하는 팀을 맡아 즉시 우승팀으로 바꾼 기록도 있다. 홀츠 코치의 "매일 이겨라" 철학은 풋볼에서처럼 성장기업과 인생에도 적용할 수 있다.

Ⓠ 마이클 모 · 매일 이기는 열쇠는 무엇입니까?

Ⓐ 루 홀츠 · 내가 처음 노트르담 대학에 갔을 때, 조이스 신부Father Joyce

가 내게 말했습니다. "코치님, 협상 불가능한 사항 몇 가지를 말씀드리고 싶습니다. 다음 사항들을 바꾸려는 마음이라면, 여기 노트르담에 올 생각 마십시오. 내가 여기 있는 한 절대 바뀌지 않을 것이기 때문입니다. 우리는 일정을 아주 빡빡하게 짤 계획입니다. 적어도 3년에 한 번은 전국 선수권 대회 결승에 진출해야 합니다. 게다가, 수석 풋볼 코치는 노트르담 대학 총장보다 절대로 보수를 더 많이 받을 수 없습니다. 아시다시피 총장은 성직자입니다."

이렇게 말하고 우리가 기자회견을 하러 걸어갈 때, 조이스 신부가 말했습니다. "코치님, 급여에 대해서는 언급하지 않으시면 고맙겠습니다." 나는 대답했습니다. "걱정하지 마십시오, 신부님. 급여에 대해서는 저도 신부님만큼이나 말하기 거북합니다. 한마디도 하지 않겠습니다."

그러나 보다시피, 그가 말한 내용 중에는 우리의 승리를 가로막을 내용이 하나도 없었습니다. 그는 걸림돌을 던져 놓았습니다. 우리가 어떤 상황에 부닥치든지 걸림돌은 있는 법이고, 내 경험으로는 대개 걸림돌에 대한 해결책도 있습니다.

헤스버그 신부Father Hesburgh가 내게 말했습니다. "코치님, 나는 당신을 노트르담 수석 풋볼 코치로 임명할 수 있습니다. 직함은 윗사람이 주는 것이니까요. 그러나 나는 당신을 지도자로 임명할 수는 없습니다. 지도력은 아랫사람들이 판단하기 때문입니다." 그래서 나는 물었습니다. "헤스버그 신부님, 지도자의 정의가 무엇입니까?" 그가 답했습니다. "지도자란 비전과 계획이 있는 사람입니다. 지도력이 있어야 지도자입니다. 직함이 있다고 지도자가 아닙니다."

Q 마이클 모 · 당신은 노트르담을 떠난 뒤, 사우스캐롤라이나South Carolina
로 갔습니다. 이 학교는 1군에서 최장 연패기록을 세운 학교입니다. 왜 그
곳으로 갔습니까?

A 루 홀츠 · 우리는 넘어지면 둘 중 하나를 선택할 수 있습니다. 일어서든
가 쓰러진 채로 있든가 입니다. 우리는 다른 사람이 일으켜 주기를 기대
할 수 없습니다. 조지아에서 전화를 걸어, "당신에게 쿼터백이 없으니, 내
가 한 사람 보내 주겠소"라고 말하지 않습니다. 내가 전국 최장 연패기록
을 세운 사우스캐롤라이나를 맡고 12개월 지난 뒤, 이듬해 1월 1일 대학
풋볼 시합에 나가서 오하이오 주립대Ohio State를 물리치고 전국 17위로
올라갔습니다. 그다음 해에도 오하이오 주립대를 꺾고 전국 11위로 올라
갔습니다.

내 요점은, 우리가 넘어지고 곤경에 처하더라도, 믿을 사람은 자신밖에
없다는 말입니다. 그래서 나는 사람들이 남을 탓하면 싫어합니다. 나는
운동선수가 남을 탓하면 절대 그냥 두지 않습니다. 다른 사람을 탓하는
사람은, "나는 내 인생도 다스리지 못합니다. 이 상황에서 벗어나지 못하
겠습니다"라고 말하는 셈이기 때문입니다. 지도자는 태도가 무엇보다도
중요한데, 이는 태도가 주위 사람들에게 스며들기 때문입니다. 한번 스
며들면 되돌릴 수가 없습니다.

내 생각에 가장 중요한 것은 "나는 할 수 있다"라는 태도입니다.

Q 마이클 모 · 스포츠나 인생에서 성공하려면 또 무엇이 필요합니까?

A 루 홀츠 · 일에 열정이 있어야 합니다. 나는 찰리 와이스Charlie Weiss가
노트르담 대학에서 크게 성공하리라 믿습니다. 그는 성공하려는 열정이

있기 때문입니다.

나는 성공한 사람들과 가까이하기를 좋아합니다. 성공한 부모, 사업가, 선수, 코치 모두 성공을 위해서 많은 희생을 치른 사람들입니다. 실패한 사람들은 희생을 벌이라고 생각합니다. 사람들은 희생을 치르지 않고 성공하고 싶어 합니다. 그러나 그런 방법은 없습니다. 어떤 일을 하려는 열정이 있다면, 우리는 기꺼이 희생을 치를 것입니다.

Q 마이클 모 · 승자가 되는 핵심 요소에 또 무엇이 있습니까?

A 루 홀츠 · 훌륭한 풋볼팀들은 블록과 태클을 잘합니다. 훌륭한 학생들은 읽기와 쓰기를 잘합니다. 그런데 사람들은 기본을 지겨워합니다. 한 사내가 새를 사려고 애완동물 가게에 들어갔습니다. 가게에는 1달러 25센트짜리 새들이 있었습니다. 점원이 그에게 말했습니다. "이런 새는 당신이 원하시는 새가 아니죠? 당신에게 이상적인 새가 있습니다. 여기 이 새는 겨우 718달러입니다." 사내가 말했습니다. "글쎄, 이 새도 다른 새와 똑같아 보이는데요." 점원이 말했습니다. "이 새는 말도 하고 노래도 합니다." "그렇군요. 나는 외롭습니다. 무척 비싸긴 하지만, 친구가 될 수 있다면 기꺼이 사겠습니다." 사내는 이렇게 말하면서 새를 샀습니다.

사내가 다음날 가게에 찾아와서 말했습니다. "718달러나 주고 샀는데, 새가 말도 못 하고 노래도 못 해요." 점원이 말했습니다. "벨을 울렸을 때 새가 어떻게 하던가요?" 사내가 물었습니다. "벨이요?" 점원이 말했습니다. "새가 음정 맞추는 벨을 사지 않으셨나요?" 사내는 아니라고 답했습니다. 점원이 말했습니다. "새는 자기가 벨을 울린 다음에야 말을 하거나 노래를 합니다. 벨은 겨우 9달러입니다."

그래서 사내는 벨을 샀지만, 다음 날 머리끝까지 화가 나서 다시 찾아왔습니다. 사내가 말했습니다. "벨을 달아 주었는데도 새가 말도 하지 않고 노래도 하지 않는단 말이오." 점원이 말했습니다. "그럴 리가 없습니다. 나도 당신 새와 똑같은 새가 있습니다. 바로 오늘, 내 새는 일어나서 벨을 울리고 사다리를 오르내렸습니다." 사내가 물었습니다. "사다리라니요?" 점원이 말했습니다. "새 운동시키는 사다리를 사지 않으셨나요? 사다리는 23달러입니다."

이번에는 4일이 지났습니다. 5일째 되는 날 사내가 찾아와서 말했습니다. "나는 그 새에 819달러나 들였소. 오늘 새가 죽기 직전에 마침내 내게 말을 했소이다. 새는 오늘 아침 일어나서 벨을 울렸고 사다리를 오르내렸으며, 그네를 탔고 거울을 들여다보았소. 죽기 직전에 새가 나를 바라보며 말했소. '점원이 당신에게 새 모이는 팔지 않았나요?'"

우리는 온갖 환상에 사로잡히는 바람에, 가장 중요한 기본을 잊어버립니다. 승리하려는 열정을 키우려면 온갖 변명거리를 내던져야 합니다. 이러저러한 일을 할 수 없다고 변명하는 사람들이 어찌나 많은지, 믿기지 않을 정도입니다. 문제가 아니라 해결책을 찾아야 합니다.

Q 마이클 모 · 또 어떤 요소가 있습니까?

A 루 홀츠 · 세 번째 요소는 자신이 하는 일을 제대로 이해하는 것입니다. 헷갈려하는 사람들이 너무도 많습니다. 우리는 고객이 원하는 것을 제공하기만 하면 됩니다. 나는 그다지 똑똑한 사람은 아니지만, 상식은 있는 사람입니다. 그래서 일을 단순화하려고 온갖 노력을 기울입니다. 내가 바라는 것은 단지 선수들이 승리하는 것과 졸업하는 것입니다. 내가 내

린 모든 결정은 우리 선수들이 승리하고 우리 선수들이 졸업하게 하려는 결정이었습니다. 오로지 그뿐입니다. 이것이 바로 상식입니다.

상식이 말해 줍니다. 장래성 있는 기업은 어느 기업이든지, 고객이 원하는 바를 채워 줍니다.

나는 아칸소 대학University of Arkansas에 있을 때, 샘 월튼Sam Walton을 잘 알게 되었습니다. 그는 처음에는 1946년 아칸소주 뉴포트Newport에 작은 가게를 열었습니다. 그의 유일한 철학은 "물건을 싸게 사면, 싸게 팔 수 있다"였습니다. 그는 주로 특대 사이즈 여성 의류부터 시작했습니다. 그는 자신이 무엇을 원하는지 알았고, 고객이 무엇을 원하는지도 알았습니다.

그의 방식은 스타벅스와 마찬가지입니다. 어느 회사나 그렇듯이 고객이 원하는 바를 제공해야 합니다.

Q 마이클 모 · 당신은 새로운 환경, 다른 분야, 다른 결점을 지닌 팀, 다른 전략에 항상 잘 적응하셨습니다.

A 루 홀츠 · 50년 전의 포춘 500Fortune 500 기업들을 보십시오. 이들을 오늘의 포춘 500 기업들과 비교해 보십시오. 양쪽 목록에 다 들어 있는 회사가 많지 않습니다. 왜 그럴까요? 사람들의 욕구가 변화하기 때문입니다. 당신은 사람들의 욕구를 맞추려고 변화하고 있습니까? 변화를 받아들이십시오. 변화를 좋아하는 사람은 아무도 없습니다.

나는 노트르담에 있을 때와 미네소타에 있을 때는 공 던지는 것을 좋아하지 않았습니다. 항상 들고 달리는 쪽을 원했습니다. 들고 달리기는 어렵지 않습니다. 공을 잡으면, 돌아서서 리키 워터스Ricky Waters나 제롬 베티스Jerome Bettis에게 넘겨주면 됩니다. 누구든지 이렇게 할 수 있습니다. 그러나 공을 던지는 일은 어렵습니다. 뒤로 물러서서 선수들의 배치를 파악한 다음, 공을 던져야 합니다. 이것은 어렵습니다.

나는 사우스캐롤라이나로 옮겼습니다. 우리 팀은 공을 들고 달렸습니다. 처음에 쿼터백이 공을 잡았고 돌아서서 공을 넘겨주려는데, 리키 워터스와 제롬 베니스 같은 선수가 없었습니다. 선수들이 공을 받으려 하지 않았습니다. 그래서 우리는 0대 11로 졌습니다. 우리는 방법을 바꿔야만 했습니다. 우리는 산탄총 방식 공격대형으로 선수들을 펼쳐 놓고 공을 던져야만 했습니다.

내가 이 방식을 원했느냐고요? 아닙니다. 그러나 이기려면 이 방법밖에 없었습니다. 고객의 욕구에 따라가고자 한다면, 우리는 변화를 받아들여야만 합니다.

1878년에 타자기가 발명되었습니다. 타자기의 문제점은 너무 빠르게 치면 키가 엉킨다는 점이었습니다. 사장이 말했습니다. "우리는 키가 엉키는 타자기는 절대 팔지 않겠습니다." 그래서 사장은 키 엉킴을 방지하는 위원회를 구성했습니다.

위원회에서 사장에게 보고했습니다. "문제를 해결했습니다." 사장이 물었습니다. "어떤 방법으로 더 빨리 타자하게 했습니까?" 위원회는 대답했습니다. "더 빠르게 타자할 수는 없습니다. 사람들의 타자속도를 억지로 늦추는 방법으로 키 엉킴을 방지했습니다." 사장이 물었습니다. "도대체 무슨 말이오?" 위원회가 대답했습니다. "우리는 자판의 문자를 숨기기만 하면 됩니다. 우리가 A를 여기에, B는 여기에, C는 여기, Q는 저기, R은 저기에 배치하면 아무도 타자를 빠르게 하지 못합니다. 사람들은 더

듬거리며 독수리타법을 쓸 수밖에 없습니다."

자판의 문자를 엉망으로 만든 이유가 희한하지 않습니까? 타자속도를 늦추려고 엉망으로 만들었다니요. 오늘날에도 사람들은 자판 문자를 바꾸려 합니다. "그런 식이라면 바꾸지 마십시오." 고객의 욕구에 따라가려는 변화인 경우에만, 변화를 받아들여야 합니다.

Q 마이클 모 · 승자의 특징은 또 무엇이 있습니까?

A 루 홀츠 · 승자들은 꿈이 있습니다. 누군가 꿈을 꾸기 때문에 커다란 일이 일어납니다. 역사상 최고의 연설 중 하나가 마틴 루터 킹Martin Luther King의 "나는 꿈이 있습니다"입니다. 또 다른 위대한 연설은 존 F. 케네디John F. Kennedy의 연설, "조국이 당신에게 무엇을 해 줄 것인지 묻지 말고, 당신이 조국을 위해 무엇을 할 것인지 물으십시오"입니다. 에이브러햄 링컨Abraham Lincoln의 게티즈버그 연설Gettysburg Address도 위대하고, 윈스턴 처칠Winston Churchill의 "이토록 많은 사람이 이토록 많은 빚을 이토록 적은 사람에게 진 적이 없습니다"도 그렇습니다.

마틴 루터 킹은 워싱턴에서 10만 군중 앞에 섰습니다. 그는 "나는 꿈이 있습니다"라고 말했습니다. 그는 사람들에게 의욕과 영감을 불어넣었습니다. 만일 마틴 루터 킹이 "내게는 당신과 함께 나눌 효과적인 전략 계획이 있습니다"라고 말했더라도 같은 효과가 나타났을까요? 전략 계획은 아무도 흥분시키지 못하지만, 꿈은 사람들을 흥분시킵니다.

우리에게는 성장하든가 죽어 가는 인생의 법칙이 있습니다. 나무도 성장하든가 죽어 가고, 사업도 성장하든가 죽어 가며, 결혼도 그렇고 사람도 그렇습니다.

성장하든가 죽어 가는 것은 나이하고는 전혀 관계가 없습니다. 우리에게 꿈이 있는지, 열망이 있는지와 전적으로 관계가 있습니다. 사람들은 인생에 4가지가 필요합니다. 첫째, 할 일이 있어야 합니다. 둘째, 사랑할 사람이 있어야 합니다. 셋째, 희망이 있어야 합니다. 넷째, 믿을 대상이 있어야 합니다.

이런 것들이 있어서 우리가 의욕을 갖게 됩니다. 나이하고는 전혀 상관이 없습니다. 영국 총리를 두 번 거치고 84세가 되었을 때, 윈스턴 처칠은 하원 의원이었습니다. 한 사람이 그에게 다가와 말했습니다. "처칠 씨, 84회 생신을 축하드립니다. 저는 당신의 100회 생일도 축하해 드리고 싶습니다. 제게 그런 기회가 있을까요?" 처칠이 잠시 생각하더니 그를 보고 말했습니다. "그럼요. 당신은 꽤 건강해 보이거든요."

이런 정신 상태가 중요합니다. '승리'라는 단어를 기억하십시오. 승리는 지금 무엇이 중요한가what's important now를 줄인 말입니다. 우리가 하고 싶은 일을 우리가 결정합니다. 하루에 25번씩 스스로 물어보십시오. "지금 무엇이 중요한가?What's important now?"

Q 마이클 모 · 승리에 대해 더 하실 말씀이 있습니까?

A 루 홀츠 · 사람을 평가하고 의욕을 불어넣는 일이 열쇠입니다. 사람이 중요합니다. 적합한 사람이 없으면 이길 수 없습니다. 모든 사람이 올바른 방법으로 조직에 합류하는 것은 아닙니다. 나는 세 가지 단순한 원칙을 써서 사람들을 평가하고 최대한 의욕을 불어넣을 수 있었습니다. 내가 평생 지켜 온 세 가지 단순한 원칙은 바른 일을 하고, 최선을 다하며, 사람들에게 관심을 보여 주는 것입니다.

지도자의 위치에 섰을 때, 우리는 기준을 지키는 것보다 인기를 걱정하는 경우가 너무도 많습니다. 나는 우디 헤이즈Woody Hayes를 좋아합니다. 나는 우디를 가르쳤습니다. 우리는 전국 선수권 대회에 우승했지만, 우디는 여전히 미치광이처럼 보였습니다. 나는 그의 이러한 면을 좋게 해석합니다. 우디 헤이즈처럼 나의 코치 인생에 큰 영향을 미친 사람은 없었습니다. 왜냐고요? 우디 헤이즈는 선수들을 너무도 굳게 믿었기 때문에 기준을 여기에 세웠습니다. (홀츠는 손을 머리 위로 뻗었다.) 선수들에게 그런 자질이 없으면, 그는 선수들을 성공시키려 하지 않습니다. 그는 선수들이 최고가 되기를 바랐고 최고가 될 수 있다고 믿었기 때문에, 끝까지 밀어붙이고 몰아 댔던 것입니다.

그러나 우디 헤이즈는 내가 나를 믿었던 것보다도 더 나를 믿었습니다. 그는 사람들을 믿었고, 기준을 세웠습니다. 기준을 낮추려는 사람들이 너무도 많습니다.

끝으로, 우리가 나타나지 않을 때 누가 우리를 그리워하고 왜 그리워할지 스스로 물어보는 것이 좋습니다. 우리가 집에 가지 않으면, 가족이 우리를 그리워할까요? 만일 가족이 우리를 그리워하지 않는다면, 이유가 무엇일까요? 우리 회사가 사라진다면, 사람들이 회사를 그리워할까요? 우리는 항상 이렇게 말해야 합니다. "나는 중요한가? 내가 사람들의 생활에 도움이 되는가?"

요점 정리

- 4P(사람, 제품, 잠재력, 예측 가능성)는 내일의 대박 종목에 투자할 때 반드시 분석해야 하는 요소이다.
- 가격과 이익은 4P에 포함되지 않는다. 중요하지 않아서가 아니라, 대박 종목이라도 사업 초기에 PER 기준으로 비싸 보이거나 손실이 발생하는 경우가 많기 때문이다.
- 커다란 기회로 인도하는 2P가 있다. 문제Problem와 고통Pain이 있는 곳에 기회가 있다.

평가 방법론

FINDING THE NEXT STARBUCKS

Valuation Methodology

:
:
:
:
:
:
:

비즈니스 세계에서, 백미러는 항상 앞 유리보다 선명하다.

워런 버핏(Warren Buffett)

지금까지 나는 주로 성장 철학이라는 복음을 전파했고, 내일의 승자 발굴 방법을 설명했다. (많은 사람에게) 순전히 연습에 불과하겠지만, 나는 성장 기업 평가 방법에 대해서는 거의 설명하지 않았다.

그렇다고 평가 분석이 중요하지 않다는 뜻은 아니다. 대단히 중요하다. 그러나 나의 목적이 5배, 10배, 그 이상 상승할 수 있는 회사에 투자하는 것이므로, 나는 장기간 이익이 빠르게 성장할 수 있는 회사를 찾아내는 데 초점을 두고 있다.

그러나 평가 방법에만 매달린다면 기업의 잠재력 분석 작업이 경직될 수도 있다. 물론 절제된 방법으로 기업을 평가한다면 근거 없이 지나치게 상승한 주식을 쫓아가는 위험을 줄일 수 있다.

어떤 회사가 화끈한 생명공학 회사이든 따분한 농업 장비 제조업체이든, 내재가치를 평가하는 방법은 똑같다. 회사의 모든 미래 이익을 현재가치로 할인한다.

존 윌리엄스John Williams는 이 방법을 투자 가치 이론The Theory of Investment Value에서 설명함으로써, 내재가치 측정 공식을 제공했다. 프린스턴Princeton 대학교수 버튼 맬킬Burton Malkiel은 할인법이 "잔인하게 똑똑한 방법이지만 일을 복잡하게 만든다"라고 말했다. 내년에 얼마를 버는지 계산하는 대신(예컨대, 5% 금리로 1달러를 예금하면 1.05달러가 된다), 여기서는 미래에 벌 돈을 계산한 다음 이 돈을 현재가치로 할인한다. 따라서 내년에 버는 1달러는 오늘 0.95달러에 불과하며, 이 돈을 5% 금리로 1년 동안 투자하면 1년 뒤 약 1달러가 된다.

● 현금흐름 할인공식

$$\text{현금흐름 할인} = \frac{CF^1}{(1+r)} + \frac{CF^2}{(1+r)^2} + \cdots + \frac{CF^n}{(1+r)^n}$$

$$CF = \text{현금흐름} \quad r = \text{금리} \quad n = \text{햇수}$$

윌리엄스는 실제로 이 방법을 진지하게 제시했고, 제대로 이해하는 사람은 거의 없었지만(어쩌면 그래서) 이 방법은 학계에서 인기를 끌었다.

이 평가 방법을 쉽게 풀어서 설명하겠다. 우리 이웃집 지미는 레모네이드 노점을 운영한다. 그는 확장 자금을 마련하려고 투자 파트너를 찾는 중이다. 어찌 된 일인지 지미는 레모네이드 노점을 훌륭하게 키웠다. 그는 노점의 절반을 100만 달러(노점 전체를 200만 달러로 평가한다)에 팔고자 한다.

이 거래 조건이 매력적인지 판단하려면 지미가 사모설명서PPM에서 제시한 사실들을 분석해야 한다.

첫째, 지미는 레모네이드 노점의 매출을 5년 전 10만 달러로 시작해서 오늘날 100만 달러로 키웠는데, 이는 거의 연 60%의 성장률이다. 이익은 훨씬 더 빨리 성장해서 첫해에는 거의 없었으나 올해에는 세후 20만 달러가 되었다. 현재 기준이라면 투자자는 이익의 10배를 지불하고 지미의 레모네이드 노점 절반을 매입하는 셈이다.

문제는 이 거래가 좋은 조건이냐 나쁜 조건이냐이다.

과거 성장률 50%와 이익의 10배를 근거로 생각하면 매우 싸 보인다. 성장을 하지 않는다고 가정하더라도, 레모네이드 노점 투자자는 이익수익률(EPS/주가)이 10%이며, 10년 만기 채권 수익률이 5% 미만이라면 이는 양호한 조건이다.

문제는 지미의 레모네이드 노점을 평가하는 바른 방법이 과거가 아니라 미래의 이익을 현재가치로 할인해야 한다는 점이다.

지미는 새로운 레모네이드 노점을 열 계획이 없지만, 지미가 성공하는 모습을 지켜본 수지가 길 건너에 레모네이드 노점을 연다고 가정하자. 거친 가격 전쟁이 벌어지면서 지미의 이익이 절반으로 줄어든다. 사업의 수익성이 전만큼 좋은 것은 아니지만, 수지와 지미는 새로운 경쟁 구도에서도 생계를 꾸려 나갈 수 있다. 따라서 지미의 레모네이드 노점 미래 이익은 연간 10만 달러이다. 이런 시나리오라면 투자자는 미래 이익에 대해 PER 20배를 지불하는 셈이며, 할인율이 아주 낮은 수준이 아니라면 이 조건은 그다지 매력이 없다.

더 낙관적인 시나리오는 지미가 새로운 투자자금을 써서 사업을 빠르게 확장하는 것이다. 그의 꿈은 레모네이드 분야에서 스타벅스를 만드는 것이다.

지미가 새로운 레모네이드 노점을 개설할 만한 매력적인 인근 지역의 인구통계를 조사해 보니, 앞으로 5년 동안 50개를 열 수 있으며 잠재력은 그 이상도 가능하다고 측정되었다.

50개 노점에서 노점당 200만 달러 매출이 발생한다면 5년 후 매출이 1억 달러가 된다. 순이익률이 10%라면 지미의 레모네이드 회사는 세후 순이익 1,000만 달러를 벌어들이며, 이는 5년 전 전체 회사 가치의 5배나 된다!

이 시나리오가 가능하다고 본다면, 예상 이익에 말도 안 되게 높은 할인율을 적용해야만 지미의 레모네이드 사업이 매력을 잃을 것이다.

"현금흐름 할인"이 학문적으로 정확한 회사 가치 측정 방법이기는 하지만, 미래 이익에 대한 예측이 정확한 경우에만 가치가 있다. 경영대학원 졸업자들이 흔히 저지르는 실수는 어림짐작한 숫자를 실제 숫자로 믿는다는 사실이다.

현금흐름 할인 방법을 사용하는 투자자는 몇 년 동안의 매출 성장률, 이익률, 이익을 가정하고 적절할지 어떨지 모르는 할인율을 적용함으로써 위험과 수익을 왜곡하며, 끝으로 이러한 이익에 대해 배수를 정하는 작업을 한다. 요점은, 이것이 "정확한" 방법이기는 하지만, 아직 과학이라기보다는 기술이라는 말이다.

평가 방법 두 가지를 더 사용하면 성장 투자자는 삼각 측량을 통해서 신흥 성장기업의 정확한 현재가치를 제대로 볼 수 있다.

첫째, PEG(PER/성장률)는 투자자들이 성장기업을 평가하는 고전적 방법이다. PEG를 계산하려면 회사의 12개월 후 PER을 3~5년 예상 성장률로 나눈다. ABC 회사의 12개월 후 PER이 20이고, 3~5년 예상 EPS 성장률이 20%라면 PEG는 1 즉 100%이다. PER이 30이고 성장률이 20%라면 PEG는 1.5 즉, 150%이다. 거꾸로, PER이 10이고 성장률이 20%라면 PEG는 0.5 즉, 50%이다.

미래 PER	3~5년 성장률	PEG
20	20%	100%
30	20%	150%
10	20%	50%

경험에 의하면, 일반적인 시장 상황에서 보통의 성장기업은 PEG 1 즉, 100%에 거래된다(PEG는 낮을수록 투자 가치가 높다). 물론 이 경우의 문제점은 보통을 정의하는 방법이다.

다음은 투자자가 지불하는 PEG에 영향을 미치는 일반 변수들이다.

1. **시가총액/유동성**. 회사가 크고 유동성이 높을수록, 투자자들은 더 높은 PEG를 지불한다.
2. **매출과 이익의 가시성**. 회사 전망의 가시성이 높을수록, 투자자들은 더 높은 PEG를 지불한다. 반복 매출이 발생하는 회사는 가시성이 더 높으

며, "보통 회사"보다 높은 PER로 거래된다.

3. **예상 성장률.** 성장률이 높을수록 투자자는 더 높은 절대 PER을 지불하지만 PEG는 낮아진다. 다시 말하면, 3~5년 예상 성장률이 높을수록 이 성장률을 믿는 투자자들이 줄어든다. 사실 투자자들은 장기간 40%나 50%로 성장하기가 지극히 힘들다는 점을 안다. 나는 어떤 회사가 3~5년 동안 40% 이상 성장한다는 말을 절대 믿지 않는다. 그럴 가능성이 희박하기 때문이다. 피터 린치는 이렇게 말했다. "월스트리트에서는 손안의 새 한 마리가 숲속의 새 열 마리보다 낫다."

4. **금리.** 성장기업에 대한 투자는 장기 투자이므로, 금리가 높으면 미래 이익의 가치가 떨어지고, 따라서 PEG도 떨어진다. 금리가 내려가면 PEG는 올라간다.

5. **전반적인 시장 분위기.** 투자자들이 장래를 밝게 보면, "미래"가치를 높게 평가한다. 투자자들이 장래를 비관적으로 보며 물러선다면, PEG가 낮아진다.

씽크에쿼티에서는 적정 PER을 산정하는 매트릭스를 만들었다. 이 표에서는 3~5년 성장률과 10년 만기 국채 수익률에 따라, "보통" 회사의 적정 PER이 얼마인지 분석했다.

앞에서 설명했지만, 10년 만기 국채 수익률이 높을수록 투자자가 성장의 대가로 지불하는 PER은 낮아진다.

예를 들면, 어떤 회사의 3~5년 동안 예상되는 이익 성장이 25%이고 10년 만기 국채 수익률이 5.0%라면 매트릭스에 나오는 적정 PER은 24이다. 이것은 EPS 성장률 25%와 비슷한 수준이다. 10년 만기 국채 수익률이 6.5%라면 적정 PER은 17이다. 10년 만기 채권 수익률이 3.5%라면 적정 PER은 38이 된다.

떠오르는 성장기업을 평가하는 세 번째 방법은 회사의 매출 성
장률과 장기 EBITDA(이자, 세금, 감가상각비 차감 전 이익) 이익률에 따
라 주가매출액비율(Price to Sales Ratio: PSR = 주가/매출액, 이하 PSR)을 계
산하는 방법이다. 매출 성장률과 EBITDA 이익률이 높을수록 적정
PSR이 높아진다.

매출 성장률과 EBITDA 이익률이 평균 수준인 "보통" 회사는
PSR 약 1에서 거래된다. 보통 회사들은 매출 성장률 10%, 장기
EBITDA 이익률 10% 정도이다.

● 씽크 PER 매트릭스

성장률	10년 만기 국채 수익률									
	2.0%	2.5%	3.0%	3.5%	4.0%	4.5%	5.0%	5.5%	6.0%	6.5%
5%	34	27	22	19	17	15	13	12	11	10
10%	41	32	19	23	19	17	16	14	13	12
15%	50	39	32	27	23	20	18	16	15	13
20%	60	47	38	32	27	24	21	19	17	15
25%	72	56	45	38	32	28	24	22	19	17
30%	86	66	54	44	38	32	28	25	22	19
35%	102	78	63	52	44	38	33	29	25	21
40%	120	92	74	61	51	43	37	33	29	24
45%	141	108	86	70	59	50	43	37	32	28
50%	165	125	99	81	67	57	49	42	36	31

자료 · 그레이엄(Graham)과 도드(Dodd)의 《증권분석(Security Analysis)》, 씽크에쿼티 파트너스

EBITDA 이익률이 30%인 고성장 소프트웨어 회사의 적정 PSR은 3.0~4.0 수준이다. EBITDA 이익률이 5%이고 성장률이 보통인 식료품 사업의 적정 PSR은 0.3~0.4 정도이다.

PSR은 현금흐름 할인 방법, PEG 평가 기법과 함께 삼각 측량법을 구성하는 훌륭한 평가도구이다.

PSR은 이익이 거의 발생하지 않는 신흥 기업을 평가할 때 특히 유용하다. PSR을 이용하면 현재 매출과 (예측이 쉽지는 않지만) 미래 이익률 예측치를 써서 "현시점"의 평가 기준을 구할 수 있지만, 이는 미래 현금흐름이나 성장률을 계산하는 것만큼 어렵지는 않다.

나는 투자자들이 평가 기준으로 삼을 수 있도록 매출 성장률과 장기 EBITDA 이익률에 따라 적정 PSR을 보여 주는 매트릭스를 만들었다. 이 표는 장기간 다양한 회사들과 산업들을 분석해서 만들었다. 이것은 과학적 도표는 아니지만 특히 이익이 거의 발생하지 않는 고성장기업을 평가하는 데 유용한 틀이다.

예를 들면, 매출 성장률이 25%이고 장기 EBITDA 이익률이 25%인 회사의 적정 PSR은 약 3.2이다. 매출 성장률이 10%이고 장기 EBITDA 이익률이 15%인 회사는 PSR 약 1.2에서 거래되어야 한다.

다음은 PSR에 긍정적 혹은 부정적으로 영향을 미치는 요소들이다.

1. **매출 가시성**. PEG와 마찬가지로, 미래 매출 가시성이 높을수록, PSR이 높아진다.

2. **장기 이익률의 신뢰성**. 회사의 장기 이익률은 회사의 경쟁 지위, 진입장벽, 산업 역학에 따라 좌우된다. 독점 기업들의 장기 이익률은 예측이 가

능하다. 그러나 다른 기업들은 예측이 어렵다.

3. **시장 환경**. 투자자들이 낙관적이면 PSR이 올라가고, 투자자들이 비관적이면 PSR이 내려간다. 대개 대출 시장이 바닥일 때, 주식 시장도 바닥이 된다.

나는 모든 평가 기법이 기술인 동시에 과학이라고 생각한다. 대박 종목에 투자할 때 가장 중요한 요소는 4P와 같은 기본에 충실한 것이지만, 엄격한 평가 프로세스를 사용하면 투자자들은 더 절제된 방법으로 대박 종목에 투자할 수 있다.

● 씽크 PSR 매트릭스

EBITDA 이익률	매출 성장률										
	0%	5%	10%	15%	20%	25%	30%	35%	40%	45%	50%
50%	2.5	3.3	4.0	4.8	5.6	6.3	7.1	7.9	8.7	9.4	10.2
45%	2.3	2.9	3.6	4.3	5.0	5.7	6.4	7.1	7.8	8.5	9.2
40%	2.0	2.6	3.2	3.8	4.5	5.1	5.7	6.3	6.9	7.5	8.2
35%	1.8	2.3	2.8	3.4	3.9	4.4	5.0	5.5	6.1	6.6	7.1
30%	1.5	2.0	2.4	2.9	3.3	3.8	4.3	4.7	5.2	5.7	6.1
25%	1.3	1.6	2.0	2.4	2.8	3.2	3.6	3.9	4.3	4.7	5.1
20%	1.0	1.3	1.6	1.9	2.2	2.5	2.8	3.2	3.5	3.8	4.1
15%	0.8	1.0	1.2	1.4	1.7	1.9	2.1	2.4	2.6	2.8	3.1
10%	0.5	0.7	0.8	1.0	1.1	1.3	1.4	1.6	1.7	1.9	2.1
5%	0.3	0.3	0.4	0.5	0.6	0.6	0.7	0.8	0.9	0.9	1.0

자료 · 그레이엄(Graham)과 도드(Dodd)의 《증권분석(Security Analysis)》, 씽크에쿼티 파트너스

6I + 1E

> 주식 시장은 장기간 비이성적인 모습을 유지하면서
> 투자자들을 거덜 내기도 한다.
>
> 존 메이너드 케인스(John Maynard Keynes)

훌륭한 투자자들의 특징은 복잡한 것들을 단순하게 풀어 간다는 점
이다. 당신은 어떻게 주식 시장에서 장기적으로 최고의 수익을 올릴
것인가? 4P를 갖춘 고성장기업을 찾아내서 눈 딱 감고 숨을 깊이 들
이마신 다음, 이 주식을 계속 붙들고 있어라.

이 방법이 단순하면서도 이론적으로 옳지만, 이 세상에서 우리
는 주식 시장의 단기 현실을 무시할 수만은 없다. 벤 그레이엄Ben
Graham은 투표 계산기와 체중계의 비유를 들어 주식 시장의 단기 움
직임과 장기 움직임을 이해하도록 훌륭하게 설명해 준다.

단기적으로 주식 시장은 투표 계산기와 같아서 당시의 시장 분
위기를 반영한다. 그래서 그날의 인기 종목, 시장 심리, 관습적 지혜
등의 영향을 받는다. 그러나 장기적으로 주식 시장은 체중계와 같아
서, 이익 단 하나만 측정한다.

우리는 이익과 이익 성장이 가장 높은 기업을 찾아내서 투자하
면 성공하지만, 성공하려면 먼저 생존해야만 한다.

주가 움직임의 단기 영향을 설명하기 위해서, 나는 6I라고 부르
는 6가지 변수를 사용한다. 인플레이션inflation, 금리interest rates, 지수
indices(시장 가치), 투자자 심리investor sentiment, 주식 펀드로의 자금 유입
inflows to equity funds, 기업공개 가격 결정IPO pricing 등 6I는 신흥 성장 주식

가격의 단기 방향에 영향을 미친다.

이러한 6I는 주식 시장 상황을 알려 주기 때문에 중요하지만, 나는 (결국 가장 중요한) 1E인 이익earnings을 놓치고 싶지 않다. 이러한 6I는 골프 치러 나가기 전에 알아보는 일기예보로 비유할 수 있다. 바람이 부는지, 비가 오는지, 날씨가 추운지 알면 여기에 알맞게 준비할 수 있으므로 도움이 된다. 날씨가 너무 나빠서 골프가 불가능하다면 날씨가 좋아질 때까지 클럽하우스에서 기다리면 된다. 그러나 결국 중요한 것은 18홀을 마쳤을 때 채점표에 기록되는 점수이다.

인플레이션

인플레이션이란, 전반적으로 물가가 상승하여 화폐의 구매력이 감소하는 것을 말한다. 성장기업의 가치 중 가장 큰 부분은 미래 이익에서 나오므로, (미래 이익의 현재가치를 떨어뜨리는) 인플레이션은 성장기업에 매우 부정적인 영향을 미친다.

미래 이익 "할인" 개념을 돌아보아도 인플레이션 수준에 따라 주로 적정 할인율이 결정된다.

인플레이션은 회사의 수익성에 직접 영향을 미치기도 한다. 낮은 인플레이션이나 디플레이션 상황이라면, 회사에는 장기 투자의 위험이 줄어든다. 진정한 성장기업은 저성장/저인플레이션 환경에서 커다란 이익을 얻는다. 반면 인플레이션이 높거나 가속되는 기간에는 수익성 잠식 위험이 증가하며, 장기 투자 계획을 세우기도 어렵다. 따라서 인플레이션 추세를 관찰하면 신흥 성장주 주가의 단기 위험을 파악하는 데 도움이 된다.

금리

양도성정기예금^{CD}이나 채권의 현재 금리가 높을수록, 성장 기업이 만들어 내는 미래 이익의 현재가치는 떨어진다는 점을 직관적으로 알 수 있다. 물론 그 역도 성립한다. 금리가 낮을수록 미래 이익의 현재가치는 올라간다.

학문적으로 보면 금리 자체는 단지 미래 화폐의 현재가치만을 나타낸다. 그래서 금리와 주식 실적 사이의 관계가 오해를 일으킬 때도 가끔 있다. 예를 들면, 경제 성장이 가속되면 (대개 주식에는 유리하다), 금리가 오르고 미래 이익은 가치가 떨어진다.

높은 금리에서 오는 위험을 사람들이 다소 지나치게 걱정하는 면도 있지만, 사실 투자자들은 저 먼 미래에 기업 이익의 대부분을 돌려받게 된다. 그 결과 성장기업은 금리 등락에 더 심하게 영향을 받는다.

현재의 금리 수준을 들여다보면, 우리는 금리에 인플레이션 우려가 반영되었는지 아니면 주식 위험회피 성향이 높아졌는지 더 잘 파악할 수 있다.

우리의 주식 시장 평가 모델에서 10년 만기 국채 수익률을 예상 이익과 비교할 수도 있지만, "위험회피 스프레드"도 산출할 수 있다. 10년 만기 AAA등급 회사채 수익률과 10년 만기 국채 수익률의 차이가 바로 위험회피 스프레드이다.

주식 위험회피 현상이 높게 나타나면 성장 주식이 크게 영향을 받는다. 예를 들면, 2002년 기업 이익이 거의 19% 증가했는데도 S&P500은 23% 하락했다. 주식 위험회피 스프레드 탓에 PER이 크게

● **S&P500: PER과 인플레이션의 관계**

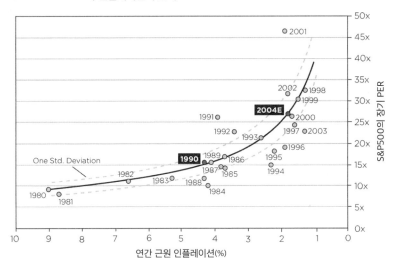

자료 · 씽크에쿼티 파트너스

하락했기 때문이었다(EPS 19% 증가 + PER 42% 감소 = S&P500 23% 하락).

얼핏 보아도 주식 시장이 PER 29로 과대평가된 것을 알 수 있지만, PER에 큰 영향을 미친 것은 (국채와 AAA등급 회사채 스프레드에서 나타나듯이) 주식 위험회피가 크게 높아졌다는 사실이다.

이러한 상황을 현실 세계에 적용해 보면 이익 성장은 계속되는데 주가가 내려간다면, 이는 대개 장기 매수 기회라는 뜻이다.

현재 성장률 및 금리를 고려해서 과거 데이터 대비 시장의 상대 가치를 파악하면 우리는 단기 위험과 기회를 볼 수 있다.

역사적으로 S&P500의 PER은 14였고, 배당수익률이 3%인 상태에서 이익은 7%로 성장했으며, 인플레이션은 약 3%였다. 따라서 예컨대 S&P500의 PER이 20이고 EPS 성장률이 5%로 예상되며 인플레

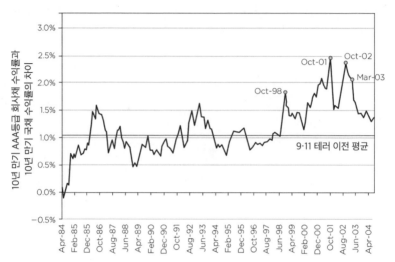

● 9·11 테러 이후 투자자들의 위험회피 성향

자료 · 씽크에쿼티 파트너스

이션이 8%라면, 나는 시장이 단기적으로 취약하다고 매우 걱정할 것이다. 반면 PER이 10이고 EPS 성장률이 20%이며 인플레이션이 1%라면, 나는 주식을 트럭으로 사 모을 것이다.

　우리는 근원 인플레이션을 고려해서 시장(S&P500)의 역사적 가치를 나타내는 단순한 모델을 개발했다. 우리의 주요 관심사 두 가지가 이익 성장과 인플레이션이라고 보고 우리는 이 모델을 써서 시장이 공정한 가치를 나타내고 있는지 파악하고자 한다.

$$\text{지수의 공정 가치} = \frac{[(\text{미래 12개월 EPS 추정치}) + (\text{현 분기 배당금}) \times 4]}{(\text{AAA등급 회사채 수익률})}$$

투자 심리

평가 수준에는 기본적으로 투자 심리가 반영되지만, 기본 요소의 변화가 포함되지 않았기 때문에 시장의 움직임을 설명하기에는 부족한 점이 많다. 투자 심리를 측정하는 전통적 방법은 단순히 사람들에게 "시장에 대해 낙관적입니까, 비관적입니까?"라고 묻는 것이다.

투자 심리 조사에 대해서는 논란이 많지만, 투자자들의 낙관/비관에 대한 전반적 분위기를 파악하는 데 도움이 되며 주로 역발상 투자 지표로 유용하게 사용된다.

투자자들이 극도로 낙관적이라면 이것은 대개 신중하라는 경고이다. 투자자들이 극도로 비관적이라면 이것은 대개 기회를 이용할 수 있는 좋은 시점이다. 워런 버핏은 투자의 열쇠가 "다른 사람들이 탐욕을 부릴 때 두려워하고, 다른 사람들이 두려워할 때 탐욕을 부리는 것"이라고 명언을 남겼다.

풋/콜 비율, 단기 금리, 펀드의 현금 비중 등이 투자 심리 조사보다 더 유용한데, 이는 투자자들이 하는 말이 아니라 투자자들의 행동을 보여 주기 때문이다. 다시 말하지만, 이러한 비율 분석은 역발상 투자 심리 지표로서 가치가 있다(바꿔 말하면, 공매도 비중이 높으면 시장 상승 기회가 많다는 뜻이고, 펀드의 현금 비중이 낮으면 시장이 비관적이라는 뜻이다).

주식 펀드로의 자금 유입

다른 모든 시장과 마찬가지로 주식 시장도 결국 수요와 공급에 따라 움직인다. 주식 펀드로의 자금 유입을 파악해야 주식 시장의 수요와 공급 현황을 알 수 있다.

주식 펀드에 자금이 유입될 때, 기업이 자사주를 매입할 때, 현금으로 기업 인수합병이 진행될 때, 주식에 대한 수요가 창출된다. 월스트리트에서 기업공개가 잇따를 때, 주식이 발행되면서 주로 주식의 공급이 이루어진다.

펀드로의 현금 유입과 유출도 역발상 투자 지표로 볼 수 있지만 그 상관관계는 의심스러운 것으로 나타났다. 나는 주식 펀드로 자금이 유입되면 잠재 수요가 증가하는 것으로 보고, 자금이 유출되면 기본적으로 수요가 빠져나간다고 본다. 이러한 수요와 공급 상황을 파악하는 것이 시장의 단기 움직임을 이해하는 데 대단히 중

● 주식 펀드로의 순 유입

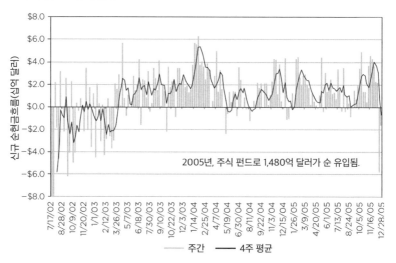

2005년, 주식 펀드로 1,480억 달러가 순 유입됨.

—— 주간 —— 4주 평균

자료 · AMG 데이터

요하다.

진정한 투자 심리를 나타내는 매우 유용한 주간 지표가, 공모가 예상 범위 대비 공모가 결정이다. "당신은 시장에 대해 낙관합니까, 비관합니까?"라는 조사와 달리, 공모가 결정은 투자자들이 자기 돈으로 행동을 보여 주는 현실 세계의 지표이다. 역사적으로 공모가는 투자 심리의 상대적 강도와 건전성을 측정하는 효과적인 도구였다. 투자자들이 자신의 심리를 돈으로 드러낼 뿐만 아니라 이들이 지나치게 낙관적인지 비관적인지를 나타내 주기 때문이다.

정상적인 시장 상황이라면, 대략 공모가의 20%는 공모가 예상 범위보다 높고 60%는 예상 범위 이내이며, 나머지 20%는 예상 범위보다 낮게 결정된다. 그리고 거래의 10~15%는 과열되어 거품이 터진다. 과열된 시장이라면, 공모가의 50% 이상이 공모가 예상 범위보다 높게 형성되며, 거품이 터지는 거래가 25% 이상이 된다.

아주 비관적인 시장이라면, 공모가가 약세를 보인다. 공모가 예상 범위보다 높게 형성되는 사례가 거의 없으며, 거품이 터지는 거래도 사실상 없고, 가격이 미끄러지는 사례가 많다.

시장이 과열되면, 반드시 어떤 일이 일어나서 시장이 냉각된다. 이런 경우 PER이 높은 화끈한 성장 주식이 가장 큰 위험을 맞이한다.

드루 컵스 Drew Cupps

컵스 캐피털 매니지먼트(Cupps Capital Management) 대표 겸 설립자

컵스 캐피털 매니지먼트를 설립하기 전, 드루 컵스는 헤지펀드를 운용하였으며, 스트롱 캐피털 매니지먼트Strong Capital Management, Inc.의 스트롱 대체투자팀 성장 투자 전문가였다. 드루는 드리어하우스 캐피털 매니지먼트Driehaus Capital Management에서도 근무한 적이 있다. (드루 컵스와의 인터뷰 전문을 읽으려면 www.findingthenextstarbucks.com을 찾아보기 바란다.)

(내일의 스타를 찾는 투자자에게) 가장 좋은 충고는, 몇 가지 지혜를 명심하라는 말이 될 것입니다. 먼저, 아는 분야에 투자하십시오. 당신이 아는 회사, 내일에 어울리며 우리가 모두 실행하고 생각하며 사용할 제품, 시장에서 타당성을 인정받는 회사에 투자하십시오. 이러한 세 기준을 모두 충족하는 회사를 발견한다면, 당신은 커다란 성공을 거둘 것입니다.

요점 정리

- 현금흐름 할인, PEG, PSR은 성장기업을 평가하는 세 가지 주요 기법이다.
- PSR은 빠르게 성장하지만 이익이 거의 없는 신흥 기업을 평가할 때 특히 유용한 방법이다.
- 장기 이익 성장이 주식의 실적을 결정하지만, 단기적으로는 여러 가지 요소가 주가에 영향을 준다. 인플레이션, 금리, 지수 평가, 투자 심리, 주식 펀드로의 자금 유입, 기업공개 활동 등이 그 예이다.

★ 8 ★

자료원과
자료

FINDING THE NEXT STARBUCKS

아이디어를 찾아라

바위를 가장 많이 뒤집어 보는 사람이 승리한다.

이것이 내가 항상 따르는 철학이다.

피터 린치(Peter Lynch)

그래서 우리에게는 철학이 있다. 이익 성장이 주가를 밀어 올린다. 투자 프로세스를 안내하는 핵심 원리도 있다. 10계명이다. 장기간 순풍을 받는 산업을 찾아내는 틀도 있다. 메가트렌드 분석이다. 홀륭한 성장기업의 기본을 분석하는 원칙도 있다. 4P이다. 기업의 상대 가치를 알려 주는 평가 방법도 있다. 6I, PEG, (이익률과 성장률 대비) PSR 등이다.

그러나 우리는 아이디어를 찾아내서 이 프로세스에 집어넣어야 한다.

내일의 스타를 찾는 홀륭한 아이디어를 얻으려면, 체계적이며 전략적인 프로세스가 필요하다. 그리고 이러한 아이디어를 찾은 다음에도, 분석하려면 역시 체계적이며 전략적인 프로세스가 필요하다. 정보가 지나치게 많은 세계에서, 시간과 자원의 우선순위를 정하는 가장 좋은 방법은 무엇인가?

돌아가는 길은 없다. 열심히 노력할수록, 더 좋은 아이디어를 얻는다(열심히 노력할수록, 더 큰 행운이 따른다)! 그러나 이왕이면 지혜롭게 노력해야 한다.

인터넷은 세상에서 가장 효율적인 조사 도구이며, 구글이 인터넷을 이끌어 가는 엔진이다. 옛날에는 지역 신문 수십 가지를 구독하고 잡지를 찾아보며 아이디어를 서둘러 얻었다. 이제, 구글이 적절한 기사를 찾아 우리 컴퓨터에 올려 준다.

신문과 잡지를 읽고, 산업 전문가의 말에 귀를 기울이며, 현명한 공공 투자자와 개인 투자자들이 무엇을 하는지 알아보고, 조사하면서 바른 질문을 던지는 (누가 가장 강력한 경쟁자이며, 그 이유는 무엇인가?) 방법 등으로 우리는 아이디어를 얻는다.

나는 매일 4가지 신문을 읽는다.《뉴욕 타임스New York Times》에서 뉴스를 보고,《유에스에이 투데이USA Today》에서 평균적인 미국인들이 무슨 생각을 하는지 감을 잡으며,《월 스트리트 저널Wall Street Journal》에서 투자 업계의 생각을 파악하고,《새너제이 머큐리 뉴스San Jose Mercury News》덕에 무지를 모면한다(비즈니스 섹션도 아주 훌륭하다).나는《파이낸셜 타임스Financial Times》에서 세계적 관점을 얻으려 했는데, 유명한 렉스 칼럼Lex Column은 그렇다고 쳐도, 시간과 1달러를 투자하기는 아까웠다.

나는 20분 이내에 4가지 신문을 읽는다(차라리 훑어본다).그러나 내가 신문 하나만 읽어야 한다면, 나는 "인베스터스 비즈니스 데일리Investor's Business Daily, IBD"를 읽겠다. 성장 아이디어를 얻는 데에는 이 신문이 4가지 신문을 합한 것보다 50배는 더 가치 있다. IBD는 가치 있는 데이터를 체계적으로 제공하므로, 나는 이 데이터를 이용해서 흥미로운 회사와 산업을 조사할 수 있다.

나는 먼저 "오늘의 그래프Daily Graph" 섹션으로 가서 최근 투자자들의 관심을 끌어모으는 회사들을 살펴본다. 투자자들의 관심이 높다는 것은 회사에 뭔가 좋은 일이 진행되고 있다는 신호이기도 하다. 좋은 실적은 그다음에 따라오는 경우가 많다.

다음으로, 나는 "신고가"를 기록하는 회사들 목록을 살펴본다. 여기도 기초가 튼튼하고 더욱 좋아지는 회사들을 찾아내기에 좋은 비옥한 토양이다. "싼 주식을 사는" 사람들은 나처럼 신고가 종목을 바라보는 사람을 비웃는다. 현명한 사람들은 모두 "싸게 사서 비싸게 팔아야 남는다."라는 점을 알기 때문이다. 그러나 나는 단순한 머리로도 월마트, 스타벅스, 델, 야후가 밥 먹듯이 신고가를 갈아치웠다는 사실을 안다. 월마트는 시가총액 2,000억 달러로 성장하는 과정에서 5억 달러, 10억 달러, 50억 달러, 250억 달러 등등에서 "신고가"를 세웠다. 반면, 가격이 쌌던 종목들 대부분은 두 번 다시 들어보지도 못했다. 나는 피터 린치가, "나는 비싸게 사서 더 비싸게 파는 방법이라도 상관없다."라고 한 말에 동의한다.

이어서 "이익 뉴스Earnings News" 섹션으로 가서 빠르게 성장하는 회사들을 찾아보는데, 이 중에서도 매출과 이익 성장에 가속도가 붙는 회사들을 찾는다.

그다음에 "새 미국New America" 섹션으로 넘어가면, 떠오르는 소기업들이 자주 나온다. 이런 회사에 관한 기사로 퓰리처상을 받기는 어렵겠지만, 아무튼 "새 미국"은 신흥 기업을 훌륭하게 부각한다.

10면의 "인터넷과 기술", "건강과 의료" 섹션에서는 떠오르는 트렌드와 새로운 선도 기업을 다룬다. 나는 항상 최근의 기업공개 표를 검토하면서, 신규 종목과 인기 종목이 어떤 것들인지 살펴본다. 기업공개는 새로운 선도 기업을 찾아내는 금맥이다.

내가 IBD에서 마지막으로 보는 표는 실적 우수 산업 그룹들이다. IBD에서는 매일 197개 산업 그룹의 순위를 발표하는데, 선도 그룹들은 기초가 강력하게 성장하는 경우가 많다.

금요일 "주말 섹션Weekend Section"에는 주가 그래프가 실리는데, 수십 개 회사의 과거 이익 성장, 상대 강도, 이익 모멘텀 등의 기초 데이터가 담겨 있다.

월요일자 IBD(토요일에 살 수 있다)에는 매출 모멘텀, 이익 성장, 이익률, 자기자본이익률ROE 기준으로 100대 성장기업 순위가 발표된다.

내가 단지 신문 읽는 법을 설명한다는 사실이 우스워 보이지 않는가? 정말로 우스운 사실은, 내일의 스타를 찾는 투자자들이 내가 설명한 사항을 제대로 실천한다면, 성공 확률이 매우 높다는 점이다. 겨우 20분과 1달러 25센트만 들이면 된다. 온라인으로 인베스터스닷컴investors.com을 보아도 좋다. 그러나 나는 종이 신문을 좋아한다.

IBD의 주요 기사

"나스닥 주식 뉴스NASDAQ Stocks in the News"

"신고가와 신저가New Highs and Lows"

"이익 뉴스Earnings News"

"새 미국New America"

"인터넷과 기술Internet & Technology"

"건강과 의료Health & Medicine"

"산업 그룹Industry Groups"

"금요일 주말 그래프Friday's Weekend Graphs"

"월요일 IBD 100Monday's IBD 100"

"신규 종목New Issues"

나는 비즈니스의 전반적인 맥을 짚으려고 잡지 수십 권을 본다. 《비즈니스위크BusinessWeek》의 기술 트렌드를 쓰는 팀 뮬레이니Tim Mullaney는 아이디어를 찾아내는 감각이 탁월하다.

내 생각에는 뉴스위크가 일반 뉴스 보도를 가장 잘하며, "관습적 지혜Conventional Wisdom" 요약은 그날의 뉴스거리에 대해 날카로운 시각을 제공한다. 정치 만화에서도 사회가 무엇을 생각하는지 맥을 짚을 수 있다.

《포춘Fortune》에는 아주 훌륭한 비즈니스 기사가 많고, 《포브스Forbes》에는 흥미로운 측면이 있지만, 미래의 승자가 어디에 있는지를 알려 주는 탁월한 통찰은 찾아보기 힘들다.

내가 비즈니스 잡지 중 하나만 읽어야 한다면, 두말할 필요 없이

《이코노미스트The Economist》를 고르겠다. 이코노미스트는 비즈니스, 정치, 사회에 대한 세계적 시각을 잘 정리해서 전달하며, 분기별 산업 기사는 조사가 충실하여 좋은 정보가 가득 담겨 있다.

일반 정기 간행물에서도 훌륭한 투자 아이디어를 찾을 수 있을까? 흔치는 않을 것이다. 그러나 아이디어를 걸러 내는 세계적 시각을 얻는 데는 도움이 될 것이다.

《와이어드 앤드 비즈니스 2.0Wired and Business 2.0》은 진취적인 방법을 제시하며, 멋진 신기술을 강조하고 미래를 내다보는 창을 제공한다.

블로고스피어blogosphere(블로그 세계)는 틀림없이 내일의 승자에 관한 최고의 대화가 이루어지는 곳이다. 어려운 점은, 잡음을 걸러 내고 현명한 대화에 참여하는 일이다.

나는 토니 퍼킨즈Tony Perkins의 올웨이즈온 오픈 미디어AlwaysOn Open Media의 기고가인 동시에 팬이다. 대화가 풍부하다고 말하기는 이르지만, 이미 탁월한 기고가와 훌륭한 아이디어가 다소 보인다.

씽크에쿼티 블로그ThinkBlog에서는 우리가 좋아하는 블로그로 링크를 제공하는데, 여기에는 빌 번햄Bill Burnham의 블로그는 물론 빌 걸리Bill Gurley의 어버브더 크라우드Above the Crowd도 포함된다.

다음은 내가 좋아하는 블로그이다.

올웨이즈온 오픈 미디어AlwaysOn Open Media (alwayson-network.com)

빌 번햄Bill Burnham (billburnham.blogs.com/burnhamsbeat)

빌 걸리Bill Gurley (abovethecrowd.com)

비즈니스 2.0 블로그Business 2.0 Blog (business2.blogs.com/business2blog)

캔슬림 인베스팅Canslim Investing (canslim.net)

캐피털 스펙테이터Capital Spectator (capitalspectator.com)

인개짓Engadget (engadget.com)

기즈모도Gizmodo (gizmodo.com)

히든 젬스Hidden Gems (investorideas.com)

조나단 슈워츠의 블로그Jonathan Schwartz's Blog (blogs.sun.com/jonathan)

마크 큐번의 블로그 매버릭Mark Cuban's Blog Maverick (blogmaverick.com)

빌 그로스의 핌코 투자 전망PIMCO's Investment Outlook from Bill Gross (pimco.com)

시킹 알파Seeking Alpha (seekingalpha.com)

빅 픽처The Big Picture (bigpicture.typepad.com)

헬스케어 블로그The Healthcare Blog (thehealthcareblog.com)

씽크블로그ThinkBlog (thinkequity.com/blog)

벤처비트VentureBeat (venturebeat.com)

벤처블로그VentureBlog (ventureblog.com)

와이어드Wired (blog.wired.com)

나는 앞서가는 성장 투자자들과 벤처투자자들이 어디에 투자하고 있는지도 추적한다. 이 방법이 별로 독창성은 없어 보이지만, 워런 버핏이 매년 버크셔 헤서웨이 연례보고서에 열거한 종목에 투자했다면, 우리는 시장 실적을 엄청나게 앞질렀을 것이다.

리처드 퍼킨스 Richard Perkins

퍼킨스 캐피털 매니지먼트(Perkins Capital Management)의 설립자, 대표, 펀드
매니저

리처드 퍼킨스는 50년 이상 신흥 성장기업에 투자하고 있다. 퍼킨스
캐피털 매니지먼트를 설립하기 전, 퍼킨스는 파이퍼 제프레이Piper
Jaffray의 기관 영업 및 조사 책임자였다. 퍼킨스는 메이요 클리닉 재단
Mayo Clinic Foundation 펀드매니저로 경력을 쌓기 시작했다. (리처드 퍼킨스
와의 인터뷰 전문을 읽으려면 www.findingthenextstarbucks.com을 찾아보기
바란다.)

투자 업무에서 중요한 일은 읽고, 읽고, 또 읽는 일입니다. 나는 매일 신
문 여섯 가지를 봅니다. 그리고 온갖 종류의 자료를 찾아봅니다. 아이디
어를 어디서 발견하게 될지 아무도 모르기 때문입니다.

마찬가지로, 유명한 신흥 성장기업 투자 전문가들이 어디에 투
자했는지 추적해 보면 훌륭한 아이디어를 얻을 수 있다.

우리가 추적하는 전문가들은 다음과 같다. 드리어하우스 캐피
털 매니지먼트Driehaus Capital Management의 리처드 드리어하우스Richard
Driehaus, 에섹스Essex의 조 맥네이Joe McNay, 배런 자산운용Baron Asset
Management의 론 배런Ron Baron과 클리프 그린버그Cliff Greenberg, 길더 가농
Gilder Gagnon의 딕 길더Dick Gilder, 피쿼트Pequot의 아트 샘버그Art Samberg, 컵
스 자산운용Cupps Cupps Asset Management의 드루 컵스Drew, T 로 프라이스

T. Rowe Price의 잭 라포트Jack Laporte. 이 투자자들은 시장에서 여러 대박 종목을 일찌감치 정확하게 집어낸 사람들이다.

나는 다음과 같은 성장 투자자들을 추적한다.

아트 샘버그Art Samberg, 피쿼트Pequot

클리프 그린버그Cliff Greenberg, 배런 자산운용Baron Asset Management

딕 길더Dick Gilder, 길더 가뇽Gilder Gagnon

딕 퍼킨스Dick Perkins, 퍼킨스 캐피털 매니지먼트Perkins Capital Management

드루 컵스Drew Cupps, 컵스 자산운용Cupps Asset Management

한스 우취Hans Utsch, 피더레이티드 카우프만Federated Kaufman

잭 라포트Jack Laporte, T 로 프라이스T. Rowe Price

짐 컬리넌Jim Callinan, RS

조 맥네이Joe McNay, 에섹스Essex

마크 워터하우스Mark Waterhouse, 더 하트포드The Hartford

리처드 드리어하우스Richard Driehaus, 드리어하우스 캐피털 매니지먼트 Driehaus Capital Management

릭 레고트Rick Leggott, 아버 캐피털Arbor Capital

론 배런Ron Baron, 배런 자산운용Baron Asset Management

톰 프레스Tom Press, 아메리칸 그로스 센추리American Growth Century

이러한 정보를 무료로 얻기는 다소 어렵지만, 야후 파이낸스 Yahoo! Finance는 무료로 주주 명단을 보여 주며, 블룸버그Bloomberg, 톰슨 Thomson, 윌리엄 오닐William O'Neil (IBD 발행자), 빅 도우Big Dough 등에서 기관 보유 종목을 제공한다.

벤처 캐피털 회사는 500개가 넘지만, 이 중에서 늘 대박 종목을 찾아내는 회사는 몇 개 되지 않는다. 큰 성공을 거둔 벤처 투자 회사들은 신규 투자에 커다란 이점을 누린다. 좋은 아이디어가 있는 기업가는 대표적인 벤처 투자 회사의 투자를 유치해서, 회사에 일종의 품질 인증 마크를 달고 싶어 하기 때문이다.

클라이너 퍼킨스Kleiner Perkins와 세쿼이아Sequoia는 구글에 투자할 수 있었다. 물론 3배 가격이라도 기꺼이 지불하려는 벤처 투자 회사들이 많이 있었지만, 구글 경영진은 금테 두른 대표적 벤처 투자 회사로부터 승인을 받고 싶었다.

우리가 관심을 집중하는 벤처 캐피털 회사들은 다음과 같다. 클라이너 퍼킨스(벤처 투자 회사 중 뉴욕 양키즈 같은 회사이며, 존 도어John Doerr, 비노 코슬러Vinod Khosla 같은 전설적인 파트너들이 있다), 세쿼이아(보스턴 레드삭스 같은 회사이며, 마이클 모리츠Michael Moritz, 돈 발렌타인Don Valentine 같은 거물이 있다), 벤치마크(브루스 던레비Bruce Dunlevie, 케빈 하비Kevin Harvey, 밥 케이글Bob Kagle), NEA(딕 크램리히Dick Kramlich), 배터리Battery, 베인Bain, 워버그 핀커스Warburg Pincus, MPM, 버선트Versant, 레드포인트Redpoint(제프 양Geoff Yang), 드레이퍼 피셔 저비슨Draper Fisher Jurvetson(팀 드레이퍼, 스티브 저비슨).

위 목록의 회사 말고도 훌륭한 투자 포트폴리오를 구성한 벤처 투자 회사가 많이 있겠지만, 이 정도 회사들만 관찰하더라도 투자자는 향후 10년의 주요 추세와 아이디어를 얻을 수 있다. 이러한 훌륭한 벤처 투자 회사들은 10년을 내다보고 투자하기 때문이다. 마찬가지로, 다음의 블록버스터 영화를 찾고자 한다면, 나는 스티븐 스필 버그Steven Spielberg의 활동을 추적할 것이다.

정부에서 훌륭한 정보를 나누어 주기도 한다. 미국 노동부U. S. Department of Labor는 직업이 증가하는 지역, 붐이 일어나는 도시, 인기 직업, 유용한 일반 경제 지표 등의 데이터를 제공한다. 미국 에너지 부U. S. Department of Energy는 대체에너지와 주도적인 에너지 기술에 관한 유용한 정보를 제공한다. 미국 인구조사국U.S. Census Bureau은 미국 인 구와 인구통계 추세에 관해 우리가 알고 싶어 할 만한 모든 정보를 제공한다. 질병통제예방센터Centers for Disease Control and Prevention, CDC에는 건강, 의료, 안전에 관한 엄청난 정보가 있다.

● 추적하는 벤처 투자회사

명칭	과거	미래
엑셀(Accel)	베릴러스(Verilas), 월마트, 매크로 미디어, 와일리(Wiley), 페러비트 (Perabit), 폴리콤 (Polycom), 리얼 네트워크(RealNetworks)	J보스(JBoss), 젠소스(Xensource), 페이스북 닷컴(facebook.com)
베인(Bain)	쇼핑닷컴(Shopping.com), 웹메소 드(Web Methods), 탈레오(Taleo Corp)	엘도라도 마케팅(El Dorado Marketing), UGS, M큐브(M-Qube)
배터리 벤처스 (Battery Ventures)	아카마이(Akamai)	아버 네트워크(Arbor Networks), 러커스 네트워크(Ruckus Network), IP 유나이티 (IP Unity), 블레이드로직(BladeLogic), 네 티자(Netezza), 오로라 네트워크(Aurora Networks)
벤치마크 (Benchmark)	레드핫(Red Hot), 팜(Palm), 잼댓 (Jamdat), AOL, 노드스트롬닷컴 (Nordstrom.com), 이베이(eBay)	잼브라 주스(Jambra Juice), 넌솔러(Nonsolar), 트로포스 네트워크(Tropos Networks), 캘리 도(Kalido), 로고웍스(LogoWorks), 굿 테크놀 로지(Good Technology), 텔미(Tellme), 콜랩넷 (CollabNet), 이백스(eBags), 콘티키(Kontiki)

칼라일 그룹 (The Carlyle Group)	블랙보드(Blackboard), 씨트립닷컴(ctrip.com), 블랙보드(Blackboard), 씨트립닷컴(ctrip.com), 듀라텍(Duratek)	인지니오(Ingenio), 퍼시픽 텔레콤(Pacific Telecom), 타겟 미디어 네트워크(Target Media Network)
크레센도 벤처스 (Crescendo Ventures)	시에나(Ciena), 디지털 아일랜드(Digital Island), 앨제티(Aljety), 이제이슨트(Ejasent), 라이트스피드(Lightspeed)	브로드소프트(Broadsoft), 이실리콘(Esilicon), 인비보(Envivo), 트로픽 네트워크(Tropic Networks), 퓨어 디지털(Pure Digital)
DFJ	스카이프(Skype), 바이두(Baidu), 넷제로(Netzero), 핫메일(Hotmail), 포커스(Focus), 미디어(Media), 오버추어(Overture)	이포크라테스(Epocrates), 나노 옵토(Nano Opto), 나노스트링(Nanostring), 제타코어(ZettaCore), 인지니오(Ingenio), 테크노라티(Technoratti), 자르스(Zars), 비스토(Visto), 몰레큘러 임프린트(Molecular)
제너럴 애틀랜틱 (General Atlantic)	마켓워치(MarketWatch), 닥쉬(Daksh), 이트레이드(E•Trade), 매뉴지스틱스(Manugistics), 스테이플스닷컴(Stapels.com)	SSA 글로벌(SSA Global), 휴잇 어소시엇츠(Hewitt Associates), 웹로열티닷컴(webloyalty.com), 레노버(Lenovo), 재갯닷컴(Zagat.com), 프로페이(ProPay)
클라이너 퍼킨스 (Kleiner Perkins)	아마존, 구글, 제넨테크(Genentech), 넷스케이프, 선(Sun), 시만텍(Symantec)	굿 테크놀로지(Good Technology), 텔미 네트워크(Tell me Networks), 팟쇼(PodShow), 비저블 패스(Visible Path), 재즐(Zazzle), 디지털 초콜릿(Digital Chocolate), IP 유나이티(IP Unity), 제타코어(ZettaCore), 3VR
메이버런 (Maveron)	이베이(eBay), 켈로스(Quellos)	크레이니엄(Cranium), 팟벨리스(Potbelly's), EOS, 굿 테크놀로지(Good Technology), 엘도라도 마케팅(El Dorado Marketing)
모비우스 (Mobius)	야후	슬링 미디어(Sling Media), 페이 바이 터치(Pay By Touch), 포스티니(Postini), 리엑트릭스(Reactrix), LR 러닝스(LR Learnings)
NPM	아코다(Acorda), 아이데닉스(Idenix), 파마셋(Pharmasset)	어피맥스(Affymax), 엘릭시르 제약(Elixir Pharmaceuticals)
NEA	폭스할로 테크놀로지(FoxHollow Technology), 쥬니퍼 네트워크(Juniper Networks), 세일즈포스닷컴(Salesforce.com), 웨벡스(WebEx), 웹MD(WebMD)	이온 아메리카(Ion America), 에일리언 테크놀로지(Alien Technology), 글루 모바일(Glu Mobile), 유나이티드 플랫폼 테크(United Platform Tech) IP 유나이티(IP Unity), 비스토(Visto)

레드포인트 (Redpoint)	애스크지브스(AskJeeves), 파운드리네트워크(Foundry Networks), 넷플릭스(Netflix), 폴리콤(Polycom), 사이베이스(Sybase), 티보(TiVo), 마이스페이스닷컴(MySpace.com), 뮤직매치(MusicMatch)	모비TV(MobiTV), 포티넷(Fotinet), 빅밴드 네트워크(BigBand Networks), 캘릭스 네트워크(Calix Networks)
세쿼이아 (Sequoia Capital)	애플, 아타리, 오라클, 시만텍, 일렉트로닉 아츠(Electronics Arts), 페이팔(PayPal), 구글, 야후	게임플라이(GameFly), 디지털 초콜릿(Digital Chocolate), 이하모니(eHarmony), FON, 링크트인(LinkedIn), 플락소(Plaxo), 팟쇼(PotShow), 웨더버그(WeatherBug), 자포스닷컴(Zappos.com), 네티자(Netezza), 프로소트(Prosoght)
TCV	알티리스(Altiris), 익스피디아닷컴(Expeida.com), 넷플릭스 Netflix), 리얼네트웍스(Real Networks), C넷(CNet)	이백스(eBags), 이하모니(eHarmony), 리퀴드넷(Liquidnet), 씽크오어스윔(Thinkorswim), 테크타겟(TechTarget)
버선트 (Versant)	콤비켐(Combichem), 쿨터 제약(Coulter Pharmaceutical), CV 세라퓨틱스(CV Therapeutics), 오닉스 제약(Onyx Pharmaceutical), 시믹스(Symyx), 툴러릭(Tularik), 발렌티스(Valentis)	재즈 제약(Jazz Pharmaceutical), 노바시아, 노바셔(Novacea), 파미온(Pharmion), 릴라이언트(Reliant), 샐메딕스(Salmedix), 시릭스(Syrrx)
워버그 핀커스 (Warburg Pincus)	BEA, 뉴스타NeuStar, 카이펀 Kyphon, 어바이어Avaya	4GL 스쿨 솔루션(4GL School Solutions), 아스펜 에듀케이션 그룹(Aspen Education Group), 코발트 그룹(The Cobalt Group), 키니터 무선(Kineto Wireless, UGS)

★ **9** ★

오늘, 내일을 생각하라

FINDING THE NEXT STARBUCKS

미래에 성장할 인기 분야

Think Tomorrow, Today
Hot Areas for Future Growth

:
:
:
:
:
:

성장에는 한계가 없다.
인간의 지혜, 상상력, 경이에 한계가 없기 때문이다.

로널드 레이건(Ronald Reagan)

지금까지 우리는 내일의 스타를 찾아내서 투자하는 불멸의 분석 틀을 만들어 내는 데 많은 시간을 소비했다. 이 장에서는, 투자자들이 내일의 대박 종목을 잡으려면 찾아보아야 하는 16개 투자 분야를 이 틀을 사용해서 확인한다. 이 중 어떤 분야는 틀림없이 유효기간이 짧을 것이고, 지나고 보면 내 아이디어가 어리석어 보일지 모르지만, 이런 것이 바로 성장주 투자의 속성이다. 이렇게 진취적인 시나리오나 주제를 만들어 내는 일이, 미래 성공기업을 찾아내는 결정적인 한 걸음이다.

웹 2.0-존 도어^{John Doerr}가 옳았다!

RCA의 데이비드 사노프^{David Sarnoff}가 1939년 뉴욕 세계 박람회에 텔레비전을 선보였을 때, 사람들은 뭔가 큰일이 시작되고 있음을 알았다. 그러나 처음 적용하는 일이란, 낡은 매체인 라디오에서 지금까지 하던 기능을 새 매체인 TV로 옮겨 놓는 일이었다. 이렇게 해서 가족들은 둘러앉아 (오늘날의 돈 아이머스^{Don Imus}나 하워드 스턴^{Howard Stern}처럼) 아나운서가 마이크 앞에서 방송하는 모습을 보게 되었다.

새로운 매체로 넘어가는 작업은, 거의 틀림없이 낡은 재료와 프로세스를 새로운 매체로 이전하면서 시작된다. 따라서 인터넷의 첫 단계인 웹 1.0에서는, 기업들이 이 짜릿한 새 매체에 무엇이든 집어넣으려 시도했고 네트워크에 접속하려고 노력했다.

야후는 초기에 주로 업종별 전화번호부를 온라인에 올리는 작업을 했다. 배너 광고들이 정지한 웹사이트에 떼를 지어 몰려들었다. 이어 굴뚝 기업들이 웹사이트를 만들기 시작했다. 넷스케이프는 정보고속도로 "진입로" 역할을 했고, AOL은 기술 문외한들이 인터넷을 사용하도록 도왔다.

TV가 라디오를 대체할 때처럼, 이 새로운 매체는 숨 막힐 정도로 짜릿하고 거의 마술처럼 느껴졌으나, 인터넷의 진정한 힘을 이해하고 새로운 모델이 등장해서 세상을 바꾼다는 점을 개념적으로 해석한 사람은 거의 없었다.

웹 2.0은 데일 도허티^{Dale Dougherty}와 팀 오라일리^{Tim O'Reilly}가 만든 용어로서, 닷컴이 붕괴한 후 웹이 죽기는커녕 전보다 더 중요해졌다

● 거품과 붐의 비교

	1999	2006
누가 인터넷을 사용하나?	나. 그러나 부모는 제외	사실상 모든 사람
광대역 생활 스타일	뭐라고?	에게게,
창업비용	슈퍼볼 광고, 루프탑 파티, 선 서버(Sun servers)	리눅스(Linux), 블로그 홍보 싸구려 컴퓨터 장비
출구 전략	기업 공개	야후

자료 · 와이어드(Wired) 매거진

는 뜻이다. 핵겨울에서 생존한 기업들은 번창하고 있으며, 위키피디아Wikipedia와 비트토런트BitTorrent 같은 흥미로운 새 애플리케이션을 만들어 내고 있다.

웹 2.0의 핵심 원리는 인터넷이 통신, 상업, 정보, 서비스, 제품개발의 세계 기본 플랫폼으로 떠올랐다는 점이다.

마이크로소프트는 윈도 운영체계 덕분에 웹 2.0 이전 시대를 지배하면서 플랫폼의 위력을 보여 주었다. 마이크로소프트는 지배적 지위를 멋지게 (그리고 다소 불공평하게) 활용해서 주변 제품들을 애플리케이션 패키지로 만들었다. 제품이 마이크로소프트보다 나았으면서도, 로터스123, 워드퍼펙트, 넷스케이프 네비게이터 모두 마이크로소프트의 우월한 비즈니스 모델에 짓밟히고 말았다. 에이스가 잭을 누르듯, 플랫폼은 제품을 누른다.

웹 2.0의 두 번째 핵심 개념은 웹의 집단 지성을 활용하는 것이다. 제임스 서로위키James Surowiecki의 탁월한 책《대중의 지혜The Wisdom of Crowds》는, 다수의 집단 지성이 가장 똑똑한 개인의 의견보다

● 웹의 진화

웹의 진화		웹 2.0
더블클릭(DoubleClick)	⇨	구글 애드센스(Google AdSense)
오포토(Ofoto)	⇨	플리커(Flickr)
아카마이(Akamai)	⇨	비트토런트(BitTorrent)
mp3.com	⇨	냅스터(Napster)
브리태니커 온라인(Britannica Online)	⇨	위키피디아(Wikipedia)
개인용 웹사이트	⇨	블로그(Blogging)
이바이트(Evite)	⇨	업커밍닷org(Upcoming.org), EVDB
도메인 투기	⇨	검색엔진 최적화
페이지뷰(Page views)	⇨	클릭 당 비용(Cost per click)
스크린 스크래핑(Screen scraping)	⇨	웹서비스(Web services)
출판(Publishing)	⇨	참여(Participation)
콘텐츠 관리 시스템	⇨	위키스(Wikis)
디렉터리(Directories, 분류법)	⇨	태깅(Tagging, 사용자가 만든 분류)
끈적끈적함	⇨	연합

자료 · 팀 오라일리(Tim O'Reilly)

훨씬 강력한 이유에 대해 설득력 있는 사례를 제공한다.

네트워크 효과를 창출하고 웹의 집단 지성을 십분 활용하는 것이, 오늘날 유망한 사업 기회를 활용하는 핵심이다.

구글은 확실히 웹 2.0의 모범생이며, 스스로 플랫폼으로 확고하게 자리 잡았다. 웹 2.0은 검색에서 모든 것이 시작되며, 구글은 "첫 번째이자 주된" 통로이다. 지메일Gmail, 구글 어스Google Earth, 프루글Froogle, 오르쿠트Orkut, 구글 뉴스Google News 모두 선도적 지위를 전략적으로 확장하며 강화하고 있다.

구글의 알고리즘은 사용자가 늘어날수록 더 개선된다. 이베이eBay와 아마존Amazon이 그런 것처럼 말이다.

우리 회사는 월스트리트에서 처음으로 블로그(www.thinkequity.blog)를 만들었다. 어떤 부문이나 회사에 대해 투자자들의 집단 지성을 활용하면 지극히 강력한 힘을 발휘할 수 있고, 월스트리트 기관들이 조사하는 방식이 급격하게 바뀔 수도 있다.

뉴욕시 재갯Zagat이 놀라울 정도로 표적이 되는 이유는, 10만 명이나 의견을 제공하는 사람들이 있기 때문이다. 위키피디아는 사용자가 만드는 대단히 성공한 온라인 백과사전이며, 누구든지 원하는 사람은 사전을 편집할 수 있다. 이런 모델이 주식에 적용되는 모습을 그려 보라.

웹 2.0의 핵심 원리는 다음과 같다.

1. 웹이 곧 플랫폼

2. 집단 지성

3. 데이터베이스 관리

4. 소프트웨어 발표 주기가 없어짐

존 도어의 말이 옳은 것으로 드러났다. 웹은 과대선전이 아니라 과소선전이었다!

웹 2.0 성장 분야에 속한 다음 유망 회사들의 정보는 www.findingthenextstarbucks.com에 있다.

웹 2.0의 유망 회사들

51QB	알리바바닷컴Alibaba.com
올커넥트AllConnect	아트닷컴Art.com
바이두Baidu	베이징 린투 소프트웨어Beijing Lintu Software
보콤(중국교통은행) 디지털Bocom Digital	
차이나HR닷컴ChinaHR.com	콜랩넷CollabNet
이백스eBags	이하모니eHarmony
구글Google, GOOG	인쿼라inQuira
아이 솔드 잇 온 이베이iSold It on eBay(나는 이베이에서 팔았다)	
리퀴드넷Liquidnet	로고웍스LogoWorks
프로그레시브 게이밍Progressive Gamig, PGIC	
러커스 네트워크Ruckus Network	트로포스 네트워크Tropos Networks
비저블 패스Visible Path	웨더버그WeatherBug
유벳닷컴Youbet.com, UBET	자포스닷컴Zappos.com
재즐Zazzle.com	

론 콘웨이 Ron Conway

에인절 인베스터(Angel Investors) 설립 파트너

론은 1979년 알토스 컴퓨터Altos Computer를 공동 설립한 이래로 실리콘 밸리에서 두각을 나타냈다. 그는 특히 무선, 인프라, 통신 공간 분야의 초창기 단계 투자에 집중한다. 그가 홈런을 날린 투자로는 애스크 지브스 Ask Jeeves, 구글Google, 페이팔PayPal 등이 있다. 나는 론에게 실리콘밸리가 과거 20년 동안 영향력을 행사한 것처럼 미래에도 영향력을 행사한다고 생각하는지 물어보았다. (론 콘웨이와의 인터뷰 전문을 읽으려면 www. findingthenextstarbucks.com을 찾아보기 바란다.)

나는 실리콘밸리가 모든 종류의 첨단 기술(의료 기술, 생명공학, 인터넷, 소프트웨어) 혁신을 계속 주도하리라 확신합니다. 실리콘밸리는 초창기 기업을 지원하는 인프라가 다른 어느 곳에서도 따라올 수 없을 정도로 잘 갖춰졌기 때문입니다. 실리콘밸리 반경 80km 안에서는 기업가들이 언제든지 회계사, 변호사, 조언자, 이사회 임원 등의 도움을 받을 수 있습니다. 세계 어디에도 이처럼 모든 분야의 인프라가 깊고도 정교하게 구축되어 초창기 기업을 지원하는 곳이 없습니다.

인터넷과 검색엔진이 등장하면서, 500억 달러 광고 시장이 TV와 라디오로부터 인터넷으로 이동하고 있고, 실리콘밸리 인터넷 검색 광고 시장만도 수십억 달러로 성장할 것입니다. 줄기세포 연구와 다른 의료 연구도 바로 여기 실리콘밸리의 스탠퍼드와 UCSF(샌프란시스코 캘리포니아 주립대)에 자리 잡고 있습니다. 따라서 나는 다음 20년에 대해서 더할 수 없이 낙관합니다.

온라인 광고: 1대1 마케팅

과거 패러다임은 TV 네트워크가 언제 무엇을 시청자들에게 보여 줄 지 결정하는 체제였다. TV 프로듀서들은 아무 때나 프로그램을 중단하고 엉뚱한 광고를 내보냈다. 새로운 패러다임에서는, 당신이 원하는 대로 언제 무엇을 볼 것인지 결정한다.

전 세계적으로 매년 5,000억 달러가 구매를 자극하고, 인지도를 높이며, 브랜드를 구축하는 데 뿌려진다. 광고업계에서 예로부터 알려진 자명한 이치는, 광고에 투입되는 자금은 절반이 낭비되는데, 어느 절반이 낭비되는지 모른다는 사실이다. 인터넷이 이런 현상을 바꾼다. 이제는 어느 절반이 낭비되는지 알기 때문이다.

(전부터 광고주들이 선호하던 채널인) 전통적 네트워크 텔레비전과 케이블 광고는 디지털로 기록되며 원격 통제된다. 게다가 네트워크 텔레비전 시청자 수는 1985년 이후 1/3이 감소했다.

신문도 사방에서 공격을 받고 있으며, 발행 부수가 줄어들고 지역 광고도 심각한 도전을 받고 있다. 2004년 말 현재, 발행 부수가 1987년보다 14% 감소했다. 이런 추세는 더 강력하며 작고 가벼운 차세대 휴대전화, PDA, 노트북이 도입되면서 더 속도가 붙을 것이다.

잡지 발행 부수는 2000년 절정에 이른 뒤, 지금은 1974년 수준으로 내려앉았다. 전통적 라디오 청취자 수는 27년 만의 최저 수준이지만, XM과 시리우스Sirius가 주도하는 광고 없는 위성방송의 청취자 수는 연 30% 넘게 증가하고 있다. (고맙게도!) 무차별 텔레마케팅이 금지되었고, 현재 6,500만 가구가 "광고 전화 금지요청"에 등록하였다.

미디어 디지털화 = 광고와 마케팅 디지털화

미디어가 디지털이 됨에 따라, 모든 마케팅 서비스 회사들도 역시 디지털이 되어야만 한다. 인터넷 광고에서 개발된 표적 마케팅, 투자수익률ROI, 측정 가능성이 모든 매체 구입의 기준이 될 것이다.

광고의 새로운 관례는 분석, 계량, 통제가 주도할 것이며, 창의력을 지향하는 전통적 방식과 문화적으로 충돌할 것이다.

2005년 130억 달러가 온라인 광고에 투입되었다. 이는 미국 전체 마케팅 비용의 4%이다. 이 수치는 과거 수준보다 대폭 증가한 것이지만, 소비자들이 온라인에서 소비하는 여가 비율인 18%에 비해서는 크게 낮은 수준이다. 광대역 사용자가 폭넓게 늘어나고 다른 매체들이 밀려나면서, 상대적으로 인터넷 사용량이 계속해서 증가할 것이며, 이 때문에 가까운 장래에 온라인 광고 회사들이 거대한 성장을 이룰 것이다.

미디어가 민주화되면서 소비자들이 더 쉽게 선택하고 참여할 수 있으므로, (개인에게 딱 맞는 메시지를 보내는) 1대1 마케팅을 제공하는 광고 회사들이 혜택을 받을 것이다.

블로그는 전통 매체에는 위협이 되지만 잘 활용하는 사람들에게는 기회가 된다. 블로그 참여자들이 스스로 선택하게 만드는 일이, 특히 매우 독특하면서도 표적이 되는 분야에서 마케팅 담당자들이 추구하는 꿈이다. 비행과 자가용 비행기 블로그를 운영하는 사람들은 넷제트NetJet와 세스나Cessna 같은 그룹에 훌륭한 표적이 될 것이다.

● 미국 인터넷 광고 (십억 달러)

	2002	2003	2004	2005	2006E	2007E	2008E	2003~8 연복리 성장률
키워드 검색	0.9	2.5	3.9	5.5	7.3	9.2	11.2	34%
배너 광고	1.7	1.5	1.8	2.5	3.1	3.7	4.4	24%
항목별 광고	0.9	1.2	1.7	2.3	2.8	3.2	3.6	24%
후원	1.1	0.7	0.8	0.9	1.1	1.2	1.3	13%
리치 미디어	0.3	0.7	1.0	1.4	1.9	2.4	3.1	34%
기타	1.1	0.4	0.5	0.5	0.7	0.6	0.7	10%
총 인터넷 광고	6.0	7.3	9.6	13.0	16.9	20.3	24.3	28%
총 광고(미국)	239.6	250.9	267.9	282.9	297.2	309.2	321.6	5%
인터넷 광고 비중	2.5%	2.9%	3.6%	4.6%	5.7%	6.6%	7.6%	

● 연간 변동 비율

	2002	2003	2004	2005	2006E	2007E	2008E	2003~8 연복리 성장률
키워드 검색	213%	192%	51%	42%	34%	26%	22%	34%
배너 광고	-33%	12%	20%	34%	27%	19%	19%	24%
항목별 광고	-22%	37%	40%	30%	24%	14%	13%	24%

내일의 스타벅스를 찾아라
○

후원	-42%	33%	6%	17%	17%	12%	12%	13%
리치 미디어	109%	142%	32%	45%	36%	26%	29%	34%
기타	-6%	60%	11%	13%	36%	-20%	19%	10%
총 인터넷 광고	-17%	21%	32%	35%	30%	20%	20%	28%
총 광고(미국)	3%	5%	7%	6%	5%	4%	4%	5%

자료· 프라이스워터하우스쿠퍼스(PWC)/미국 인터넷 광고협회(IAB), 씽크에쿼티 추정

● 완벽한 광고

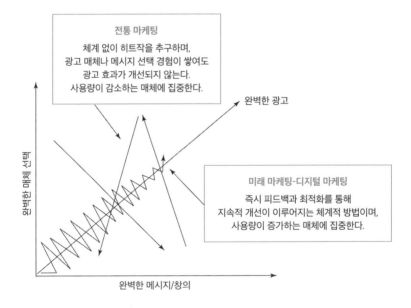

온라인 광고 유망 회사들

24/7 리얼미디어24/7 Real Media, TFSM

애드터랙티브Adteractive

에이퀀티브aQuantive, AQNT

코발트 그룹Cobalt Group

디지터스Digitas, DTAS

더블클릭DoubleClick

인지니오Ingenio

퀴고Quigo

랩트Rapt

타코다Tacoda

트라이벌 퓨전Tribal Fusion

야후Yahoo!, YHOO

애드날리지Adknowledge

알리예스Allyes

블루 리튬Blue Lithium

데트랜 미디어Datran Media

더블 퓨전Double Fusion

홈스토어HomeStore, MOVE

넷블루NetBlue

퀸스트리트QuinStreet

스팟 러너Spot Runner

써드 스크린 미디어Third Screen Media

밸류클릭ValueClick, VCLK

스타와의 대화

스티브 저비슨Steve Jurvetson

드레이퍼 피셔 저비슨(Draper Fisher Jurvetson) 임원

스티브 저비슨은 핫메일Hotmail, 인터우븐Interwoven, 카나Kana를 설립한 벤처투자자이다. 그 전에 저비슨은 휴렛팩커드Hewlett-Packard에서 연구개발 엔지니어로 근무하면서, 통신용 칩 7개를 설계하였다. 그는 스탠퍼드대학에서 2년 반 만에 전기공학 학사를 취득하고 반에서 1등으로 졸업했다. (스티브 저비슨과의 인터뷰 전문을 읽으려면 www.findingthenextstarbucks.com을 찾아보기 바란다.)

우리 회사는 초창기 기업 대상 벤처 투자 회사이며, 주로 기술 회사에 투자합니다. 그 이유는 우리가 혼란을 찾기 때문입니다. 우리가 신규 회사에 투자하려면, 그 회사는 정말로 뛰어난 경쟁우위를 갖고 있어야 하며, 혼란을 일으키고 두각을 나타낼 수 있어야 합니다. 우리가 기반이 확고한 전통 산업을 선택한다면, 이런 회사는 대개 새로운 직원을 환영하지 않습니다. 모두가 책략과 기술을 동원해서 새로운 아이디어를 차단합니다.

새로운 사업에 진출하려면, 우리는 먼저 "무엇이 새롭고, 무엇이 다른가?"라고 물어야 합니다. 대체로, 새로운 법률이 통과되는 경우가 이렇습니다. 에너지 영역이라면, 새로운 규제가 될 수도 있습니다. 세계 에너지 가격이 급격하게 변할 때일 수도 있습니다. 장기적으로 볼 때, 항상 혼란의 근원이었던 것은 기술 혁신이었습니다.

오픈 소스-자유세계

처음에는 소프트웨어가 무료였다. 그다음에 IBM과 마이크로소프트 같은 나쁜 회사들이 소프트웨어를 "소유"했다(예를 들면, 재배포를 금지했고, 소스 코드를 사용할 수 없었으며, 사용자들이 프로그램을 수정할 수 없었다). 물론 이런 상황은 영원히 계속될 수가 없었다. 해방 운동에 참여한 프로그래머가 많이 있었지만, 핀란드 컴퓨터 과학도 리누스 토르발스Linus Torvalds가 리눅스Linux를 만들어 내고 인터넷이 협력 도구로 등장하자, 우리는 오픈 소스 혁명이 폭발하는 모습을 보게 되었다.

이제 마법사 지니가 병에서 빠져나왔으니, 오픈 소스는 피할 수 없게 되었다. 이제 통제권은 소비자에게 돌아갔다. 코드가 공개되었고 투명하다. 따라서 사용자들은 보고, 바꾸고, 배울 수 있다. 버그도 더 빨리 찾아내서 고칠 수 있다. 소비자들은 프로그램이 마음에 안 들면, 비용이나 번거로움에 시달리지 않고 코드를 수정하거나 다른 애플리케이션을 선택하면 된다.

자유!

나도 완전 멍청이가 아니므로, 돈을 벌려면 제품을 주고 대가를 받아야 한다는 정도는 안다. 오픈 소스가 경제적으로 성공하는 방법은, 오픈 소스 공동체와 라이선스 관계를 맺는 것이다.

웹 2.0이 협력 플랫폼을 제공하고, 네트워크 효과가 집단지성 축적에 영향을 미치기 때문에, 오픈 소스는 대단히 강력하다.

현재 세계 리눅스 사용자가 3,000만 명이다. L.A.M.P.(리눅스Linux, 아파치Apache, 마이SQLMySQL, PHP/펄Perl/파이썬Python)는 오픈 소스 기업 소프트웨어 스택을 빠르게 개발하고 있다.

위키피디아Wikipedia는 2001년 지미 웨일스Jimmy Wales가 구성한 다국어 웹 기반 무료 콘텐츠 백과사전이다. 위키피디아는 자원자들이 협력해서 작성한다. 항목은 웹 브라우저를 사용할 수 있는 사람이면 누구나 고칠 수 있다. 위키피디아에는 현재 255만 개 항목이 있다. 딕셔너리닷컴dictionary.com에 이어 웹사이트에서 두 번째로 많이 방문하는 참고 사이트가 되었다.

블로그는 오픈 소스 미디어이며, 내 친구 토니 퍼킨스Tony Perkins(레드 헤링Red Herring과 올웨이즈온 네트워크AlwaysOn Network 설립자)가 만든 표현에 따르면 "부동산 매체realty media"이다. 뉴욕시 레스토랑들의

● 웹 블로그 누적 숫자

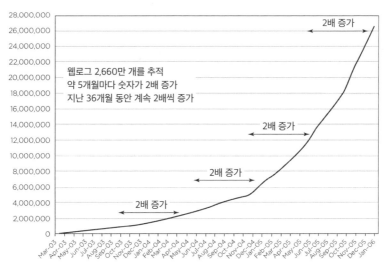

자료 · 테크노라티(Technorati), 데이비드 시프리(David Sifry)

위치가 어디이며, 어떤 음식을 제공하고, 어떤 신용카드를 받는지 안내하는 블로그는 수도 없이 많다. 앞에서도 말했지만, 재갯Zagat이 그토록 강한 이유는 10만 명이 넘는 사용자들이 집단 입력을 하기 때문이다. 블로그도 이런 개념을 이용해서 자신을 강화한다.

2006년 2월, 블로고스피어blogosphere의 선도적 권위자 테크노라티 Technorati가 웹블로그 2,720만 개를 추적하였다. 블로그 숫자는 계속 5개월마다 두 배로 증가하고 있다.

블로고스피어는 불과 3년 전보다 60배나 커졌으며, 매일 블로그 7만 5,000개가 새로 만들어진다. 매초 새 블로그가 만들어지는 셈이다!

표적 광고, 구독용 블로그 서비스, 도메인/관심 중심 블로그 등이 앞으로 인기를 끌 것이다. 네트워크의 집단지성을 이용해서 얻는 힘이 온갖 조사, 정기 간행물, 신문, 책 등의 산업에 심오한 영향을 미친다.

오픈 소스 성장 분야에 속한 다음 유망 회사들의 정보는 www.findingthenextstarbucks.com에 있다.

오픈 소스 분야 유망 회사들

알프레스코Alfresco	아파치
콜랩넷CollabNet	콤파이어Compiere
디그Digg	그린플럼Greenplum
재버Jabber	재스퍼소프트JasperSoft
리눅스	모질라 파이어폭스Mozilla Firefox
마이SQL	나지오스Nagios
펜타호Pentaho	클러스터스Qlusters
레드햇Red Hat, RHAT	식스 어파트Six Apart
슈거CRMSugarCRM	테크노라티Technorati
VA소프트웨어VA Software, LNUX	버추얼 아이언Virtual Iron
위키피디아Wikipedia	윈드 리버Wind River, WIND
젠소스XenSource	짐브라Zimbra

주: 아파치, 리눅스, 모질라 파이어폭스, 위키피디아는 오늘날 수익성은 없지만 훌륭하다. 내일 어떻게 될지 누가 알겠는가?

토니 퍼킨스 Tony Perkins

올웨이즈온 네트워크(AlwaysOn Network) 설립자

토니 퍼킨스는 10년 이상 영향력 있는 기술 저널리스트 겸 발행자로 활동하고 있다. 그는 90년대 초 업사이드Upside와 레드 헤링Red Herring을 공동 창간하였으며, 2002년 6월 사교/전문가 네트워크인 올웨이즈온 네트워크AlwaysOn Network를 설립했다. 그는 현재 올웨이즈온 인쇄본 출간을 준비하고 있다. (토니 퍼킨스와의 인터뷰 전문을 읽으려면 www.findingthenextstarbucks.com을 찾아보기 바란다.)

우리는 진정으로 세계화 시대에, 세계 비즈니스 환경 속에서 살고 있습니다. 실리콘밸리라는 용어는 내게 이제는 지리적 위치가 아니라, 비즈니스 사고방식을 뜻합니다. 이러한 비즈니스 사고방식은 세계 전체에 존재하며, 모든 분야에 펼쳐져 있습니다. 기업가의 눈으로 바라보면, 우리는 사업을 시작하는 첫날 세계 전체를 살펴보고 관계를 형성해야 합니다. 과거의 규칙대로라면, 매출이 1억 달러에 이를 때까지는 주로 미국에서 제품을 생산해서 미국인들에게 판매하는 것으로 족했습니다.

우리는 최신 유행대로 부르자면 웹 2.0 시대에 살고 있으며, 벤처투자자금이 풍족하고, 정보를 공유하는 도구, 애플리케이션, 특징이 넘치는 환경 속에서 살고 있습니다. 조심해야 할 점은 한 가지 특징만 지닌 회사들이 많다는 사실입니다. 그러나 이런 회사 중에 (예를 들면 마이스페이스처럼) 앞서 나가는 회사가 있어서, 정확하게 시장을 파악해서 거대 회사로 성장합니다. 스카이프Skype도 소비자 행동의 전개 방향을 먼저 파악한 회사입니다. 이들은 여러 개 전략을 동시에 실행하여 성공을 거두었습니다. 지금은 사업을 시작하기에 아주 좋은 시기입니다.

웹 3.0 시대는 데이터 마이닝data mining(방대한 데이터베이스에서 필요한 정보를 취합해서 뽑아내는 기술)과 인공지능artificial intelligence 등이 주도할 것입니다. 따라서 다음 10년에는 정보에 접근하는 능력이 중요해질 것입니다. 그러나 더욱 중요한 것은 아이디어와 정보가 어디에서 오는지 재빨리 이해하는 일입니다. 그래야 우리는 자원과 인력을 집중적으로 배치해서 업무를 실행할 수 있기 때문입니다.

주문형 소프트웨어 서비스

환경이 또다시 변화하고 있다.
이번에는 서비스 중심으로 변화하고 있다.
컴퓨터 기술과 통신 기술 덕분에 서비스
기반 모델의 실행 가능성이 극적으로 그리고 혁신적으로 높아졌다.
장소에 얽매이지 않는 광대역 및 무선 네트워크 덕분에
사람들의 상호작용 방식이 바뀌었고, 그래서 소프트웨어를
단지 서비스로 이용하려는 사람들이 갈수록 늘어나고 있다.
기업들도 서비스 기반 모델이 규모의 경제에 도달하면
인프라 비용이 낮아질 것으로 기대하며, 구독료 방식으로 솔루션을
이용하는 방법에 갈수록 관심을 기울이고 있다.
레이 오지(Ray Ozzie), 마이크로소프트 기술 담당 최고 책임자CTO

한번 상상해 보라… 당신은 전화를 몇 통 걸어야 한다. 그러나 친구나 가족들과 통화하려면, 전화 인프라를 갖추고 소프트웨어를 구입해서 깔아야 한다. 큰 비용을 들이고 엄청나게 복잡한 일을 모두 마

쳤는데, 첫 통화를 하는 도중에 전화선이 먹통이 되어 버린다. 그러면 당신은 어떻게 하겠는가? 전화 대신 편지를 쓰겠는가?

다행히도, 우리에게 필요한 여러 가지 주요 서비스가 이미 주문 방식으로 제공되고 있다. 예를 들면, 우리가 신청만 하면 전화, 케이블 TV, 전기와 가스, 방범 서비스 등을 즉각 받을 수 있으며, 매달 소액의 사용료만 내면 서비스 가동시간이 99.9%로 유지된다. 주문형 서비스는 소비자 세계 어디에서나 볼 수 있지만, 놀랍게도 소프트웨어 세계에서는 이제 겨우 주문형 서비스로 넘어가기 시작한 단계이다.

1997년 몽고메리 테크Montgomery Tech 회의에서, 나는 오라클의 래리 엘리슨Larry Ellison으로부터 씬 컴퓨팅thin-computing 시대의 장점을 들었는데, 그는 결국 씬 컴퓨팅이 전통 소프트웨어 모델을 무너뜨릴 것이라고 말했다. 그의 주장은 일리가 있었다. 소비자들은 전통 소프트웨어를 사용하는 대가로 너무도 큰 비용을 치르는 데다가 심한 두통을 앓았다. 고객들은 너무 많은 사용자에 대해 라이선스 비용을 지나치게 지불하고 있었다. 게다가 라이선스 비용은 다른 예산 항목에 비하면 아무것도 아니었다. 하드웨어에 라이선스 비용의 다섯 배가 들어갔고, 서비스와 훈련 비용에 다섯 배가 들어갔으며, 연간 유지관리 비용에 라이선스 비용만큼이 들어갔다. 그 대가로 얻은 것은? 원래 계획했던 예산의 200%를 들이고 2년이나 지연되었으면서도, 약속했던 기능의 70%만 사용할 수 있었다. 이런 식이라면 사절이다!

얄궂게도, 래리가 이러한 변화를 예측했지만, 오라클은 패러다임 전환을 주도하지도 않았고, 이러한 움직임에 아직 적극적으로 참여하지도 않고 있다. 사실 애플리케이션 서비스 제공application service provider(ASP: 인터넷망을 통해 소프트웨어를 일정 기간 대여해 주는 사업) 움직임은 닷컴 거품이 꺼지면서 산산조각이 났다. 그 이유는 주로 ASP 업체들이 서비스 구성 요소를 서비스 모델에 맞게 제대로 설계하지 못했고, 고객들이 원하는 기능을 제공하지 못했으며, 벤처투자자금을 받은 수백 개 신생 기업들이 일회성 약속을 쏟아 내면서, 시장의 기대 수준을 너무 높이고 메시지를 뒤죽박죽으로 만들었기 때문이었다.

엘리슨Ellison의 문하생 마크 베니오프Marc Benioff는 주문형 모델에 알맞게 설계된 중요한 고객관계관리customer relationship management: CRM 소프트웨어와 크게 울려 퍼지는 마케팅 메시지를 내세우며, "소프트웨어 폐지" 운동에 앞장섰다. 그는 전통 소프트웨어 모델의 비효율성을 공격하면서, 그와 주문형 소프트웨어 업체들의 행진에 활기를 불어넣었다. 베니오프 등의 활동 덕에 기업들은 전통적인 방식으로 소프트웨어를 사용하는 것보다 경제적으로나 사업 면에서나 더 나은 대안이 있다는 사실을 깨닫고 있다. 이들은 소프트웨어를 민주화하고 시장의 정지작업을 함으로써, (웹 브라우저가 있는) 모든 지역의 크고 작은 회사들이 사업 개선에 필요한 프로세스 자동화 소프트웨어를 합리적인 비용으로 사용하게 해 주었다.

흥미롭게도, 90년대 말 ASP 모델의 약점으로 자주 거론되던 사항들이, 현재 고객들에게는 핵심 소구점이 될 수 있다. 전에는 회사들이 작업 중단 시간, 보안 위반, 데이터 손실 등 서비스 위반을 우

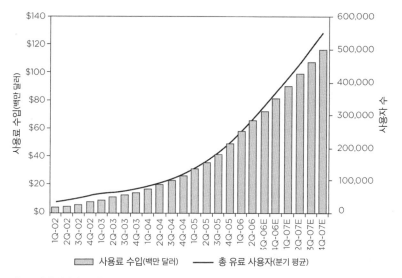

자료 · 회사 데이터, 모건 스탠리 연구소(Morgan Stanley Research)

려했다. 고객들은 여전히 서비스 성능과 보안에 집중하면서도, 주문형 서비스를 이용하면 최신의 고급 보안, 부하분산load balancing, 장애방지장치fault tolerance mechanism 등의 혜택을 얻을 수 있다고 인식하기 시작했다. 주문형 세계에서는 고객들이 소프트웨어를 파느라 부업을 할 필요가 없으므로, 자신의 핵심 사업과 기회에 집중할 수 있다.

주문형 소프트웨어라는 나무에 열리는 열매는 소프트웨어 판매사에도 분명히 돌아간다. 전통 소프트웨어 회사보다 성장률이 5~10배 높고, 가장 지배력 강한 소프트웨어 회사보다도 이익률이 높으며, 매출액과 이익의 가시성이 훨씬 높으므로, PER에 당연히 프리미엄 배수가 붙는다. 앞서가는 벤처 투자 회사와 거대 전통 소프트웨어 회사들이 이 대열에 동참하는 데는 이유가 있다. 이들은 열매가 조만간 맺힐 것으로 보고, 이 열매를 따려고 하는 것이다.

주문형 서비스 성장 분야에 속한 다음 유망 회사들의 정보는 www.findingthenextstarbucks.com에 있다.

주문형 서비스 분야 유망 회사들

어리너 솔루션Arena Solutions

베너핏스트리트BenefitStreet

IP 유나이티IP Unity

케트라 테크놀로지Ketera Technologies

라이브퍼슨LivePerson, LPSN

넷스위트NetSuite

옴니처Omniture

오픈에어OpenAir

라이트나우 테크놀로지Rightnow Technologies, RNOW

세일즈포스닷컴salesforce.com, CRM

석세스팩터스SuccessFactors

탈레오Taleo, TLEO

브이카머스Vcommerce

버브테크놀로지VurvTechnology, RecruitMax

웹사이드스토리WebSideStory, WSSI

웹사이트 프로스Website Pros, WSPI

스타와의 대화

마크 베니오프 Marc Benioff

세일즈포스닷컴(salesforce.com)의 회장 겸 CEO

마크 베니오프는 1999년 3월 세일즈포스닷컴을 설립했다. 그의 비전은 주문형 CRM 솔루션을 만들어서 전통적 기업 소프트웨어 기술을 대체하겠다는 것이다. 베니오프는 지금 이른바 "소프트웨어의 종말" 운동을 이끌고 있으며, "주문형 애플리케이션을 쓰면 위험과 비용을 낮추면서도 크고 작은 모든 회사가 즉시 혜택을 받으므로 CRM이 민주화된다."

라는 믿음을 확산시키고 있다. 베니오프의 지휘 아래 세일즈포스닷컴은 혁신적인 아이디어를 키워, 주문형 CRM 분야의 시장과 기술을 선도하는 상장 회사가 되었다. 나는 마크에게 소프트웨어와 주문형 서비스의 미래에 관해 물어보았다. (마크 베니오프와의 인터뷰 전문을 읽으려면 www. findingthenextstarbucks.com을 찾아보기 바란다.)

나는 소프트웨어의 미래 모습이 오늘날의 인터넷과 비슷한 모습이라고 생각합니다. 전 세계 업체들이 애플리케이션들을 통합해서 복합기술을 만들어 다양한 서비스를 제공하면서, 전통적인 기업 소프트웨어 시장을 압도할 것입니다.

중요한 특징은, 가격이 아주 싸고, 사용하기 아주 쉬우며, 효과가 아주 빨리 나타나고, 전통적 기업 소프트웨어 모델에서 아주 쉽게 벗어날 수 있다는 점입니다. 혼합mash-up이라는 개념은 크레이그리스트craigslist(일종의 온라인 커뮤니티)와 아마존닷컴이 함께 아파트 임대 애플리케이션을 만들면서 인기를 끌었는데, 이 개념을 통해서 독특한 애플리케이션들이 많이 탄생했습니다. 이제 우리는 이러한 애플리케이션들이 결합하여, 소비자들뿐만이 아니라 기업에 독특한 웹서비스를 제공하는 모습을 처음으로 보게 될 것입니다.

고객들은 전통적 소프트웨어 모델보다 주문형 서비스 모델을 통해서 성공을 거둔 경우가 훨씬 많습니다. 메릴 린치, 시스코 등 수많은 회사를 보십시오. 오라클, 시벨Siebel, 피플소프트PeopleSoft, 마이크로소프트에서 소프트웨어를 샀지만 전혀 가동하지 못한 고객들이 수천이나 됩니다. 이른바 선반에서 썩는 "재고품shelfware"인 셈입니다. 우리 모델은 이런 재고품을 끄집어내서 사용하게 했습니다. 가트너^{Gartner}에 따르면, SAP의 CRM 사용자 중 18%만이 실제 사용자라고 합니다. 이 정도로 실패율이 높은 산업은 세계 어디에도 없습니다.

사회 공동체에 참여하는 일도 세일즈포스닷컴에는 중요한 일입니다. 우리는 지분의 1%, 이익의 1%, 종업원 시간의 1%를 세일즈포스닷컴 재단이라는 면세 비영리단체^{501C3} 공공 자선기금에 기부합니다. 이 때문에 우리는 전 세계를 대상으로 자선사업을 할 수 있으며, 이는 이만한 규모의 회사로는 전례 없는 일입니다. 사실 우리는 기업 자선사업 분야에서 주요 상을 모두 휩쓸었는데, 이는 기업들 대부분이 이른바 연민 자본주의에 관심이 없다는 증거입니다. 자선사업은 우리가 세상에 좋은 일을 많이 한다는 뜻도 있지만, 더 좋은 회사를 만들었다는 뜻도 됩니다. 사실, 우리는 비슷한 다른 회사들보다 좋은 사람들을 훨씬 쉽게 고용할 수 있습니다. 사람들은 이런 자선사업을 하는 회사에서 근무하고 싶어 하기 때문입니다.

나만을 위한 매체

티보^{TiVo}를 사용할 때, 나는 너무도 신기해서 내가 꿈을 꾸는 게 아닌지 의심스러울 때가 가끔 있다. 위성 접시안테나로 1,000개 채널이 나오는데, 나는 보통 사람들이 들이는 시간의 70%만 들이면서도 (광고를 걸러 내기 때문에), 보고 싶을 때 원하는 쇼를 무엇이든지 다 볼 수 있다.

나는 좋아하는 노래 2곡 때문에 12달러나 내면서 CD 한 장을 살 필요가 없다. 아이튠스iTunes에서 1곡에 99센트만 내고 살 수 있다. 이제 비디오 아이팟을 이용해서, 나는 광고에 시달리지 않고 원하는 때 원하는 쇼를 무엇이든 볼 수 있다. 나만을 위한 쇼다!

팟캐스팅Podcasting(애플Apple 아이팟iPod과 방송broadcasting이 결합한 말)은 인터넷에 파일을 공개하는 방법으로서, 사용자들은 웹 피드web feed(자주 갱신되는 콘텐츠에 사용하는 데이터 형식)에 가입해서 특정 분야에 관해서 관심을 표시하면 새로운 파일을 자동으로 받을 수 있다.

블로그와 비디오 블로그 덕분에, 우리는 아주 전문화된 관심 분야를 찾아내고 여기에 참여할 수 있다. 노스다코타North Dakota주 파고Fargo에 사는 사람이 이집트 무덤에 관심 있는 사람들을 찾고자 할 때, 웹이 없으면 엄청난 수고를 해야 한다. 그러나 블로그, RSS 피드(웹 피드의 일종), 비디오 블로그를 이용하면 어느 지역에 사는 사람이든 관심 있는 사람을 쉽게 찾아낼 수 있다.

나만을 위한 매체를 멋지다고 생각하는 사람은 나뿐이 아니다. 전 세계적으로, 디지털 음악 다운로드가 2005년 4억 1,900만 건으로 전년보다 169% 증가했는데, 이는 2003년보다 20배나 늘어난 숫자이다. 대부분은 아이튠스 관련이었다. 전체적으로 2005년 디지털 음악 매출이 11억 달러였는데, 2004년 3억 8,000만 달러에서 약 3배로 늘어난 규모이다. 이 중 온라인 음악과 모바일 음악(대부분 벨소리ringtones)의 구성비는 약 60대 40이다.

아이튠스는 현재 21개국에서 사용되고 있으며, 아이팟iPods은 지금까지 약 4,200만 개가 팔렸다. 2006년 초, 매일 약 300만 곡의 노래가 아이튠스에서 다운로드되었다. 2005년 말 비디오 아이팟이 공개된 이후, 비디오 800만 건이 다운로드되었다.

팟캐스팅은 폭발적인 성장세를 보이며, BBC 보도에 따르면 2005년 12월에만 200만 건이 방송되었다. 애플은 팟캐스트 서비스를 개시하고 단 이틀 만에 팟캐스트 200만 건을 달성했다. 아이팟을 가진 미국 성인의 1/3이 팟캐스트를 다운로드한 셈이다. 스웨덴 거대 브랜드 이케아IKEA는 아마추어를 대상으로 효과적인 홈 미디어 저장 방법을 개발하는 경연대회를 열었다. 존스 소다Jones Soda는 고객이 사진을 제출하면 고객만을 위한 소다 상표를 만들어 준다. 이런 맞춤 서비스도 나만을 위한 매체와 맥을 같이한다.

맞춤형 (나만을 위한) 매체 성장 분야에 속한 다음 유망 회사들의 정보는 www.findingthenextstarbucks.com에 있다.

나만을 위한 매체 분야 유망 회사들

에이에잇A8	애플Apple, AAPL
오더블Audible, ADBL	비트토런트BitTorrent
보키닷컴Bokee.com	브라이트코브Brightcove
콘비디어Convedia	디빅DivX
페이스북Facebook	포커스 미디어Focus Media
게임플라이GameFly	헤비닷컴Heavy.com
콘티키Kontiki	링크드인Linked In
링크톤Linktone, LTON	미씩 엔터테인먼트Mythic Entertainment
판도라Pandora	포토버킷Photobucket

플락소Plaxo   팟쇼PodShow

록 모빌Rock Mobile   셔터플라이Shutterfly

시나Sina, SINA   슬링 미디어Sling Media

SNOCAP   터빈 엔터테인먼트Turbine Entertainment

바이틀스트림 홀딩스VitalStream Holdings, VSHI

유튜브YouTube

스타와의 대화

제프 양 Geoff Yang

레드포인트 벤처스(RedPoint Ventures) 설립 파트너

1999년 레드포인트를 설립하기 전, 제프 양은 1987년 인스티튜셔널 벤처 파트너스Institutional Venture Partners에 입사하여 제너럴 파트너general partner가 되었다. 제프는 시스템과 소비자 미디어 공간 전문가이며, 애스크 지브스Ask Jeeves, 익사이트Excite, 파운드리 네트웍스Foundry Networks, 주니퍼 네트웍스Juniper Networks, MMC 네트웍스MMC Networks, 티보TiVo, 웰플리트Wellfleet 등 대박 종목들을 발굴했다. 나는 제프에게 투자하려는 회사의 어떤 면을 보는지, 시장 규모를 어떻게 추정하는지 물어보았다. (제프 양과의 인터뷰 전문을 읽으려면 www.findingthenextstarbucks.com을 찾아보기 바란다.)

주로 커질 것을 찾습니다. 경영이 중요하냐, 시장이 중요하냐는 논쟁은 끝이 없습니다. 두 가지 사례 모두 존재하지만, 나는 시장이 더 중요하다고 생각합니다. "시장이 크면 작은 회사도 거대 회사로 성장할 수 있고,

훌륭한 사람들을 고용할 수 있다."라는 말을 믿기 때문입니다. 우리는 초창기 단계에서 투자하므로, 기회만 훌륭하다면 사람을 구하는 일은 어렵지 않습니다. 두 번째로 중요한 요소는 분명히 훌륭한 경영입니다. 그러나 경영이 아무리 훌륭하다고 해도, 회사는 시장이 지탱해 주는 규모를 넘어서서 성장할 수가 없습니다. 아무리 성대한 잔치를 벌여도, 초대할 사람이 없으면 소용없는 것과 마찬가지입니다.

벤처 투자 시스템에서는 보통 두 가지 유형으로 투자합니다. 하나는 이른바 "더 빠르고 싸고 좋은" 유형입니다. 이 유형의 특징은, 강력한 엔지니어링 능력을 갖추고, 더 나은 솔루션을 제공하며 기존 시장을 쫓아간다는 점입니다. 이런 시장은 이미 존재하며 사람들이 구매하고 있으므로, 시장 규모를 계량화하기가 그다지 어렵지 않습니다. 기업들 대부분은 더 싸게 혹은 약간 높은 가격으로 훨씬 나은 성능을 제공하려 합니다. 사람들이 이런 제안을 받아들일 것인가? 시장이 얼마나 확장될 수 있는가? 초창기에는 우리도 시장 규모를 정확하게 계량화하기 어려워서, 크다, 보통이다, 작다 정도로 구분할 때가 많습니다. 이런 경우, 전에 이런 종류의 일을 해 본 경험이 있고, 기대하는 일을 성공적으로 수행한 믿을 만한 실적이 있는 경영진을 찾습니다.

나머지 하나는 다소 유형이 다른 투자로서, 이른바 "멋진 신세계" 유형입니다. 우리는 "패러다임 전환", "전에는 불가능하던 일이 가능하게 되었다" 같은 말을 듣는데, 이는 대개 전혀 새로운 시장과 새로운 용도 창출이 특징입니다. 이런 사업 유형은 시장 규모를 판단하기가 지극히 어려울 때가 아주 많습니다. 그래서 비슷한 경우를 보면서, "이런 상품이 사람들의 행동 방식을 바꾸었고, 그래서 시장 규모가 이렇게 커졌고 회사가 이만큼 성장했습니다."라고 말할 수 있을 뿐입니다. 이런 투자는 투기성이 강하기 때문에, 홈런 같은 기회를 만들어 내면서 새로운 시장 카테고리를 창출하는 경향이 있습니다. 이런 사업이라면 우리가 기대하는 경험자를 찾기가 어렵습니다. 따라서 우리는 기대하는 일과 비슷한 경험을 지닌 사람이라도 찾게 됩니다.

전화는 나의 인생

미래가 어디로 가는지 보고 싶다면, 아이들을 보라.

10대들이 사는 모습을 들여다보라. 이들은 모두 휴대전화를 갖고 있다. 이들은 휴대전화로 통화를 하거나 문자메시지를 주고받으며, 또래의 다른 아이들을 완전히 무시하는 경우가 많다.

휴대전화는 10대들이 자신을 표현하는 방식이다. 색상은? 제조사는? 벨 소리는? 바탕 화면은?

앞에서도 말했지만, 자동차가 우리 부모에게 중요했듯이, 휴대전화는 오늘의 아이들에게 중요하다. 휴대전화는 정보를 얻고, 즐기고, 의사소통하는 수단으로서 갈수록 컴퓨터를 대체하고 있다. 기본적으로 아이들의 생활방식인 셈이다.

내 막내딸은 휴대전화를 모조 보석으로 치장하고, 마치 옷 갈아입듯이 벨 소리를 (내 휴대전화까지!) 바꾸면서 개성을 표현한다. 한 방에 있으면서도 친구와 이야기하는 대신, 문자메시지를 주고받는다.

이런 아이들을 휴대전화 세대라고 부르는 사람도 있지만, 나는 인스턴트 메시지instant message, IM세대, 혹은 항상 활성화always on 세대라고 부른다. 언제든지 모든 사람과 즉시 접촉할 수 있으며, 항상 자극을 주고받는다는 뜻이다. 웹 2.0이 핵심 기반이 되어 서비스를 전달하고 갱신해 주므로, 사람들은 항상 접속되고 활성화될 수 있다.

중국과 인도 같은 나라는 전선으로 이루어진 세상을 단숨에 건너뛰었다. 이런 나라에는 기존의 전선 인프라가 없어서, 전선을 유지하려는 사고방식도 없었기 때문이다. 이들은 미래로 뛰어넘었고, 휴대전화가 전화, 컴퓨터, 게임기 등이 되었다. 중국은 이미 사용자가 3억 5,000만 명이 넘는 세계 1위 휴대전화 시장이다.

리서치 인 모션Research in Motion, RIMM 사의 유비쿼터스 블랙베리BlackBerry 스마트폰(고급 휴대전화)은 "마약베리crackberry" 중독자가 400만 명이 넘는다. 스마트폰 사용자 수는 10년 내 10배 이상 증가할 전

● 대부분 시장에서 휴대전화가 인터넷을 앞선다

국가	휴대전화 사용자 (백만 명)	인터넷 사용자 (백만 명)	휴대전화 사용자와 인터넷 사용자 비율	설치된 PC (백만 대)
중국	363	100	3.6:1	53
미국	177	211	0.8:1	207
일본	88	78	1.1:1	55
독일	69	51	1.4:1	39
영국	54	37	1.5:1	26
이탈리아	54	32	1.7:1	16
한국	37	32	1.2:1	27

자료 · 유로모니터(Euromonitor), CNNIC, 세계은행(World Bank), 모건 스탠리 연구소(Morgan Stanley) Research (2005년 7월)

망이다. 블랙베리는 확실히 스마트폰의 선도 기업이고, 굿 테크놀로지, 세븐, 마이크로소프트가 경쟁적으로 스마트폰 소프트웨어를 내놓을 것이다. 모토롤라, 팜, 애플 등은 하드웨어 분야에서 경쟁을 벌일 것이다.

다양한 전화 서비스, 단일 전화번호 (미국인 중 10%는 휴대전화 번호만 있다), 이메일 주소를 보면, 뉴스타와 베리사인 프랜차이즈의 힘이 두드러진다. 베리사인은 잠바JAMBA 제품이 벨 소리와 바탕 화면을 보완할 것으로 생각했다.

이른바 "전화는 나의 인생"-휴대전화 기술 성장 분야에 속한 다음 유망 회사들의 정보는 www.findingthenextstarbucks.com에 있다.

휴대전화 기술 분야 유망 회사들

브릿지포트 네트웍스BridgePort Networks	브로드소프트BroadSoft
씨비욘드Cbeyond, CBEY	클리어와이어Clearwire
디지털 초콜릿Digital Chocolate	글로벌 IP 사운드Global IP Sound
글루 모바일Glu Mobile	굿 테크놀로지Good Technology
키니터 무선Kineto Wireless	메트로스파크MetroSpark
모바일 365Mobile 365	모비TVMobiTV
모트리시티Motricity	뉴스타NewStar, NSR
팜Palm, PALM	퀄컴QUALCOMM, QCOM
리서치인 모션Research in Motion, RIMM	스카이프Skype (이베이eBay 자회사)
싱크로노스Synchronoss, SNCR	텔미 네트웍스Tellme Networks
UP 테크놀로지UP Technologies	베리사인VeriSign, VRSN

브루스 던레비 Bruce Dunlevie

벤치마크 캐피털(Benchmark Capital) 제너럴 파트너

브루스는 첨단 기술 투자 분야에서 15년이 넘는 경력을 쌓은 노련한 벤처 투자 전문가이다. 그가 투자한 회사로는 억셉트닷컴Accept.com(아마존에서 인수), 컬래브라 소프트웨어Collabra Software(넷스케이프에서 인수), 인컴퍼스Encompass(야후에서 인수), 굿 테크놀로지Good Technology, 핸드스프링Handspring(팜원palmOne에서 인수), 매트릭스 세미컨덕터Matrix Semiconductor, 팜 컴퓨팅Palm Computing(쓰리콤3Com에서 인수) 등이 있다. (브루스 던레비와의 인터뷰 전문을 읽으려면 www.findingthenextstarbucks. com을 찾아보기 바란다.)

우리 업무는 주로 초창기에 일어나므로, 투자 개념이나 사업 계획을 파악하는 일조차 난제입니다. 우리 눈앞에 진행되는 일이 없기 때문입니다. 좋은 아이디어를 지닌 세 사람이 전부이거나, 한 사람이 즉석에서 떠오른 아이디어를 가진 경우가 많습니다. 따라서 우리는 기업가를 평가해서 투자를 결정하는 경우가 많은데, 주로 기업가가 첨단 기술 인력을 충분히 채용하는 능력과 기대하는 제품을 일정대로 개발하는 능력을 봅니다. 물론 비즈니스 모델 개념도 중요하지만, 솔직히 말하면 명확한 비즈니스 모델이 없는 경우가 많습니다. 차라리 한 사람이 (매력을 지닌) 기업가로 떠오르고, 그가 사업을 진행하는 과정에서 비즈니스 모델을 수립하기를 바라는 편입니다. 다시 말하면, 기업가의 중요한 속성은 중도에 신속하게 방향을 수정하는 능력입니다. 미래를 예측하는 일은 너무도 어려워서, 초창기에 정확하게 예측할 수 있는 기업가가 아무도 없기 때문입니다.

생명공학의 ABC와 3G

인구 고령화는 의료 산업에 강력한 배경이 된다. 특히 커다란 문제점을 해결하고 있는 의료 기업에 순풍을 불어 준다. 생명공학은 25년 동안 희망과 꿈의 땅이었지만, 이제는 기회의 땅이다. 신약 개발에 수백억 달러를 쏟아부은 뒤, 의료 산업은 이제 실제로 신제품을 판매할 수 있는 시점에 도달했다.

내일의 승자를 찾으려면, 우리는 부모의 약장을 들여다보아서는 안 된다. 우리와 자녀의 약장에 어떤 약이 들어갈지 예측해야 한다. 투자 기회에 관해서 설명할 때, 사람들은 암 치료 등을 이야기한다. 많은 생명공학 회사가 말 그대로 암 치료법을 연구하고 있다. 그리고 몇 가지 예를 들면 심장병, 알츠하이머병, 에이즈, 당뇨병 등도 연구하고 있다.

과학과 기술이 융합되고, 월스트리트에서 생명공학 회사에 2,000억 달러를 조달해 준 결과, 흥미로운 혁신이 줄지어 일어났다. 전통 제약 회사들은 연구개발비를 평범한 분야에 투자했지만, 진정한 혁신은 생명공학 분야에서 일어나고 있다.

이러한 회사들은 치료법을 개발할 뿐 아니라, 질병에 시달리는 사람들에게 희망을 주는 제품도 개발하고 있다. 암, 당뇨병, 심장병, 다른 치명적 질병에 걸린 사람들은 30년 전에 이런 병에 걸린 사람들보다 더 오래 살고 있으며, 정상적인 생활도 더 오래 유지할 수 있다.

인구 고령화를 보면, 파킨슨병Parkinson's이나 알츠하이머병

● 생명공학 제품의 목적: 시장 축소

질병	미국인 환자 수	연간 신규 환자 수
심장병	7,100만	120만
알츠하이머병	450만	45만
암	1,010만	130만
당뇨병	2,080만	140만
에이즈	170만	4만

자료 · 미국심장협회(American Heart Association), 미국암협회(American Cancer Association), 미국당뇨병협회(American Diabetes Association), 어버트닷오알지(Avert.org), 알츠하이머병협회(Alzheimer's Association)

Alzheimer's 같은 노화 관련 질병이 우리 사회에 급격하게 증가하리라는 점을 일찌감치 알 수 있다. 이런 질병은 아직 치료할 수 없지만, 생명공학 기업들은 이런 환자들의 생활 품질을 개선하는 치료제를 제공하면서 거대한 시장 기회를 잡기 시작했다. 생명공학 회사들은 계속해서 비치명적 질병과 장애 치료에 집중할 것이며, 이 거대한 시장을 이용할 것이다.

(미래의 블루칩 성장기업인) 생명공학의 ABC는 암젠, 바이오젠, 셀진이고 3G는 제넨테크, 길리어드, 젠자임이다. 머크Mercks와 화이자Pfizers는 과거의 영웅에 투자하려는 사람들에게 어울리는 회사이다.

중요한 투자 시나리오는, 우리가 대박 가능성 있는 제품을 개발하는 소규모 생명공학 회사에 투자하면, 이 회사가 ABC나 전통 제약 회사에 인수되어 우리의 약장을 채우면서 성장하는 것이다. 특히 미국, 유럽, 일본의 경우, 이런 제품은 고령화 인구를 대상으로 하는데, 이는 노화와 의료수요 사이에 직접적인 상관관계가 있기

● 유전자 서열 검색 비용 추정치

연도	비용
1974	1억 달러 이상
1998	150달러
2005	8.75달러 이하

자료 · 마이클 밀컨(Michael Milken), 시더스 시나이 메디컬 센터(Cedars-Sinai Medical Center), 데이비드 아구스 박사(David Agus, M. D)

때문이다.

"시판 제품" 수백 가지는 대규모 기업에 인수될 경우, 대규모 유통망을 통해서 매출이 급격하게 증가할 가능성이 있다.

생명공학 성장 분야에 속한 다음 유망 회사들의 정보는 www.findingthenextstarbucks.com에 있다.

생명공학 분야 유망 회사들

애브리카 제약Abrika Pharmaceuticals 아코다 제약Acorda Therapeutics

애제라 제약Aegera Therapeutics 어피맥스Affymax

어젠시스Agensys 앨나일램Alnylam, ALNY

암젠Amgen, AMGN 아노메드Anormed, AOM

에이릭스 제약ARYx Therapeutics 액시얼 바이오테크Axial Biotech

베이힐Bayhill 바이오크리스트BioCryst, BCRX

바이오젠Biogen, BIIB 바이오미메틱 제약Biomimetic Therapeutics, BMTI

카디옴Cardiome, COM 셀진Celgene, CELG

첼시 제약Chelsea Therapeutics, CHTP 키모센트릭스ChemoCentryx

코테릭스CoTherix, CTRX

데포메드Depomed, DEPO

에미스피어Emisphere, EMIS

파이브로젠FibroGen

진큐어GeneCure

제넨테크Genentech, DNA

젠티엄Gentium, GENT

젠자임Genzyme, GENZ

길리아드Gilead, GILD

인사이트 비전InSite Vision, ISV

인터뮨InterMune, ITMN

재즈 제약Jazz Pharmaceuticals

메타모픽스MetaMorphix

모멘타Momenta, MNIA

옴릭스 바이오파머수티컬스Omrix Biopharmaceuticals, OMRI

오시리스 제약Osiris Therapeutics

패러텍 제약Paratek Pharmaceuticals

퀘스트코 제약Questcor Pharmaceuticals, QSC

릴라이언트 제약Reliant Pharmaceuticals

리플리다인Replidyne

리프로스 제약Repros Therapeutics, RPRX

텐지온Tengion

베트렉스Vertex, VRTX

비어 제약VIA Pharmaceuticals

비어셀ViaCell, VIAC

젠코Xencor

제노포트Xenoport, XNPT

자르스Zars

지오팜 암 연구ZIOPHARM Oncolog, ZIOP

샘 콜레라 Sam Colella

버선트 벤처스(Versant Ventures) 공동 설립자

샘 콜레라는 생명공학 분야 투자 전문가이다. 샘은 20년 동안 첨단 기술 산업에서 성공적으로 투자 경험을 쌓았고, 의료 부문에서 21년이 넘는 투자 경험을 쌓았다. 버선트를 설립하기 전, 그는 제너럴 파트너로서 인

스티튜셔널 벤처 파트너Institutional Venture Partners, IVP와 함께 업계 최초로 생명과학에 집중 투자하는 회사를 설립하였다. (샘 콜레라와의 인터뷰 전문을 읽으려면 www.findingthenextstarbucks.com을 찾아보기 바란다.)

사람들은 항상 내게 "무엇이 대박 종목이었습니까?"라고 묻습니다. 내가 발굴한 회사들은 투자수익률이 그다지 뛰어나지 않았습니다. 그래도 이 회사들은 오래도록 지속할 회사들이므로, 나는 투자에 성공했다고 생각합니다. 나는 훌륭하면서 오래가는 회사를 세우려고 노력합니다. 이것이 나의 벤처 투자 이론입니다. 훌륭한 회사를 세우면, 훌륭한 투자수익을 얻습니다. 나는 탁월하게 종목을 선택해 본 적이 없습니다. "그래. 이 회사에 투자하면 3년 뒤 되팔아서 10배를 챙길 수 있어."라고 말하는 벤처 투자 회사들도 있습니다. 그러나 이런 방식은 내 스타일이 아닙니다. 내 전문 분야는 경영이기 때문입니다.

디지털 의료

간호사 마리아 렐리스Maria Lelis는 다소 당황스러웠다. 2005년 10월, 그녀는 로치데일 병원Rochdale Infirmary에서 담당 환자 두 사람의 진료 기록을 잘못 분류했다. 한 사람은 이미 사망했고, 한 사람은 퇴원한 사람이었다. 장의사들은 "사망한" 환자가 침대에 앉아 있는 모습을 보고 깜짝 놀랐다.

매년 무려 9만 8,000명이 의료사고 때문에 사망하는 것으로 추정된다. 잘못된 의사소통이나 착오 때문인 경우가 많다. 진료 기록에 착오가 생기면 엉뚱한 팔을 절단하거나, 알레르기를 파악하지 못하거나, 병원에서 더 큰 병을 얻을 수도 있다. 이런 모든 사건이 이른바 세계 최고 의료 기관이라는 곳에서 일어난다!

의사들의 글이 알아보기 힘들다는 점은 예로부터 알려진 사실이지만, 아직도 기껏해야 병원의 13%와 개업의사 28%만이 전자 기록을 사용하는 것으로 추정된다. 환자의 병력이 여러 병원과 의사들 사이에서 통합 관리되지 않는다는 점도 놀랄 만한 일이다.

의료 분야 정보가 엄청나게 많고, 시스템에 무리가 가고 있으며, 일관성과 통합성을 유지할 필요가 있고, 이런 작업을 수행할 도구가 현재 존재한다는 점을 고려하면, 디지털 의료를 위한 제품과 서비스가 폭발적으로 쏟아질 것이다.

휴대용 환자 정보 시스템, 더 나은 진료 정보를 제공하는 기록, 더 낮은 비용으로 더 나은 의료 서비스를 제공하는 기타 제품들이 나올 것이다.

부시George W. Bush 행정부는 향후 10년간 표준 디지털 의료 기록 시스템을 개발하는데 1억 5,000만 달러를 투입하였다. 현재는 수십 가지 소프트웨어 프로그램과 환자 데이터베이스를 연결해 주는 표준 시스템이 없다.

스마트 태그Radio Frequency IDentification tags, RFID 는 제조와 유통뿐 아니라, 가축과 심지어 애완동물에 대해서도 표준이 되어 가고 있다. 기술은 간단하다. 쌀 한 톨만 한 장치를 피부 속에 삽입하면 이 장치가 바코드처럼 기능한다. 스마트 태그는 번호를 송출하는데, 이 번호를 표준 데이터베이스에 입력하면 환자의 모든 의료정보와 연결된다. 스마트 태그 기술은 환자 진료를 개선하는 열쇠가 될 것이다.

이 기술은 특히 (알츠하이머병에 걸린 노인처럼) 자신의 병력을 기억하지 못하는 환자들 치료에 커다란 영향을 미칠 것이다. 비상 상황에서는 실제로 생명을 구할 수도 있다. 현재는 사생활 보호가 두드러진 걸림돌이지만, 보안과 규제가 개선되면 이런 심각한 문제도 해결될 것이다. 현재 동물용 스마트 태그를 완성하고 있는 회사들이, 의료 산업 진출의 유리한 고지를 확보하고 있다.

디지털 의료 성장 분야에 속한 다음 유망 회사들의 정보는 www.findingthenextstarbucks.com에 있다.

디지털 의료 분야 유망 회사들

드러그스닷컴Drugs.com	드럭스토어닷컴drugstore.com, DSCM
일렉트로옵티컬 사이언스Electro-Optical Sciences, MELA	
이포크라테스Epocrates	폭스할로FoxHollow, FOXH
인튜이티브 서지컬Intuitive Surgical, ISRG	퀄러티 시스템스Quality Systems, QSII
유나이티드헬스 그룹UnitedHealth Group, UNH	웹MDWebMD, WBMD

건강하게, 부유하게, 현명하게

1900년 미국 백만장자는 5,000가구에도 못 미쳤다. 현재는 800만 가구이다. 세계 억만장자 691명 가운데 346명이 미국에 살고 있다.

	1900	2005
백만장자 가구 수	5,000미만	800만
억만장자 가구 수	0	346
남성 기대 수명	48	76
미국 고졸 인구 비중	13%	85%
미국 대졸 인구 비중	3%	24%
미국 농업인구 비중	38%	2% 미만

자료 · 미국 인구조사국(U.S. Census Bureau)

1900년, 미국에서 태어난 남성의 기대수명은 48년이었다. 오늘날, 남성의 기대수명은 76년이다. 1850년에 태어난 남성의 기대수명 38년의 딱 두 배이다.

1900년에는 직업의 38%가 농업 관련이었고, 미국 인구의 13%만 고등학교를 나왔으며, 3%만이 대학을 졸업했다. 2005년에는 미국 성인의 85%가 고등학교를 나왔고, 24%가 대학을 졸업했다.

나라 인구가 갈수록 고령화되고, 더 부유해지며, 더 지식이 많아짐에 따라, 젊음을 느끼는 제품과 서비스를 제공하는 회사에 기회가 넘칠 것이다.

스포츠 센터와 온천, 개인 트레이너, 영양사, 성형외과 의사 모두가 이러한 흐름에서 혜택을 받는다. (천연 약재와 수천 년 축적된 지식을 사용하는) 한의학Chinese traditional medicine도 성장세를 보인다. 《요가 저널Yoga Journal》에 따르면, 미국에서 무려 1,650만 명이 요가를 하고 있으며, 이는 2002년 이후 43%가 증가한 숫자이다. 《타임Time》지에 따르면, 미국 성인 1,000만 명이 매일 명상을 하는데, 이는 10년 동안 100% 증가한 숫자이다. 전인적 의료holistic medicine가 더 젊게 더 오래 살려는 사람들의 소망과 결합하고 있다.

사회에 부유층이 증가하면 자산관리, 세무관리, 자금관리 등 맞춤형 금융 서비스가 필요해진다. 패밀리 오피스family offices(거부 가문의 금융 업무를 전담하는 회사)는 과거에는 록펠러Rockefellers, 게티스Gettys 같은 가문들만 이용할 수 있었지만, 앞으로는 갈수록 많은 사람이 이용하게 될 것이다.

사람들이 더 오래 살고 더 부유해지며, 세계화로 인해 지구가 더 좁아짐에 따라 여행 서비스가 번창할 것이다. 독특한 여행을 경험하는 백로즈Backroads 같은 특별 여행은 물론, 오락과 지식 탐구를 제공하는 순항 관광선cruise ship도 추세를 타고 있다. 여행객을 편안하게 해 주는 킴튼Kimpton 호텔 같은 부티크 호텔과 포시즌The Four Seasons 같은 최고급 브랜드 호텔도 혜택을 받을 것이다.

지금까지는 대학교를 졸업한 사람이 65세까지 일하고 퇴직하는 것이 정상이라고 생각했다. 현재는 대학 졸업생들이 퇴직할 때까지 평균적으로 12개 직장을 거친다. 오늘날 퇴직하는 사람들은 대개 20~30년을 더 살아간다. 100살까지 사는 일이 흔해진다면 어떤 일이 일어날까? 70세 이후에 은퇴하는 사람들이 늘어나는 추세를 고려하면, 상황은 그다지 크게 변할 것 같지 않다. 왜 그럴까? 연금이 없어지는 등 돈 문제도 있고, 70대가 되어서도 사람들은 활동적이고 건강할 것이기 때문이다.

이제는 학교를 졸업하자마자 생활전선에 진출할 수가 없다. 적절한 업무 능력을 계속 유지하려면 직장생활 내내 지식 탱크를 계속 채워야 한다. 평생 학습이 미래에 직장인 모두에게 핵심적 토대가 될 것이다. 교육도 계속해야 하지만, 지식경제 시대에는 새로운 기술을 익혀서 세계 시장에 적응해야만 생존하고 번영할 수 있다.

온라인 학습과 훈련 기업들은 계속해서 엄청난 성장세를 이어갈 것이다. 회의 및 지식 네트워크가 통합되어 근로자들에게 지속적으로 업무 교육을 제공할 것이다.

건강과 스포츠 성장 분야에 속한 다음 유망 회사들의 정보는 www.findingthenextstarbucks.com에 있다.

건강, 부, 지혜 분야 유망 회사들

앰베스캡Amvescap, AVZ

블루 나일Blue Nile, NILE

크레이니엄Cranium

커브스Curves

디즈니 리틀 아인슈타인Disney's Little Einsteins

이튜너Eaturna

이칼리지eCollege.com, ECLG

포시즌 호텔Four Seasons Hotels, FS

가이엄Gaiam, GAIA

글라소Glaceau, Vitamin Water

GOL 항공GOL Airlines, GOL

잠바 주스Jamba Juice

노우팻!KnowFat!

라이프타임 피트니스Life Time Fitness, LTM

라이프웨이 푸드Lifeway Foods, LWAY

러쉬Lush

파머카 인터그레이티브 파머시Pharmaca Integrative Pharmacy

켈로스Quellos

스페이스NK 제약Space.NK.apothecary

홀푸드마켓Whole Foods Market, WFMI

윌리엄 살먼 William Sahlman

하버드 경영대학원(Harvard Business School)

윌리엄 살먼은 하버드 경영대학원 1955년 디미트리 다벨로프 석좌교수이다. 다벨로프 석좌교수는 1986년 기업가 과정 교육 및 연구를 지원하려는 목적으로 설립되었다. 그는 기업가적 벤처 투자의 모든 단계에서 발생하는 투자 및 재무 의사결정을 집중적으로 연구한다. 그는 여러 비상장기업의 이사회 임원으로 참여하고 있다. (윌리엄 살먼과의 인터뷰 전문을 읽으려면 www.findingthenextstarbucks.com을 찾아보기 바란다.)

대기업들은 업무 수행과 제품 개선에 대해 사고방식이 굳어 버렸습니다. 고객의 수요가 완전히 바뀌어 버리면, 이들은 여지없이 무너져 버립니다. 예를 들어, 소프트웨어 사업을 살펴봅시다. 소프트웨어 사업은 항상 전통적인 방식을 따랐습니다. 직접 판매 조직이 있고, 평균 판매가격이 높으며, 사이트 라이선스 비중이 크고, 매년 갱신 수수료를 받습니다. 시벨Siebel이 이런 방식이었습니다.

어느 날 경쟁자들이 고객을 찾아가 말했습니다. "프로그램은 서버에 올려놓고 쓰면 됩니다. 우리는 당신에게 필요한 것만 판매합니다. 우리는 IT 관리자가 아니라 사용자를 직접 고객으로 상대합니다." 세일즈포스닷컴과 라이트나우 테크놀로지가 이런 방식으로 시벨을 무너뜨렸습니다.

나는 아스펜 에어로겔Aspen Aerogels이라는 회사에 참여하고 있습니다. 이 회사는 세계 어떤 제품보다도 3~4배 우수한 단열재를 생산하고 있습니다. 이 회사는 원가를 극적으로 낮추는 방법을 찾아냈습니다. 그래서 자동차에서 냉장고와 주택에 이르기까지 더 나은 단열재가 필요한 시점에, 널리 사용되는 아주 중요한 제품이 될 정도로 원가를 낮출 수 있습니다. 말하기 다소 이른 감은 있지만, 줄기세포 기술을 이용하면 단순한 증상 치료뿐만이 아니라 질병을 치료할 수 있습니다. 그사이에 많은 진단 테스트가 개발될 것이고, 증상을 파악하는 방법이 개선될 것입니다. 그래서 나는 이 분야에서 흥미로운 제품이 많이 나오리라고 생각합니다.

지식경제와 교육

교육이 비싸다는 생각이 든다면, 무식하게 살아보시오.

데릭 복(Derek Bok), 하버드대학(Harvard University) 전임 총장

교육 시장에 일찌감치 투자했던 사람 중 많은 수가, 전에 의료 분야에 투자했던 사람들이다. 오늘의 교육 산업에서 30년 전 의료 산업의 모습을 보는 것은 결코 우연이 아니다. 의료와 교육은 둘 다 필수적인 서비스이지만, 이 밖에도 둘은 놀랍도록 닮았다. 불완전하게나마 둘을 비교해 보면, 교육 및 훈련 산업에서 기회를 찾는 관점을 얻게 된다.

1970년 의료 산업은 GDP의 8%를 차지하는 거대한 시장이었지만, 산산이 흩어진 영세 산업이었다. 비평가들은 의료 산업에서 돈을 벌 수 있느냐 뿐 아니라, 돈을 벌어야 하느냐에 대해서도 의문을 제기했다. 전문성을 갖춘 지도자도 부족했고, 기술 수준도 낮았으며, 비용도 높았기 때문에, 의료 산업에는 대기업이 거의 없었다. 투

● 1970년과 2005년의 의료 산업

1970	2005
거대 시장-GDP의 8%	거대 시장-GDP의 16%
산산이 흩어진 영세산업	분야별로 세분화
높은 비용	통합
낮은 기술 수준	연구개발과 기술에 집중 투자
전문 경영자 부족	강력하고 책임 있는 경영
시가총액 미미 (3% 미만)	미국 자본시장의 16%
필수 서비스	필수 서비스

자 관점에서 보면, 의료 산업이 GDP 비중은 크지만 시가총액은 미국 전체 자본 시장의 작은 부분에 지나지 않았다. 월스트리트 증권회사가 의료 산업을 취급할 때도, 대개 애널리스트 단 한 사람이 보고서를 작성했으며, 의료 장비, 의료 서비스, 제약 등 모든 분야를 도맡아 처리했다.

시계를 현재로 빨리 되돌려 보자. 의료 산업은 훨씬 더 큰 시장이 되어, GDP의 16%를 웃돈다. 분야별로 세분되었고 (의료 장비, 제약, 생명공학, 건강관리조직 등), 갈수록 정교해지고 있으며, 대규모 자본투자에 힘입어 기술이 진보했고, 대체로 강력하고 책임 있는 경영이 실행되고 있다. 1970년 이후 의료 산업은 역동적인 시장 세력으로 성장하였으며, 세계에서 가장 기술이 진보한 산업이 되었다. 시스템이 완벽한 것은 아니지만, 우리가 아프면 미국이 우리를 치료해 준다. 투자 관점에서 보면, 의료 산업은 미국 자본 시장의 16%를 차지한다.

마찬가지로, 교육 및 훈련 산업도 거대 시장이지만 (GDP의 16%가 넘는다), 산산이 흩어진 영세 산업으로서, 1만 5,000개 학군에 10만 개 학교가 있고, 비효율적이며, 전문 경영자가 부족하고, 기술 활용도가 떨어진다. 일부 비평가들은 교육 분야에서 영리 기업이 역할을 맡아야 하느냐고 의문을 제기한다. 게다가 교육 및 훈련 기업들의 비중은 미국 자본 시장의 1%에도 미치지 못한다.

교육은 개인과 고용주 모두에게 필수가 되었다. 지식경제에서, 대학 졸업장은 미래 산업에 참여하려면 갖춰야 하는 전제 조건이다. 인터넷, 화상회의, 위성 시스템과 같은 기술 혁신의 결과, 지식과 정보가 주도하는 아이디어 경제가 등장했다.

지식경제의 교육 수요는 (현재 시스템이 이러한 수요를 채워 줄 능력이 없으므로), 기업에 무한한 성장 기회를 가져다준다. "거대한 투자 기회"를 주는 고전은, 문제에 대해 해결책을 보유한 기업이다. 문제가 심각할수록, 투자 기회는 더 크다. 오늘날 미국에 교육을 개선하는

● 교육의 현주소

거대 시장-GDP의 8%
산산이 흩어진 영세산업: 1만 5,000개 학군에 10만 개 학교
높은 비용: 12학년K-12교육에 학생당 연간 1만 달러, 대학 교육은 대개 연 3만 달러 이상
기술 수준 낮음
전문 경영자 부족
시가총액 미미 (미국 자본시장의 1% 미만)
필수 서비스

일보다 더 심각한 문제가 없어 보이므로, 나는 교육 분야 투자 기회가 엄청나다고 생각한다.

기업들은 졸업생들이 읽고 쓰기조차 못하므로 고용할 수 없다고 말한다. 기업들은 재교육에 수십억 달러를 쏟아붓고, 직원 훈련에 수백억 달러를 투자하며, 교육 개혁에 거금을 기부한다.

우리는 자신의 급여만 보아도 오늘날 경제에서 교육이 차지하는 중요성을 실감할 수 있다. 1980년, 고등학교 졸업자와 대학 졸업자 사이의 급여 격차는 50%였다. 현재는 그 차이가 111%이며 더 벌어지고 있다.

다시 말하면, 30세 고졸 남성은 1970년대에 비해 2/3도 벌지 못한다. 미국 성인의 경우 24%만이 학사 이상이라는 점을 고려하면, 이 차이는 더 두드러진다.

적합한 기술을 요구하는 고용주들이 "밀고", 더 나은 직업을 찾

2003년 실업률	교육 수준	2003년 주급 중앙값
2.1%	박사	$1,349
1.7%	전문직	$1,307
2.9%	석사	$1,064
3.3%	학사	$900
4%	준학사 (2년제)대학 중퇴	$672
5.2%	대학 중퇴	$622
5.5%	고졸	$554
8.8%	교교 중퇴	$396

자료 · 노동통계청(Bureau of Labor Statistics)

는 종업원들이 "당기면서", 학생이 누구인지 다시 정의되었을 뿐만 아니라, 대학 교육 제공자들에게 비옥한 성장 환경이 만들어졌다. 25년 전에는 대학 교육을 받는 학생의 25%가 25세 이상이었다. 지금은 거의 50%가 25세 이상이다.

문제는 대부분 단과대학과 종합대학들이 18세~22세 학생들에게 맞춰 운영된다는 점이다. 수업이 낮 시간에 진행되고, 1년에 2~3개 학기가 있으며, 주차장이 부족하고, 기숙사, 풋볼팀, 악대를 운영하고 있다. 그러나 이런 운영 방식은 거의 50%에 이르는 학생들에게는 이제 전혀 적합하지가 않다.

그런데 안타까운 역설은, 교육이 경제적 성공에 꼭 필요하게 된 바로 이 시점에, 수업료가 올라서 감당할 수 없게 된 사람들이 많다는 점이다. 그러나 기술을 이용하면 교육을 "민주화"하는 기회를 만들 수 있다. 광대역 통신망을 이용하면 전 세계 학생들이 교실과 교과과정에 접근할 수 있으므로, 기술을 통해서 비용을 낮추고, 접근성을 개선하며, 때에 따라서는 대학 교육의 품질까지 개선할 수 있다.

시간과 장소에 구애받지 않는 이 새로운 세계에서, 콘텐츠 제공자들(교육자와 학교들)은 시장의 수요를 촉진하는 방법을 찾아야 한다. 내가 참여한 패널 토론에서, 주요 통신 회사 훈련 책임자가 콘텐츠 제공자들(펜실베이니아대학, 스탠퍼드대학, 미네소타대학 등)에게 말했다. "우리는 1년에 1억 5,000만 달러를 훈련 비용으로 쓰는데, 여러분에게 하고 싶은 말이 있습니다. 우리는 직원들을 비행기에 태웠습니다. 우리가 원하는 때 원하는 장소에서 우리가 절실히 원하는 콘텐츠를 여러분이 제공해 주십시오."

실업률이 5% 미만이고, 대학을 나오지 않는 성인 인구가 많으며, 신규 직업의 70%에 고급 기술이 필요한 경제 상황에서, 기업에서 실시하는 훈련이 지금만큼 중요한 적이 없었다. 반세기 전만 해도 트랙터 운전을 배우면 이 기술로 40년 이상을 벌어먹을 수 있었다. 지금은 소프트웨어 프로그램을 배우고 18개월이 지나면, 기술이 바뀌어서 새로운 프로그램을 배워야 한다.

산산이 흩어진 1,100억 달러짜리 기업과 정부의 교육 시장은 거대한 기회이다. 기업 학습 시장은 역동적인 변화를 거칠 것이다. 교육 및 훈련이 지식 기반 세계 경제에서 갈수록 중요해지며, 회사 내부 교육은 아웃소싱 메가트렌드에 휩쓸릴 것이기 때문이다.

12학년 K-12 시장은 교육 산업에서 가장 큰 세분 시장으로서, 매년 약 5,100억 달러가 지출되는데, 이는 어린이 한 명에 연 1만 달러나 되는 규모이다. 규모가 이렇게 크지만, 12학년 시장은 현재 투자하기에 가장 문제가 많은 시장이다. 뿌리 깊은 관료주의와 개인적 정치적 이해관계가 얽혀서, 이 부문에는 심각한 과제들이 많다. 연구에 따르면 현재 어린이 세대가 미국 역사상 처음으로 이전 세대보다 교육 수준이 떨어지는 것으로 나타났는데, 이 사실에 놀란 부모들이 변화를 요구하고 있다. 기업들은 교육 제도가 개혁되지 않으면 10년 후 기업의 경쟁력이 약해진다는 점을 갈수록 실감하고 있다. 공화와 민주 양당 정치인들은 교육 제도 현상 유지를 받아들일 수 없다고 인식하고, 차터 스쿨charter school (대안공립학교: 공공 기금을 지원받아 독립적으로 운영되는 학교), 학교 선택제도, 바우처voucher (교육비 보조 쿠폰), 주 정부 인수 등을 담은 극단적인 법안을 통과시켰다. 뿌리 깊은 현상 유지 주장자들은 말한다. "시간과 돈을 더 주면 고치겠소이다." 다행스럽게도, 미국인들은 200년이면 충분한 시간을 주었으니 오늘 당장 제도를 고쳐야 한다고 말하고 있다. 책임의식이 높아지고 부모의 참여가 늘어나면서, 보충 교육에 대한 수요가 대폭 증가했고, 시험이 많아졌으며, 교사 훈련도 늘어났다. 게다가 극적인 개혁

● 12학년: 시장 발전에 투자하라

변화 주도 요소		시장의 변화	변화 방해 요소
"낙오 아동 없는 교육"으로 평가 투명성, 유연성, 교사 품질 주도			체계적 변화 대신 소송 혹은 소극적 복종.
평가와 측정에 대해 사회가 폭넓게 지지함.	아웃 소싱 위협 때문에 교육의 가치가 높아짐.		학교는 유비쿼터스 기술이 지배하는 미래 비전 없음.
정당한 12학년 교육이 핵심 쟁점이 됨. 시급하고 중요한 문제로 주목받음.	세계 경쟁의 위협 때문에 기업계가 미국 노동인력 교육에 노력.		교사, 교장, 교육감, 이 사회, 주 정부:변화에 이견과 갈등.
12학년 교육에 대해 부모와 학생들이 고객처럼 생각하고 행동함.	향후 5년 동안 교사 다수가 은퇴하면 젊고 기술에 친숙한 교사들 증가.		사범대학들은 기술사용을 높이는 교과과정 개편 안함.
지원기금 증액으로 변화에 유연성과 수단 제공.	출신 배경이 서로 다른 교육감과 교장들이 변화를 주도함.		교육 지도자/관리자 과정 (교육감, 교장)이 구식임.
업계 핵심 인물들이 공개적으로 체계적 변화를 옹호함.	학위과정의 낙후성이 드러남에 따라 갱신과 개편 바람이 불 가능성 있음.		언론의 갈등과 위기 강조로 변화 주도자 입지가 제약됨.

자료 · 씽크에쿼티 파트너스

이 나라 전체에 걸쳐 시작되고 있다.

차터 스쿨이 개혁을 이끌고 있다. 1992년에는 차터 스쿨이 하나도 없었다. 현재는 3,500개가 넘는다. 차터 스쿨, 학교 선택제도, 공립학교의 민간 관리, 바우처 지급 등이 모두 12학년 학교 시장에 역동적으로 기회를 만들어 주고 있다.

12학년 분야에서 문제와 기회를 찾는 열쇠는 자금 지출을 조사하는 것이다. 5,100억 달러 즉, 학생당 1만 달러의 자금 중, 50%만이 교실에서 지출된다. 나는 서비스 현장 밖에서 자금의 50% 이상이 지출되는 서비스 산업을 상상할 수가 없다.

기술을 이용하면 미국 학교들을 21세기로 끌어올릴 수 있지만, 먼저 우리 학교들을 20세기로 끌어올려야 한다. 기술이 미국 기업에 대단히 중요한 존재가 되어서 IT 분야가 기업 자본 지출의 50% 이상을 차지하지만, 학교의 IT 지출은 전체 지출의 2% 미만이다.

(아마도 처음이 되어야 하지만) 마지막은 조기 교육이다. 어린이 조기 교육과 육아가 교육 문제를 해결하는 토대이다. 교육 시스템의 문제 해결 방법을 찾다 보면, 우리는 "0~5세 문제"를 풀어야만 12학년 문제를 해결할 수 있다는 결론에 도달한다. 오늘날 사회에서, 6세 미만 자녀가 있는 가정의 60%가 맞벌이 부부이다. 6세 미만 자녀가 있는 주부의 62%가 현재 집 밖에서 근무한다. 1960년에는 이 비율이 19%였다.

그러나 실증 연구에 따르면, 어린이가 1살, 2살, 3살 때 배우는 것이 학교에 들어가서 나타내는 행동과 관련이 있다. 그리고 어린이의 1학년 성적은 11학년 성적과 상관관계가 있고, 인생의 11학년 성

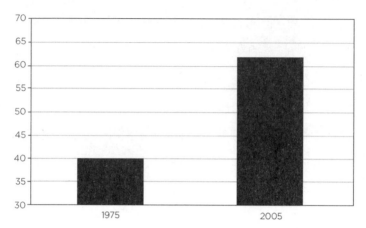

자료 · 미국 인구조사국(U.S. Census Bureau)

적과도 상관관계가 있다. 우리가 관심 가질 부분은, 어린이가 전통적으로 가정에서 받아 온 학습이 탁아 기관으로 아웃소싱되고 있다는 점이다. 따라서 교육적으로 풍부하고, 품질 높으며, 저렴한 탁아 서비스가 어느 때보다도 중요하다. 우리는 교육을 전달하는 방법에 대해 다시 생각해야 하며, 교육 및 훈련에 대한 수요가 붐을 이룰 여건이 조성되고 있다.

교육의 성장 분야에 속한 다음 유망 회사들의 정보는 www.findingthenextstarbucks.com에 있다.

지식경제 시대의 교육 분야 유망 회사들

4GL 스쿨 솔루션4GL School Solutions

아메리칸 퍼블릭 유니버시티 American Public University

아펙스 러닝 Apex Learning   **아폴로 그룹**Apollo Group, APOL

아스펜 에듀케이션 그룹Aspen Education Group

블랙보드Blackboard, BBB

브릿지포인트 에듀케이션Bridgepoint Educaton

캠비엄 러닝Cambium Learning   카펠라 유니버시티Capella University

카네기 러닝Carnegie Learning   이초크eChalk.com

이칼리지eCollege.com, ECLG   에듀벤처스Eduventures

페어차일드 랭귀지 테크놀로지Farifield Language Technologies, Rosetta Stone

하이테크 인스티튜트High-Tech Institute K12

뉴 오리엔탈 그룹New Oriental Group   프레듀PRCEDU

리젠시 뷰티 인스티튜트Regency Beauty Institute

스쿨넷SchoolNet   사이언티픽 러닝Scientific Learning, SCIL

테트라데이터TetraData   러닝 어넥스The Learning Annex, LGAX

튜터닷컴Tutor.com   U. S.에듀케이션U.S. Education

버지니아 칼리지Virginia College   와이어리스 제너레이션Wireless Generation

여성의 힘

1973년 9월 20일, 휴스턴 아스트로돔Astrodome 경기장에서 5,000만 명이 넘는 사람들이 이른바 "성 대결"에서 빌리 진 킹Billie Jean King이 55세의 바비 리그스Bobby Riggs를 3세트로 이기는 모습을 보았다. 이어 헬렌 레디Helen Reddy의 "아이 엠 우먼I Am Woman"이 1972년 최고 히트곡이 되었으며, 이 두 사건이 여성 운동의 불을 지폈다. 마거릿 대처Margaret Thatcher가 영국의 매우 강력한 수상으로 올라서면서, 그녀는 여성들에게 뒤로 물러설 필요가 없다는 사실을 보여 주었다.

이러한 사건들은 30년 동안 사회, 기업, 정치에서 여성의 역할에 극적인 변화를 불러오는 중요한 촉매제가 되었다. 변화는 엄청났다. 1972년에는 여성이 대학생의 42%를 차지했다. 지금은 57%이다. 의대, 경영대, 법대 모두 같은 변화를 보여 준다.

1981년 미국 대학 체육 협회NCAA가 여성 스포츠 대회를 후원하기 시작했다. 오늘날 매년 20개 종목에서 미국 대학 체육 협회 선수권을 놓고 15만이 넘는 여성들이 경쟁을 벌인다. 여자 농구의 경우, 1982년 디비전 원Division I 선수권전 관중이 1만 명에도 못 미쳤으나, 2004년 여자 4강전에서는 입장권이 150달러나 되었는데도 관중이 2만 8,000명 이상 몰렸다.

여성이 나서면 더 많은 CEO가 관심을 기울이고, 모금이 더 많이 되며, 사회적 지원도 더 얻는다. 15년 전에는 기업에 여성 CEO가 아주 이례적이었다. 오늘날 포춘 500대 기업 임원의 거의 16%가 여성이고, 2002년에는 여성이 모든 기업체의 거의 30%를 소유했다. 신규 기업의 경우, 여성 창업이 남성보다 2:1로 많다.

정치면에서는, 여성이 대통령 고문단과 대법원에서 자리를 차지했으며, 국회의원의 거의 19%가 여성인데, 1995년에는 7%에 불과했다. 2050년에는 국회의원의 50%가 여성이 될 것으로 예상된다. 여성 대통령 후보 이야기가 나와도, 사람들은 힐러리 클린턴Hilary Clinton이나 콘돌리자 라이스Condoleeza Rice가 출마하리라 생각하기 때문에, 무덤덤한 반응을 보인다.

● 학력

고졸 이상			
연령대	전체	남성	여성
25~34세	84%	82%	86%
35~44세	85%	83%	87%
45~64세	83%	83%	83%
65세 이상	66%	66%	65%

대졸 이상			
연령대	전체	남성	여성
25~34세	28%	26%	29%
35~44세	26%	26%	26%
45~64세	26%	29%	24%
65세 이상	15%	21%	12%

자료 · 미국 인구조사국(U.S. Census Bureau, 2005년)

기술 덕분에 직장인들은 전통적인 사무실 환경에 얽매이지 않고 9시에서 5시까지 일하면서 생산성을 유지할 수 있다. 이런 혜택은 모든 사람에게 돌아가지만, 특히 여성들에게 긍정적인 효과가 크다. 제트블루 항공JetBlue Airlines과 홈디포Home Depot가 "홈소싱homesourcing"의 선두 주자로서, 많은 종업원(특히 여성)이 집을 사무실 삼아 일하게 하고 있다.

여성들은 온갖 종류의 회사에서 갈수록 영향력을 키워 가고 있지만, 특히 의료와 사회 서비스 분야를 지배하고 있다. 2002년에 여성 소유 기업 3개 중 하나가 의료나 사회 복지 분야였다. 간호와 생활 보호 시설의 50% 이상이 여성 소유이며, 사회 복지 사업은 72% 이상이 여성 소유이다. 키를 잡는 여성들이 늘어남에 따라 어린이, 교육, 육아, 장애인 보호 분야는 물론, 환경과 청정에너지도 혜택을 입으리라 나는 믿는다.

일하는 여성들이 늘어나면서 살림, 자녀교육, 요리 등 전통적으로 전업주부들이 맡았던 서비스도 아웃소싱 필요성이 증가한다. 시간에 쫓기는 여성들을 편하게 해 주는 특별 서비스가 큰 성공을 거둘 것이다.

여성의 경제 활동이라는 성장 분야에 속한 다음 유망 회사들의 정보는 www.findingthenextstarbucks.com에 있다.

여성의 힘 분야 유망 회사들

브라이트 호라이즌 패밀리 솔루션Bright Horizons Family Solutions, BFAM

드림 디너스Dream Dinners 에듀케이트Educate, EEEE

날리지 러닝Knowledge Learning 렛츠 디쉬Let's Dish!

루시 액티브웨어Lucy Activewear 마서 스튜어트 리빙Martha Stewart Living, MSO

슈퍼 서퍼스Super Suppers 트레이더 조스Trader Joe's

단연 최고-프리미엄 브랜드

소비자는 바보가 아니다. 당신 아내다.

데이비드 오길비(David Ogilvy)

내 조수가 살림에 쪼들리면서도 매일 스타벅스 카페라테를 마시는 것을 보면, 스타벅스는 확실히 기회를 단단히 붙들었다. 커피를 기다리며 줄을 서서 보면, 안전모를 쓴 사람부터 고급 양복을 입은 사람까지 다양한 사람들이 있다. CEO에서 비서까지, 누구든지 3달러 50센트면 세계 최고의 커피를 즐길 수 있다.

나는 일리 캘러웨이Ely Callaway를 알게 되고 캘러웨이 골프Callaway Golf 보고서를 쓰게 되어 유난히 기뻤다. 캘러웨이는 우수한 골프 클럽을 만드는 일에 광적이었다. 빅 버사Big Bertha는 분명히 내 점수를 세 배 올려 주지 않았으므로, 나는 일반 드라이버 가격의 세 배 가치가 없다고 생각한다. 그러나 사람들은 캘러웨이가 최고라고 생각했기 때문에, 캘러웨이는 세계 제일의 골프 제조업체가 되었다. 캘러웨이 본사의 보안은 너무도 삼엄해서, 마치 CIA를 방문하는 기분이었다.

전반적인 주류 산업은 정체하거나 침체하는 중인데도, 고급 와인과 고급 맥주 매출은 빠른 속도로 계속 증가하고 있다.

호스트 레켈바커Horst Rechelbacher가 내 고향 미니애폴리스에서 우리 어머니 머리에 아보카도와 다른 이상한 혼합물을 발랐을 때, 그는 나중에 아베다Aveda가 되는 제품을 개발하려고 실험하는 중이었다. 아베다는 현재 10억 달러짜리 회사로서, "천연 성분의" 고급 자가 치료 제품을 판매한다. 헤드&숄더Head & Shoulders 샴푸가 2달러인데 반해, 230g짜리 정향丁香 샴푸는 10달러이다. 키엘Kiehl's은 1853년 뉴욕시 약국으로 시작했고, 지금은 독특한 고급 화장품을 제공하고 있다. 이것도 같은 추세의 혜택을 받아 붐을 이루고 있는 사업이다.

치즈케이크 팩토리Cheesecake Factory, PF창P. F. Chang's, 캘리포니아 피자 키친California Pizza Kitchen 모두 그 분야에서 고객에게 최고의 제품과 서비스를 제공하면서 훌륭하게 사업을 하고 있다. 치즈케이크 팩토리는 종류, 양, 그리고 탁월한 치즈케이크로 단골손님들을 압도한다. PF창은 세련된 중국 요리를 (중국 음식을 싫어하는 사람에게조차) 배달한다. 캘리포니아 피자 키친은 고급 구르메 피자 전문 매장이다.

인앤아웃 버거In-N-Out Burger는 갓 튀긴 프렌치프라이, 냉동하지 않은 고기, 맛있는 셰이크로 캘리포니아에 광신도를 거느리고 있다. 시카고의 팟벨리스Potbelly's도 고급 제품, 훌륭한 서비스, 재미있는 환경을 제공하면서 열성 고객들을 만들어 냈다.

대단히 인기 있는 명절 선물로 떠오른 상품이 그래터Graeter's 아이스크림 선물 보온병이다. 오하이오Ohio주 신시내티Cincinnati에 자리 잡은 그래터는 "프렌치팟French Pot" 제조법을 통해서 놀라울 정도로 열성적인 고객들을 확보했다.

소비자들은 비길 데 없는 제품과 서비스라는 믿음이 가면, 언제든지 기꺼이 구매한다.

프리미엄 브랜드의 성장 분야에 속한 다음 유망 회사들의 정보는 www.findingthenextstarbucks.com에 있다.

프리미엄 브랜드 분야 유망 회사들

블리스 월드Bliss World (Starwood Hotels & Resorts 자회사)

블루 홀딩Blue Holdings, BLUE

캐슬 브랜드Castle Brands, ROX

디자인 위딘 리치Design Within Reach, DWRI

프레더릭 페카이Frederic Fekkai

아이코노컬처Iconoculture

커즈너Kerzner, KZL

코나 그릴Kona Grill, KONA

내퍼스타일NapaStyle

피트 커피앤드 티Peet's Coffee & Tea, PEET

피플스 리버레이션People's Liberation, PPLB

팟벨리스Potbelly's

스타벅스Starbucks, SBUX

언더 아머Under Armour, UARM

비녀드 바인Vineyard Vines

양키 캔들Yankee Candle, YCC

코치Coach, COH

에오스 항공Eos Airlines

고스마일GoSMILE

존스 소다Jones Soda, JSDA

키엘Kiehl's

맥MAC

세포라Sephora

트루 릴리전True Religion, TRLG

어번 아웃피터스Urban Outfitters, URBN

볼콤Volcom, VLCM

주미즈Zumiez, ZUMZ

스타와의 대화

브라이언트 키엘Bryant Kiehl
팟벨리스(Potbelly's)의 CE

어떤 유명한 투자자는 팟벨리스가 제2의 스타벅스가 될 거라고 말했다. 나는 브라이언트 키엘과 마주 앉아서 팟벨리스의 조직 구성은 어떤지, 회사가 어떻게 시작되었는지, 왜 성공했는지, 어디로 가고 있는지 물어보았다. (브라이언트 키엘과의 인터뷰 전문을 읽으려면 www.findingthenextstarbucks.com을 찾아보기 바란다.)

대부분 시카고 사람들처럼, 나도 링컨가^{Lincoln Avenue} 원조 팟벨리스 매장의 열렬한 팬이었습니다. 나는 골수 단골손님이 되었습니다. 나는 소유주를 처음 만났던 날을 기억합니다. 그는 토요일 점심 동안 팟벨리스 스토브에 판지를 태우고 있었습니다. 내가 그에게 왜 매장을 더 열지 않느냐고 묻자, 그는 아직 적합한 사람을 만나지 못했기 때문이라고 대답했습니다. 나는 그에게 대답했습니다. "이제 적합한 사람을 만나셨습니다." 나머지 이야기는 모두 아시는 바와 같습니다.

우리의 비전은 팟벨리스 브랜드에 충실하면서 현명하게 성장하는 것입니다. 우리는 단순한 성공비결을 계속 지키고 싶고, 우리가 하는 일을 끊임없이 개선하고 싶습니다. 현재 우리는 새로운 시장으로 확장하면서 우리의 열성 팬을 늘리는 일에 집중하고 있습니다. 우리는 성장하면서도 동시에 좋아질 수 있다는 점을 입증하고자 합니다. 계속 좋은 회사로 유지되는 경우는 많지 않습니다. 우리는 계속 좋은 회사로 유지되는, 몇 안 되는 회사가 되고자 합니다.

우리 회사가 놀랄 만한 성공을 거둔 핵심 요소는 다음과 같습니다.

- 단순하지만 아주 훌륭한 메뉴를 유지해서, 고객들에게 기막히게 맛있는 음식을 제공한다.
- 변함없이 좋은 제품을 유지하도록 노력하면서, 계속해서 개선해 나간다.

- 고객을 상대하면서 기쁨을 선사한다.
- 항상 신속하며 사려 깊게 서비스 품질을 유지한다.
- 최고의 품질을 합당한 가격으로 제공한다. (절대로 본전 생각나지 않게 한다.)
- 믿을 만하고 진실하며 누구나 알기 때문에 사람들이 기꺼이 받아들이는 브랜드를 키운다.
- 위의 모든 사항을 가급적 단순하고 일관성 있게 유지하도록 항상 노력한다.

프랜차이즈를 시작하면 브랜드에 충실하기가 정말로 어려우므로, 팟벨리스는 프랜차이즈를 하지 않습니다. 현명하게 성장하려다 보면 빠르게 성장하지 못할 수도 있습니다. 빠르게 성장하면 각 프랜차이즈 매장마다 서비스 품질이 천차만별이 되고 운영의 일관성이 없어지는 경우가 많기 때문입니다. 우리는 브랜드가 (머리끝에서 발끝까지) 우리만의 것이길 바라고, 고객들이 우리 브랜드의 절조를 믿어 주기 바라는 마음입니다.

우리는 환상적인 제품 덕분에 큰 수익을 올렸고, 투자자들에게도 크게 보상해 드렸습니다. 우리는 브랜드의 품질과 혼에 대한 통제력을 포기할 생각이 없습니다. 우리는 프랜차이즈 중심이 아닙니다. 부동산 사업이 아니라, 레스토랑 사업이기 때문입니다. 우리에게는 단일하고도 통일된 목적과 초점이 있으며, 그래서 우리는 전체 브랜드의 관점과 합당한 이유를 바탕으로 회사를 위해 의사결정을 할 수 있습니다. 단순성이 가장 중요합니다. 시중에 널려 있는 수많은 프랜차이즈에는 혼이 없습니다. 이런 프랜차이즈를 둘러본 다음 팟벨리스에 들어와 보십시오. 매장

디자인부터 주변 소음까지, 그리고 매장의 향기에 이르기까지 둘의 차이
는 엄청납니다. 우리 매장은 신선하고 진실하며, 항상 이렇게 유지하려
고 노력합니다.

소수집단에서 다수집단으로

하와이 인구를 구성하는 다수집단은, 미국 전체 인구 가운데 항상
소수집단이었다. 캘리포니아, 텍사스, 뉴멕시코는 이제 소수집단이
다수를 차지하는 주이며, 2010년에는 조지아와 뉴욕도 이렇게 될
것이다.

　라틴 아메리카계는 미국 안에서 가장 큰 소수집단(약 4,000만이 넘
는다)일 뿐 아니라, 가장 빠르게 성장하는 소수집단이다. 퓨 히스패
닉 센터Pew Hispanic Center의 조사에 따르면, 라틴 아메리카계 인구는
1980년~2000년 사이에 1,500만에서 3,500만으로 두 배 이상 증가했
고, 2004년까지 또 14% 증가하여 4,000만이 되었다. 라틴 아메리카
계 인구는 2020년까지 6,000만으로 증가하리라 예상되며, 미국 인
구의 약 20%를 차지할 것이다.

　핵심 사실: 라틴 아메리카계 인구는 나이 중앙값이 27세로서, 전체
미국 인구(나이 중앙값 40)보다 훨씬 젊다. 라틴 아메리카계 인구의 무
려 36%가 18세 미만이다.

　또 다른 창으로 미래를 내다보면, 라틴 아메리카계 이민자들의
출생률은 미국 전체의 2배이다. 이 때문에 학교와 일터는 커다란 영

	인구	비중
히스패닉	40,424,528	14%
미국 출생	22,381,207	7.7%
외국 출생	18,043,321	6.2%
백인	194,876,871	68%
흑인	34,919,473	12%
아시안	12,342,486	4%
기타	5,717,108	2%
총 인구	288,280,465	100%

자료 · 트렌드2000(Trends 2000)

향을 받게 될 것이다. 사실 지금부터 2020년 사이에 라틴 아메리카 계 인구는 미국 노동 인구 증가분 중 절반을 차지할 것이다.

거대한 용광로 미국이 백인 다수집단으로부터 라틴 아메리카계 가 이끄는 훨씬 다양한 인구 구성으로 바뀌면서, 제품, 서비스, 시장 에 도전과 기회가 다가오고 있다. 홍보 회사 케첨Ketchum에 따르면, 라틴 아메리카계 인구 89%가 히스패닉 출신이라는 사실에 크게 긍 지를 느끼며, 그 문화 전통을 자녀들에게 넘겨주고자 한다. 79%는 텔레비전 프로그램과 광고가 라틴 아메리카계 공동체를 직접 겨냥 해야 한다고 믿는다. 히스패닉 시장의 69%는 영어 광고보다 스페인 어 광고를 통해서 정보를 더 많이 얻는다. 그리고 이들은 일반 미국 인구보다 첨단 기술제품을 구입할 가능성이 10% 더 높다.

라틴 아메리카계는 2005년 미국에서 5,000억 달러를 소비했으며, 2020년에는 소비가 1조 달러로 늘어나리라 예상된다.

증가하는 라틴 아메리카계 인구는 식당에서 의류, 음악과 오락, 금융 서비스에 이르기까지 많은 소비자 트렌드를 주도하며 성장을 이끌 것이다. 유니비전Univision과 같은 표적 미디어와 집중 마케팅 회사들이 앞으로 50년 동안 커다란 순풍을 받을 것이다.

라틴 아메리카계 시장의 성장 분야에 속한 다음 유망 회사들의 정보는 www.findingthenextstarbucks.com에 있다.

라틴 아메리카계 시장 유망 회사들

브라보 그룹Bravo Group	췌비스Chevy's
치폴레Chipotle, CMG	디에스떼 앤드 파트너스Dieste & Partners
엘도라도 마케팅El Dorado Marketing	타겟Target, TGT
멀티컬처럴 라디오 브로드캐스팅MultiCultural Radio Broadcasting	
스패니시 브로드캐스팅 시스템Spanish Broadcasting System, SBSA	
텔레문도Telemundo	유니비전Univision, UVN

안전제일
· · · · · · · · · · · · · · ·

2001년 9월 11일 사건 이후, 세계와 기회를 보는 나의 시각이 영원히 바뀌었다. 9·11 테러 이전에 정부의 역할은 우리가 사업을 할 수 있도록 길을 비켜 주는 일이었다. 지금 사람들이 가장 먼저 던지는 질문은 "안전합니까?"이다. 정부 기관이나 기업이나 똑같이, 국가 안보를 이토록 심각하게 고려한 적은 없었다.

웹 2.0이 적법한 사업뿐 아니라 테러리즘, 범죄, 사기에도 플랫폼을 제공하므로, 인터넷은 면밀하게 감시받는 분야이다. 기업들은 트로이목마 바이러스, 웜 바이러스, 스파이웨어 등의 끊임없는 공격을 계속 방어하고 있다. 2005년 FBI 컴퓨터 범죄 보고서에 따르면, 조사 대상 조직의 87%가 지난 12개월 동안 일종의 보안 공격을 받은 적이 있다.

IDCInternational Data Corporation의 조사에 따르면, 세계 IT 보안 시장은 2004년 274억 달러였고, 매년 20% 성장하여 2009년에는 600억 달러가 될 것으로 보인다. 세계 보안 소프트웨어 지출은 2004년 100억 달러였고, 2009년에는 4,192억 달러로 예상된다.

9·11 테러를 계기로 "신체적" 안전과 관련된 새로운 사업이 많이 생겼으며, 정부는 이 사업의 주도 세력인 동시에 주요 고객이기도 하다. 몇 가지 예를 들면 생체인식biometrics, 엑스레이 기술, 자기 공명 영상법MRI, 케미컬 센싱chemical sensing 등이 있다. 이에 덧붙여서 구조 요원을 지원하는 기술이 많이 떠오르고 있는데, CAD/CAM 소프트웨어로 빌딩과 정거장 같은 공공장소를 매우 상세하게 보여 줌으로써 비상 계획과 시나리오 수립을 지원한다. 또한 국토방위 필요성이 새롭게 떠오르면서, 지금까지 정부 지하실 여기저기에 흩어져 보관되던 엄청난 양의 데이터를 새로 통합하고 해석할 필요가 생겼다.

컴퓨터 시스템은 경제와 개인 생활의 거의 모든 면에 영향을 미친다. 안타깝게도, 컴퓨터 시스템은 지극히 중요하기 때문에, 장애를 일으켜 커다란 피해를 주거나 시선을 끌려는 집단에 표적이 되고

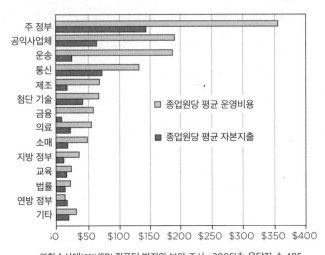

● 종업원 1인당 컴퓨터 보안 평균 지출/투자

과학수사대(CSI)/FBI 컴퓨터 범죄와 보안 조사 2005년: 응답자 수 405

자료 · 컴퓨터 보안 연구소(Computer Security Institute)

있다. 해커들은 해킹을 마이크로소프트나 시만텍Symantec 같은 거대 기술 회사를 좌절시키는 스포츠처럼 여기면서, 현재 수많은 사이버 공격을 벌이고 있다.

전면적 사이버 전쟁을 포함한 대규모 연합공격도 논의되고 있으며, 현재로서는 가능성을 배제할 수 없다. 컴퓨터 시스템의 "올웨이즈 온always-on" 특성을 보장하는 기술이 계속 높은 인기를 끌 것이다. 바이러스 방지와 방화벽은 이미 표준이 되었고, 관심의 초점이 (컴퓨터 시스템의 무오류를 보장하려는 목적으로) 더 세련된 데이터 흐름 분석, 인증과 인가, 보안과 네트워크 관리의 전반적 융합으로 이동하였다. 투자수익률은 기업에서 보안 솔루션의 가치를 평가하는 핵심 척도이다.

피싱 공격(순진한 사람들의 신용카드번호나 계좌번호를 낚으려는 위조 이메일)이 대부분 조직에서 매일 일어나며, 금융 기관과 그 고객이 주요 표적이다. 일부 교묘한 신용 사기를 마피아가 연출함에 따라, 조직 범죄와 FBI가 사이버 공간에서 정면 대결을 벌이는 것도 놀랄 일이 아니다.

스팸 메일의 수는 2005년 하루 280억 건(지구상 모든 남녀와 어린이마다 5건)이었으며, IDC 전문가들은 2009년에는 450억 건으로 증가하리라 예상한다.

컨버전스의 세계에서, 가장 커다란 보안 문제와 기회는 인터넷 전화, 웹서비스, 스토리지 네트워크 같은 새로운 애플리케이션에서 나타날 것이다. 이러한 새로운 애플리케이션의 인기가 높아짐에 따라, 이들은 더 매력적인 공격 목표가 될 것이다.

모바일 세계에서 무선 보안은 점점 더 중요해지고 있다. 미국 국

● 사용 중인 보안 기술

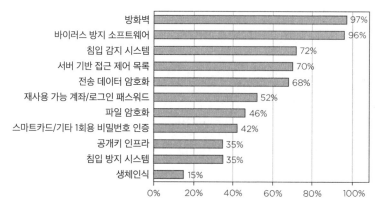

자료 · 2005년 과학수사대CSI/FBI 컴퓨터 범죄와 보안 조사

경을 벗어나면 미국 시민을 보호하는 일이 더 어려워지는 것처럼, 올웨이즈 온 지식근로자들을 보호하는 일도 난제가 될 것이다.

끝으로, 보안이 갈수록 정교해짐에 따라 방어가 탐지에서 예방으로 바뀔 것이다. 당신에게 보안 문제가 발생했다고 경고하는 방식으로부터, 아예 처음부터 문제 발생을 방지하는 쪽으로 변화하며 가치를 높일 것이다. 시만텍, IBM, 마이크로소프트가 이 시장의 거인으로서 통합을 주도했지만, 이 시장은 새롭고 혁신적인 기업들을 맞이할 준비가 되어 있다.

보안 시장의 성장 분야에 속한 다음 유망 회사들의 정보는 www.findingthenextstarbucks.com에 있다.

안전을 지켜 주는 유망 회사들

3VR 시큐리티3VR Security

아버 네트웍스Arbor Networks

사이퍼 트러스트Cipher Trust

시스코Cisco, CSCO

엘리멘틀 시규리티Elemental Security

포티파이 소프트웨어Fortify Software

인포블록스InfoBlox

인터그래프Intergraph, INGR

네트워크 인텔리전스Network Intelligence

오클리 네트웍스Oakley Networks

옵스웨어Opsware, OPSW

페이 바이 터치Pay By Touch

RSA 시큐리티RSA Security, RSAS

스캔세이프ScanSafe

VASCO 데이터 시큐리티VASCO Data Security, VDSI

웹센스Websense, WBSN

태양이 떠오른다 - 대체에너지

앞에서 말했듯이, 훌륭한 투자 기회는 문제가 있는 곳에서 많이 찾을 수 있다. 문제가 클수록, 기회도 크다.

유가가 배럴당 60달러이건 20달러이건, 근본적인 문제는 석유의 양이 한정되어 있다는 점이다. 그리고 석유는 바닥나기 훨씬 전에 경제성을 잃을 것이다. 석유는 감당하기 어려울 정도로 환경을 오염시킨다는 점도 중대한 사실이다. 베이징과 상하이에서는 공기가 너무 나빠서 조깅을 할 수가 없다. 지금 대처하지 않으면 이런 상황은 더 악화할 수밖에 없다.

게다가 지극히 변덕스러운 세계 시장에서 유가가 배럴당 60달러를 넘어서면서, 이란, 사우디아라비아, 베네수엘라 같은 나라에 불유쾌한 돈이 흘러 들어가고 있으며, 이 돈은 미국에 해가 되는 쪽으로 사용될 수 있다. 톰 프리드먼Tom Friedman은 말했다. "녹색이 성조기이다." 이는 해외 석유 공급원에 대한 의존을 줄이는 행동이 애국이라는 뜻이다.

문제는 상황이 계속 악화한다는 점이다. 중국은 이미 세계 2위 석유 수입국이며, 2005년 석유 소비량 연간증가분의 30%를 차지했다. 지난 5년 동안 중국의 석유 소비량 증가율은 경제 성장률을 앞질렀다. 2009년부터 중국의 국내 석유 생산량이 감소할 전망인데, 세계는 어떤 방법으로 중국이 요구하는 석유를 공급할 것인가?

이 문제를 푸는 열쇠는 알래스카에서 석유 시추를 할 것인지를 놓고 열띤 토론을 벌인다고 나오는 것이 아니다. (나는 석유 시추를 해

배럴당 유가	새로운 에너지원
$20~$30	**심해 유정** 지금까지 접근 못 했던 광물을 개발하는 미래형 장비 **가스 액화**(Gas to liquid) 천연가스를 디젤 연료로 전환 **오일샌드**(Tar sands) 석유와 자갈의 혼합물 **디지털 유전**(Digital oil fields) 네트워크 시추장치와 원격조정 유정
$30~$70	**천연가스** 재래식 압축 메탄 (청결하고 효율적이며 폭발성 있음) **석탄 액화**(Coal to liquid) 풍부한 에너지원을 디젤로 전환 **바이오디젤**(Biodiesel) 콩과 야자를 압축해서 얻는 식물성 기름 **에탄올**(Ethanol) 옥수수, 설탕, 섬유소를 발효해서 얻는 알코올로서, 가솔린과 공용 가능
$70 초과	**메탄수화물**(Methane hydrates) 메탄과 얼음으로 구성된 투명한 혼합물 **수소**(Hydrogen) 우주에서 가장 흔한 원소 (초청정 에너지원) **플러그인 하이브리드**(Plug-in hybrids) 단거리 주행용 전기 자동차 **오일셰일**(Oil shale) 퇴적암에서 고급 석유 추출

자료 · 와이어드(Wired magazine), 2005년 12월

야 한다고 생각한다. 반대하는 사람들은 알래스카에 가 본 적이 없는 사람들이다.)
이것은 미봉책에 불과하기 때문이다. 진정한 과제는 어떻게 합리적
인 장기 에너지 계획을 세울 것인가이다.

지난 한 세기 대부분 동안 유가가 낮았기 때문에, 대체에너지와

에너지 기술을 개발하거나 투자할 만한 동기가 별로 없었다. 이제 배럴당 60달러가 넘는 유가, 안보, 환경 보호주의, 자원 부족, 혁신적 기술 등의 요소들이 합쳐지면서, 대체에너지가 향후 50년 동안 대규모 투자 대상으로 떠오르고 있다. 바람, 태양, 생물 연료biofuel, 수력전기와 같은 재생에너지가 핵심 주제이며, 연료전지와 바이오매스biomass(에너지로 만들 수 있는 생물체량)도 여기 포함된다.

재생에너지의 큰 약점은 전통에너지보다 비용이 높다는 점이다. 예를 들면, 풍력 발전기로 전기를 생산하는 비용은 kWh당 최소 5센트이다. 태양광 발전이나 파력波力발전 비용은 kWh당 최소 18~20센트이다. 반면 석유, 가스, 석탄과 같은 전통 에너지원을 이용한 발전 비용은 대개 훨씬 낮아서, kWh당 3~5센트에 불과하다.

그런데도 재생에너지의 큰 그림을 자세히 들여다보면, 규제, 상

● **일본 태양열 주택 현황**

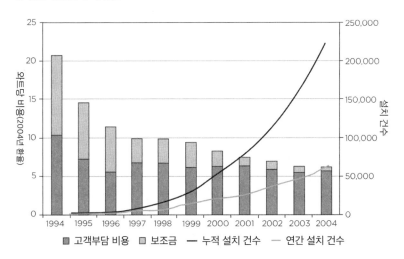

자료 · 국립 재생에너지 연구소(National Renewable Energy Laboratory)

업성, 기술 추세가 모두 재생에너지에 유리하게 진행되며, 전통 에너지원과의 비용 격차를 줄이는 쪽으로 작용하고 있다. 이런 추세를 종합해 보면, 전통 에너지원보다는 재생에너지에 대한 투자가 훨씬 지속성이 있으며 시장을 주도하는 투자가 될 것이다.

풍력 발전 지대는 현재 160만 가구에서 사용하기에 충분한 에너지를 공급한다. 2020년에는 그 규모가 10배가 될 것이다.

태양 에너지는 태양이 존재하는 한 영구적인 해결책이다. 물론 태양이 없어진다면, 에너지를 걱정할 필요도 없을 것이다. 부시 행정부가 태양 에너지를 사용하는 주택 소유자에게 2,000달러 세금공제를 제공하기로 한 법안은 시작에 불과하다. 일본의 사례를 보면, 장기 인센티브 프로그램이 산업의 자립을 유도하는 훌륭한 방법이

● 석유, 수소, 에탄올 비교

요소	석유	수소	생물 연료
에너지 안보 위험	높음	낮음	낮음
거리당 비용	보통	다소 높음	낮음
인프라 비용	매우 낮음	매우 높음	낮음
기술 위험	매우 낮음	매우 높음	낮음
환경 비용	매우 높음	다소 낮음	낮음
실행 위험	매우 낮음	매우 높음	낮음
이해집단 반대	매우 높음	높음	낮음
정치적 난관	?	높음	낮음
실행 소요 시간	-	매우 낮음	낮음

자료 · 비노 코슬러(Vinod Khosla), 클라이너 퍼킨스 코필드 앤드 바이어스(Kleiner Perkins Caufield & Byers)

다. 10년 동안 보조금을 줄여 나가자, 일본 태양 에너지 산업은 이제 보조금 없이도 비용 효율성을 갖추게 되었다. 독일도 일본의 뒤를 따르고 있고, 캘리포니아도 역시 일본을 따르고 있다.

생물 연료는 말 그대로 옥수수와 사탕수수를 재배해서 에너지를 얻을 수 있다. 에탄올은 헨리 포드가 첫 번째 T 모델에서 사용한 이 래 계속 존재했지만, 이제는 에너지 문제에 대한 실용적인 해결책으로 전면에 나서고 있다. 화학적으로, 에탄올은 대학에서 펀치에 첨가하는 주정과 동일하다. 에탄올로 달리는 자동차는 가솔린 자동차보다 비용도 적게 들고, 지구 온난화를 일으키는 배기가스도 거의 없다.

수소 연료전지와 비교했을 때, 에탄올은 즉각적인 해결책이라는 점에서 설득력이 있다. 연료겸용 차량flex-fuel car(가솔린과 에탄올 다 사용 가능한 차량)으로 전환하는 작업은 자동차 제조업체에서 최소한의 투자만 하면 충분하기 때문이다. 에탄올과 가솔린 겸용에는 인프라 변경이 거의 필요 없으며, 전환에 걸리는 기간도 (수소 자동차는 10~15년 인데 반해) 3~5년에 불과하다.

브라질은 이미 이 방법을 실행하고 있다. 브라질은 연료겸용 차량이 2000년에는 극소수였지만, 지금은 전체 차량의 75%이다. 브라질 경량 운송 연료의 40%는 에탄올이다. 보수적인 미국 에너지부U.S. Department of Energy도 2030년에는 연료 소비의 30%를 에탄올이 차지한다고 예상한다. 미국에서 연료겸용 차량이 이미 5백만 대나 운행 중이고 변경 이유가 설득력 있으므로, 이 시장은 조만간 큰 기회가 될 것이다.

생명공학 기술과 프로세스 기술을 사용하면, 곡물 수확량이 극적으로 증가할 것이다. "식량과 연료" 선택권 행사를 통해서, 미국도 사우디아라비아처럼 경제적 최강자가 될 것이다.

주로 댐에서 나오는 수력전기는, 전기를 생산하지 않는 댐 95%의 장비를 개량하면 30배 증가시킬 수 있다.

연료전지 기술은 발전을 거듭하여, 집에서 사용할 수 있는 상업적 휴대용 발전기를 탄생시켰다. 도요타 프리우스Toyota Prius는 일부 유명인사, 많은 기술광, 그리고 특히 "환경 집단" 사람들에게 새로운 BMW인 셈이다. 팔로알토Palo Alto에는 주차 빌딩과 시내에 하이브리드hybrid차를 위한 특별우대 주차 지역이 있다.

● 바이오매스(Biomass)가 중요해진다

사우스다코타(South Dakota)주가		
요소	오늘	내일
재배면적(에이커)	4,400만	4,400만
톤/에이커	5	15
갤런/톤	60	80
1,000배럴/일	857	3,429

OPEC 회원이 된다?	
국가	1,000 배럴/일
사우디	9,101
사우스다코타	3,429
나이지리아	2,509
아랍에미리트	2,478
쿠웨이트	2,376
이라크	2,011
리비아	1,515
카타르	818

미국 차량 연료의 30% 공급!

자료 · 비노 코슬러(Vinod Khosla), 클라이너 퍼킨스 코필드 앤드 바이어스(Kleiner Perkins Caufield & Byers)

(지나친 환경 보호주의가 아닌 준정부기관) 국제 에너지 기구International Energy Agency, IEA는 2030년까지 수력발전이 아닌 재생에너지 기술 개발에 세계적으로 1조 달러 이상 투자될 것으로 예상한다. IEA는 2030년에 이 기술로 생산되는 세계 에너지 비중이 3배로 증가하여 6%가 될 것으로 예상한다. 서유럽과 캘리포니아 같은 일부 지역에서는 20%에 이를 것으로 본다.

녹색 에너지는 세계와 투자 기회 양자에 다 좋다.

대체에너지 분야 유망 회사들

알트라Altra

코울테크CoalTek

아처 다니엘즈 미들랜드Archer-Daniels-Midland, ADM

에버그린 솔라Evergreen Solar, ESLR

퍼스트 솔라First Solar

그린퓨얼GreenFuel

아이오젠Iogen

임페이엄 리뉴어블스Imperium Renewables, Seattle Biodiesel

이온 아메리카Ion America

미아솔Miasole

나노솔라NanoSolar

퍼시픽 에탄올Pacific Ethanol, Inc., PEIX

리뉴어블 에너지Renewable Energy Corporation, REC

렌텍Rentech, RTK

사솔Sasol, SSL

선파워SunPower Corporation, SPWR

쑨텍 파워SunTech Power, STP

베라선VeraSun

베스타스Vestas, VWS

아이라 에렌프라이스 Ira Ehrenpreis

테크놀로지 파트너스(Technology Partners)의 제너럴 파트너

아이라 에렌프라이스는 1996년부터 테크놀로지 파트너스에서 일하고 있다. 아이라는 테크놀로지 파트너스의 청정에너지 부문을 이끌면서, 에너지 기술, 물 기술, 소재과학에 투자하고 있다. 그는 골드만삭스Goldman, Sachs & Co.와 주니퍼 파트너스Juniper Partners 벤처 캐피털에서도 일한 적이 있다. 아이라는 1,000개가 넘는 벤처 투자 회사로 구성된 두 비영리 조직 VC네트워크VCNetwork와 YVCA의 공동의장이다. (아이라 에렌프라이스와의 인터뷰 전문을 읽으려면 www.findingthenextstarbucks.com을 찾아보기 바란다.)

나는 청정 기술의 3가지 요소에 흥미를 느낍니다. 첫째는 벤처 자산 종류에 관련됩니다. 나는 벤처 자본의 역할이, 자산 종류에서 비효율성을 찾아내는 일이 전부라고 봅니다. 이것이 바로 사모 투자private equity가 해야 하는 일입니다. 모멘텀momentum 투자가 아닙니다. 효율적 투자기회선efficient frontier을 따라가는 투자도 아닙니다. 내일의 대박을 찾아내는 일을 해야 하고, 비상장 시장의 장점을 활용해야 합니다. 첫째 요소는, 청정 기술이 벤처 자산 종류에서 여전히 부당하게 취급당하는 분야라는 점입니다. 둘째 요소는, 벤처 투자자는 항상 거대 시장을 찾는데, 에너지와 물 시장과 소재과학 분야는 정말로 세상에서 가장 큰 시장에 속한다는 점입니다. 셋째 요소는, 초기 단계 기업이 생태계에 커다란 영향을 미칠 수 있는 분야를 우리가 항상 찾고 있다는 점입니다.

아마도 청정 기술에 대해 파악해야 하는 가장 중요한 사항은, 청정 기술이 획일적 개념이 아니라는 점입니다. 벤처 투자를 하는 다른 분야에서 전문용어를 쓸 때는, 그 분야나 비즈니스 모델에 대해 대체로 표준화된 의미가 있습니다. 그러나 청정 기술의 경우는 그렇지 않습니다. 청정 기술은 청정 기술을 떠받치는 3개 기둥을 포괄하는 용어입니다. 첫째 기둥이 에너지 기술, 둘째 기둥이 물 기술, 셋째 기술이 소재과학입니다. 에너지 기술 분야만 보더라도, 하드웨어 회사, 소프트웨어 회사, 서비스 회사, 이들을 혼합한 회사가 있습니다. 전기에 집중하는 회사가 있고, 태양이나 저장 기술에 집중하는 회사가 있으며, 석탄 기술을 다루는 회사도 있습니다. 수없이 다양한 회사들이 있고, 따라서 비즈니스 모델도 엄청나게 많습니다. 나는 그래서 더욱 흥미를 느낍니다.

앞을 내다보면, 2006년과 2007년은 생물 연료의 해가 될 것입니다. 새로운 석유 대체물이 시작되는 해나, 일종의 에너지 독립을 시도하는 해가 될 것입니다. 2006년 하반기에 기업공개를 하려는 회사의 등록서류에서 우리는 이미 그 시작을 보았습니다. 2007년에도 이러한 추세는 계속될 것으로 생각합니다. 그래서 나는 생물 연료에 흥미를 느끼는데, 에탄올과 바이오디젤 모두 기회라고 생각합니다.

석탄 기술도 갈수록 중요한 혁신 분야가 될 것입니다. 사실 미국은 석탄 부문에서 사우디아라비아에 해당됩니다. 미국은 전 세계 석탄 매장량의 26%를 차지하고 있습니다. 50%가 넘는 전력이 석탄 발전소에서 생산됩니다. 석탄을 더 깨끗이 하고 석탄의 연소효율을 높이는 기술들이 있습니다.

나노기술-난쟁이 혁명

상상력이 세계를 지배한다.

나폴레옹 보나파르트(Napoleon Bonaparte)

나노기술은 다가오는 50년 동안 정보 기술, 통신, 의료, 에너지 기술, 소비자 라이프스타일 분야에서 혁신과 진보에 앞장설 것이다.

에릭 드렉슬러K. Eric Drexler는 1981년 그의 고전적 저서 〈창조의 엔진The Engines of Creation〉에서 나노기술nanotechnology이란 용어를 만들어 냈다. 나노nano란 그리스어로 "작은 사람"이나 "난쟁이"를 뜻한다. 나노는 미터법에서 (미터, 그램, 리터 등) 표준 척도의 10억분의 1을 나타내는 접두사로도 쓰인다.

얼마나 작으면 작은 것인가? 길이로 따지면, 나노미터(㎚)는 1m의 10억 분의 1이다. 1㎚는 너무도 작아서, 그 사이에 수소 원자 10개만 들어갈 수 있다. 사람들의 일반적인 생각과는 달리, 기막히게 작고 멋진 아이팟 나노iPod Nano에는 나노기술이 전혀 들어가지 않는다.

미국 국립 과학 재단National Science Foundation에 따르면, 나노기술이란 "작은 구조 때문에 속성과 기능이 근본적으로 다른 물질, 장치, 시스템을 이해하고 만들려는 목적으로, 약 1~100㎚ 규모의 원자와 분자 수준을 다루는 기술"이다.

결국 나노기술이란 과학의 법칙을 근본적으로 바꾸는 미세 기술이다. 나노기술을 통해서 화학, 생물학, 물리학을 융합시켜서, 전에는 상상도 못 하던 곳에 응용하거나 해결책을 만들어 낼 수 있다. 나노기술을 적용해서 얼룩방지 의류와 고성능 테니스 라켓을 만드는 일도 훌륭하지만, 이 정도는 다가올 더 멋진 기회에 비하면 아무것도 아니다.

2010년이 되면, 나노기술은 정보 및 통신 기술, 의료, 소비자 시장, 에너지 기술에 중대한 영향을 미칠 것이다. 신설 회사에서 포춘 500대 기업에 이르기까지 수백 개 회사가 나노기술 상업화에 하루 24시간 (그리고 세계 전역에서) 매달리고 있다.

컴퓨터 속도, 전력 사용효율, 저장용량에 대한 수요를 채우는 과정에서 무어의 법칙Moore's Law(컴퓨터 칩의 연산 능력은 18개월에 약 2배가 된다는 법칙)이 도전받게 됨에 따라, 정보 기술과 통신이 나노기술로부터 커다란 혜택을 받을 것이다. 오늘날 인텔, 캘리포니아주 산타클라라Santa Clara의 트랜스메타Transmeta, 캘리포니아주 서니베일Sunnyvale

● 대기업들의 나노기술 개발목표

회사	장비	영상 출력장치	컴퓨팅	센서	의료	에너지	소재	방위
인텔	●							
IBM	●		●					
HP	●		●					
3M					●		●	
듀폰		●					●	●
GE	●	●			●	●	●	●
삼성	●	●						
히타치	●	●				●		

자료 · 씽크에쿼티 파트너스

의 어드밴스트 마이크로 디바이시스Advanced Micro Devices, AMD 등 대규모 반도체 제조업체들은 모두 나노 크기로 부품을 생산하고 있다. 단순한 나노 규모 미세화를 넘어서서, 이러한 회사들과 여러 신생기업은 양자量子 규모 효과를 이용하는 전혀 새로운 방법을 연구하고 있다. 논리 회로를 이런 방법으로 만들면, (기존 회로에는 논리 요소가 5,000만 개 들어가는 데 반해) 논리 요소를 수백억 개나 넣을 수 있다.

나노기술은 질병을 진단하고 치료하는 새로운 방법을 개발하는 데에도 중요한 역할을 맡을 것이다. "젖은wet 기술(생명공학)"과 "마른 dry 기술(나노기술)"이 융합하면 생명공학에 커다란 기회가 만들어질 것이다.

환자에게 약과 유전자를 전달하려는 목적으로 나노 입자가 개발되면서, 약을 더 편리한 방식으로 복용할 수 있게 되었다. 나노 입자는 의학 화상畫像 개선에도 응용할 수 있다. 예를 들면, 철 입자를 이용하면 MRI 단층촬영의 품질을 개선할 수 있다.

에너지 기술도 나노기술로부터 혜택을 받는데, 에너지 사용 효율(특히 조명)도 올라가고 더 효과적인 전력 생산 방식도 개발된다. 나노 입자를 고체 조명에 사용하면, 2025년에는 조명에 사용되는 전기를 50%까지 절감할 수 있다. 일반 전구는 밝은 백색광을 발산하는 개량형 발광다이오드light-emitting diodes, LED로 대체될 것이다. 컬러 키네틱스Color Kinetics 같은 회사는 이미 이러한 기술을 상업화하고 있다. 나노기술은 연료전지 같은 에너지 기술 상업화도 지원하고 있다. 태양전지도 더 가격이 내려가고 효율성이 개선되고 있으며, 새로 개발된 소재를 사용해서 현재 사용 중인 값비싸고 깨지기 쉬운

2004	2008	2012
소비자 제품		
자외선 차단제/화장품 자동세탁 옷감 얼룩방지 의류 스포츠용품 복합 부품	"스마트" 페인트/코팅 저가 촉매	자동세탁 옷감 고체 냉동
정보 및 통신		
반도체 웨이퍼 연마제 광학 부품 LCD 영상 출력장치 나노리소그래피 잉크젯 프린터 (마이크로머신MEMS) 하드디스크 헤드	비휘발성 기억 장치 평판 영상 출력장치 유기발광다이오드 스핀트로닉스 메모리 올 옵티컬 디바이스 초고밀도 기억장치	양자 전산 플렉시블 집적회로 딥펜 리소그래피 분자 장치
의료/생명과학		
화상 및 상처 치료제 센서(MEMS) 마이크로어레이(MEMS) MRI 조영제	체외 진단 유전자 발현 배열 바이오센서 인조 뼈	체내 진단 약물전달 보철 유전자 치료
에너지 및 환경		
	플렉시블 광전변환소자 나노구조 촉매 소형 연료전지 나노구조 자석	태양전지판 환경회복 솔리드스테이트 제너레이션

자료 · 씽크에쿼티 파트너스

실리콘 웨이퍼를 대체할 수 있다.

각국 정부가 세계 나노기술 투자에 앞장서고 있으며, 연간 무려 35억 달러(미국은 약 10억 달러)나 되는 연구개발 자금을 제공하고 있다. 벤처 투자자들의 참여 규모는 아직 비교적 작은 수준이지만, 드레이퍼 피셔 저비슨Draper Fisher Jurvetson, 벤록Venrock, 해리스 앤드 해리스Harris & Harris 같은 선도 벤처 투자 회사들은 지금까지 나노기술에 수억 달러를 투자했다.

이 산업은 신생 산업이므로, 오늘날 공개 시장에서 참여하는 방법이 거의 없다. FEI나 비코Veeco 같은 연구용 계측 장비 제공업체에 투자하는 것도 방법이다. 이들은 나노기술을 "캐는 기업"에 "곡괭이, 선광용 냄비, 삽"을 파는 기업들이다. 여기에는 영상 도구(소형 카메라와 현미경), 생산 도구(나노장비 생산과 세척), 기본 구성 요소(물리, 생물, 화학 물질) 등이 포함된다. 해리스 앤드 해리스는 "미세기술tiny-technology" 사모투자 포트폴리오를 구성하면서 사업을 개발하고 있다.

나노기술은 듀폰, 인텔, GE, IBM, HP 등 기성 대기업들에도 매우 중요하다. 그래서 이들도 나노기술이 불러올 파괴적 변화에 참여하려고 노력하고 있다.

나노기술 성장 분야에 속한 다음 유망 회사들의 정보는 www.findingthenextstarbucks.com에 있다.

나노기술 분야 유망 회사들

알테어 나노테크놀로지스Altair Nanotechnologies, ALTI

아폴로 다이아몬드Apollo Diamond   세레스Ceres, CERG

컬러 키네틱스Color Kinetics, CLRK   해리스 앤드 해리스Harris & Harris, TINY

인페이즈 테크놀로지스InPhase Technologies

몰레큘러 임프린츠Molecular Imprints   나노필름Nanofilm

나노옵토NanoOpto   나노스트링NanoString

나노시스^{Nanosys}　　　　　　나노텍스^{Nano-Tex}

난테로^{Nantero}　　　　　　　테라사이클^{Terracycle}

XDx　　　　　　　　　　　제타코어^{ZettaCore}

자이벡스^{Zyvex}

스타와의 대화

찰리 해리스 ^{Charlie Harris}
해리스 앤드 해리스(Harris & Harris) 회장

해리스 앤드 해리스 그룹은 상장 벤처 투자 회사이다. 이 회사는 나노기술, 마이크로시스템, 마이크로머신^{microelectromechanical system, MEMS} 같은 미세 기술 기반 회사에 투자한다. (찰리 해리스와의 인터뷰 전문을 읽으려면 www.findingthenextstarbucks.com을 찾아보기 바란다.)

1994년, 나는 나노기술과 지적 재산권에 기반을 둔 나노페이즈^{NanoPhase}라는 회사에 벤처 투자를 하게 되었습니다. 지금까지 나노기술 거래를 해 본 적이 없었지만, 기업 실사를 하는 과정에서 갈수록 흥미를 느꼈고, 나노기술이 세계를 바꾸리라고 실감했습니다.

나노기술은 개발 주기의 초창기에 있지만, 결국 이 기술이 문자 그대로 혁명을 일으켜서, 사물을 만들고 운영하는 전혀 새로운 도구를 인류에게 가져다줄 것이라고 우리는 곧 깨달았습니다. 그래서 우리는 나노페이즈에 투자했고, 운 좋게도 이 회사는 3년 뒤 1997년에 기업을 공개했습니다. 다행히 우리는 이 투자에서 상당한 돈을 벌었지만, 이 거래를 통해서 우리가 나노기술을 배우기 시작했다는 점이 더 큰 소득이었습니다.

1994년부터 나는 나노기술에 기반을 둔 거래를 모두 살펴보았지만, 당시에는 대부분이 과학 실험에 관련된 건이라서 상업화와는 거리가 멀었습니다. 2001년 초, 우리는 고전적인 초창기 벤처 투자 요건에 맞는 투자 기회들이 줄지어 준비 중이라는 점을 깨달았습니다. 우리는 2001년 중반에 두 번째로 나노기술 회사에 투자했습니다. 이 회사는 하버드대학에서 분사한 난테로Nantero라는 회사였습니다. 나노페이즈는 소재 회사였지만, 난테로는 탄소나노튜브를 이용해서 기억장치를 만드는 회사였습니다. 복잡한 일이긴 하지만, 시장이 매우 크기 때문에 성공한다면 보상도 훨씬 큰 사업이었습니다. 난테로의 기술을 이용하면 기억장치가 즉시 가동되므로, 이 기억장치가 장착된 컴퓨터는 부팅하느라 시간을 낭비할 필요가 없는 데다가, 다른 장점도 있었습니다. 만일 성공한다면, 난테로의 기억장치로 기존의 모든 기억장치를 대체할 수 있습니다.

(실제로 일단의 기반 기술인) 나노기술이 결국 거의 모든 분야에서 이용될 것이므로, 우리는 포트폴리오가 잘 분산될 것이라고 실감했습니다. 나노기술에 투자하면 다양한 시장의 수많은 상품에 투자하는 셈이기 때문입니다.

★ 10 ★

사례 연구

FINDING THE NEXT STARBUCKS

Case Studies

⋮

사람들은 왜 그렇게 과거를 미워하지?

하우엘스W. D. Howells가 마크 트웨인Mark Twain에게

무척이나 창피하니까 그렇지.

마크 트웨인의 대답

내일의 스타를 찾아내서 투자하려면, 과거에 크게 성공을 거둔 회사
와 약속을 지키지 못한 회사의 속성을 분석하면 도움이 될 때가 많다.

베스트바이Best Buy VS. 서킷시티Circuit City

이름	베스트바이	약자	BBY
설립	1966	기업 공개	1985
창업인	미네소타(Minnesota)주 세인트 폴(St. Paul)에서 리처드 슐츠(Richard Schulze)가 창업		
현재 CEO	브래드버리 앤더슨 (Bradbury Anderson)	기능	가전제품, 사무용품, 소프트웨어 등을 취급하는 최대 소매업체

전해 오는 이야기

리처드 슐츠는 제조업체 대리점으로 유명 브랜드 음향기기를 6년 동안 판매한 뒤 사운드 오브 뮤직Sound of Music을 시작했다. 처음에는 매장에서 스테레오 컴포넌트만 판매했으나, 다른 전자제품으로 판매 범위를 넓혔다. 1981년에 토네이도가 닥쳐서 회사 최대 매장의 음향기기 전시실이 거의 다 파괴되었다. 슐츠는 이 재난에 대응하여 주차장에서 대규모 세일을 벌였다. 이 사건을 통해서 그는 슈퍼스토어에 착안했다. 1983년, 회사는 이름을 베스트바이로 바꾸고, 첫 번째 베스트바이 매장을 열었다.

베스트바이의 비즈니스 모델은 전문품 소매점과 도매상을 결합한 것으로서, 유명 브랜드 제품을 할인 가격에 판매했다. 베스트바이는 모든 제품을 진열해서 판매하므로, 고객들은 제품을 직접 보고 구입할 수 있다. 게다가 점원들이 판매수당을 받지 않기 때문에, 고객들은 부담감 없이 점원들에게 물어볼 수 있다. 이 판매 전략이 크게 인기를 끌어서, 베스트바이의 매출액이 1989~1994년 동안 1,000% 증가했다.

4P

사람People: 베스트바이는 전통적으로 종업원의 장시간 근무와 개인적 희생을 높이 평가했다. 이제는 집에서도 품질 높은 업무가 가능한 점과 종업원 탈진을 인식해서, 종업원 중 50%는 자신의 일정에 따라 근무하도록 허락했으며, 실적은 회사 목표의 달성도에 따라 측정한다. 회사 중역이 주식 16.3%를 보유하고 있다.

제품Product: 베스트바이는 유명 브랜드 가전제품과 사무용품을 경쟁력 있는 가격에 판매한다. 유명 브랜드 제품에는 노란색 꼬리표를 부착한다.

잠재력Potential: 베스트바이는 전자/가전제품 소매 산업에서 시장 점유율 25%를 차지하고 있다. 830억 달러 규모인 이 산업은 성장률이 10%지만, 베스트바이의 성장률은 17%로 예상된다.

예측 가능성 Predictability: 베스트바이는 2001~2005년의 20개 분기 중 16개 분기에서 월스트리트의 기대를 충족하거나 뛰어넘었다. 이 산업은 매우 안정적이나 경기순환의 영향을 받는다.

베스트바이에 혜택을 주는 주요 트렌드: 통합, 인구통계, 인터넷, 브랜드

성공비결: 베스트바이는 고품질 제품을 저렴한 가격에 제공하며, 새로운 기회에 일찌감치 실제적인 방법으로 접근한다.

이름	서킷시티	약자	CC
설립	1977	기업 공개	1984
창업인	노스캐롤라이나(North Carolina)주 그린즈버로(Greensboro)에서 앨런 워즐(Alan Wurtzel)이 창업		
현재 CEO	앨런 맥콜로 (Alan McCollough)	기능	가전제품 대규모 소매상

전해 오는 이야기

서킷시티는 서킷시티가 되기 오래전에 사업을 시작했다. 1949년 버지니아주 리치몬드에서 사무엘 워즐Samuel S. Wurtzel이 워즈Wards를 설립했는데, 이는 워즐Wurtzel, 앨런Alan, 루스Ruth, 데이비드David, 샘Sam의 머리글자를 따서 만든 이름이다. 원래 워즈TV는 타이어 상점에서 텔레비전을 판매했는데, 점차 가전제품도 판매하게 되었다. 1961년 워즈는 매장을 4개 보유하면서 기업을 공개했다. 워즈는 가전제품 여러 분야로 확장했고, 또한 여러 회사를 인수하면서 전기기구와 가구로도 확장하였다.

1970년 샘 워즐이 은퇴하자, 그의 아들 앨런 워즐이 워즈의 대표 자리를 맡았다. 훌륭한 매장 서비스, 편리한 제품 선택, 박식한 판매 직원으로 소매점 최고 브랜드를 만들겠다는 생각이 떠오르자, 앨런은 워즈 매장을 서킷시티 매장으로 바꿔 나가기 시작했다. 1981년 서킷시티 매장은 슈퍼스토어가 되었다. 1984년에는 뉴욕증권거래소NYSE에서 서킷시티 스토어Circuit City Store, Inc.라는 이름으로 거래되기 시작했다. 서킷시티는 베스트바이보다 1년 뒤인 1989년 PC를 판매했고, 2000년에 전기기구 판매를 중단했다. 서킷시티는 가전제품 판매 분야에서 계속 영업 중이다.

4P

사람: 서킷시티는 회사 분위기가 다소 느슨해서 직원들이 평상복을 입으며, 매장에 세탁장소나 운동설비 같은 편의시설까지 갖추고 있다. 판매 직원들은 2003년 이후 시간급을 받고 있으며, 매출실적 압박을 받지 않는다. 회사 중역이 주식 1.8%를 보유하고 있다.

제품: 서킷시티는 가전제품과 사무용품 소매회사이다. 같은 제품을 뒤늦게 출시한다는 점만 제외하면, 베스트바이와 비슷하다. 예를 들면, 컴퓨터를 베스트바이는 1988년 판매했으나 서킷시티는 1989년에 판매했고, 시간급을 베스트바이는 1989년 도입했으나 서킷시티는 2003년에 도입했다.

잠재력: 서킷시티는 시장점유율 25%를 차지하고 있으며, 이 산업은 성장률이 10%지만 서킷시티의 성장률은 14%로 예상된다.

예측 가능성: 서킷시티는 2001~2005년의 20개 분기 중 11개 분기에서 월스트리트의 기대를 충족하거나 뛰어넘었다. 이 전자/가전제품 소매 산업은 매우 안정적이나 경기순환의 영향을 받는다.

서킷시티에 혜택을 주는 주요 트렌드: 통합, 인구통계, 인터넷

성공비결: 서킷시티는 설립 이후 다양한 시장을 공략하였다.

● 실적 비교

	베스트바이	서킷시티
기업공개 시가총액	$2,800만	$1억 8,200만
현재 시가총액	$240억	$40억
이익 성장	26%	-7%
주가 상승	33%	15%
예상 성장률	17%	14%
영업 이익	5%	1%
2005년 매출	$290억	$110억
$1 투자 시 현재가치	$301	$21

● 베스트바이와 서킷시티

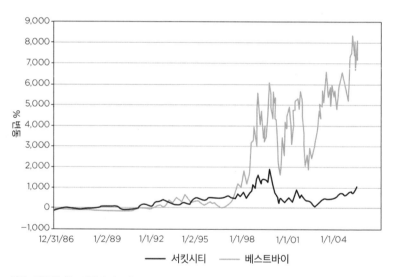

자료 · 팩트셋, 씽크에쿼티 파트너스

베스트바이와 서킷시티 모두 성공했으나, 특히 베스트바이가 크게 성공했다. 베스트바이 경영진은 끊임없이 혁신 능력을 보여 주었으나, 서킷시티는 1990년 중반 이후로 계속 모방만 했다. 회사 중역의 주식 보유 비중은 베스트바이의 경우 상당한 수준이 유지되고 있으나, 서킷시티는 미미한 수준이다. 실적 유지가 어렵다고 소문난 소매 부문에서, 2001~2005년 동안 20개 분기 중 베스트바이는 16개 분기에서 월스트리트 기대 실적을 충족하거나 초과했고, 서킷시티는 11개 분기에서 충족하거나 초과했다.

사례 연구

인텔 vs. 어드밴스트 마이크로 디바이시스^{AMD}

이름	인텔	약자	INTC
설립	1968	기업 공개	1971
창업인	캘리포니아주 산타클라라에서 고든 무어(Gordon Moore)가 창업		
현재 CEO	폴 오텔리니 (Paul S. Otellini)	기능	반도체 제조업체이며, 칩셋, 컴퓨터 인프라, 소프트웨어, 기업 컨설팅 분야도 진출

전해 오는 이야기

1968년, 페어차일드 반도체^{Fairchild Semiconductor} 설립자 밥 노이스 Bob Noyce와 고든 무어^{Gordon Moore}(컴퓨터 칩의 연산 능력이 18개월마다 약 2배

로 늘어난다는 무어의 법칙을 만들어 냄)는 페어차일드를 떠나 대단히 혁신적인 신생 벤처 기업 NM 일렉트로닉스NM Electronics에 합류했다. 유명한 벤처 자본가 아서 록Arthur Rock(초대 인텔 회장)으로부터 250만 달러를 조달하여, 그해 말 인텔코Intelco라는 회사로부터 인텔Intel 상호 사용권을 구입했다. 1969년 인텔은 세계 최초로 반도체 램RAM 시제품을 발표하였고, "e를 떨어뜨린" 인텔 로고를 채택했다. 이것은 전 세계적으로 널리 알려진 브랜드가 되었다. 다음 10년 내내 인텔은 마이크로프로세서와 읽기 전용 기억장치 개발에 앞장섰다. 1981년, 인텔은 IBM이라는 중요한 마이크로프로세서 공급처를 확보하여, 성공으로 가는 길을 확보했다.

거의 10년에 걸친 PC 불황과 1990년 설립자 밥 노이스의 갑작스러운 죽음에도 불구하고, 인텔은 강행군을 계속하여 1991년 슈퍼컴퓨팅 기록을 깼고, 1993년에는 커다란 성공을 거둔 펜티엄Pentium 프로세서를 발표하였다. 앤디 그로브Andy Grove의 성공작 펜티엄 브랜드와 프로세서의 성공을 통해, 인텔은 경쟁자를 제치고 오늘의 인텔로 올라섰다.

4P

사람: 인텔의 기업 문화는 계속해서 새로운 디자인과 기술을 자극한다. 현재 회장 크레이그 배럿Graig R. Barrett과 CEO 폴 오틸리니Paul S. Otellini 둘 다 오랫동안 인텔 경영진으로 활동했으며, 1968년 설립자가 채택한 비전을 계속해서 추구하고 있다. 이들은 회사에 대해 명확한 비전이 있고, 제품에 대해 확고한 책임의식이 있다.

제품: 인텔은 마이크로프로세서를 세계에서 가장 많이 생산하고 공급하며, 세계에서 생산되는 모든 PC의 85%에 인텔이 들어 있다. 인텔은 20% 성장하는 시장에서 시장점유율 12.5%를 차지하고 있다. 인텔의 주요 고객은 델, 게이트웨이, IBM, HP, 애플 등이다.

잠재력: 인텔의 시장은 비교적 성숙한 시장이지만, 세계 시장은 계속해서 성장하고 있다. 인텔은 AMD, 페어차일드 반도체, 내셔널 반도체National Semiconductor 같은 거대 기업들과 경쟁한다. 또한 데이터 저장장치 분야에서 스캔디스크Scandisk, IBM과 경쟁한다.

예측 가능성: 반도체 부문 시장의 성숙기 진입, 불투명한 다른 분야 진출 능력, 비교적 높은 연구개발비용이 인텔의 걱정거리이지만, 인텔은 연구개발과 인수를 주도하면서 미래 이익 성장을 추구한다. 인텔은 지난 19개 분기 중 16개 분기에서 월스트리트의 기대를 충족하거나 뛰어넘었다. "인텔 인사이드Intel Inside"는 브랜드 가치를 성공적으로 창출하였고, 가시성을 이익으로 전환하였다.

인텔에 혜택을 주는 주요 트렌드: 인터넷, 세계화, 지식경제

성공비결: 연구개발에 집중 투자하여 혁신을 앞장서서 실천함

이름	어드밴스트 마이크로 디바이시스(AMD)	약자	AMD
설립	1969	기업 공개	1972
창업인	캘리포니아주 서니베일에서 제리 샌더스(Jerry Sanders)가 창업		
현재 CEO	헥터 루이즈 (Hector Ruiz)	기능	전자 장치용 반도체 장비 제조

전해 오는 이야기

소문에 따르면, 1960년대에 제리 샌더스는 핑크색 양복을 입고 IBM 임원을 만나러 갔다. 본인은 부인하지만 이야기는 여전히 전해 오는데, 아마도 반도체 산업에서 샌더스가 품격과 스타일을 갖춘 전설적 인물이기 때문일 것이다. 1969년 샌더스가 페어차일드 반도체에 근무할 때, 종업원 6명이 경영진 교체에 불만을 품었다. 이들은 회사를 떠나기로 했고, 샌더스는 사장을 맡는 조건으로 이들에게 합류했다. 샌더스는 이후 33년 동안 AMD의 사장 겸 CEO를 맡았다.

AMD는 집적회로 및 반도체 제조업체로 출발했지만, 이후 마이크로프로세스, 플래시메모리장치, 프로세서로 분야를 넓혔다. 이들은 자신을 위해서가 아니라, 소비자들의 수요에 맞춰 혁신하려고 노력했다. AMD는 IBM과 마이크로소프트에 많은 프로세서를 공급하면서 강력한 유대관계를 맺고 있다. 전설적인 인물 샌더스는 2002년 CEO에서 물러났고, 헥터 루이즈 박사가 그 자리를 물려받았다. 세계 인구의 50%가 2015년에 낮은 비용으로 인터넷을 쓰게 하자고 50/15를 주창하면서, 회사 지휘를 맡은 루이즈 박사는 더 효율적이고 값싼 기술을 개발하는 혁신을 계속했다.

4P

사람: AMD는 팀 중심의 비계급적 문화이며, 사람을 가장 중요한 자산으로 여긴다. 회사 중역은 주식의 겨우 0.2%를 보유하고 있다.

제품: AMD는 마이크로프로세서, 플래시메모리장치를 생산하며, 컴퓨터와 가전 산업에 실리콘 기반 솔루션을 제공한다. 또한 오늘

날 실제 소비자들의 실제 수요에 맞추어 제품을 판매하는 데 관심이 있다.

잠재력: AMD는 반도체 산업에서 시장점유율 2%를 차지하고 있으며, 국내 시장과 국제 시장에서 거인 인텔과 힘겨운 전쟁을 벌이고 있다. 반도체 산업은 20% 성장이 예상되며, AMD는 15% 성장할 것으로 예측된다.

예측 가능성: 경쟁과 혁신 압박 때문에 매출 예측이 어렵다. AMD는 지난 5년 동안 겨우 9번 월스트리트의 기대를 충족시키거나 뛰어넘었다.

AMD에 혜택을 주는 주요 트렌드: 국제화, 인터넷

성공비결: 소비자 수요를 따라가는 혁신

인텔과 AMD 둘 다 성공했지만, 인텔은 세계적으로 큰 성공을 거두었다. 인텔은 적극적인 혁신 문화와 브랜드 구축을 통해서 커다란 성공을 거두었다.

● 실적 비교

	인텔	AMD
기업공개 시가총액	$6,000만	$7억 8,100만
이익 성장	21%	1%
주가 상승	15%	8%
예상 성장률	17%	16%
영업 이익	31%	1%
2005년 매출	$390억	$60억
$1 투자 시 현재가치	$109	$14

● 인텔과 AMD

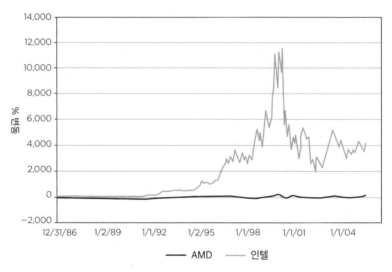

자료 · 팩트셋, 씽크에쿼티 파트너스

사례 연구 델 vs. 게이트웨이

이름	델	약자	DELL
설립	1984	기업 공개	1988
창업인	텍사스주 오스틴에서 마이클 델(Michael Dell)이 창업		
현재 CEO	케빈 롤린스 (Kevin Rollins)	기능	세계 소비자와 기업에 주문제 작 컴퓨터와 서비스를 제공하 는 세계적 기업

전해 오는 이야기

대학 중퇴를 자랑스럽게 여기는 학생은 별로 없지만, 마이클 델은 예외다. 18세에 델은 기숙사 방에서 주문 제작 컴퓨터를 판매하기 시작해서, 19세에 대학을 중퇴하고 1,000달러를 창업자금으로 투입하여 델 컴퓨터를 정식으로 설립했다. 1992년 27세에 델은 포춘 500대 기업 명단에 올라간 최연소 CEO가 되었다.

델은 1997년에 컴퓨터 1,000만대를 판매하였고, 그의 성공은 21세기에도 계속 이어졌다. 델은 매일 온라인 매출이 5,000만 달러가 넘는다. 기술 서비스가 회사 매출의 30%를 차지한다. 시장에서는 소매 매장이 없으면 프린터 판매에 성공할 수 없다고 예측했지만, 델 프린터 판매는 18개월 만에 시장점유율 33%에 이르렀다. 2005년, 델은 《포춘》지에서 "미국에서 가장 존경받는 회사"로 선정되었다.

4P

사람: 델은 흔히 신생기업이 그런 것처럼, 기업가적이고 빠르게 움직이는 분위기의 수평 조직이다. 회사 운영에 도움이 된다면, 어느 계층에서 결정을 내려도 환영받는다. 경영진이 주식의 9.8%를 보유하고 있다.

제품: 델은 온라인으로 제조와 가상기억장치를 일찌감치 받아들이고 혁신하여, 적시에 인터넷의 위력을 십분 활용하였다. 델은 컴퓨터를 주문 제작하여 신속하게 배달한다. 델은 또한 세계적으로 유명 브랜드로 인정받는다.

잠재력: 델은 컴퓨터 하드웨어 산업에서 시장점유율 35%를 차지

하고 있다. 이 산업의 현재가치는 2,320억 달러로 평가되며, 예상 장기 성장률은 16%이다. 델의 성장률은 19%로 예상된다.

예측 가능성: 델의 사업은 세계 컴퓨터 매출과 전자 장치 유행에 좌우된다. 디지털 가전제품의 컨버전스는 델에 유리한 트렌드이다. 델은 제품 통합에 계속 노력을 기울이고 있기 때문이다. 델은 2001~2005년 20개 분기 중 13개 분기에서 월스트리트의 기대를 충족하거나 뛰어넘었다.

델에 혜택을 주는 주요 트렌드: 인터넷, 세계화, 인구통계, 컨버전스, 브랜드

성공비결: 델은 신속하고 저렴하게 소비자 수요를 맞추려고 헌신적으로 노력한다.

이름	게이트웨이	약자	GTW
설립	1985	기업 공개	1993
창업인	사우스다코타주 수(Sioux)시에서 테드 웨잇(Ted Waitt)이 창업		
현재 CEO	웨인 이노우에 (Wayne Inouye)	기능	기업과 개인에게 컴퓨터 장비와 소프트웨어 판매

전해 오는 이야기

게이트웨이는 1985년 아이오와 농가에서 설립되어, 수백만 고객을 거느린 미국의 유명 브랜드로 성장하였다. 테드 웨잇은 할머니로부터 받은 1만 달러, 임대한 컴퓨터 한 대, 3페이지 "사업 계획서"로

게이트웨이를 설립하여, 회사 혁신을 통해 기술 산업의 발전에 기여하였다.

거의 10년 동안 꾸준히 성장했고, 이머신스^{eMachines}를 성공적으로 인수했으며, 홈 미디어 부문으로 계속 확장했음에도, 게이트웨이는 최근 소비자 PC 판매가 줄어들었고, 매출 감소와 손실 발생 때문에 주가가 계속 하락했다. (이머신스를 회생시킨 노련한 경영자) 웨인 이노우에가 지휘를 맡고 있지만, 게이트웨이의 미래는 불확실하다. 최근 실적이 저조했지만, 게이트웨이는 핵심 사업에 집중하고 있으며, 최근 캘리포니아주 정부 컴퓨터 공급업체로 지정되어 활기를 되찾고 있다.

4P

사람: 유명 소매업체 고위 임원으로 수십 년 경험을 쌓은 이노우에는 이머신스를 이끌며 성공적으로 회생시킨 뒤, 2004년 3월 게이트웨이에 인수시키는 작업을 마무리했다. 경영진과 회사 중역들이 주식의 29%를 보유하고 있으며, 테드 웨잇이 최대 단일 주주이다. 게이트웨이는 사람, 아이디어, 고객, 제품의 다양성을 자랑으로 여긴다.

제품: 실속 있는 컴퓨터, 모니터, 안방극장 시스템, 고객 지원을 갖춘 게이트웨이는 소비자, 소기업과 대기업, 정부와 교육 기관 등에 솔루션을 제공한다. 또한 농가 전통을 나타내는 암소 얼룩 상자로 강력한 브랜드 이미지를 갖고 있다.

잠재력: 시가총액이 10억 달러가 넘지만, 게이트웨이는 컴퓨터 하

드웨어 산업에서 시장점유율이 1%에 못 미친다. 지난 몇 년간 성장률이 마이너스였으며, 현재는 이 회사를 담당하는 월스트리트 애널리스트가 없다. 컴퓨터 산업은 연 16% 성장할 것으로 예상되지만, 이러한 성장으로부터 혜택을 받으려면 게이트웨이는 시장점유율을 높여야 한다.

예측 가능성: 게이트웨이는 델과 애플 같은 거대 기업들과 힘든 경쟁을 벌이고 있다. 컴퓨터 산업은 성숙기로 접어들었으며, 경쟁하려면 게이트웨이에 혁신적 상품이 필요하다. 지난 20개 분기 중에서 월스트리트 기대를 충족시키거나 뛰어넘은 분기는 겨우 8개뿐이다.

게이트웨이에 혜택을 주는 주요 트렌드: 인터넷, 세계화, 브랜드

성공비결: 게이트웨이는 브랜드 이미지가 높으나, 제품 경쟁력을 높일 필요가 있다.

● 실적 비교

	DELL	GTW
기업공개 시가총액	$2억 1,200만	$10억
현재 시가총액	$720억	$10억
이익 성장	35%	의미 없음
주가 상승	41%	-2%
예상 성장률	16%	예측치 없음
영업 이익	9%	0%
2005년 매출	$540억	$40억
$1 투자 시 현재가치	$339	$1

● 델과 게이트웨이

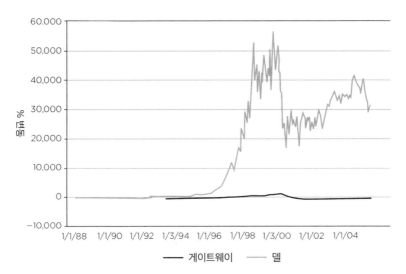

자료 · 팩트셋, 씽크에쿼티 파트너스

비슷한 동기를 지닌 젊은 반항아들이 1년 차이를 두고 세운 회사들이지만, 델과 게이트웨이의 발전 과정은 전혀 딴판이다. 마이클 델의 지휘 아래, 델은 PC라는 필수품 제조업체로부터 발전하여 제조, 유통의 선도 기업이 되었고, 세계적 브랜드를 창조하였다. 게이트웨이는 테드 웨잇의 지휘 아래, 역동적이고 갈수록 경쟁이 치열해지는 국내 PC 시장에서 시대착오 상태에 머물렀다.

10. 사례 연구

399

사례 연구 스타벅스 vs. 크리스피 크림 도넛

이름	스타벅스	약자	SBUX
설립	1971	기업 공개	1992
창업인	워싱턴주 시애틀에서 하워드 슐츠(Howard Schultz)가 창업		
현재 CEO	짐 도널드 (Jim Donald)	기능	음악, 보드게임, 커피 제조 장치까지 취급하는 세계적인 고급 커피 회사

전해 오는 이야기

1971년, 스타벅스는 좋은 포도를 고집하는 양조장처럼, 좋은 커피콩을 고집하는 작은 원두커피 소매상에서 출발하였다. 원래 창업자 제리 볼드윈Jerry Baldwin, 제브 시겔Zev Siegel, 고든 보커Gordon Bowker는 네덜란드 이민자 앨프레드 피트Alfred Peet로부터 영감을 얻었는데, 그는 캘리포니아주 버클리에 충성스러운 고객 기반을 확립해 놓고 있었다. 피트는 세 사람에게 커피를 볶는 세부 기술을 가르쳐 주었는데, 이들이 기술을 익히자 시애틀에서 인기가 솟았다. 모비 딕Moby-Dick에 나오는 커피를 좋아하는 일등항해사 스타벅Starbuck의 이름을 딴 이 회사는, 향기를 상징하는 아이콘이 되었다.

하워드 슐츠는 1981년 스타벅스를 발견하였으며, 그 후 인생이 영원히 바뀌었다. 그는 소유주들이 커피에 쏟아붓는 열정과 품질을 사랑하였으며, 스타벅스가 세계에서 가장 가치 높은 브랜드가 될 수 있다고 믿었다. 그는 스타벅스에 고용되기까지 1년이 걸렸지만, 여기에 기죽지 않고 목표 달성 작업에 착수했다. 이탈리아식 커피 바에서 영감을 얻고, 돌아가신 아버지를 추모해서 모든 종업원을 책임지며, 슐츠는 마침내 오늘의 스타벅스가 된 회사의 CEO가 되었다.

4P

사람: 정규 직원이나 시간제 직원이나 모두 완전한 의료 혜택을 받는다. 스타벅스에는 종업원에 대한 포괄적인 훈련 프로그램이 있으며, 탁월성을 추구하는 문화가 있다. 이 회사는《포춘》지 선정 미국에서 가장 근무하기 좋은 회사 명단에 계속해서 올라가 있다. 회사 중역들은 주식의 2%를 보유하고 있다.

제품: 스타벅스는 독특한 향, 제품, 컵 디자인으로 차별화된 고급 커피를 판매한다. 게임, 음악, 주방용품 등 계절상품도 판매한다. 스타벅스는 고객 일상생활의 일부가 되려고 노력한다. 스타벅스는 심지어 와이파이WiFi(전파 등을 이용하는 근거리 통신망)까지 갖추고 있다! 각 매장의 독특한 장식물은 그 지역의 관습과 전통을 끌어들이면서도 스타벅스의 분위기를 연출한다.

잠재력: 스타벅스는 세계 전체에 1만 1,000개가 넘는 매장이 있으며, 이 중 2,872개는 미국 밖에 있다. 이들은 미국 매장을 1만 5,000개로 늘릴 계획이며, 국제적으로도 1만 5,000개 더 늘릴 계획이다. 국제 매장 중 다수는 중국에 계획하고 있는데, 현재 중국에는 매장이 179개뿐이다.

예측 가능성: 스타벅스는 정말이지 고객 일상의 한 부분이 되었기 때문에, 고객들은 평균적으로 한 달에 16~20번 매장을 방문한다. 회

사는 2005년 8월까지 계속해서 164개월 동안 동일매장 매출실적이
증가했다.

스타벅스에 혜택을 주는 주요 트렌드: 브랜드, 인구통계, 세계화

성공비결: 고급 제품과 고객 서비스에 대한 열정.

이름	크리스피 크림 도넛	약자	KKD
설립	1937	기업 공개	2000
창업인	노스캐롤라이나주 윈스턴세일럼(Winston-Salem)에서 버넌 루돌프 (Vernon Rudolph)가 창업		
현재 CEO	스티븐 쿠퍼 (Stephen F. Cooper)	기능	"도넛 극장"에서 갓 구운 설탕 코팅 도넛을 판매

전해 오는 이야기

1937년, 버넌 루돌프Vernon Rudolph는 뉴올리언스New Orleans에서 프랑
스인 주방장으로부터 도넛 만드는 법을 사서, 노스캐롤라이나주 윈
스턴세일럼 지역 식료품점에 판매했다. 애호가들이 갓 구운 신선한
도넛을 요구하기 시작하자, 그는 매장 벽을 뚫어 소매점을 열었다.
이후 수십 년 동안 크리스피 크림은 동남부의 작은 체인으로 성장하
였다. 버넌은 품질의 일관성을 유지하려고 도넛 제조 프로세스를 개
발하였는데, 이것이 오늘날 도넛 극장이 되었다.

1973년, 도넛 매장 체인, 충성스러운 고객 기반, 제조 비법을 남
겨 둔 채, 버넌은 세상을 떠났다. 그러자 매출이 줄어들었고, 체인은

1976년 비어트리스 푸즈Beatrice Foods에 매각되었다. 1982년 원래의 프랜차이저가 체인을 매입했다. 이때 프랜차이즈가 전국적으로 빠르게 확장되었다. 장기 근무한 크리스피 크림 충성파 스콧 리벤굿Scott Livengood이 1998년 CEO가 되었고, 2000년에 기업을 공개했다. 21달러에 기업공개를 하고 고도 성장 기간을 거친 다음, 주가는 절정기에 50달러까지 오르기도 했지만 6달러로 곤두박질쳤고, 2004년 회계부정혐의로 정밀 조사를 받고 있다. 리벤굿은 2005년 은퇴했고, 엔론Enron, 레이들로Laidlaw, 모리슨 크누센Morrison Knudsen 같은 회사의 경우처럼 기업 회생을 위해서 크리스피 크림은 스티븐 쿠퍼를 임시 CEO로 고용하였다.

4P

사람: 전설적인 설립자가 1973년 사망하자 회사는 갈팡질팡했다. CEO 스콧 리벤굿은 제품 애호가이자 장기 근무자였지만, 최고 경영자로서는 경험이 없었다. 쿠퍼는 노련한 회복 전문가이지만, 음식점에 대해서는 경험이 없다. 프랜차이즈 점포별로 기업 문화도 크게 다르다.

제품: 훌륭한 도넛이지만, 주요 마케팅이 도넛 극장(몇 번만 방문하면 호기심이 사라진다)에 초점을 두며, "갓 구운 따끈한 도넛" 표시판(대개 눈에 잘 안 뜬다)과 같은 충동 구매에 의존한다. 이 제품은 건강을 추구하는 메가트렌드에도 거스른다.

잠재력: 미국 45개 주와 6개 나라에 368개 크리스피 크림 프랜차이즈가 있다. 여러 식료품점과 주유소에서도 크리스피 크림을 팔기

때문에, 제품이 아무 곳에나 널려 있어서 진부하게 느껴진다. 회사 전체 매출은 증가했지만 개별 매장의 매출은 계속 감소 중이고, 새로 문을 여는 프랜차이즈보다 문을 닫는 프랜차이즈가 더 빠르게 늘어나고 있다.

예측 가능성: 도넛은 역사가 오랜 식품이지만, 현재의 건강 트렌드인 저칼로리 저탄수화물 식사에 거스른다. 회사는 던킨 도너츠Dunkin' Donuts와의 경쟁에 시달리고 있다. 회생이 가능할지는 몰라도 쉽지는 않을 것이다.

크리스피 크림에 혜택을 주는 주요 트렌드: 브랜드

성공비결: 갓 구운 신선한 도넛과 도넛 극장으로 경쟁자를 물리친다.

● 실적 비교

	스타벅스	크리스피 크림
기업공개 시가총액	$2억 1,600만	$2억 6,200만
현재 시가총액	$240억	$3억 3,700만
이익 성장	48%	의미 없음
주가 상승	30%	1%
예상 성장률	22%	19%
영업 이익	11%	자료 없음
2005년 매출	$70억	$7억
$1 투자 시 현재가치	$30	$1

● 스타벅스와 크리스피 크림

자료 · 팩트셋, 씽크에쿼티 파트너스

크리스피 크림이 기업을 공개했을 때, 낙관론자들은 이 회사가
제2의 스타벅스라고 말했다. 이들은 크리스피 크림 매장에 늘어선
긴 고객 행렬, 놀랄 만한 단위 경제성, 어디서나 눈에 띄는 브랜드를
가리켰다. 크리스피 크림은 1937년부터 사업을 시작했지만, 문제는
솟아오른 인기가 일시적 유행(고객이 매주 도넛을 몇 개나 먹겠는가?)이며,
회사는 고속 성장을 감당할 능력이 없었다는 점이다.

스타벅스는 브랜드가 지나치게 노출되면 희석될까 봐 극도로 걱
정한 데 반해, 크리스피 크림은 식료품점에서 주유소에 이르기까지
어느 곳에나 브랜드를 노출했다. 스타벅스는 품질을 관리하려면 매
장을 소유하고 직접 운영해야 한다고 믿었다. 반면 크리스피 크림은
프랜차이즈 점포를 빠르게 늘려 갔다. (던킨도너츠와 맥도날드는 프랜차이

즈 점포 확장에 성공한 사례들이지만, 이들은 수십 년에 걸쳐 신중하게 확장했다.)

사례 연구 **이베이 vs. 소더비** Sotheby's

이름	이베이	약자	EBAY
설립	1995	기업 공개	1998
창업인	캘리포니아주 새너제이에서 피에르 오미디아르(Pierre M. Omidyar)가 창업		
현재 CEO	메그 휘트먼 (Meg Whitman)	기능	개인 사이 중고품 거래를 촉진하는 온라인 매장

전해 오는 이야기

1995년, 당시 피에르 오미디아르의 약혼녀는 다른 종류의 페즈 Pez 사탕 용기 수집가를 찾느라 애쓰고 있었다. 이와 같은 문제점 때문에 인터넷의 떠오르는 잠재력을 이용하는 이베이가 탄생하게 되었다. 오미디아르는 페이팔PayPal 같은 안전한 자금 이체 기술과 인터넷을 이용하면 수많은 상품을 교환하는 개인 간 장터를 만들 수 있다고 생각했다.

오미디아르는 제프 스콜Jeff Skoll을 회사의 첫 번째 정규 직원으로 채용하여, 둘이서 온라인 경매 거인을 만들어 냈다. 현재 이베이는 소비자들이 다른 어떤 온라인 소매상보다 쇼핑시간을 많이 보내는 공간이며, 아프리카를 제외한 모든 대륙의 23개 나라 사람들에게 장터를 제공한다. 매일 수백만 개 상품이 올라오며, 소비자들은 중고

차에서 가전제품, 성모 마리아상을 닮은 토스트 빵까지 살펴볼 수 있다. CEO 메그 휘트먼에게는 고객이 첫 번째 초점이므로, 그는 장인들이 이베이에서 물건을 파는 길을 열어 주러 과테말라Guatemala까지 직접 다녀왔다. 이베이가 주요 수입원 혹은 보조 수입원이라고 응답한 사람이 72만 4,000명이 넘는다.

4P

사람: 메그 휘트먼은 플레이스쿨Playskool과 미스터 포테이토 헤드Mr. Potato Head의 세계 마케팅을 이끌었던 브랜드 전문가이다. 이베이의 기업 문화는 고객의 수요에 초점을 둔다. 회사 중역들은 주식의 25%를 보유하고 있다.

제품: 이베이는 사실상 모든 물건을 다루는 인터넷 기반 중고장터이다. 매출은 증가하고 있지만, 2004년에는 40%가 넘었던 성장률이 2005년에는 32%로 내려갔다.

잠재력: 이베이는 겨우 4년 만에 최대 중고차 소매상이 되었다. 이베이는 중국의 2억 1,200만이 넘는 인터넷 사용자들을 끌어들이려고 노력하고 있다. 가장 먼저 나서는 기업이 인터넷에서 막대한 전리품을 얻게 되므로, 빠른 성장을 지속하려면 이베이는 계속 혁신해야만 한다.

예측 가능성: 이베이는 기업공개 이후 단 한 분기를 제외하고 항상 월스트리트의 기대를 충족시키거나 뛰어넘었다.

이베이에 혜택을 주는 주요 트렌드: 인터넷, 인구통계, 세계화, 브랜드

성공비결: 이베이는 개인 사이에 믿을 수 있는 거래를 촉진한다.

이름	소더비	약자	BID
설립	1744	기업 공개	1998
창업인	영국 런던에서 사무엘 베이커(Samuel Baker)가 창업		
현재 CEO	윌리엄 루프레흐트 (William Ruprecht)	기능	미술품, 골동품, 보석, 수집품 경매

전해 오는 이야기

경매장에서 일어난 사상 첫 거래는 1744년 베이커가 주선하였다. 2세기가 족히 지나서, 소더비는 The Gospels of Henry the Lion(사자 왕 헨리의 복음) 단행본을 8백만 파운드가 넘는 가격에 팔았다. 오늘날 전 세계에 100개가 넘는 소더비 사무소가 있으며, 회사의 연간 매출액은 5억 달러가 조금 넘는다. 소더비는 225년 동안 관록과 쇼맨십으로 최고의 옥션 품목들을 취급해 왔다.

소더비 홀딩Sotheby's Holding은 자회사들과 함께 미술품, 골동품, 장식예술품, 보석, 수집품 경매를 운영한다.

4P

사람: 소더비는 고객 기반 확대뿐만이 아니라 세계 최고 경매 기관으로 브랜드와 명성을 유지하려는 목적으로, 비전을 지닌 지도자들을 2세기 넘게 고용하고 있다. 회사 중역들은 주식의 0.5%를 보유하고 있다.

제품: 경매 활동에는 예술품 감식, 평가, 감정 업무가 있고, 구매

자의 관심을 자극하는 일이 있으며, 경매 절차에 따라 매도자와 매수자를 연결하는 일이 있다.

잠재력: 소더비는 어떤 경매 기관과도 비교할 수 없는 세계 수준의 맞춤형 서비스를 제공한다. 세계적으로 예술품 매출은 연 12% 성장하고 있는데, 소더비는 이 독특한 틈새시장에서 훌륭한 경쟁력을 갖추고 있다. 이 회사의 예상 성장률은 15%이다.

예측 가능성: 소더비는 2001~2005년 12개 분기 중 7개 분기에서 월스트리트 기대를 충족시키거나 뛰어넘었다. 경매 시장은 경제 상태와 소비자 신뢰도에 영향을 받는다.

소더비에 혜택을 주는 주요 트렌드: 인구통계

성공비결: 소더비는 일류 제품에 대해 고급 경매 서비스를 제공한다.

이베이는 떠오르는 인터넷 메가트렌드를 활용해서, 페즈 사탕 용기에서 자동차에 이르는 모든 상품에 대해 구매자와 판매자를 연결하였다. 이베이는 소더비가 200년 넘게 수작업으로 수행해 온 경매 절차를 자동화하였다. 이베이는 사업을 시작한 지 갓 10년이 넘었을 뿐이지만, 인터넷만이 제공하는 폭넓은 "도달 범위^{reach}"와 수백만 이용자들이 제공하는 "풍요^{richness}"를 결합함으로써, 소더비보다 60배나 큰 시장가치를 확보하게 되었다.

● 실적 비교

	이베이	소더비
기업공개 시가총액	$7억 1,500만	$4억 5,000만
현재 시가총액	$640억	$10억
이익 성장	77%	1%
주가 상승	80%	5%
예상 성장률	30%	16%
영업 이익	33%	21%
2005년 매출	$50억	$5억
$1 투자 시 현재가치	$62	$2

● 이베이와 소더비

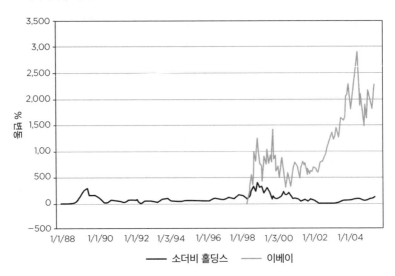

자료 · 팩트셋, 씽크에쿼티 파트너스

이름	제넨테크	약자	DNA
설립	1976	기업 공개	1980
창업인	캘리포니아주 샌프란시스코에서 로버트 스완슨(Robert Swanson)과 허버트 보이어(Herbert Boyer) 박사가 창업		
현재 CEO	아서 레빈슨 (Arthur Levinson)	기능	개인 사이 중고품 거래를 촉진하는 온라인 매장

전해 오는 이야기

허버트 보이어 박사와 스탠리 코헨Stanley Cohen 박사의 DNA 재조합 기술이 1976년 로버트 스완슨의 관심을 사로잡았다. 당시 클라이너 퍼킨스 코필드 앤드 바이어스의 벤처 투자가였던 스완슨은, 보이어 박사에게 그 발견에 대해서 10분만 회의를 하자고 요청했다. 회의는 3시간으로 연장되었고, 제넨테크의 탄생과 더불어 생명공학 분야 전체가 탄생하게 되었다. 생명공학으로는 실용적인 제품을 결코 만들 수 없다고 시초부터 주장한 전문가들이 많았지만, 제넨테크는 빠르게 성장해서 1982년 첫 번째 재조합 DNA 약품인 인간 인슐린을 출시하였다.

1980년 첫 기업공개에서 공모가격이 35달러였으나, 시장이 열리고 불과 한 시간 뒤 88달러까지 올라갔다. 이어 계속된 기업공개에서도 기록이 경신되었다. 1999년 로슈 홀딩Roche Holding은 옵션을 행사해서, 제넨테크가 로슈 보유분을 제외한 모든 발행주식을 되사 들이게 하였다. 한 달 뒤 제넨테크의 두 번째 기업공개에서는 주가가 97달러에서 127달러로 상승했는데, 이는 의료 산업 역사상 최대 규모 기업공개로 간주된다. 현재 제넨테크는 혁신적인 약품을 계속해서 출시하고 있다.

4P

사람: 《포춘》은 미국에서 가장 근무하기 좋은 회사 명단에 제넨테크를 되풀이해서 올리고 있다. 이 회사는 여성과 직장에 다니는 어머니들 사이에서도 최고의 회사로 꼽힌다. 회사 중역들은 여전히 주식의 55.6%나 보유하고 있다.

제품: 제넨테크는 생명공학 산업을 새로 만들어 냈다. 현재 이 회사는 많은 치명적 질병에 대해 생물학적 치료제를 내놓고 있다. 개발 단계에 있는 제품이 적어도 30개가 있다.

잠재력: 예상 성장률이 26%인 생명공학 산업에서, 제넨테크는 시장점유율 9%를 차지하고 있다. 제넨테크의 예상 성장률은 33%이다.

예측 가능성: 생명공학은 규제에 크게 영향을 받지만, 제넨테크는 지난 20개 분기 중 17개 분기에서 월스트리트의 기대를 충족시키거나 뛰어넘었다. 이 회사는 제품이 다양하므로, 매출과 이익 성장의 가시성도 높다.

제넨테크에 혜택을 주는 주요 트렌드: 컨버전스, 인구통계

성공비결: 제넨테크는 생명공학 산업을 창출하였으며, 계속해서 혁신과 품질을 주도하고 있다.

이름	화이자	약자	PFE
설립	1849	기업 공개	1972
창업인	뉴욕 브루클린(Brooklyn)에서 찰스 화이자(Charles Pfizer)와 찰스 에르하르트(Charles Erhart)가 창업		
현재 CEO	헨리 매키넬 (Henry A. McKinnell)	기능	미술품, 골동품, 보석, 수집품 경매

전해 오는 이야기

화학자 찰스 화이자와 제과업자 찰스 에르하르트는 1849년 화이자의 아버지로부터 2,500달러를 빌려 독일을 떠났다. 이들의 목적은 미국 시장에 새로운 화학약품을 소개하는 것이었다. 이 회사의 첫 번째 의약품은 아몬드 토피 향 산토닌이었다. 이것은 1849년 당시 흔했던 회충을 치료하는 캔디 향 약품이었다. 화이자는 다음 세기 동안 미국인 수요에 부응해서 화학약품을 개발했다. 여기에는 남북전쟁에 사용된 상처 치료제, 코카콜라나 닥터 페퍼 같은 제품에 사용되는 구연산, 2차 세계대전에 사용된 페니실린, 20세기 후반에 사용된 인간 및 동물 의약품들이 포함된다.

제약이 화학 분야 중 최고가 되었고, 화이자는 전 세계 빈곤층에게 약품과 의료를 지원하는 목적으로 매일 200만 달러씩 기증하고 있다. 베나드릴Benadryl(알레르기 치료제), 리스테린Listerine(구강청정제), 네오스포린Neosporin(상처치료연고), 로게인Rogaine(탈모방지제), 수다페드Sudafed(감기약), 바이진Visine(안약) 등이 유명하다. 화이자의 주력 처방약으로는 리피토Lipitor(고지혈증 치료제), 비아그라Viagra(발기 부전 치료제),

졸로프트Zoloft(우울증 치료제) 등이 있다.

4P

사람: 화이자는 미국에서 가장 근무하기 좋은 회사로 자주 선정된다. 화이자는 무엇보다도 성실성, 사람 존중, 팀워크, 실적, 리더십을 중시하는 문화이다. 이 회사는 150년 넘게 이러한 가치관을 확립해 왔다. 회사 중역들이 보유한 주식 비중은 1% 미만이다.

제품: 화이자는 세계 최고 수준 브랜드로 평가받고 있다. 리피토, 베나드릴, 리스테린, 롤레이즈Rolaids(제산제) 같은 약품을 통해서 사람들이 더 오래, 더 건강하게, 더 행복하게 살도록 돕고자 한다.

잠재력: 화이자는 지난 5년 동안 이익 기대치에서 3센트 넘게 벗어나 본 적이 없다. 이익 기대치에 미치지 못한 적이 4번 있었는데, 1센트 넘게 차이가 난 적은 단 한 번이었다. 지금까지 이렇게 튼튼한 실적을 유지했지만, 제약 산업은 규제에 크게 좌우되며 소송에 휘말리기 쉽다.

화이자에 혜택을 주는 주요 트렌드: 브랜드, 인구통계, 컨버전스

성공비결: 화이자는 150년 넘게 사람들의 수요에 맞춰 고품질 제품을 공급하고 있다.

1980년 처음으로 생명공학 기업공개를 한 뒤, 제넨테크는 생명과학과 기술 분야에서 혁신을 거듭하였으며, 컨버전스 메가트렌드에 앞장섰다. 화이자는 지금까지 왕성하게 신약을 개발하여 이익을 거두었다. 그러나 이런 제품들을 보면 할머니 약장에 들어 있는 약

● 실적 비교

	제넨테크	화이자
기업공개 시가총액	$2억 6,300만	$70만
현재 시가총액	$1,040억	$1,570억
이익 성장	31%	15%
주가 상승	22%	10%
예상 성장률	33%	7%
영업 이익	16%	21%
2005년 매출	$50억	$510억
$1 투자 시 현재가치	$142	$24

● 제넨테크와 화이자

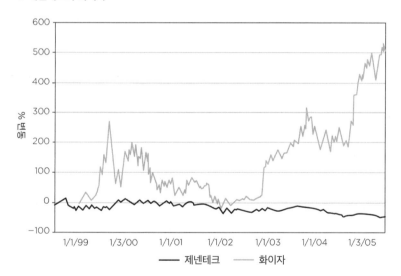

자료 · 팩트셋, 씽크에쿼티 파트너스

품들이 떠오른다. 반면, 제넨테크는 오늘과 내일을 위한 약품을 개발하고 있다.

사례 연구 아폴로 그룹 vs. 에디슨 스쿨

이름	아폴로 그룹	약자	APOL
설립	1976	기업 공개	1994
창업인	애리조나주 피닉스에서 존 스펄링(John Sperling)이 창업		
현재 CEO	토드 넬슨 (Todd S. Nelson)	기능	피닉스 대학(University of Phoenix)을 미국에서 가장 인정받는 대학으로 만든다

전해 오는 이야기

존 스펄링 박사는 상선단Merchant Marines에 합류하여 여행하면서 비로소 읽기를 배웠지만, 가난했던 어린 시절을 극복하고 결국 케임브리지 대학Cambridge University에서 박사 학위를 받았다. 새너제이 주립대학 교수로 재직하면서 그가 참여한 연구에서 내린 결론은, 전통적인 대학 교육이 성년 근로자들의 교육 수요에 부응하려는 생각이 없으며, 계속 교육 학위 프로그램을 이수하려면 성년 근로자들은 정규 학생보다 두 배나 시간을 들여야 한다는 내용이었다. 스펄링 박사는 새너제이 주립대학을 떠나 아폴로 그룹을 창업했으며, 이 회사는 성년 근로자들에게 교육을 제공하는 선도 기업이 되었다.

냉소적인 사람들은 맥대학McUniversity이라고 부르지만, 피닉스 대학University of Phoenix, UOP은 인텔, GM, AT&T 같은 선도 기업에 존경받는 경영자들을 배출하였다. 피닉스 대학에는 전통 캠퍼스에서는 보기 힘든 성년 근로자들이, 직업을 바꾸거나 전문직 세계에서 지위를 높이려는 목적으로 해당 전문가 교육을 받을 수 있다. 스펄링 박사는 나이나 인종과 관계없이 모든 사람이 고급 교육을 받을 자격이 있다고 믿었다. 현재 아폴로 그룹은 (날로 증가하는) 진보된 교육을 받으려는 성년 인구에 계속 초점을 두고 있다. 피닉스 대학에는 29만 5,000명이 넘는 학생들이 등록했으며, 이들 중 약 30%가 온라인으로 수강한다. 온라인 학생들의 평균 나이는 36세이다.

4P

사람: 피닉스 대학은 고등교육 경험이 풍부한 사업 지향적인 사람들이 운영한다. 스펄링 박사가 물러난 뒤에도, 회사 안에는 박사의 개척자 정신이 살아 있다. 회사 중역들이 주식의 18%를 보유하고 있다.

제품: 피닉스 대학은 경영, 의료, 상담, 기술, 교육 분야에 걸쳐 학부과정 18개, 대학원과정 39개, 전문직과정 18개의 학위 프로그램을 제공한다. 아폴로 그룹은 피닉스 대학, 전문직 개발 연구원the Institute for Professional Development, 재무 설계 대학College for Financial Planning, 웨스턴 국제 대학Western International University 등을 운영한다.

잠재력: 지식에 기반을 둔 세계 경제에서는 교육이 개인과 기업의 성과에 중요하지만, 학사 이상 학위를 가진 미국인은 24%에 불

과하다. 공급은 효과적으로 수요를 유도하므로, 피닉스 대학 제품에 대한 잠재 수요는 국내에서 크며, 국제적으로는 더 크다. 현재 39개 주, 푸에르토리코, 밴쿠버, 브리티시 컬럼비아에 90개 캠퍼스와 150개 학습 센터가 있다.

예측 가능성: 학생들이 프로그램에 2~4년 동안 등록하므로, 아폴로의 비즈니스 모델은 예측 가능성이 높다. 이 회사는 영업 레버리지가 높아서, 1994년에는 2%였으나 현재 25%이다. 아폴로는 2001년부터~2005년까지 모든 분기에서 월스트리트의 기대를 충족시키거나 뛰어넘었다.

아폴로에 혜택을 주는 주요 트렌드: 지식경제, 인구통계, 인터넷, 브랜드

성공비결: 앞서 움직이면서 성년 근로자들의 트렌드와 수요를 파악한다.

이름	에디슨 스쿨	약자	EDSN
설립	1992	기업 공개	1999
창업인	뉴욕에서 크리스 휘틀(Chris Whittle)이 창업		
현재 CEO	크리스 휘틀	기능	에디슨은 12학년 교육 개선을 목적으로 공립학교와 학군을 관리한다

전해 오는 이야기

크리스 휘틀은 30년 넘게 사업을 하면서, 언론의 총아가 되기도

하고 희생양이 되기도 했다. 20세의 테네시 대학 학생일 때 시작한 크리스의 13/30 미디어 회사는 20년 동안 연 30% 성장했다. 아이디어가 샘솟는 사나이 크리스는, 햄튼Hamptons에서 저녁 만찬을 하던 중 처음으로 에디슨 스쿨 비전이 떠올랐다. 에디슨 스쿨의 목표는 12학년 교육 시스템 개혁이었다.

에디슨 스쿨은 대안학교를 운영하고, 학군을 관리하며, 방과 후 개인지도 프로그램을 다수 운영한다. 에디슨 스쿨은 성적이 저조한 학교나 학군의 시험성적 개선을 지원하는 계약도 맺었는데, 이 계약의 성과에 대해서는 논란이 있다. 에디슨은 이 사업에서 성공한 부분도 있고 실패한 부분도 있다. 시장점유율을 높이고 브랜드를 알리는 데는 성공하였으나, 수익성 낮은 계약을 많이 해서 투자자들에게 계속 손실을 끼쳤다. 한편, 교육계에서는 에디슨이 자사 주식이 상장되자, 학생들보다 주주들을 의식해서 너무 빠르게 사업을 확장한다고 비난했다. 결국 에디슨은 약속은 많이 했지만, 많이 지키지는 못했다.

4P

사람: 에디슨은 널리 인정받는 학계 전문가, 교사, 경영자들의 관심을 끌었다. 그러나 주로 기대에 못 미쳤기 때문에 고전했다. 세상에서 가장 뿌리 깊은 (교육계) 집단의 방해를 받았고 공공 시장에서 엄밀하게 성과를 조사받았기 때문에, 이러한 결점들이 악화하였다.

제품: 에디슨은 공립학교와 같은 가격으로 더 높은 학업 실적을 제공하겠다고 약속한다. 그러나 전반적으로 운영을 통제하지 못하

면 프로그램을 진행하기가 어렵다. 또한 에디슨은 측정하기 복잡한 성과에 대해서도 책임을 져야 한다.

잠재력: 대안학교는 1991년 처음 개교한 이래 40개 주에서 확장되고 있다. 부시 행정부의 "낙오 아동 없는 교육No Child Left Behind" 프로그램과 국제 경쟁 덕분에 공교육 개선 시장이 성장하고 있다. 이론적으로 잠재력은 엄청나다. 매년 공립학교에 약 5,000억 달러가 지출되고 있지만, 성과는 대체로 매우 저조하다.

예측 가능성: 이론적으로, 에디슨은 3~5년 단위로 계약을 유지할 수 있으므로 매출 예측이 매우 쉽다. 그러나 이익만 앞세운다고 낙인 찍히면 신규 계약이 어려우며, 결국 모든 계약이 파기될 수도 있다.

에디슨 스쿨에 혜택을 주는 주요 트렌드: 지식경제, 인구통계

성공비결: 에디슨은 공교육의 전통 지혜에 도전한다.

● 실적 비교

	아폴로 그룹	에디슨 스쿨
기업공개 시가총액	$1억 1,800만	$7억 6,000만
현재 시가총액	$130억	상장 폐지
이익 성장	49%	자료 없음
주가 상승	52%	자료 없음
예상 성장률	21%	자료 없음
영업 이익	32%	자료 없음
2005년 매출	$20억	자료 없음
$1 투자 시 현재가치	$99	$0

● 아폴로 그룹과 에디슨 스쿨

(그래프)
- y축: 옮표 %, -2,000부터 14,000까지
- x축: 1/3/94, 1/1/96, 1/1/98, 1/3/00, 1/1/02, 1/1/04
- 범례: —— 아폴로 그룹 —— 에디슨 스쿨

자료 · 팩트셋, 씽크에쿼티 파트너스

겉으로 보면, 에디슨 스쿨과 아폴로 그룹은 기회가 비슷해 보인다. 둘 다 영리 목적으로 교육 서비스를 제공하고 있으며, 각자의 분야를 선도하고 있다. 그러나 12학년 교육의 뿌리 깊은 이해관계 때문에 에디슨은 투자 성과가 부진하다. 약속은 많이 하고 조금만 실천하는 에디슨 경영진의 유전자는, 약속은 적게 하고 많이 실천해서 명성을 얻은 아폴로 그룹과 완전히 대조를 이룬다.

요점
정리

• 미래의 새로운 승자를 찾아내려면, 과거의 승자로부터 배워라.
• 승자 못지않게 패자에게서도 투자를 배울 수 있다.
• 메가트렌드 분석 틀과 4P를 적용하면, 내일의 스타를 오늘 찾아낼 수 있다.

성장주 예비분석

성장주 예비분석The Preliminary Growth Stock Analysis, PGSA은 내가 20년 동안 개발한 회사 "실체 분석fact finder" 방법이다. 그 목적은 체계적으로 기업 실사 분석 틀을 적용해서 신흥 성장기업을 평가하는 것이다. 나는 기업과 투자 분야의 다양한 원천에서 아이디어를 빌려 성장주 예비분석PGSA을 구성하였다. 여기에 4P를 추가하면, 내일의 스타를 오늘 찾아내는 훌륭한 방법이 되리라 믿는다.

피셔 분석 (필립 피셔의 《위대한 기업에 투자하라 Common Stocks and Uncommon Profits**》에서 차용)**

1. 시장/원천의 현재 규모는? 시장 잠재력의 크기는? 산업의 성장 속도는? 메가트렌드를 평가하라(지식경제, 세계화, 인터넷, 브랜드, 아웃소싱, 컨버전스, 인구통계, 통합).

2. 경영진은 (현재의 기회가 소진된 다음에도 계속 성장하려는 목적으로) 신상품 개발에 대한 비전과 의지를 갖고 있는가? 5년 뒤 회사는 어떤 위치에 있을 것이며, 어떤 방법으로 그 위치에 도달하려 하는가?

예비정보	
회사명:	산업:
날짜:	
애널리스트 :	약자:
면담자:	성장률:
투자자 담당 직원:	주가:
전화번호:	시가총액:
웹사이트:	
본사:	상장 주식 수:

1. 무엇을 하는 회사인가? 2학년 학생도 이해할 수 있도록 설명하시오. 각 사업라인에서 이익을 주도하는 요소는 무엇인가?
2. 산업의 발전 단계는(생태 주기상 위치)?

3. 연구개발에 대한 회사의 의지는? 매출액 대비 연구개발비 비중은? 주요 연구개발 분야는? 연구개발 인력 규모는?

4. 판매 조직은 양호한가? (경험, 전문성, 인센티브 체계를 고려.)

5. 회사의 영업이익률은 양호한가? (추세, 경쟁 대비 이익률, 총/매출 이익률 고려.)

6. 영업이익률을 유지하거나 개선하려고 회사는 무엇을 하고 있는가?

7. 경영진은 인사 및 노무 관계를 잘 유지하고 있는가? (파업, 중간 경영층 이직률, 종업원 지주제, 옵션 프로그램 고려.)

8. 회사와 임원과의 관계가 탁월한가? (최고경영진 이직률, 보상 체계, 전문성, 경험, 문화, 산업/기업 관계 고려.)

9. 회사의 원가 분석과 회계 통제는 양호한가? (시스템과 통제가 어떠한가?)

10. 특히 이 산업에서 성공에 가장 중요한 요소는 무엇인가? (추세 고려. 누가 가장 강력한 경쟁자이며 그 이유는?)

11. 경영진은 장기 이익에 관심이 있는가, 단기 이익에 관심이 있는가? (인사, 광고, 연구개발, 훈련 등에 어떻게 투자하는가?)

12. 성장을 하려면 회사는 계속 자금 지원을 받아야 하는가?

13. 경영진은 월스트리트와 의사소통을 잘하는가? 강압에 못 이겨 침묵을 유지하는가?

14. 경영진의 성실성은 의심할 여지가 없는가?

포터 분석 (마이클 포터Michael Porter의 《경쟁전략Competitive Strategy》에서 차용)

1. 신규 경쟁자의 진입 난이도는? 진입 장벽이 무엇인가? (규모, 제품, 브랜드, 자본 등.)

2. 대체재의 위협은 (일용품인가, 독점제품인가)? 대체재가 있는가? 산업의 가격구조는 어떠한가?

3. 구매자의 교섭 능력은?

4. 공급자의 교섭 능력은?

5. 기존 경쟁자들 사이의 경쟁은? 경쟁이 얼마나 무자비한가?

6. 정부 규제는? 현재와 미래의 입법 환경은?

기업 특유의 산업 지위

경쟁자가 누구인가?

회사명	상장/비상장	규모	강점	약점

산업 내에서 회사의 지위와 역할은? (선도 기업인가?)

성장 잠재력

1. 올해 매출과 EPS 예상치는? 현재 매출액 성장률은? 원래의 매출실적인가? 기업 인수에 따른 실적인가?

2. 사업부/제품별 예측치는? (가능할 경우.)

3. 산업 내 시장점유율은? 주요 경쟁자의 시장점유율은?

4. 국제 영업은? (국제 영업의 비중은? 잠재력은?)

5. 신제품 연구는? (매출액 비중으로 본 추세는?)

회계 및 재무

1. 반복 매출의 수준은? 이익의 예측 가능성은?

2. 대차대조표에 이상한 항목은 없는가?

3. 투자수익률은? (자세하게 작성.)

일반

1. 주식 소유자는? 최대주주 5명은 누구인가?

2. 이 주식을 담당하는 애널리스트는?

3. 관계하는 투자은행들은?

4. "인베스터스 비즈니스데일리Investor's Business Daily"에 나오는 상대 강도와 EPS 순위는?

외부 접촉

1. 최대고객

2. 경쟁 기업의 판매 인력

3. 독자적인 산업 내 선각자들

4. 이탈 고객

성장주 채점표 (짐 브로드풋 Jim Broadfoot**의 《신흥 성장주에 투자하라**Investing in Emerging Growth Stocks**》에서 차용**

예측 가능성/반복 매출 (비중은? 50%면 양호.)	15
성숙도 (도입기인가 성숙기인가?)	12
경쟁 (독점인가 무자비한 경쟁인가?)	12
유통경로 (직접 판매가 최상.)	10
모멘텀 (가속 성장인가 정체인가?)	10
자기자본이익률 (20% 이상이면 양호.)	7
대차대조표 건전성 (자본 대비 부채비율 25% 이하.)	7
현금흐름 (운영이 되는가?)	7
성장률 (20%면 양호.)	10
회계 (회사 내부와 외부에서의 평판.)	10
	100

4P 채점표

사람	50
제품	15
잠재력	20
예측 가능성 (가시성 + 수익성)	15
	100

씽크에쿼티 질문 (경영진 대상)

1. 향후 6개월 동안 회사에서 성취해야 하는 가장 중요한 3가지는? 향후 3년 동안의 3가지는?

2. (예측하려는 것이 아니라) 단지 낙관적으로 본다면, 5년 후 이 회사는 어떤 모습이 될 수 있는가?

3. 어떤 일이 일어나면 이런 모습을 망치는가?

4. 어떤 사업을 동경하는가?

5. 우리가 묻지 않은 질문 가운데 현명한 사람들이 물었던 질문은 무엇인가?

메가트렌드 채점표

해당 항목에 체크

지식경제	☐
세계화	☐
인터넷	☐
인구통계	☐
컨버전스	☐
통합	☐
브랜드	☐
아웃 소싱	☐

(최대 = 8)

현금흐름할인^{DCF} 분석

명칭에도 나타나듯이, 현금흐름할인을 분석하려면 현금 유입의 현재가치를 계산해야 하므로, 기업이 창출하는 실질 현금을 파악해야 한다.

다음 표에 정리한 시나리오에서, 지미는 레모네이드 사업의 절반을 투자자에게 매각하고자 하며, 투자자는 은행 계좌에서 자금을 인출해서 지미에게 지불하려 한다. 그 대가로 투자자는 레모네이드 노점에서 나오는 현금흐름의 절반을 받는다. 따라서 투자자는 향후 자기 은행 계좌로 입금될 자금의 양에 관심이 있다.

중요한 점은, 순이익과 회사가 창출하는 실질 현금흐름이 똑같지 않다는 점이다. 그 이유는 (a) 손익계산서에서 순이익을 계산할 때, 실제 현금 지출이 발생하지 않지만 감가상각 (D&A)이 비용에 포함되며, (b) 자본지출은 손익계산서에 나타나지 않지만, 회사의 고정자산을 유지하거나 확장하는 데 들어가는 현금 투자이고, (c) 사업이 확장됨에 따라 (재고에 비용을 지불하는 시점과 고객으로부터 현금을 받는 시점 차이를 메워야 하므로) 운전자본이 더 많이 필요해진다.

레모네이드 노점의 미래 재무 실적을 보면, 다음과 같이 진행된다.

● 레모네이드 노점 현금흐름할인 모델

(단위: 1,000달러)	1년차	2년차	3년차	4년차	5년차
레모네이드 노점 수	10	20	30	40	50
노점당 매출	$2,000	$2,000	$2,000	$2,000	$2,000
매출	$20,000	$40,000	$60,000	$80,000	$100,000
순이익	$2,000	$4,000	$6,000	$8,000	$10,000
순이익률	10.0%	10.0%	10.0%	10.0%	10.0%
추가 노점 수	10	10	10	10	10
자본지출 ($10/노점)	$90	$100	$100	$100	$100
감가상각은 무시했고, 운전자본의 변동도 고려하지 않았음.					
잉여현금흐름(FCF) (= 순이익 - 자본지출)	$1,910	$3,900	$5,900	$7,900	$9,900
FCF의 현재가치 = FCF / $(1+r)^t$	$1,661	$2,949	$3,879	$4,517	$4,922
잔여가치					
영구 성장을 가정한 잔여가치 = (5년 차 FCF) * (1+장기성장률) / {(가중평균자본비용) − (장기성장률)}					$77,677
잔여가치의 현재가치					$38,619
= (잔여가치) / $(1+r)^n$ FCF의 현재가치 및 잔여가치의 합계					$56,547
가중평균자본비용(WACC)					15.0%
장기성장률					2.0%

지미가 매년 새 노점을 10개씩 늘리고 노점당 매출이 200만 달러라면, 총 매출은 매년 2,000만 달러씩 증가할 것이다. 매출 1달러당 순이익이 10센트이므로, 1년 차 매출 200만 달러에서 5년 차 매출 1,000만 달러에 이르기까지 순이익을 계산할 수 있다.

● 현재가치 민감도 분석

할인률 \ 영구 성장률	1.0%	1.5%	2.0%	2.5%	3.0%
11.0%	$79,618	$83,051	$86,864	$91,127	$95,922
13.0%	$64,278	$66,477	$68,877	$71,506	$74,397
15.0%	$53,437	$54,935	$56,547	$58,289	$60,176
17.0%	$45,401	$46,466	$47,602	$48,817	$50,118
19.0%	$39,227	$40,010	$40,840	$41,720	$42,655

이러한 이익을 할인하기 전에, 우리는 앞에서 언급한 조정을 해야 한다.

매년 새 레모네이드 노점을 10개씩 매입하려면 돈이 들어간다. 사실 노점 한 개에 1만 달러씩 현금이 들어간다. 그러나 이 돈은 손익계산서에 잡히지 않으므로, 지미는 이익 일부를 사용해서 투자자금을 마련해야 한다. 따라서 매년 순이익에서 이 투자금액을 빼면, 은행 계좌에 입금할 순수 현금 액수가 나온다.

이 사례에서 우리는 감가상각과 운전자본 변동이 없다고 가정하므로, 이 부분은 걱정하지 않기로 한다. (이 계산법에 관심이 있다면 다음과 같이 하라. 순이익에 감가상각을 더해서 손익계산서에 나타나는 비현금비용 효과를 상쇄하라. 그리고 내년 운전자본과 올해 운전자본의 차이를 빼라.)

순이익을 이렇게 조정하면, 잉여현금흐름이 나온다. 이것이 사업에서 벌어들이는 현금 액수이다.

다음 단계는 연간 잉여현금흐름을 할인해서 현재가치를 구하는 일이다. 이것은 우리가 7장의 "평가 방법론"에서 다룬 것과 똑같은 공식이다.

가장 중요한 요소는, 현금흐름을 할인할 때 사용하는 할인율이나 범위를 선택하는 일이다. 미국 상장기업의 평균 할인율은 12%이다. 할인율은 투자에 수반되는 위험을 반영해야만 하며, 비상장 회사에 대해서는 평가하기가 힘들다. 그래서 범위를 적용하는 편이 유용할 때가 있다.

마지막으로 고려할 사항은, 이 사업이 5년 차를 넘어서도 (희망컨대) 계속 진행될 사업인데도, 향후 5년 동안의 재무실적에 대해서만 예측을 했다는 점이다. 5년 차 이후의 현금창출력을 반영하기 위해서, 우리는 이 사업이 성장률 2%로 영원히 성장한다고 가정한다. 이것이 영구 성장률에 근거한 잔여가치이다. 지미의 사업은 5년 차 시점에서 영원히 내다볼 때, 5년 차 시점 가치가 7,767.7만 달러이다. 따라서 우리는 이 금액을 현재가치로 환산한 다음 (3,861.9만 달러), 5년 동안 잉여현금흐름의 현재가치에 더해야 한다. 현재가치를 모두 더하면, 지미의 사업 가치 5,654.7만 달러가 나온다.

참고 문헌

* 국내 번역 출간된 도서는 한국어판 제목과 원어 제목을 병기했으며, 한국어판이 없는 경우
는 원어로 표기하였습니다.

훌륭한 투자자가 되려면 호기심을 갖고 항상 배움의 기회를 찾아야 한다. 투자
는 일부는 기술이고 일부는 과학이며, 어떤 책을 읽느냐에 따라 우리의 투자 유
형이 크게 좌우된다. 투자, 사업, 트렌드, 문화 분야에서 내가 가치 있다고 생각
하는 책들을 소개한다.

Broadfoot Ⅲ, James W. 《*Investing in Emerging Growth Stocks: Making Money with Tomorrow's Blue Chips*》 John Wiley & Sons, 1989. 일부 자료
는 진부하지만, 이 책은 신흥 성장주 투자에 여전히 탁월한 분석 틀을 제공
한다.

Broson, Po. 《*The Nudist on the Late Shift: And Other True Tales of Silicon Valley*》 Random House, 1999. 재미있고 통찰력이 있다.

Buffet, Warren E. 《*Annual Reports*》 Berkshire Hathaway, Inc. 모든 투자자의 필독서.

Christensen, Clayton M. 《*The Innovator's Dilemma: When New Technologies Cause Great Firms to Fail*》 Havard Business School Press, 1997. 훌륭하고 급진적인 아이디어가 안정된 대기업에서 나오지 않는 이유를 설명해 준다.

———. 《*Seeing What's Next: Using the Theories of Innovation to Predict Industry Change*》 Harvard Business School Press, 2004. 전략적으로 생각하는 체계적 방법의 핵심을 알려 준다. ("목적에 딱 맞는 책이다.")

Citrin, James M. 《*The 5 Patterns of Extraordinary Careers: The Guide for Achieving Success and Satisfaction*》 Esaress Holding, 2003. 훌륭한 헤드헌터가 좋은 경력을 축적하는 통찰력 있는 분석 틀을 제공한다.

Clissold, Tim. 《*Mr. China: A Memoir*》 Robinson, 2004. 중국을 더 잘 이해하려면 가능한 모든 자료를 읽어라.

Collins, Jim. 《좋은 기업을 넘어 위대한 기업으로*Good to Great: Why Some Companies Make the Leap...and Others Don't*》 HarperCollins, 2001. 짐 콜린스가 최고의 솜씨로 핵심 사업원리를 과학적으로 분석한다.

Collins, Jim, and Jerry I. Porras. 《성공하는 기업들의 8가지 습관*Built to Last: Successful Habits of Visionary Companies*》 HarperBusiness, 1994. 성장기업들에 적용되는 불변의 사업원리.

Drucker, Peter F. 《*Innovation and Entrepreneurship*》 Harper & Row, 1985. 피터 드러커 책은 모두 읽어야 한다.

Ellis, Charles D., with James Vertin. 《*Classics: An Investor's Anthology*》 Richard D. Irwin, 1989. 투자이론과 실제에 관한 불후의 글을 모았으며, 산업을 이끄는 사상가들의 값진 통찰력을 전해 준다.

———. 《*The Investor's Anthology: Original Ideas from the Industry's Greatest Minds*》 John Wiley & Sons, 1997. 투자업계 유명인사들의 에세이 모음집.

Fisher, Kenneth L. 《슈퍼 스톡스*Super Stocks: The Book That's Changing the Way Investors Think*》 McGraw-Hill, 1984. 뛰어난 시장 연구가인 피셔가 주

가매출액비율PSR 개념을 소개한다.

Fisher, Philip A. 《위대한 기업에 투자하라*Common Stocks and Uncommon Profits. Harper Brothers*》1958. 성장투자의 고수가 위대한 성장기업에 투자하는 방법을 제시한다.

Friedman, Thomas. 《베이루트에서 예루살렘까지*From Beirut to Jerusalem*》 Farrar, Straus and Giroux, 1989. 프리드먼의 작품은 모두 훌륭하다. 이 탁월한 책은 중동의 의미 없어 보이는 사건들의 의미를 깨닫게 해 준다.

——. 《렉서스와 올리브나무*The Lexus and the Olive Tree: Understanding Globalization*》Farrar, Straus and Giroux, 1999. 톰 프리드먼은 세계화를 가르치는 스승이다.

——. 《경도와 태도*Longitudes and Attitudes: Exploring the World After September 11*》Farrar, Straus and Giroux, 2002. 톰 프리드먼은 세계적 관점면에서 최고의 저널리스트이다.

——. 《세계는 평평하다*The World Is Flat: A Brief History of the Twenty-first Century*》Farrar, Straus and Giroux, 2005. 프리드먼이 쓴 책 중 최고로서, 세계화가 미래에 미치는 영향을 이해하는 열쇠이다.

Gilder, George. 《*Microcosm: The Quantum Revolution in Economics and Technology*》touchstone, 1989. 길더는 훌륭한 사상가이지만, 항상 옳은 것은 아니다.

——. 《텔레코즘*Telecosm: The World After Bandwidth Abundance*》 Touchstone, 2000. 나는 비록 절반밖에 이해하지 못하지만, 조지 길더가 쓴 책은 모두 읽는다.

Gladwell, Malcolm. 《블링크*Blink: The Power of Thinking without Thinking*》 Little, Brown, 2005. 첫인상과 본능적 반응의 위력.

——. 《티핑 포인트*The Tipping Point: How Little Things Can Make a Big Difference*》Little, Brown, 2000. 변곡점을 이해하게 해 주는 중요한 책.

Godin, Seth. 《보랏빛 소가 온다*Purple Cow: Transform Your Business by Being Remarkable*》Portfolio, 2003. 단순하고 쉽고 효과적이다.

Goodspeed, Bennett W. 《*The Tao Jones Averages: A Guide to WholeBrained Investing*》 Penguin, 1983. 산업의 기술적 측면을 이해하게 해 주는 짧지만 재치 있는 책이다.

Graham, Benjamin. 《현명한 투자자*The Intelligent Investor: The Definitive Book on Value Investing*》 HarperCollins, 1973. 고수가 쓴 필독서.

Graham, Benjamin, and David L. Dodd. 《증권분석*Security Analysis*》 McGraw-Hill, 1934. 여전히 증권 분석의 바이블이다.

Grove, Andrew S. 《승자의 법칙*Only the Paranoid Survive: How to Exploit the Crisis Points That Challenge Every Company*》 Currency, 1996. 실리콘밸리의 전설적 인물의 내면을 그렸다.

Kawasaki, Guy. 《당신의 기업을 시작하라*The Art of the Start: The Time-Tested, Battle-Hardened Guide for Anyone Starting Anything*》 Portfolio, 2004. 나는 가이Guy와 그가 쓴 기업가 지침서를 좋아한다.

Kelly, Kevin. 《*New Rules for the New Economy: 10 Radical Strategies for a Connected World*》 Penguin, 1998. 그는 독창적이면서도 앞을 내다보는 사상가이다.

Kessler, Andy. 《*How We Got Here: A Slightly Irreverent History of Technology and Markets*》 Collins, 2005. 재미있고 흥미롭다.

Komisar, Randy, with Kent Lineback. 《승려와 수수께끼*The Monk and the Riddle: The Art of Creating a Life while Making a Living*》 Harvard Business School Press. 장례식장에서도 웃음을 참지 못할 정도로, 재치와 통찰력 넘치게 사업의 본질을 설명하는 책.

Lefevre, Edwin. 《제시 리버모어의 회상*Reminiscences of a Stock Operator*》 Geroge H. Doran, 1923. George H. Doran, 1923. 비록 실제 인생은 비극으로 끝나지만, 제시 리버모어의 이야기는 멋지고 환상적이며 교훈적이다.

Lewis, Michael. 《라이어스 포커*Liar's Poker: Rising through the Wreckage on Wall Street*》 W. W. Norton, 1989. 월스트리트를 쉽게 설명해 주는 고전-마이클 루이스의 책은 항상 폭넓은 교훈을 준다.

──. 《머니볼*Moneyball: The Art of Winning an Unfair Game*》 W. W. Norton, 2003. 사고방식을 바꿔서 승산을 높이는 요령을 알려 준다.

──. 《뉴뉴씽 세상을 변화시키는 힘*The New New Thing: A Silicon Valley Story*》 W. W. Norton, 2000. 마이클 루이스는 실리콘밸리의 DNA를 포착하는 방식으로, 창업전문 기업인 짐 클라크Jim Clark의 이야기를 전해 준다.

Lindstrom, Martin. 《세계 최고 브랜드에게 배우는 오감 브랜딩*Brand Sense: How to Build Powerful Brands through Touch, Taste, Smell, Sight, and Sound*》 Kogan Page, 2005. 브랜드를 구축하는 온전한 방법.

Lynch, Peter, with John Rothchild. 《피터 린치의 이기는 투자*Beating the Street*》 Fireside, 1993. 피터 린치 3부작의 두 번째 작품.

──. 《증권투자로 돈 버는 비결*Learn to Earn: A Beginner's Guide to the Basics of Investing and Business*》 Fireside, 1995. 워런 버핏과 피터 드러커와 마찬가지로, 피터 린치의 책은 모두 읽어라.

──. 《전설로 떠나는 월가의 영웅*One Up on Wall Street: How to Use What You Already Know to Make Money in the Market*》 Fireside, 1989. 일반 대중을 위한 투자 서적으로 최고의 책.

Mackay, Charles. 《대중의 미망과 광기*Extraordinary Popular Delusions & the Madness of Crowds*》 Harmony Books, 1980. 거품과 대중의 행동을 이해한다. 유사 이래로 인간의 본성은 바뀌지 않았다.

Malkiel, Burton G. 《랜덤워크 투자수업*A Random Walk down Wall Street*》 W. W. Norton, 1973. 석학이 쓴 읽기 쉬운 고전.

Marvin, Carolyn. *When Old Technologies Were New: Thinking about Electric Communication in the Late Nineteenth Century.* Oxford University Press, 1988. 사물이 많이 바뀔수록, 변하지 않는 것들이 더 많다.

Moore, Geoffrey A. 《*The Gorilla Game: Picking Winners in High Technology*》 *HaperBusiness, 1998.* 혁신에 관심 있는 모든 사람에게 중요한 책.

──. 《토네이도 마케팅*Inside the Tornado: Strategies for Developing, Leveraging, and Surviving Hypergrowth Markets*》 HarperBusiness, 1995.

혁신전략의 이해를 돕는 훌륭한 책.

Naisbitt, John. 《메가트렌드*Megatrends: Ten New Directions Transforming Our Lives*》 Warner Books, 1982. 독창적인 고전

Naisbitt, John, and Patricia Aburdene. 《메가트렌드 2000*Megatrends 2000: Ten New Directions for the 1990's*》 William Morrow, 1990. 메가트렌드를 이해하는 일이 성장투자의 열쇠이다.

Neff, Thomas J., and James M. Citrin. 《*Lessons form the Top: The 50 Most Successful Business Leaders in America-and What You Can Learn from Them*》 Currency, 1999. 최고의 CEO들에 대한 상세한 분석 보고서. 힌트: 공통점은 열정이다.

Negroponte, Nicholas. 《디지털이다*Being Digital*》 Alfred A. Knopf, 1995. 새로운 디지털 세계를 이해하는 고전적 틀.

Norman, Donald A. 《보이지 않는 컴퓨터*The Invisible Computer: Why Good Products Can Fail, the Personal Computer Is So Complex, and Information Applications Are the Solution*》 MIT Press, 1998. 미래 기술에 관한 중요한 책.

O'Neil, William. 《최고의 주식 최적의 타이밍*How to Make Money in Stocks: A Winning System in Good Times or Bad*》 McGraw-Hill, 1994. 성장주 투자에 대한 체계적 분석 틀을 제공한다.

Packard, David. 《*The HP Way: How Bill Hewlett and I Built Our Company*》 HarperBusiness, 1995. 모든 일은 차고에서 시작되었다. 놀라운 이야기.

Perkins, Anthony B., and Michael C. Perkins. 《*The Internet Bubble: Inside the Overvalued World of High-Tech Stocks--and What You Need to Know to Avoid the Coming Shakeout*》 HarperCollins, 1999. 앤서니*Anthony*가 완벽하게 파헤쳤다.

Peter, Thomas J., and Robert H. Waterman, Jr. 《초우량 기업의 조건*In Search of Excellence: Lessons from America's Best-Run Companies*》 HarperCollins, 1982. 위대한 기업의 원리를 다루는 불변의 고전.

Pink, Daniel H. 《프리에이전트의 시대*Free Agent Nation: The Future of Working for Yourself*》 Warner Books, 2002. 새로운 독립 지식근로자에 대해 통찰을 제공하는 재미있는 책.

Popcorn, Faith. 《*The Popcorn Report: Faith Popcorn on the Future of Your Company, Your World, Your Life*》 Doubleday, 1991. 소비자 트렌드 이해 분야의 스승.

Rosenberg, Jr., Claude N. 《*Stock Market Primer: The Classic Guide to Investment Success for the Novice and the Expert*》 Warner Books, 1962. 투자의 근본에 관한 변함없이 교훈적인 이야기.

Schwager, Jack D. 《타이밍의 승부사*The New Market Wizards: Conversations with America's Top Traders*》 John Wiley & Sons, 1992. 선도적 투자자들과 나눈 훌륭한 인터뷰.

Schwartz, Peter. 《미래를 읽는 기술*The Art of the Long View: Planning for the Future in an Uncertain World*》 Currency Doubleday, 1991. 조금 지루하지만, 시나리오 구성 방법을 가르쳐 주는 최고의 지침서이다.

———. 《이미 시작된 20년 후*Inevitable Surprises: Thinking Ahead in a Time of Turbulence*》 Gotham Books, 2003. 미래를 생각하는 시나리오의 개정판.

Schwartz, Peter, Peter Leyden, and Joel Hyatt. *The Long Boom: A Vision for the Coming Age of Prosperity*. Perseus, 1999. 미래의 모습을 생각하는 탁월한 틀.

Schwartz, Peter, and James A. Ogilvy. 《*Next Leap: Scenarios for China's Future*》 Hardwired, 1998. 피터 슈워츠는 시나리오 분석의 최고 전문가이다.

Siegel, Jeremy. 《주식에 장기 투자하라*Stocks for the Long Run: The Definitive Guide to Financial Market Returns and Long-Term Investment Strategies*》 McGraw-Hill, 1994. 시겔 교수가 투자의 과학적 측면을 파헤친다.

Silverstein, Michael J., and Neil Fiske. 《소비의 새 물결 트레이딩 업*Trading Up: The New American Luxury*》 Portfolio, 2003. 보스턴 컨설팅 그룹 사상가들이 프리미엄 브랜드의 중요성에 대해 논의한다.

Sperling, John. 《*Rebel with a Cause: The Entrepreneur Who Created the University of Phoenix and the For-Profit Revolution in Higher Education*》 John Wiley & Sons, 2000. 아폴로 그룹은 1994년부터 2004년까지 최고의 실적을 올린 주식이었다. 앞에서 충분히 설명했다.

Staley, Kathryn F. 《*The Art of Short Selling*》 John Wiley & Sons, 1997. 공매도에 관한 좋은 책은 많지 않지만, 이 책은 좋은 책이다. 딕 길더Dick Giler(나는 그를 최고 수준의 성장 투자가로 본다)의 가르침을 따르면 도움이 된다.

Surowiecki, James. 《대중의 지혜*Wisdom of Crowds: Why the Many Are Smarter Than the Few and How Collective Wisdom Shape Business, Economics, Societies and Nations*》 Doubleday, 2004. 인터넷과 네트워크 효과의 위력을 이해하게 해 주는 중요한 책.

Swisher, Kara, with Lisa Dickey. 《*There Must Be a Pony in Here Somewhere: The AOL Time Warner Debacle and the Quest for a Digital Future*》 Three Rivers Press, 2003. 똑똑한 사람도 바보짓 할 수 있음을 일깨워 주는 책.

Toffler, Alvin. 《미래의 충격*Future Shock*》 Random House, 1970. 그는 확실히 시대를 앞서가지만, 여전히 자극을 준다.

Train, John. 《마이더스의 손*The Midas Touch: The Strategies That Have Made Warren Buffett "America's Preeminent Investor."*》 Harriman House, 2003. 내 생각에는 워런 버핏의 투자 방식을 다루는 책 중 최고이다.

──. 《*The New Money Masters: Winning Investment Strategies of Soros, Lynch, Steinhardt, Rogers, Neff, Wanger, Michaelis, Carret*》 HarperCollins, 1989. 최고의 투자가들을 연구하는 일은 항상 교훈이 된다.

Wager, Ralph. 《작지만 강한 기업에 투자하라*A Zebra in Lion Country: The "Dean" of Small-Cap Stocks Explains How to Invest in Small, Rapidly Growing Companies Whose Stocks Represent Good Values*》 Simon & Schuster, 1997. 당신이 서점 개인금융 서가에 서서 어느 책을 고를지 망설이게 된다면, 이 책을 골라라.

10루타^ten bagger: 투자자가 원래 투자금액의 10배를 벌어들이는 투자. 피터 린치가 만들어낸 용어.

5루타^five bagger: 투자자가 원래 투자금액의 5배를 벌어들이는 투자. 피터 린치가 만들어낸 용어.

EPS^Earnings Per Share(주당순이익): 보통주 1주당 순이익. EPS = (순이익)/(유통주식수)

NTM EPS: 다음 12개월 동안 예상되는 회사의 EPS.

PEG 비율: 주가, EPS, 예상 성장률을 활용한 평가 척도로서, 비율이 낮을수록 좋다. 비율 1이 통상적으로 기준이 된다. PEG = (PER)/(성장률)

PER^Price-to-Earnings Ratio(주가수익배수): 주가를 EPS로 나눈 값. PER이 높을수록 투자자는 회사의 이익에 대해 더 높은 가격을 지불하는 셈이다. PER = (주가)/(EPS)

RSS^really simple syndication or rich site summary: XML 기반 콘텐츠 유통 포맷.

가시성^visibility: 미래 예측의 가능성과 타당성 정도.

감가상각^depreciation: 수명이 한정된 자산은 시간이 지나면서 가치가 감소한다는 사실을 지칭하는 회계, 경제, 재무 용어.

감가상각비depreciation and amortization: 마모, 노후화, 진부화로 인한 고정자산의 가치 감소를 나타내는 비현금비용. 리스자산, 무형자산, 영업권, 감모상각 등이 포함된다. 이 숫자는 현금흐름표에 다시 계상된다.

경기침체stagnation: 저성장이 지속하는 기간.

경제적 해자economic moat: 산업 내 다른 기업에 대해 보유한 경쟁우위. 워런 버핏이 만들어 낸 용어.

공매도short selling: 주식을 빌려서 매도하고, 나중에 (더 낮은 가격으로) 사서 갚는 행위.

국내총생산Gross Domestic Product, GDP: 1년 동안 한 나라에서 생산한 상품과 서비스의 총가치.

국민총생산Gross National Product, GNP: 1년 동안 한 나라 거주자가 생산한 상품과 서비스의 가치.

그린테크greentech: 환경 전반을 개선하려는 모든 기술.

기업공개initial public offering, IPO: 일반인을 대상으로 회사의 소유권을 제공하고 자금을 조달하는 행위.

기업실사due diligence: 기업공개를 준비하는 회사에 대한 철저한 조사. 인수 기관과 회계 법인에서 담당한다.

나노기술nanotechnology: 작은 구조 때문에 속성과 기능이 근본적으로 다른 물질, 장치, 시스템을 이해하고 만들려는 목적으로, 약 1~100㎚ 규모의 원자와 분자 수준을 다루는 기술.

나노주nanocap: 시가총액이 5,000만 달러 미만인 상장 회사.

나스닥NASDAQ: 미국증권협회NASD가 장외 거래된 증권의 시세를 알려 주는 컴퓨터 정보 시스템.

내재가치 접근법intrinsic value approach: 주식의 현재 가격에 얽매이지 않고 가치를 평가하려는 시도. 정상적인 시장에서 적절하게 평가된다면 얼마에 팔려야 한다고 판단하는 규범적 개념이다.

내재가치intrinsic value: 자산, 이익, 배당, 구체적 전망, 경영 요소로 정당화되는 가치.

네가트렌드nagatrend: 시장 기회를 줄이는 사회, 시장, 정치의 장기적 변화.

뉴욕증권거래소New York Stock Exchange, NYSE: 미국에서 가장 규모가 큰 증권거래소로 1972년 거래업자들에 의해 세워졌다.

다악화diworsification: 위험/수익 조합을 악화시키는 방향으로 포트폴리오를 다각화 하는 행위. 피터 린치가 만들어 낸 용어.

대차대조표balance sheet: 일정 시점에 기업의 자산과 부채 및 자본 상태를 표시하여 기업의 재정 상태를 알 수 있게 한 일람표.

대체에너지alternative energy: 석유, 가스, 석탄 등 전통 원천이 아닌 원천에서 나오는 에너지

대형주large cap: 시가총액이 50억 달러를 초과하는 상장 회사.

동일매장 매출same-store sales: 소매 체인점 중 한 매장에서 과거 같은 기간의 매출과 비교해서 일정 기간 올린 매출.

디플레이션deflation: 일정 기간 전반적인 물가 수준의 하락을 뜻한다. 인플레이션의 반대 개념이다. 특히 경제학 관점에서는 통화 공급 감소를 가리킨다.

랜덤워크이론random walk theory: 주가는 임의로 움직이므로, 과거의 주가를 보고 미래 주가를 예측할 수 없다는 이론. 지난 몇 주 동안 주가가 계속 올랐기 때문에 계속 오를 거라고 말하면, 랜덤워크 이론가들이 비웃는다.

러셀 2000 지수Russell 2000 Index: 미국의 2,000개 소형주로 구성된 주식시장지수.

리얼 미디어real media: 아이디어, 음악, 비디오 등 사용자가 제작한 콘텐츠를 공개 포럼에 게시하고 공유하는 개념.

마이크로주microcap: 시가총액이 5,000만 달러에서 2억 5,000만 달러 사이인 상장 회사.

매수 주문가bid: 일정 시점에 매수자가 지불하겠다고 제시한 가격 중 가장 높은 가격.

매출채권 회전률accounts receivable turnover: 매출액을 매출채권으로 나눈 비율. 회사가 고객에게 제공하는 외상이나 대금회수에 문제가 있는지 알려 주는 유용한 지표이다. 비율이 아니라 일수日數로 표현하기도 한다.

매출채권accounts receivable: 상품과 서비스를 판매한 대가로 받을 돈. 1년 이내에 받

게 되어 있다. 이 금액은 회사 대차대조표에 유동자산으로 올라간다.

매출총이익gross margin: 영업비용 공제 전 이익률. (매출총이익) = (총이익)/(매출액)

메트카프의 법칙Metcalf's Law: 회원, 공급자, 사용자가 증가할 때마다 네트워크의 가치가 기하급수적으로 증가한다는 법칙.

명목nominal GDP: 인플레이션을 조정하지 않은 GDP.

무어의 법칙Moore's Law: 컴퓨터 칩의 연산 능력이 18개월마다 약 2배로 늘어난다는 법칙.

무역수지적자trade deficit balance: 한 나라의 수입과 수출의 차. (무역수지적자) = (수입) - (수출)

뮤추얼 펀드mutual fund: 투자 회사가 투자자들로부터 모아서 주식, 채권, 옵션, 원자재, 단기증권 등에 투자하는 자금. 위험 분산이 가능하고 전문가가 관리한다는 장점이 있다.

민감도 분석sensitivity analysis: 변수가 바뀜에 따라 모델의 산출물이 양적으로나 질적으로 받는 영향에 관한 연구.

배당dividends: 회사가 주주에게 지급하는 돈. 회사가 이익을 내면, 회사는 이 돈을 사업에 재투자하거나, 주주에게 배당으로 지급할 수 있다.

배당수익률dividend yield: 주당 배당금을 주가로 나누어 구하며, %로 나타낸다.

베어bear: 증권가격이 하락할 것이라고 예상하는 사람을 가리킨다. 반대로 증권 가격이 상승할 것이라고 예상하는 사람을 불bull이라고 한다.

벤처 투자자venture capitalist, VC: 확장을 원하지만 자금 모집이 불가능한 소기업이나 신설 벤처 기업에 자본을 제공하는 투자자.

보통주common stock: 상장 회사의 소유권을 나타내는 지분 증서. 투표권과 배당 수령권이 있다.

불bull: 증권가격이 상승할 것이라고 예상하는 사람을 가리킨다. 반대로 증권가격이 하락할 것이라고 예상하는 사람을 베어bear라고 한다.

브랜딩branding: 평판, 이미지, 품질을 통해 확립된 회사나 제품의 정체성.

블로고스피어blogosphere: 모든 블로그를 사회 네트워크로 간주하여 집합적으로 부르는 용어.

블로그blog, weblog: 인터넷상에서 개인이 주장을 펴거나 자유롭게 토론하는 사이트. 최신 자료가 제일 앞에 온다. 목적, 재능, 자부심에 따라 콘텐츠와 품질이 천차만별이다. 블로그에 올리는 글이 대중을 상대로 쓰는 온라인 일기라고 생각하는 사람이 많다. 무료 웹 출판 도구가 등장하면서, 1990년대 중반에 웹 블로그가 시작되었다.

블루칩blue chip: 주식시장에서 재무구조가 건실하고 경기변동에 강한 대형우량주이다. 오랜 기간 안정적인 이익 창출과 배당지급을 실행해 온 종목으로 비교적 고가高價이며 시장점유율이 높은 업종 대표주이다.

비상장주식private equity: 상장되지 않은 회사의 주식. 대개 유동성이 부족하므로 장기로 투자해야 한다. 기업공개, 기업 매각이나 합병, 자본변경의 세 가지 방식으로 이익을 얻을 수 있다.

사모투자설명서private placement memorandum, PPM: 사모투자의 속성과 위험을 설명하는 문서.

사업설명서prospectus: 투자를 안내하는 문서. 회사의 업무, 프로젝트의 재무자료, 투자신청서식이 포함된다.

상대 가치 접근법relative value approach: 주식의 현재 가격을 고려해서 가치를 평가하려는 시도. 유사기업의 PER, 재무비율, 이익 성장률 등을 고려한다.

상대 가치relative value: 위험, 유동성, 수익률을 다른 투자대상과 비교 평가한 투자 매력도.

생명공학biotechnology: 모든 생명 활동의 구조를 과학적으로 분석하여 생명 활동 자체를 산업기술로 응용코자 하는 것.

생물약제학biopharmaceutical: 생명공학을 이용해서 만드는 의약품

생산자물가지수producer price index, PPI: 생산자들이 받는 일단의 상품과 서비스의 가격을 시계열로 측정한 통계자료.

성장기업growth company: 매출과 EPS 성장이 성장투자자의 관심을 끌만큼 높은 기업. 마이크로주: 매출 25%, EPS 30%, 소형주: 매출 20%, EPS 25%, 중형주: 매출 15%, EPS 20%, 대형주: 매출 10%, EPS 15%.

세계화globalization: 통신, 기술, 운송이 발달하면서 국가 간 의존성이 증가한다는

의미.

소비자물가지수consumer price index, CPI: 소비자들이 구입하는 일단의 상품과 서비스의 가중평균물가를 시계열로 측정한 통계자료.

소비자신뢰지수Consumer Confidence Index, CCI: 소비자들이 저축과 소비 활동으로 표현하는 경제 상태에 대한 낙관 정도. 매월 컨퍼런스보드에서 발표한다.

소형주smallcap: 시가총액이 2억 5,000만 달러에서 10억 달러 사이인 상장 회사.

스태그플레이션stagflation: 저성장, 고실업, 고인플레이션이 복합된 상태.

시가총액market cap: 유통주식의 금액으로 평가한 회사의 가치. (시가총액) = (주가) * (유통주식수)

시장점유율market share: 한 회사가 지배하는 시장의 비율. (시장점유율) = (시가총액)/(시장 규모)

실업률unemployment rate: 장기간 적극적으로 노력했으나 일자리를 구하지 못한 사람들의 비율.

실질real GDP: 인플레이션을 반영한 GDP.

아웃 소싱outsourcing: 미국 시민을 고용하는 비용이 다른 나라에 비해 갈수록 높아지므로, 미국 기업들은 해외로 눈을 돌리고 있다.

안전마진margin of safety: 어떤 증권의 가격이 내재가치보다 훨씬 내려갔을 때 매입할 경우, 내재가치와 매입가격의 차이가 투자자의 안전마진이다. 벤저민 그레이엄이 사용해서 유명해진 용어.

에비타EBITDA (earinings before interest, taxes, depreciation and amortization) = 기업의 수익성을 평가하는 척도. 일반적으로 인정된 회계원칙은 아님. EBITDA = (순이익) + (세금) + (이자) + (감가상각비)

연구개발research and development, R&D: 과학연구와 비슷한 기법을 동원해서 과학이나 기술 분야에서 미래지향적으로 진행하는 장기적 활동.

연복리성장률compound annual growth rate, CAGR: 배당이나 이자소득을 재투자해서 얻는 연평균성장률. CAGR = {(현재가치)/(초기가치)}^[1/{(현재연도)-(초기연도)}]-1

영업이익률operating margin: 영업이익을 매출액으로 나눈 비율. (영업이익률) = (영업이익)/(매출액)

예상기법anticipation approach: 예상 실적에 주안점을 두는 주식 평가방법으로서, 현재의 주가가 회사의 미래에 대한 일반적 합의를 포함해서 현재 상황을 적절하게 반영한다고 가정한다.

오픈 소스open-source: 누구든지 프로그램의 소스 코드를 읽고 수정하도록 허용한다는 소프트웨어 유통 철학. 누구나 소스 코드를 수정하고 버그를 고칠 수 있으므로, 개선과 실행이 빨리 진행된다.

웹Web 2.0: 인터넷이 통신, 상업, 정보, 서비스, 제품개발의 세계 기본 플랫폼으로 떠오르는 시대. 인터넷의 두 번째 파도가 세계 경제를 진정으로 연결할 것이다.

위키wiki: "빠른quick"을 뜻하는 하와이 말. 위키 사이트란, 사용자들이 개방적으로 의사소통하도록 설계된 웹사이트로서, 사용자들이 원하는 대로 추가하거나 편집할 수 있다.

위키피디아Wikipedia: 주제에 관심 있는 사람이면 누구든지 글을 쓰고 편집하도록 개방된 온라인 백과사전이다. 영어로만 100만 개가 넘는 항목이 있으며, 50개가 넘는 언어로 작성되어있다.

위험회피risk aversion: 기대수익률이 비슷하면 위험이 낮은 대안을 선호하는 투자 성향.

유동비율current ratio: 기업이 단기 부채를 상환하는 능력을 나타내는 지표. 비율이 높을수록, 회사의 유동성이 높다. (유동비율) = (유동자산)/(유동부채)

유통 시장secondary market: 이미 발행된 증권이 거래되는 금융 시장.

유통주식수common shares outstanding: 기업이 발행하여 일반 투자자가 소유하고 있는 주식 수.

이익earnings: 일정 기간 회사가 올린 순이익. 일반적으로 세후 순이익을 말한다.

이익률margin: 제품 및 서비스의 판매가격과 원가의 차이.

이익수익률earnings yield: 지난 12개월 동안 주당 순이익을 주가로 나눈 값.

이자 및 세금 차감 전 이익EBIT: 이자와 세금을 차감하기 전 기업의 수익성을 나타내는 척도. EBIT = (매출액) - (영업비용) + (영업 외 이익)

이중플레이double play: 이익이 크게 성장하는 동시에 PER이 올라가는 현상. 성장

투자자가 지상천국을 맛보는 투자임.

인구통계demographics: 정부, 마케팅, 여론조사 등에 사용하는 일부 인구 속성. 흔히 사용되는 변수는 인종, 나이, 소득, 이동성, 학력, 주택 소유 여부, 고용 지위, 주소 등이다.

인적 자본human capital: 자본과 기계가 회사의 실적과 성장에 기여하는 것처럼, 사람도 회사의 실적과 성장에 기여하는 가치 있는 자산이라고 보는 관점.

인터넷 전화*VoIP*Voice over Internet Protocol: 인터넷을 이용해서 일반 전화를 거는 기술.

인터넷Internet: 미디어, 상거래, 교육, 사회생활, 업무, 레저가 상호 연결된 컴퓨터 사이에서 일어난다.

인플레이션inflation: 일정 기간 전반적인 물가 수준의 상승을 뜻한다. 디플레이션의 반대 개념이다. 특히 경제학 관점에서는 통화 공급 증가를 가리킨다.

자기자본이익률return on equity, ROE: 순이익을 자기자본으로 나눈 수익성 지표. (자기자본이익률) = (순이익)/(자기자본)

자본시장capital market: 만기가 1년이 넘는 증권이 거래되는 금융시장.

자본회전률capital turnover: 회사가 매출을 올리는 데 자기자본을 얼마나 잘 활용하는지 보여주는 척도. 비율이 높을수록 자본 활용도가 높다는 뜻이다. (자본회전율) = (연간 매출액)/(평균 자기자본)

자산asset: 개인이나 기업이 보유한 가치가 있는 재산. 쉽게 현금화할 수 있는 자산을 유동자산liquid assets이라고 한다. 유동자산에는 은행예금, 주식, 채권, 펀드 등이 있다.

장부가치book value: 대차대조표상에 표시된 회사의 순자산을 나타내는 회계 척도.

재고자산회전율inventory turnover: 연간 매출액을 재고자산으로 나눈 비율. 회계 기간 재고자산이 몇 번 판매되었는지 말해 준다. (재고자산 회전율) = (연간 매출액)/(재고)

재정거래arbitrage: 어떤 상품의 가격이 시장 사이에 다를 경우, 가격이 싼 시장에서 매수하여 비싼 시장에 매도함으로써 매매차익을 얻는 거래 행위를 말하며, 차익거래라고도 한다.

주당 현금흐름cash flow per share: 회사의 재무 건전성을 나타내는 척도. (주당 현금흐

름) = {(현금 흐름) - (우선주 배당금)} / (유통주식수)

주문형on-demand: 언제 어디서나 요구하기만 하면 상품과 서비스를 받을 수 있는 형태.

중형주midcap: 시가총액이 10억 달러에서 50억 달러 사이인 상장 회사.

증자secondary offering: 기업공개 후 추가로 주식을 매각하는 행위.

지분equity: 주식 소유자들이 회사에 대해 갖는 소유권

지식경제knowledge economy: 2차 세계대전 이후, 미국 사회는 산업 기반 경제로부터 교육이 으뜸인 서비스 기반 경제로 전환하고 있다.

집단 지성collective intelligence: 수많은 개인의 협력과 경쟁을 통해서 형성되는 지성으로서, 지성 스스로 생각하는 것처럼 보인다.

차입매수leveraged buyout: 매수할 회사의 자산을 담보로 금융 기관에서 자금을 차입하여 기업을 매수하는 행위.

채무상환비율total debt service ratio: 일정 기간 쌓인 부채와 소득의 비율. 일반적으로 40% 미만이 바람직하다. (채무상환비율) = (부채)/(소득)

청정 기술cleantech: 그린테크greentech 참조

최소기대수익률hurdle rate: 기업이나 개인이 투자에 대해 요구하는 최소 수익률.

컨버전스convergence: 산업이나 원리가 융합되어 새로운 제품이나 원리가 창조되는 현상.

통합consolidation: 소기업들이 인수되거나 폐업하여 소수의 대기업만 남게 되는 시장 성숙화 과정.

투하자본이익률return on invested capital, ROIC: 회사의 실적을 나타내는 척도로서, 주로 %로 표시한다. ROIC가 자본비용(대개 가중평균자본비용으로 측정)보다 높으면, 회사는 가치를 창출하는 셈이다. ROIC = (세후 순영업이익)/(총투자)

파생시장derivative market: 파생상품이 거래되는 금융시장. 거래소 파생상품 시장과 장외 파생상품 시장으로 구분된다.

팟캐스팅podcasting: (애플Apple 아이팟iPod과 방송broadcasting이 결합된 말) 인터넷에 파일을 공개하는 방법으로서, 사용자들은 웹 피드web feed(자주 갱신되는 콘텐츠에 사용하는 데이터 형식)에 가입해서 특정 분야에 관심을 표시하면 새로운 파일을

자동으로 받을 수 있다.

피싱phishing: 순진한 사람들의 신용카드번호나 계좌번호를 낚으려는 위조 이메일.

하향식 관점top-down view: 큰 그림을 보고 내린 결론을 체계적으로 구체적 상황에 적용하는 방법.

할부상환amortization: 원리금을 분할해서 지급함으로써 점진적으로 부채를 줄여 나가는 절차. 일시상환의 반대 개념.

헤지펀드hedge fund: 부유한 투자자를 위한 (대개 최소 투자금액이 100만 달러임) 사모 펀드로서, 주식, 채권, 통화, 옵션, 파생상품 등에 고위험 단기투자를 전문적으로 한다.

현금흐름cash flow: 회사의 재무 건전성을 나타내는 척도. 일정 기간 현금 수입에서 현금 지출을 차감한 금액. 순이익에 감가상각과 같은 비현금비용을 더해서 산출하기도 한다.

홈 소싱homesourcing: 외주기업이 해외에서 근로 인력을 고용하는 것과 같은 방식으로 집에서 일할 사람을 고용하는 방식.

회전율turn: 연간 재고가 판매되는 횟수.

후속공모follow-on offering: 기업공개 후 추가로 주식을 매각하는 행위.

감사의 글

책 표지에 달랑 내 이름만 올라와 있는 모양을 보니 거북한 느낌이 든다. 사실《내일의 스타벅스를 찾아라》가 나오기까지 수십 명이 고생했기 때문이다.

맨 먼저, 연구 조수 사라 호핑Sarah Hopping에게 감사드린다. 그녀는 지칠 줄 모르고 항상 도와주었으며, 내가 말도 안 되는 소리를 할 때마다 깨우쳐 주었다. (그녀는 전국 순위에 드는 육상선수이며, 지금도 여전히 틈날 때마다 대회에 출전한다!)

씽크에쿼티의 친구들과 파트너들이 이 책에 담긴 지적 자본 대부분을 제공해 주었다. 데보라 쿼조Deborah Quazzo(공동 설립자: 탁월한 아이디어 여러 개가 자기 것이라고 지적했는데, 맞는 말이다), 피터 콜먼Peter Coleman(조사 담당 임원), 라이언 마호니Ryan Mahoney, 커스턴 에드워즈Kirsten Edwards, 마이크 버튼Mike Burton, 니콜 밀러Nicole Miller, 줄리 웰터Julie Welter, 수레시 발라라만Suresh Balaraman, 발라즈 베레스Balazs Veress, 니코 허든Nico Herden, 팻 딜링엄Pat Dillingham, 스튜어트 배리Stewart Barry, 조던 울프Jordan Wolfe, 케이티 소피Katie Soffey, 마이크 암스트롱Mike Armstrong, 랜지니 챈디라캔던Ranjini Chandirakanthan, 마이클 황Michael Huang, 마이클 장Michael Zhang, 폴 콤즈Paul Combs, 웰러Ed Weller, 데이비드 에드워즈David Edwards, 스튜어트 펄비런트Stuart Pulvirent, 맷 존

슨Mat Johnson에게 감사드린다. 모두 이 책에 각별한 관심을 기울여 주었다.

원고를 읽고 개선할 사항을 제시해 준 분들에게도 감사드린다. 피터 린치Peter Lynch, 마크 모Mark Moe, 톰 모Tom Moe, 마샤 매시Marcia Massee, 존 코간John Cogan, 헤더 위어Heather Weir.

나는 운 좋게도 투자업계와 산업계 여러 지도자에게 인터뷰를 허락받았으며, 이분 중에는 내가 오래전부터 알고 지낸 분이 많다. 하워드 슐츠Howard Schultz, 마이클 밀컨Michael Milken, 리처드 드리어하우스Richard Driehaus, 조 맥네이Joe McNay, 비노 코슬러Vinod Khosla, 랜디 코미사Randy Komisar, 드루 컵스Drew Cupps, 마크 워터하우스Mark Waterhouse, 데이비드 스프렝David Spreng, 클리프 그린버그Cliff Greenberg, 브라이언트 키엘Bryant Kiehl, 빌 조이Bill Joy, 빌 살먼Bill Sahlman, 덩컨 바이어트Duncan Byatt, 토니 퍼킨즈Tony Perkins, 제프 양Geoff Yang, 마크 올슨Mark Olson, 찰리 해리스Charlie Harris, 팀 드레이퍼Tim Draper, 스티브 저비슨Steve Jurvetson, 브루스 던레비Bruce Dunlevie, 잭 라포트Jack Laporte, 댄 레비탄Dan Levitan, 밥 그래디Bob Grady, 마크 베니오프Marc Benioff, 프로모드 하크Promod Haque, 샘 콜레라Sam Colella, 아이라 에렌프라이스Ira Ehrenpreis, 핍 코번Pip Coburn.

미니애폴리스 시절에 주식이 무엇인지 가르쳐 준 딕 퍼킨스Dick Perkins에게 특별히 감사드린다. 또한 인터뷰에 응해 준 "코치" 빌 캠벨Bill Campbell, 에드 머사이어스Ed Mathias, 론 콘웨이Ron Conway(이상은 씽크에쿼티의 소중한 자문위원들이다), 그리고 또 다른 코치 루 홀츠Lou Holtz(풋볼을 통해서 사업에 대해 엄청난 가르침을 주셨다)에게도 특별히 감사드린다.

특히 나는 사랑하는 이들로부터 이 책에 대해서 놀라운 도움을 받았다. 보니Bonnie, 매기Maggie, 캐롤라인Caroline. 정말이지 나는 축복받은 사람이다.

마지막으로 그러나 절대 작지 않게, 내게 쓸 거리가 있다고 생각해 준 발행인 에이드리언 잭하임Adrian Zackheim에게 감사드린다. 그의 생각이 옳기를 바란다.

모두에게 마음으로부터 감사드린다!

내일의 스타벅스를 찾아라

펴 낸 날 | 초판 1쇄 2022년 8월 10일

지 은 이 | 마이클 모
옮 긴 이 | 이건

표지디자인 | 프롬디자인
본문디자인 | 프롬디자인
책 임 편 집 | 강가비, 백지연

펴 낸 곳 | 데이원
출판등록 | 2017년 8월 31일 제2021-000322호
편집부(투고) | 070-7566-7406, dayone@bookhb.com
영업부(출고) | 070-8623-0620, bookhb@bookhb.com
팩   스 | 0303-3444-7406

내일의 스타벅스를 찾아라 © 마이클 모, 2022
ISBN 979-11-6847-041-5 (03320)

* 잘못된 책은 구입하신 서점에서 바꾸어 드립니다.
* 이 책의 출판권은 지은이와 펜슬프리즘(주)에 있습니다.
   내용의 전부 또는 일부를 재사용하려면 반드시 양측의 서면 동의를 받아야 합니다.
* 데이원은 펜슬프리즘(주)의 임프린트입니다.